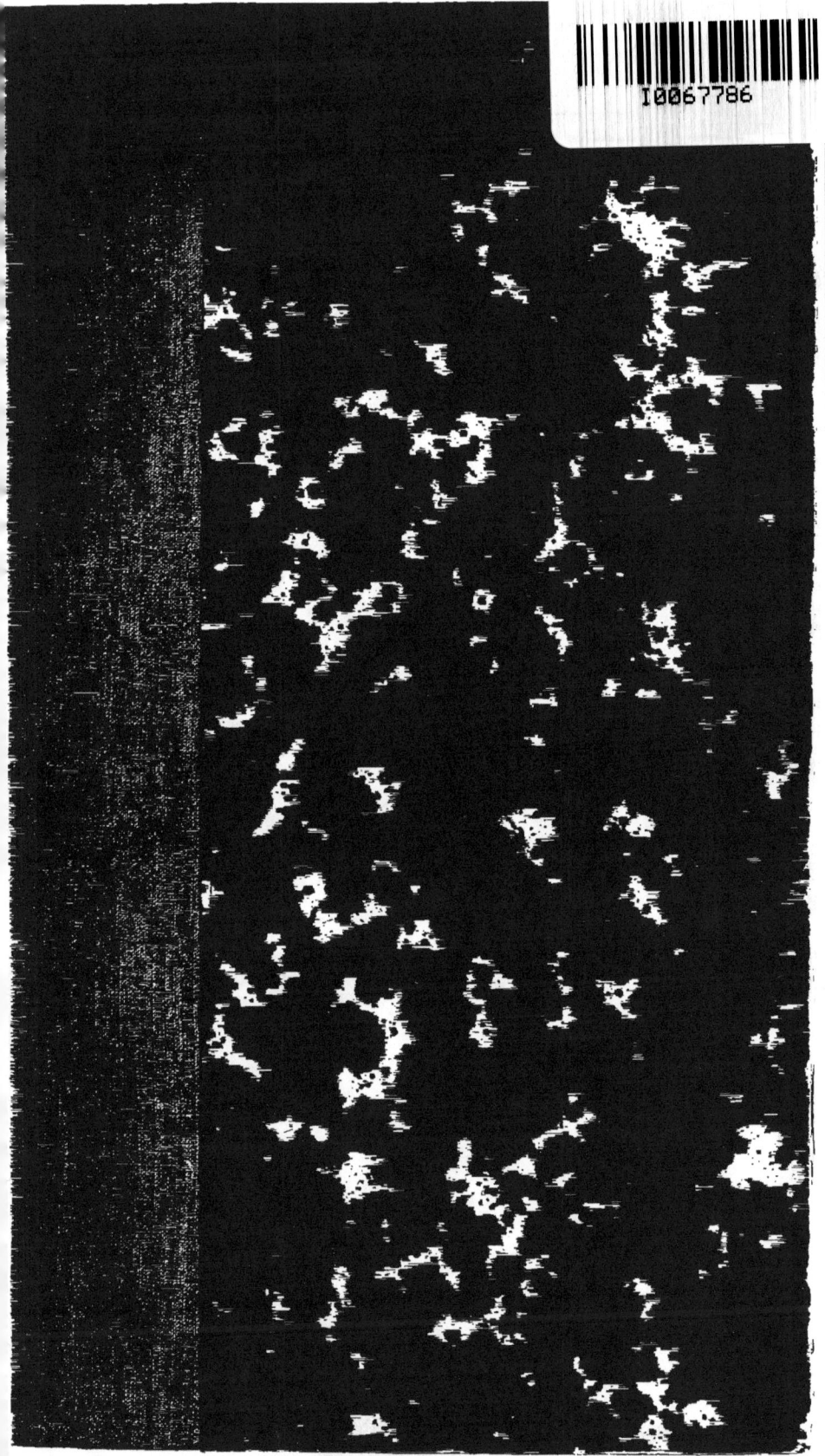

44191

ESSAI

SUR

L'HISTOIRE ET LA LÉGISLATION PARTICULIÈRE

DES

GAINS DE SURVIE ENTRE ÉPOUX

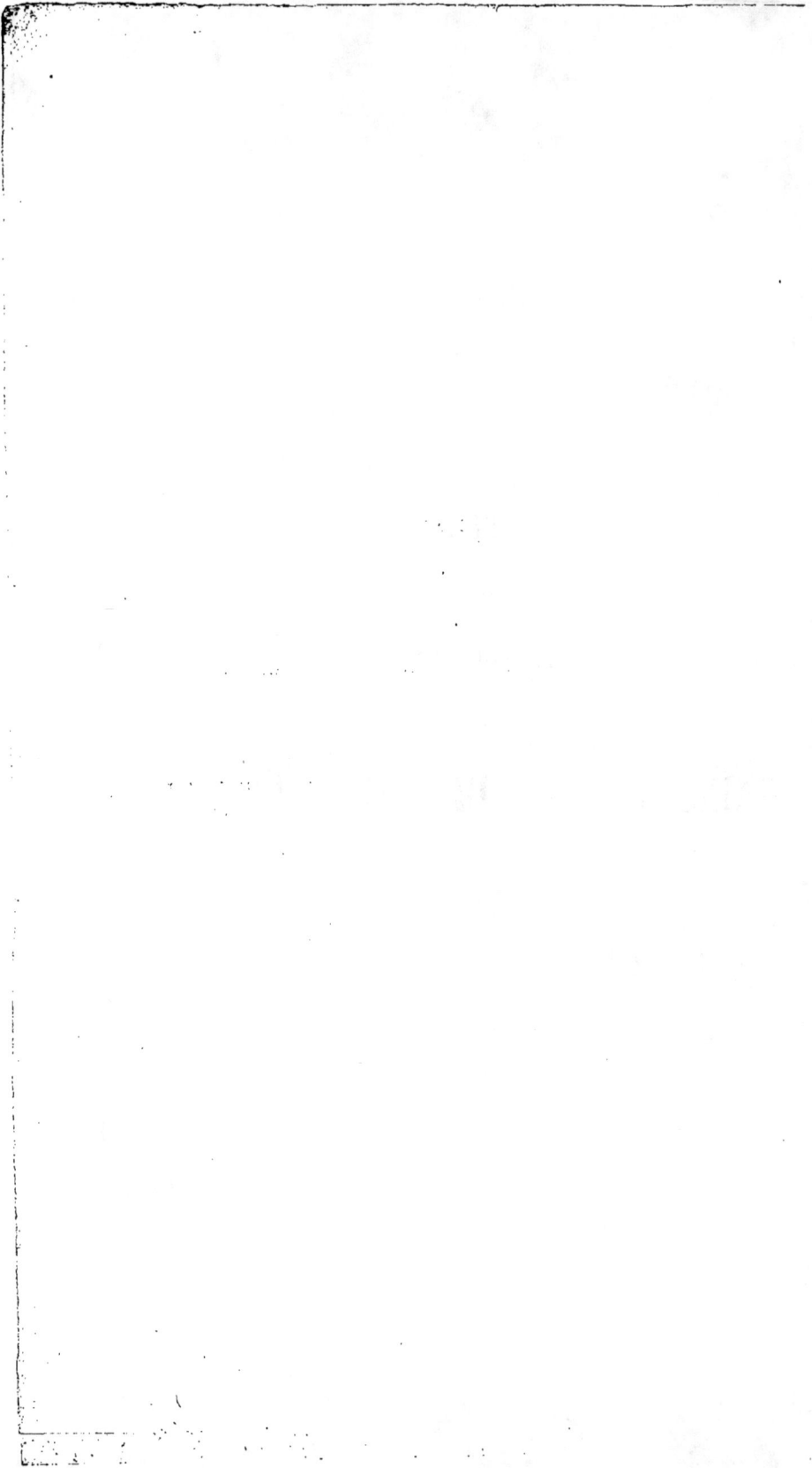

FACULTÉ DE DROIT DE PARIS.

THÈSE

POUR LE DOCTORAT

L'acte public sur les matières ci-après sera soutenu le mercredi
20 juin, à deux heures,

PAR PAUL DE SALVANDY,

Licencié ès lettres, avocat.

PRÉSIDENT : M. DEMANTE, *Professeur.*

SUFFRAGANTS : { MM. PELLAT,
PERREYVE,
DE VALROGER, } *Professeurs.*
DUVERGER, *Suppléant.*

Le Candidat répondra, en outre, aux questions qui lui seront faites
sur les autres matières de l'enseignement.

PARIS.

TYPOGRAPHIE HENNUYER, RUE DU BOULEVARD, 7. BATIGNOLLES.

Boulevard extérieur de Paris.

1855

ESSAI

SUR

L'HISTOIRE ET LA LÉGISLATION PARTICULIÈRE

DES

GAINS DE SURVIE ENTRE ÉPOUX

—◦◦◦—

INTRODUCTION.

> Il faut éclairer l'histoire par les lois,
> et les lois par l'histoire.
> (MONTESQUIEU, *Esprit des lois,*
> liv. XXXI, ch. IX.)

Les lois civiles, dit un éminent historien [1], composent la constitution d'un peuple plus réellement que la loi qu'il est d'usage d'appeler ainsi. Entre toutes, la plus importante et la plus auguste est celle qui régit le mariage, ce fondement de l'ordre social, qui le constitue dans son élément primitif, la famille. Le mariage a toujours été la première préoccupation des législateurs (Platon, *Des Lois,* liv. IV), et, à toutes les époques, on le voit, marchant de pair avec les progrès de la civilisation, s'élever, s'épurer sans cesse, jusqu'au jour où, proclamé par la religion chrétienne un sacrement, les lois l'ont enfin déclaré indissoluble. La polygamie, le concubinat, le divorce, successivement proscrits, les secondes noces même frappées de défaveur dans nos mœurs modernes, tels sont les degrés de cette marche ascendante ; chaque pas a été un progrès, une conquête morale, et tout dans le mariage se lie si intimement à la constitution même de la société, qu'on ne peut

---

[1] M. de Barante, *Histoire de la Convention,* t. VI.

rétrograder sans risquer de la faire retourner à la barbarie, qu'on n'a pu contester la dernière victoire, l'abolition du divorce, sans qu'elle se sentît ébranlée jusque dans ses fondements.

A côté des lois qui régissent le mariage lui-même, il en est d'autres non moins importantes, qui règlent la situation réciproque des époux, leurs rapports pécuniaires, les conditions matérielles de leur union : elles suivent la même progression. Le régime d'association conjugale devient, avec les siècles, plus savant et plus équitable, car la condition de la femme s'élève et grandit. A l'origine, elle est presque une esclave, c'est-à-dire presque une chose : l'homme qui l'achète à sa famille devient, sans son consentement, maître absolu, propriétaire de sa personne et de ses biens; plus tard, elle se donne elle-même, elle fait ses conditions, elle a des droits, des biens personnels et distincts, dont les lois assurent la conservation; enfin, elle devient pour le mari une égale, une compagne, une associée : placée, pendant le mariage, dans la juste dépendance qu'exige la nécessité d'un pouvoir unique, elle partage à la dissolution les produits du travail commun, elle a un droit égal sur la mise sociale et sur les bénéfices. L'Orient, Rome et nos législations modernes nous présentent ces trois principaux systèmes; le dernier supérieur aux deux autres, parce qu'il s'est formé sous l'influence des idées chrétiennes. Mais ce que nous disons de la marche générale de l'humanité est vrai aussi du développement particulier de chaque législation. Chez tous les peuples, le point de départ est le même, la négation de la personnalité de la femme, c'est-à-dire la barbarie : tous font des progrès, car chez tous peu à peu les mœurs s'adoucissent, les lumières se répandent; mais tous n'arrivent pas au même terme, au même degré de civilisation. Si l'immobile Orient, sous l'empire d'un culte matérialiste, en est resté à la polygamie, par conséquent à l'humiliation, à l'asservissement, presque à l'achat de la femme, Rome s'en tient au divorce, et le paganisme que le spiritualisme pénètre, après la coemption et la *manus*, trouve le mariage libre, c'est-à-dire l'indépendance complète de la femme avec la séparation de ses biens, qui lui sont assurés par les règles protectrices du régime dotal, et dont le ménage, représenté par le mari, n'a que la jouissance. Enfin, les peuples modernes, après avoir connu aussi dans leur enfance l'acquisition à prix d'argent de la femme et sa sujétion, arrivent peu à peu à la communauté, réalisant ainsi autant que faire se peut, dans l'ordre matériel, cette confusion de deux existences, cette unité que l'Évangile ordonne et proclame dans l'ordre moral.

Tels sont les principaux systèmes d'association conjugale. On peut y distinguer deux choses, le régime des biens pendant le mariage, les droits des conjoints à la dissolution : ce dernier point devra seul fixer notre attention. Mais ces droits peuvent eux-mêmes être de deux sortes : les uns, certains et transmissibles, assurés à l'époux, quel que soit le fait qui vienne dissoudre le mariage, attribués à lui ou à ses héritiers ; les autres, tout personnels aux époux, refusés à leurs familles, subordonnés pour chacun d'eux à un événement incertain, la dissolution du mariage par le prédécès de son conjoint. Nous ne parlerons que de ceux-ci.

Quelque restreint que ce cadre paraisse, il n'en comprend pas moins les points les plus importants de l'histoire des contrats nuptiaux. Quand la mort vient dissoudre le lien conjugal, le titre du survivant, son malheur, et, quand c'est la femme, sa faiblesse, le rendent digne de toute la protection de la loi. Aussi, s'en est-elle toujours préoccupée. Placé en face de simples héritiers, celui qui naguère partageait comme époux le bien-être et la fortune ne doit pas se voir dépouillé tout à coup de ces avantages, et chassé de la maison comme un étranger. Jamais une faveur spéciale ne manque à l'époux survivant ; souvent même son droit s'étend jusqu'à détruire complétement celui des héritiers de son conjoint. C'est ainsi qu'à la naissance du régime dotal et de la communauté, les héritiers de la femme ne peuvent rien réclamer ; tandis que, quand elle se présente elle-même, elle reprend sa dot, ou obtient une part des acquêts. Nous assistons donc aux premiers développements de ces deux systèmes, jusqu'au jour où ils achèvent de se constituer en reconnaissant aux héritiers les droits d'abord conférés seulement à leur auteur ; mais alors à chacun d'eux restent attachés certains avantages spéciaux, conférés à l'époux survivant soit par la loi elle-même, soit par une convention très-usitée, qui servent entre eux de transition et de lien. Nous verrons ainsi la *manus*, qui méconnaissait la dignité de la femme et sa qualité d'épouse, lui reconnaître pourtant des droits comme fille, et lui donner une partie de la succession : plus tard, la dot gagnée en tout ou en partie par le mari, ou reprise au contraire par la veuve ; la donation *propter nuptias* formant, avec la dot, une masse distincte du reste du patrimoine, régie d'après des principes particulisrs, et dont l'événement de la survie déterminera l'attribution. Dans notre ancienne législation, au Midi, le régime dotal se perpétue, et finit par adopter, en général, les dernières règles établies par Justinien dans l'intérêt de la famille ; mais l'augment et le contre-augment, conservant quelque chose de son ancien esprit, et suppléant à ce qu'il a de trop exclusif, pourvoient d'une manière spéciale à l'intérêt personnel des époux, en donnant au conjoint survivant des droits sur les biens de l'autre : au Nord, nous voyons dans la part d'acquêts que la femme obtient, comme héritière, le germe de la communauté ; et, quand elle s'est développée, nous suivons jusqu'à une époque toute récente la trace du principe primitif, dans les coutumes de certaines provinces, et dans un système accessoire à la communauté légale, qui attribue à l'époux survivant une part avantageuse, ou même la totalité de la masse commune. En même temps, le douaire vient, dans l'intérêt de la femme, faire contre-poids aux pouvoirs trop grands du mari sur les biens communs, ou remplacer, dans les pays qui n'admettent pas la communauté, les bénéfices qu'elle pourrait procurer. Enfin, au Nord comme au Midi, une foule de gains de survie moins importants assurent, pendant les premiers temps, la protection due à la faiblesse de la veuve, le respect dû à sa douleur. Sous le Code, ces derniers avantages sont seuls consacrés par la loi ; mais la convention des parties peut suppléer à son silence, et conférer à l'époux qui survivra certains priviléges, soit par une simple convention entre associés sur les biens communs, soit à titre de donation sur les biens personnels du conjoint.

Ainsi, nous entreprenons, au point de vue spécial des droits personnels qu'ils confèrent aux époux à la dissolution, l'histoire de la formation des principaux systèmes matrimoniaux et des institutions subsidiaires qui viennent après leur entier développement s joindre à eux, et les compléter par des avantages accessoires au profit du survivant. Déjà si importante par elle-même, cette matière se lie intimement aux plus graves questions : à la constitution de la société aux diverses époques, par conséquent à l'organisation de la famille et aux lois de succession. Un grand principe domine toute cette matière, et, sans le savoir peut-être, toutes les législations l'appliquent, du moment qu'elles reconnaissent la qualité et les droits de la femme. Les gains de survie suivent toujours la marche des lois de succession; ils en sont la contre-partie, et souvent la justification. Toutes les fois que la femme est dépouillée comme fille, exclue d'une manière plus ou moins complète de l'hérédité paternelle, ses droits augmentent comme veuve; elle a une part plus considérable des biens personnels du mari ou des acquêts : quand les enfants partagent également les biens de la famille, sans distinction de sexe, ses propres lui suffisent; les gains de survie deviennent réciproques ou disparaissent. Ainsi s'explique le silence du Code à cet égard, ainsi se justifie cet ancien droit si abandonné après avoir été si calomnié. Nos lois anciennes de succession pouvaient, sans injustice, consacrer tous les principes conservateurs des sociétés, l'hérédité des noms et des fortunes, la fixation des biens dans les familles ; car elles avaient leur correctif dans les droits de l'épouse pendant le mariage, dans les droits de la veuve à la dissolution, conciliés avec ceux des héritiers du sang par des usufruits. Nous en sommes revenus aux lois de Rome ou plutôt de Constantinople, aux lois civiles égalitaires, dont un pouvoir politique absolu est, sinon le contre-poids nécessaire, souvent au moins la conséquence. Faut-il, pour cela, méconnaître ce qu'avait de beau et de grand cet ancien droit développé sur notre sol, qui nous faisait enfants et héritiers de nos pères, auquel nous avons dû pendant tant de siècles la stabilité avec le mouvement, le progrès sans les révolutions, l'édifice social solide, parce que le sommet faisait corps avec la base?

A côté des avantages que la loi attribue de plein droit, ou permet d'attribuer par contrat de mariage, à l'époux survivant, il en est d'autres que les conjoints peuvent se faire pendant la durée même de leur union, pour l'époque où elle viendra à se dissoudre. Ils résultent soit de donations entre époux, soit de libéralités testamentaires. Quoiqu'ils s'écartent de notre objet propre, pour rendre cette exposition aussi complète que possible, nous dirons quelques mots des donations aux diverses époques et des legs sous la législation romaine, la seule où ils aient, entre époux, des règles particulières. Mais nous éviterons les questions si complexes de quotité disponible, et par conséquent les peines des secondes noces, qui nous entraîneraient trop loin. En revanche, il faudra étudier la naissance et la formation du droit de succession réciproque. Si ce n'est pas là proprement un gain de survie, ce droit s'en rapproche cependant beaucoup par ses effets, puisqu'il ne peut appartenir qu'à l'époux survivant, et par sa cause, la qualité de conjoint.

Tel est le plan que nous suivrons dans l'exposition de chacun des systèmes de législation qui nous passeront sous les yeux. Ces systèmes sont au nombre de quatre; mais il en est trois surtout qui sont bien tranchés. Ce travail se divisera donc en trois parties. Dans la première, nous examinerons la législation romaine, et, après la chute de l'empire, nous suivrons ses modifications et ses développements dans nos provinces méridionales, où elle continue à régner sans partage. La seconde montrera les principes germaniques et le droit coutumier, qui en sortit, tel qu'il se trouvait constitué en 1789. La troisième comprendra : 1° l'époque révolutionnaire, c'est-à-dire la destruction des deux systèmes anciens qui se partageaient la France, et les premiers essais d'une codification uniforme; 2° enfin les lois modernes, qui sont venues fonder l'unité de législation par une conciliation où, trop souvent peut-être, les principes et les usages anciens ont été sacrifiés aux idées et aux lois de Rome.

PREMIÈRE PARTIE.

—

I. DROIT ROMAIN.

I. Restitution de la Dot.

La première nation de l'antiquité, dont la belle littérature nous ait fait connaître les mœurs et la législation, la Grèce, nous offre aussi le premier exemple de cette loi qui, partout, conduit par les mêmes phases le développement du système d'association conjugale. Elle connut successivement l'achat de la femme par son époux, et l'apport d'une dot par la femme, dot déposée, pour soutenir les charges du mariage, entre les mains du mari, et dont il devait répondre. Pourtant, même sous ce dernier régime, on peut voir des traces de l'ancien principe dans les présents que recevait la femme, avant les noces, le lendemain *tanquam præmium defloratæ virginitatis,* et le troisième jour, lorsqu'elle sortait de la maison et se montrait en public : celui-ci s'appelait spécialement θεώρητρον (Saumaise, *De Modo usur,* p. 144). Ces dons, assez semblables à ceux que nous retrouverons chez les Germains, ne paraissent pas pourtant avoir donné naissance à une institution reconnue et consacrée comme le douaire. Si quelque chose d'analogue existait, c'était par suite d'un autre fait, de l'acquisition par le mari du droit de disposer de sa femme en mourant. Il pouvait, par testament, en lui laissant une dot, l'obliger à épouser après lui celui qu'il désignait. Du reste, cette négation de la liberté de la femme était générale dans le droit grec : soumise à une tutelle perpétuelle, épouse à la tutelle de ses propres parents et non de son mari, veuve à la tutelle de ses enfants majeurs, elle était de plus, comme fille, sacrifiée au principe de la conservation des biens dans les familles. Quand elle se trouvait unique héritière, elle ne pouvait recueillir la succession de ses auteurs qu'à la charge de la porter en mariage à son plus proche parent.

A Rome aussi, la *manus*, à l'origine, méconnait la dignité de la femme, nie son indépendance, et confond sa personne et ses biens dans les biens et dans la personne du mari. On sait ce qu'était la constitution primitive de la famille romaine, et l'autorité absolue qu'elle attribuait au chef. Le *paterfamilias* ne connait pas d'égaux ni d'associés; sa toute puissance ne souffre ni degré ni partage (M. Laboulaye, *Condition des femmes*, p. 31). La femme y était soumise la première; elle devait donner l'exemple de l'obéissance. Acquise par l'usage ou par la coemption comme une chose, ce système, en exagérant le lien étroit que le mariage crée entre les deux époux, arrive presque à supprimer son existence juridique. D'après les premiers documents qui nous sont parvenus, la *manus* semble, il est vrai, conférer sur la personne un pouvoir moins entier que la *potestas*, la puissance paternelle[1]. En cela, elle s'est probablement adoucie déjà; mais quant aux biens, elle a conservé son caractère primitif et toutes ses conséquences. Comme l'*adrogatio*, elle fait de la femme une fille[2], et transporte au chef, par une acquisition à titre universel, tous ses biens présents et futurs. La femme ne peut rien avoir en propre, car elle n'est pas *sui juris* (Gaïus, II, 86, 90, 98). Tout ce qu'elle possède au moment du mariage, tout ce qui peut lui advenir pendant sa durée, appartient de plein droit à son mari, en toute propriété[3], de telle sorte qu'il peut en disposer, même par testament. Telle est la dot, si ce mot peut s'appliquer à ce système. Les mêmes principes fixent les droits respectifs à la dissolution. Si le chef survit, il n'a rien à rendre; il ne doit de compte à personne. S'il prédécède, la femme ne peut réclamer les biens qu'elle a apportés, car ils sont confondus dans le patrimoine de la famille; mais elle est appelée à suc-

[1] On croit qu'il y avait une certaine différence; que le mari n'avait pas droit de vie et de mort sur sa femme, comme le père sur ses enfants. Gaïus, II, 90, semble dire qu'on n'avait pas la *possession* des personnes qu'on tenait *in manu*. Voyez encore Gaïus, IV, § 80.

[2] « Mulier viri conveniebat in manum, et erat mulier materfamilias viro loco filiæ. » (Boeth., *Ad Topic.*, II ; Gaïus, III, 24).

[3] Cicéron, *Top.*, 4 : « Cum mulier viro in manum convenit, omnia quæ mulieris fuerunt, viri fiunt, dotis nomine. » — Gaïus, II, § 58 : « Quam in manum ut uxorem receperimus, ejus res ad nos transeunt. »

céder, comme ses enfants, au même titre, à son rang de fille; elle est au nombre des héritiers siens, et recueille ainsi, soit une portion virile, soit même, si elle est seule de ce degré, la totalité de la fortune (Gaïus, II, 159 ; III , 13 et 14. Ulpien, *Reg.*, XXIII, 3).

Dans tout ceci, nous supposons le mari *sui juris*, chef de famille ; car s'il était lui-même *in potestate*, ces effets de la *manus* perdraient tout intérêt pour nous. Soit que, dans ce cas, elle lui appartînt à lui-même sur la personne de sa femme, ou passât à son *paterfamilias*, question controversée, et probablement insoluble [1], quant aux biens, tous ses effets se produisaient à l'égard du chef, car le fils ne pouvait rien avoir par lui-même. La femme était toujours placée, dans sa nouvelle famille, à un degré au-dessous de celui qu'occupait son mari. *Uxori quæ in manu est, proinde ac filiæ, item nurui quæ in filii manu est proinde ac nepti, tutor dari potest* (Gaïus, I, 148). Par conséquent, le prédécès de son époux n'ouvrait pour elle aucun droit. A la mort de l'ascendant, le patrimoine, accru des biens qu'elle avait apportés, passait en bloc aux héritiers siens, c'est-à-dire, soit au fils marié, soit à ses enfants et à sa femme, d'après les règles ordinaires de transmission.

Cette attribution pleine et entière au mari des biens de la femme, cette mobilisation des fortunes qui les transporte ainsi d'une famille à l'autre, semble étrange à une époque où le patriciat régnait seul, et contraire au caractère aristocratique de l'ancienne société romaine. Mais elle était la conséquence forcée de cette organisation puissante des familles, qui en concentrait dans la main d'un seul toutes les forces et toutes les richesses. Elle était, d'ailleurs, corrigée et restreinte par cette organisation même ; car, dans sa famille naturelle, la femme n'avait de biens qu'autant qu'elle était *sui juris* : si elle était *in potestate* au moment du mariage, elle ne possédait rien, elle ne pouvait rien porter dans sa nouvelle famille, et comme la *conventio in manum* brisait tout lien juridique entre elle et ses auteurs, elle perdait tout droit successif sur leur fortune. En sortant de la puissance de son *paterfamilias*, elle renonçait à

<hr/>

[1] Le texte de Gaïus, I, § 148, la laisse indécise : ce n'est pas ici le lieu de la discuter.

l'agnation, par conséquent à son droit, à sa part éventuelle sur les biens du chef, et le mari la recevait sans dot, sans biens présents, et sans espoir de biens à venir, sauf ceux qu'elle pourrait acquérir par son propre travail. Remarquons pourtant que la possession d'un certain pécule, au moins à titre précaire, semble avoir été reconnue aux femmes, comme plus tard aux fils de famille, et enfin aux colons. D'après quelques vers de Plaute (*Casin.*, II, 2), elles auraient eu non-seulement un pouvoir de direction, mais une sorte de droit d'usage sur certains esclaves, sur certains biens ; *ancillulam quæ mea est, quæ meo educata sumptu est*, dit Myrrhine. Cependant, ce n'était pas là un droit indépendant et absolu ; car un autre personnage répond : *Hoc viri censeo esse omne quidquid tuum est*. On peut croire que le pécule de la femme commençait alors à s'introduire, et se fût développé comme les autres et avant eux, si la prédominance du mariage libre n'était venue le rendre inutile. Dans tous les cas, il est probable que la femme survivant à son mari prenait plus particulièrement dans sa succession, comme héritière, ces biens auxquels l'attachait une ancienne possession ou un intérêt d'affection.

Quoi qu'il en soit, comme le droit rigoureux privait de toute dot la femme *alieni juris*, l'usage s'introduisit à une époque qu'il est impossible de préciser, mais qui doit être très-reculée, de stipuler du père, qu'en mariant sa fille, il lui donnerait une somme déterminée. C'est même de cette promesse solennelle (*sponsio*) que vinrent, selon S. Sulpicius et Varron, les mots *sponsus*, et *sponsalia*, fiançailles ; (Aulu-Gelle, IV, 4, et Varron, *De Lingua latina*, VI, § 70). Plus tard, comme le dit encore Varron, V, 175 : *Pecunia vocabulum mutat ; dos, si nuptiarum causa data, hæc græce Δωτίνη ita enim hoc Siculi*. Quoi qu'il en soit de cette origine grecque de la dot, qui est contestable, il est parlé de *datio* dès l'an 568, dans le sénatus-consulte sur les Bacchanales, et Plaute disait : *Pulchra dos pecunia est*. C'est qu'en effet cette somme, cette dot, était donnée en propriété au mari ; acquise par tradition le jour du mariage, il pouvait en disposer, comme de ses autres biens, comme l'époux d'une femme *sui juris* eût pu disposer de toute sa fortune. Il était vraiment, et toujours, *dominus dotis*.

Le père, en faisant cette donation, pouvait-il stipuler que la somme lui serait rendue à lui, ou à sa fille devenue *sui juris*, à la dissolution du mariage? Quelques auteurs le pensent (Voir M. d'Hautuille, *Revue de législation*, t. VII, p. 305), et cela ne paraît pas contraire aux principes; mais on n'en trouve aucun exemple, et il est évident que cette restitution était trop étrangère aux idées des anciens Romains pour avoir été usitée dans les mariages avec *manus*, si ce n'est peut-être fort tard, après qu'un autre système en eut donné l'idée (Voy. encore le texte de Cicéron, *Topic.* IV, cité ci-dessus). Si donc on peut trouver ici l'origine de la dot, c'est ailleurs qu'il faut chercher la suite de son histoire, et la formation du régime dotal.

La *manus* fut probablement dans le principe la seule forme d'association conjugale, et accompagna de plein droit tous les mariages romains[1]. Mais cet empire absolu du mari, cette annulation complète de la personne de la femme était chose trop rigoureuse pour ne pas tendre sans cesse à s'affaiblir. Fondée sur la constitution despotique de la famille et l'organisation aristocratique de la société romaine, elle était une de ces institutions qui tenaient, comme le vieux patriciat, des anciennes mœurs, des idées primitives leur existence, et qui devaient s'atténuer et disparaître avec elles. Après l'établissement de la République aristocratique, appuyée sur un droit tout pontifical et patricien, la loi des Douze Tables, la première concession aux idées nouvelles, fait résulter la *manus* de l'accomplissement de certaines formalités, la confarréation, la coemption, ou de l'usage pendant une année. Mais par cela même elle n'est pas supposée nécessaire; il suffit, pour y échapper, de ne pas accomplir les solennités exigées; et quant à l'usage, la loi indique elle-même à la femme le moyen d'échapper au danger de la cohabitation, en s'absentant du toit conjugal pendant trois nuits, *usurpatum ire trinoctio*. Dès lors, la *manus* est distincte du mariage légitime, des *justes noces*; une femme peut être *uxor* sans entrer dans la famille de son mari, sans être *materfamilias*[2]. On reconnaît le mariage libre, peu usité proba-

[1] Ginouilhac, *Hist. du rég. dot.*, p. 55 et 85.
[2] Cic. *Top.*, ch. III, « Genus enim est uxor; ejus duæ formæ : una matrum-

blement d'abord, mais bientôt développé par les efforts des femmes pour échapper à une contrainte fâcheuse, par l'adoucissement des mœurs, l'influence de la Grèce, l'affaiblissement de l'autorité dans la famille comme dans l'État, enfin par cet entraînement fatal qui poussait le droit romain à oublier ses formes étranges et à s'affranchir de ses rigoureux symboles. Ces progrès occupent une longue suite de siècles. Plaute et Térence nous montrent les deux formes de mariage également reconnues, et employées concurremment. Au temps de Cicéron, la *manus* s'efface déjà au second rang. Enfin, pour Gaïus et Ulpien, elle n'est presque qu'un souvenir. L'acquisition par l'usage n'existe plus : *Hoc totum jus partim legibus sublatum est, partim ipsa desuetudine oblitteratum*. Si les anciennes formalités, la coemption et la confarréation, se pratiquent encore, la première ne sert plus guère qu'à soustraire la femme aux sévérités de la tutelle légale (*coemptio fiduciæ causâ*) ; la seconde n'est employée que dans le mariage des prêtres. Il est remarquable que ce soit la confarréation, la forme patricienne et sacerdotale, qui ait subsisté la dernière, et presque aussi longtemps que le paganisme, malgré ce qu'elle avait de contraire aux principes nouveaux, et malgré les décrets qui vinrent la restreindre (Gaïus, I, § 110 et suiv.; Ulpien, *Règles*, tit. IX; Tacite, *Ann.*, IV, 16).

Le principe de l'indépendance de la femme à l'égard de son époux une fois admis, ses conséquences ne furent pas moins extrêmes que celles de la *manus*. Ici, il n'y eut plus abdication par le père de sa puissance, entrée, agnation de la femme dans une nouvelle famille. Elle conserva dans la sienne sa place, son rang successif, son *paterfamilias* et tous ses droits; elle n'en obtint aucun dans celle de son époux, et l'on peut prendre à la lettre cette ironie amère de la femme de Quintus, frère de Cicéron, demandant à son mari si elle était donc une étrangère dans sa maison : *Ego sum, inquit, hic hospita* (Cic., *Epit. à Atticus*). Soumise à cette *potestas* inexorable des premiers siècles, qui donnait au père droit de vie et de

familias, earum quæ in manum convenerunt; altera earum quæ tantummodo uxores habentur. »

mort, elle pouvait être revendiquée, forcée de quitter son mari et ses enfants, par un simple caprice de celui-là même qui avait consenti à son mariage, et cette rigueur ne fut abandonnée qu'à une époque avancée de l'empire : *Bene concordans matrimonium separari a patre divus Pius prohibuit*, nous dit Paul (*Sent.*, V, 6, 15; L. 1, C. *De liber. exhib.*— V. encore Plaute, *Stich.*, sc. I et II; Ulpien, tit. VI). Étrangère à son mari, elle pouvait faire avec lui les mêmes conventions, les mêmes actes qu'avec tout autre, et leurs conséquences étaient déterminées par les règles ordinaires; il en était de même pour les délits et les quasi-délits de l'un des époux vis-à-vis de l'autre (L. 27, § 30, et 56, *ad leg. Aquil.* Voyez pourtant L. 2, C. *Rer. amot*). La femme pouvait donc, quand elle était *sui juris*, avoir des biens propres, et dès lors il fut naturel qu'elle en donnât une partie à son mari par convention spéciale, pour l'aider à soutenir les charges du ménage. Se trouvait-elle en puissance d'ascendant; il était juste que celui-ci, se déchargeant sur le mari de l'obligation de nourrir, de soigner et d'entretenir sa fille, lui en donnât aussi un dédommagement. Dans les deux cas, c'était un traité à forfait qui, sous tous les autres rapports, séparait complétement les deux époux. La donation que, depuis longtemps déjà, le père avait coutume de promettre lors des fiançailles, dut servir de règle et de modèle à cette nouvelle situation; car alors encore, la femme, d'après les seuls principes du droit, n'apportait rien à son mari. D'ailleurs, une fois la *manus* écartée, comme le mariage se formait par le seul consentement, il n'y avait plus de moyen de distinguer l'épouse de la concubine, dont pourtant les droits et la situation légale étaient bien différents; aussi, sans exiger l'apport d'une dot pour la validité du mariage[1], fut-on amené à voir dans l'*instrumentum dotale* la meilleure preuve de sa légitimité[2]. Par tous ces motifs, et grâce aussi à l'avarice des maris romains, la dot s'établit dans l'usage, presque en même temps que se répand le mariage libre; les grosses dots

[1] Majorien fut le seul qui établit cette exagération, et elle dura peu.

[2] Cela se voit surtout dans la législation impériale, qui déclara légitimes les enfants nés de la concubine *post dotem*, et naturels ceux *ante dotem* (L. 10-11, C. *De natur.*, lib. — Nov. 78, ch. IV); mais on en trouve aussi des traces dès les premiers temps (Plaute, *Trinum*).

sont recherchées avec ardeur; on voit naître le mariage d'argent, avec tous ses inconvénients et avec les déclamations ordinaires des philosophes. Plaute (*Asin.* et *Aulular.*), Térence, Horace (*Carm.*, 21-19), se répandent en plaintes amères sur la dépendance où les grosses dots des femmes tiennent leurs maris. *Dote fretœ feroces*, disent-ils; *argentum accepi, dote imperium vendidi;* et le fameux discours de Caton, pour la loi Voconia, portée en 585, nous apprend comment s'établissait et se conservait cet empire : *Principio mulier nobis magnam dotem attulit: tum magnam pecuniam recipit quam viri in potestate non committit; eam pecuniam viro dat mutuam; postea, ubi irata facta est servum recepticium sectari atque flagitare virum jubet.* Ainsi, la dot se trouve constituée sous son vrai nom, et non plus comme donation; à côté d'elle, apparaissent des biens non dotaux, réservés à la femme, qu'on appelle encore réceptices, mais qui prendront bientôt le nom grec de paraphernaux.

Il est probable que l'influence de la Grèce, où régnait le régime dotal, fut pour quelque chose dans cette transformation du mariage et de ses effets réels, qui apparaît à l'époque précisément où Rome se trouve en contact avec la civilisation grecque, et où commencent à y affluer ces rhéteurs qui indignaient tant le vieux Caton (Tite-Live, livre XXXIV). Mais les idées romaines ne furent pas abdiquées pour cela. Quoique Rome pût trouver dans les lois d'Athènes le régime dotal tout organisé, et le prendre en bloc, elle ne dérogea pas ici à ses habitudes de progression lente et successive; et c'est ainsi qu'elle l'appropria et l'amena à sa perfection. A l'époque où nous sommes arrivés, la dot, comme sous la *manus* les biens apportés par la femme ou la donation faite par le père à l'époux, la dot une fois *data*, livrée, cesse encore complétement d'être à la femme; elle appartient en toute propriété au mari.

Mais ici commencent ses transformations. Une règle nouvelle surgit, qui altère et restreint ce pouvoir absolu; c'est le droit éventuel de la femme, c'est la nécessité possible de restitution. Une vieille loi, attribuée à Romulus par Plutarque qui nous l'a conservée (Plut., *in Romul.*, ch. xxii), tout en interdisant à la femme de divorcer, permettait au mari de la répudier pour certains délits, sans qu'il eût alors rien à lui rendre. Mais s'il la répudiait sans juste cause, elle avait droit à la moitié de ses biens; l'autre moitié était vouée à Cérès. Ce n'était pas la restitution de l'apport de la femme, car on ne distinguait pas dans les biens du mari ceux qui venaient d'elle, pour les lui attribuer. Mais c'était, du moins, la consécration de ce principe d'équité, que la femme délaissée à tort par son mari ne devait pas, à cette dissolution du mariage, se trouver abandonnée sans ressources. Cette idée prit plus d'extension, quand la corruption des mœurs et les facilités plus grandes du mariage libre firent du divorce un usage commun et consacré. Alors il fallut pourvoir au sort de la femme, qui pouvait se trouver *sui juris*, c'est-à-dire sans protecteur, et avoir livré en dot tous ses biens. Soit que le divorce de Sp. Carvilius Ruga, en 520, ait été ou non le premier exemple de ce genre donné à Rome, toujours est-il qu'il ne fit aucune restitution à sa femme, mais que depuis, dans tous les textes qui nous sont parvenus, la restitution de la dot se trouve toujours liée à la séparation des époux (Suétone, *Cæsar*, I; Plutarque, *Marius*, 38; Aulu-Gelle, 10-22; Pline, *Hist. nat.*, 14-13). Aulu-Gelle (4, 3) dit, d'après Sulpicius, que c'est à ce fait qu'il faut faire remonter l'introduction des *cautiones* et des *actiones rei uxoriæ*; et en effet, si elle ne s'opéra pas immédiatement et d'un seul coup, comme ce texte semblerait l'indiquer, il est probable du moins que la transition ne fut pas longue. La crainte de voir le divorce briser bientôt le mariage et dépouiller la femme dut engager à stipuler, avant sa conclusion, que la dot serait rendue si cet événement se réalisait, et l'équité engagea le préteur à suppléer ce pacte toutes les fois qu'on l'avait négligé. Ainsi naquit, après la caution, l'action prétorienne *rei uxoriæ*, à laquelle on donna probablement ce nom plutôt que celui d'*actio de dote*, afin de l'étendre au cas de mariage avec *manus*, où il y avait non pas réellement dot, mais transmission du patrimoine de la femme au mari. Mais dans la pratique, ce fut au mariage libre, et aux femmes réellement dotales, que cette action s'appliqua le plus souvent. Le mari auquel le divorce était imputable, qui répudiait sa femme sans juste cause, devait rendre toute la dot; à l'inverse, il la retenait tout entière quand la femme était en faute. Mais des exemples prouvent que l'inconduite de celle-ci ne suffisait pas ; il fallait de plus qu'il n'y eût pas fraude de la part du mari, qu'il n'eût pas spéculé sur cette inconduite [1] ; car, ainsi que nous l'apprend Cicéron (*De Offic.*, 3-15), l'action *rei uxoriæ* était de bonne foi, et sa formule (*quod æquius melius*), donnait aux arbitres qui devaient en connaître la plus grande latitude. Il résulta de tout ceci que dans le cas de divorce par consentement mutuel, le plus ordinaire à cette époque, la dot devait être restituée. De là, à imposer aux héritiers du mari l'obligation de la rendre à la femme survivante, il n'y avait qu'un pas.

On le franchit bientôt, car sa situation n'était pas moins intéressante dans cette hypothèse que dans l'autre, et elle n'avait plus, comme sous la *manus*, sa place dans la famille du mari et une part d'enfant à prendre dans sa succession. Il était donc juste de la considérer comme n'ayant aliéné sa dot que sous la condition d'être nourrie et entretenue ; de lui rendre les biens qu'elle avait apportés pour soutenir les charges du ménage, du moment que ce ménage n'existait plus. D'ailleurs, le pouvoir du mari sur les biens dotaux s'était profondément altéré. Depuis longtemps, de ce que son droit était résoluble, puisqu'il pouvait être forcé de rendre la dot dans un cas très-fréquent, celui du divorce, on avait conclu qu'il ne pouvait se comporter avec la dot comme avec ses autres biens, *uti et abuti* ; on avait admis qu'il devait l'administrer sans négligence, en bon père de famille, et répondre des fautes qui rendraient impossible la restitution. La loi 66, *De soluto matrimonio*, est précieuse en ce qu'elle nous donne la date de ce progrès. C. Gracchus ayant péri dans une sédition, et la dot de sa femme ayant été confisquée comme tous ses biens, Publius Mucius décida que ses héritiers devaient rendre à Licinia la valeur de sa dot, parce que la sédi-

---

[1] Valère-Maxime, VIII, 2, 3, rapporte le fait suivant : C. Titinius avait pris pour femme Fannia, dont il connaissait la mauvaise conduite, afin d'en profiter pour la répudier et la dépouiller de sa dot. Marius, pris pour arbitre, avertit plusieurs fois Titinius de renoncer à son dessein et de rendre la dot à sa femme. Forcé enfin de se prononcer, il condamna Fannia, *propter mores*, à payer un sesterce ; Titinius, à rendre toute la dot.

tion avait eu lieu par la faute du mari. Que cette décision n'ait pas été dictée uniquement par l'équité , que la politique du moment et la haine du parti conservateur pour un tribun populaire y aient eu leur part, la chose est possible ; mais on voit que dès l'an 121 avant Jésus-Christ, les restrictions à la puissance du mari sur les biens dotaux, les règles de son administration étaient trouvées, et le droit de la femme survivante reconnu dans certains cas. Par la suite, cette réversion ne fit que s'étendre à tous, et devenir un principe général. Cela eut lieu surtout quand la loi Julia, en interdisant au mari de vendre le fonds dotal sans le consentement de la femme, et de l'hypothéquer même avec ce consentement, eut proclamé par cela même que le mariage n'enlevait pas à celle-ci la pleine propriété des biens donnés en dot, mais lui laissait, même pendant sa durée, un droit actuel et important, celui de consentir à l'*abusus* ou de s'y opposer. La logique devait amener à dire que si elle se trouvait survivre à la dissolution, tous les autres droits viendraient se réunir sur sa tête. Quant au cas de son prédécès, ce fut beaucoup plus tard seulement, sous Justinien, qu'il fut assimilé à celui de sa survie, et entraîna restitution de la dot à ses héritiers. Alors ce qui n'était qu'une chance aléatoire, un gain de survie, devint un droit certain et transmissible ; les règles protectrices établies dans le seul intérêt de la femme assurèrent aussi celui de sa famille, et le régime dotal fut constitué dans sa forme définitive.

Etudions les règles de la restitution de la dot à l'époque classique du droit romain, c'est-à-dire d'après les grands jurisconsultes dont le Digeste nous a conservé, par fragments, les écrits.

La dot peut se constituer soit avant, soit après le mariage. Elle se constitue de trois manières : par dation, c'est-à-dire par un des modes soit du droit civil, soit du droit des gens admis comme transférant la propriété ; par stipulation, par le contrat verbal ordinaire formé au moyen d'une demande et d'une réponse affirmative ; ou enfin par diction, contrat verbal particulier propre à cette seule matière. On disait sous ce rapport, qu'elle était *data* , *dicta* ou *stipulata*. Le premier mode donnait immédiatement au mari la propriété de la dot ; les deux autres un simple droit de créance qu'il poursuivait ensuite par une condiction. Mais tandis que tout le monde pouvait employer la *datio* ou la *sponsio*, la *dictio*, comme forme particulière et exceptionnelle d'engagement, était réservée à la femme, à son débiteur agissant par son ordre, et à son père ou à son ascendant paternel mâle (*virilis sexus per virilem sexum cognatione junctus*. Ulp., VI, § 2). Il faut remarquer même qu'elle n'était permise qu'à la femme· *sui juris* (bien entendu avec l'autorisation de son tuteur). Quant à la fille en puissance, c'était son *paterfamilias* qui avait seul le droit d'employer la *dictio;* elle ne pouvait s'obliger elle-même que par la stipulation (*Vatic. Frag.*, § 99), encore si l'on n'admet pas l'opinion de ceux qui pensent que la fille de famille pubère était incapable de s'obliger civilement, comme les fils et les filles impubères.

A un autre point de vue, le seul que nous ayons à considérer, celui de la restitution, on distinguait deux sortes de dots. Il y avait, d'une part, la dot profectice, celle qui émanait du père ou d'un ascendant mâle et paternel, celle qui comprenait par conséquent une partie du patrimoine de la famille, et qui faisait retour au donateur, s'il survivait à la dissolution du mariage arrivée par la mort de la fille : d'autre part, il y avait la dot adventice, celle qui venait de toute autre personne, c'est-à-dire, soit de la mère, soit d'un parent par les femmes, soit d'un étranger ; celle-ci, ne provenant pas des chefs de la famille, paraissait appartenir davantage à la femme ; elle avait donc pu l'aliéner au profit de son mari. Aussi la gardait-il tout entière s'il survivait, à moins que le donateur de ces biens, prévoyant cette hypothèse, n'eût stipulé qu'alors elle lui ferait retour.

Mais d'abord, quel était réellement à cette époque le droit du mari sur les biens dotaux ? Était-il encore propriétaire, *dominus dotis?* Cette question est une de celles qui ont le plus divisé les commentateurs, car elle n'a jamais été résolue formellement en droit romain; les textes du Digeste consacrent alternativement les deux opinions, partant tantôt de l'ancien principe, tantôt des idées et des lois nouvelles qui, en limitant le droit de l'un des époux, reconnaissent par là même un droit actuel à l'autre. Aussi, le système d'après lequel le mari aurait été considéré comme *procurator* de la femme et comme agissant *procuratorio nomine* pour les biens

dotaux, dans le sens le plus large de ce mot en droit romain (Tiger-
strôm, voyez Mühlenbruch), est-il le seul que nous croyons pouvoir
rejeter complétement, car il est en contradiction à la fois avec les
textes et avec les données historiques. Les lois 1, *De jure dotium*, et
2, *Soluto matrimonio*, montrent bien la nouvelle situation ; l'une
qui dit, comme le droit primitif, *dotis causa perpetua est*, c'est-à-
dire la dot est livrée pour une cause perpétuelle comme la vente,
l'autre qui ajoute, d'après les règles nouvelles : *Soluto matrimonio
solvi mulieri dos debet*. Ainsi, malgré cette perpétuité, la dot doit
être rendue à la femme qui survit; si le mari est propriétaire, il
est aussi débiteur éventuel. Le Digeste et les écrits qui nous restent des jurisconsultes de ce temps sont ainsi remplis de textes
et de décisions contradictoires. Le mari avait seul l'exercice de
toutes les actions relatives à la dot, possessoires ou pétitoires ; il
pouvait la revendiquer même contre la femme, si elle en avait dé-
tourné une partie (L. 24, *De act. rer. amot.*). Pourtant la loi Julia
avait établi, et tout le titre *De fundo dotali*, au Digeste, suppose
que l'aliénation du fonds dotal ne pouvait se faire que du consentement de la femme (Gaïus, II, 62 et 63). La femme *sui juris* ne
pouvait donner en dot une chose *mancipi* sans l'autorisation de son
tuteur, parce qu'elle ne pouvait pas l'aliéner seule (Ulp. XI, § 20;
Gaïus, II, 80). Les lois 7, §§ 3, 8 et 9, § 1, *De jure dotium*, supposent toujours, parmi les nombreuses hypothèses qu'elles prévoient,
la propriété transférée, soit immédiatement par un des modes reconnus, soit après coup par usucapion. Les lois 17, § 2, *De fundo
dotali*, 41, § 6, *De peculio*, sont plus formelles encore, car elles
emploient pour désigner le droit du mari le mot *dominium*, expression qui indique une propriété absolue, et ce terme se retrouve
jusque dans le Code (L. 23, C. *De jure dotium*). Enfin, Justinien lui-même, qui pourtant avait interdit l'aliénation du fonds dotal, même avec le consentement de la femme, et ordonné la restitution de la dot dans tous les cas, soit à elle, soit à ses héritiers, dit
encore dans ses Institutes (*Quib. alien. licet*, II, 8), comme Gaïus,
que le mari ne peut pas aliéner, *quoique propriétaire*. Mais, d'autre
part, on trouve dans la loi 3, § 5, *De minor* xxv *ann.* : *Dos ipsius filiæ proprium patrimonium est* ; dans la loi 71, *De evict.* : *Non*

sicut mulieris dos est, ita patris; dans la loi 4, *De coll. bon.* :
*Non sicut in matrisfamilias bonis esse dos intelligitur, ita et in pa-
tris.* La loi 75, *De jur. dot.*, dit : *Quamvis in bonis mariti dos sit,
mulieris tamen est,* et décide comme la loi 22, § 1, *De evict.*, que
si le mari est évincé du fonds par elle acheté et constitué en dot,
même pendant le mariage et quoiqu'il n'y ait pas eu d'estimation
(ce qui lui aurait donné contre elle l'action *ex empto*), elle peut
agir par action récursoire, car elle a néanmoins un intérêt actuel. Enfin, la loi 30, C. *De jure dotium,* traitant l'ancienne manière de voir de *legum subtilitas,* donne à la femme contre tous
créanciers la revendication de la dot, *cum eædem res et ab initio
uxoris fuerint, et naturaliter in ejus permanserint dominio.* Entre
ces deux systèmes contraires se place une loi (15 pr. et § 3. D.
Qui satisd. cog.), qui déclare que la dot immobilière procure à la
fois au mari et à la femme la faveur dont jouissent les possesseurs
d'immeubles, de ne pas donner la caution *judicio sistendi,* reconnaissant ainsi le droit de tous deux, et c'est aussi l'opinion qu'exprime Boethius (*ad Topic.*), quand il dit : *Dos licet in bonis mariti
sit, est tamen in uxoris jure.* C'est là, croyons-nous, la vraie explication. La propriété transférée au mari lui appartient tant que
dure le mariage, et même après sa dissolution, jusqu'à ce que ses
héritiers l'aient retransférée à la femme. Mais pourtant la femme a
aussi un droit, un avantage, car elle a une dot, et cet avantage
consiste non-seulement « dans une créance conditionnelle éven-
« tuelle pour la restitution de cette dot, mais encore dans un émo-
« lument actuel, puisque les fruits des biens dotaux sont appli-
« qués aux besoins communs, aux dépenses du ménage, aux
« charges du mariage, par conséquent employés dans son intérêt
« et à son profit, tout autant qu'au profit du mari. » (M. Pellat,
textes sur la dot, p. 377.)

Quoi qu'il en soit, pour chacun des deux époux, le prédécès de
son conjoint constituait un avantage ; celui de la femme consoli-
dait le droit du mari, le libérait de l'obligation de restituer, que
la constitution même de la dot lui imposait, des prohibitions d'a-
liéner et d'hypothéquer qu'entraînait cette nécessité éventuelle ;
celui du mari réalisait la condition prévue, et permettait à la

femme de reprendre la propriété qu'elle avait transférée : tout cela dans les formes et sous les distinctions que nous allons exposer.

Le mariage pouvait se dissoudre de deux manières, par le divorce ou par la mort de l'un des époux. A l'époque où nous sommes parvenus, nous n'avons à nous occuper que de la seconde hypothèse, car la restitution en cas de survie est maintenant consacrée, en vertu de ce principe : *Reipublicæ interest mulieres dotes salvas habere, propter quas nubere possint*. Nous ne dirons du cas de divorce que quelques mots : 1° Il peut arriver sans qu'il y ait faute d'aucun côté, par exemple, s'il s'opère par consentement mutuel (*discidium bona gratia*); la femme reprend alors sa dot, sans distinction d'origine et tout entière [1], mais elle ne reprend immédiatement que les corps certains, et seulement en trois ans, sauf convention contraire, les choses qui s'apprécient au poids, au nombre ou à la mesure (Ulp. VI, § 8); 2° si le divorce a lieu par sa faute ou par celle du père qui la tient en puissance, elle subit d'abord une rétention dite *propter liberos*, d'un sixième par chaque enfant qu'elle laisse ainsi en la puissance et à la charge du mari, sans qu'elle puisse être privée de plus des trois sixièmes de la dot; puis, soit cumulativement, soit à défaut de cette réduction [2], une autre diminution dite *propter mores*, et exercée celle-ci, soit par voie de rétention, soit par voie d'action, d'un sixième *propter graviores mores* (pour adultère), et d'un huitième *propter leviores mores* ; 3° enfin, si ce sont les mœurs du mari qui ont donné lieu au divorce, non-seulement elle reprend la partie de la dot restituable en trois ans, immédiatement si la faute est grave, par tiers, de six en six mois, si elle est légère, mais encore, pour la dot restituable de suite, le mari doit rendre sur les fruits la quantité qui correspond au temps dont la restitution est avancée pour l'autre [3]. Quant à l'origine de ces rétentions, elle est très-obscure.

---

[1] A moins d'un pacte attribuant au mari, pour ce cas même, la rétention *propter liberos* (*Vat. Fragm.*, §§ 106 et 107).

[2] C'est une question très-controversée entre les commentateurs allemands, et impossible à résoudre. Nous n'entreprendrons pas de la discuter.

[3] Ainsi, en cas de faute grave, le mari, qui pour la dot pécuniaire serait

Il nous semble , malgré l'autorité de M. Troplong , qu'on les
trouve établies et consacrées avant les lois caducaires. La rétention
propter mores apparaît bien dans le fait que rapporte Valère Maxime
de la vie de Marius ; car la question était de savoir si le mari, en
répudiant sa femme comme *impudica*, ne pourrait pas garder sa
dot, et Marius la condamna, en effet, pour libertinage, à payer un
sesterce ; évidemment pour obéir à la coutume qui voulait que les
graviores mores entraînassent perte de la dot. Quant aux *leviores
mores*, on peut, croyons-nous, invoquer, malgré l'incertitude de la
date, l'exemple que rapporte Pline (*Hist. nat.*, XIV, 13) : *Cn.
Domitius pronuntiavit mulierem videri plus vini bibisse quam vale-
tudinis causa, viro insciente, ac dote mucltavit.* La *retentio propter
liberos* se trouve aussi dans un passage de Cicéron (*Topic.*, 4), qui
prouve qu'elle se calculait déjà de son temps par rapport au nombre d'enfants, car il la considère comme le dédommagement de l'entretien de ces enfants, qui restent à la charge du mari. La preuve
en est que s'il n'y a pas mariage valable, si, par conséquent, les
enfants ne suivent pas la condition du père, mais celle de la mère,
la rétention n'a pas lieu. Ainsi les lois caducaires n'ont créé ni
l'une ni l'autre des deux sortes de rétentions que nous examinons : au contraire, les nouveaux principes qui obligeaient le père
à doter (L. 19, *De ritu nupt.*), qui déclaraient que la conservation
de la dot, à cause de la facilité de se remarier qu'elle donnait à la
femme, était d'intérêt public, durent les faire restreindre, et, par
exemple, en cas d'adultère, réduire à 1/6 la peine qui semble consister, du temps de Marius, dans la privation du tout. Quant aux peines,
légères du reste, appliquées au mari, elles ne sont que l'abrogation
totale ou partielle contre lui, pour ce cas spécial, du principe que
l'action *rei uxoriæ* était de bonne foi. On peut y voir, soit un souvenir de la loi hypothétique de Romulus, appliquée plus tard au ma-

---

privé de l'intérêt d'un an pour le premier tiers, de deux ans pour le second, et
de trois pour le troisième, c'est-à-dire de l'intérêt de deux ans pour la totalité
du capital, sera obligé, pour la dot consistant en corps certains, de rendre,
avec les objets qui la composent, les revenus de deux années. La faute légère,
qui le priverait des intérêts d'un an sur le capital entier de la dot de quantités, lui fera perdre pour l'autre les fruits d'une année.

riage sans *manus*, soit une innovation d'Auguste, conforme à tout son système de faveur pour le mariage. Dans tous les cas, à l'époque dont nous nous occupons, les rétentions sont bien organisées, et le texte d'Ulpien ne peut laisser subsister que des obscurités de détail. Il y en avait trois autres, *propter impensas*, *propter res donatas*, *et propter res amotas*, qui s'appliquaient à toute restitution de la dot, quel que fût l'événement qui y donnât lieu, et dont nous parlerons plus loin.

Arrivons au cas de la dissolution du mariage par la mort de l'un des époux. Quand c'était la femme qui prédécédait, nous avons dit que ses héritiers ne reprenaient pas en général la dot (L. unic., C. *De rei uxor. act.*, § 6). Pourtant il faut distinguer. Cela est vrai de la dot adventice, c'est-à-dire de celle que la femme s'est constituée à elle-même, ou qu'elle a reçue soit de sa mère, soit d'un étranger, de tout autre enfin que d'un ascendant paternel mâle. A moins de convention expressément contraire, le mari n'avait rien à rendre; il pouvait même, s'il ne l'avait pas encore reçue, réclamer la dot en vertu de la promesse qui lui avait été faite (L. 5, *De bon. dam.*; 23, *De evict.*; 20, *De cond. instit.* D.), ou s'il en était évincé, agir contre le constituant ou ses héritiers. Mais le tiers donateur, et dans cette expression nous comprenons la mère, comme tout parent à qui la diction était interdite et qui ne pouvait constituer qu'une dot adventice (V. *Fragm. Vat.*, § 100), le tiers donateur pouvait stipuler à son profit la restitution, et la dot s'appelait alors *réceptice*, c'est-à-dire, qui doit être recouvrée (Ulp., VI, § 5). Alors la mort de la femme ouvrait l'exercice de l'action *ex stipulatu* contre le mari. La dot était *functa*, avait rempli son office, et il la perdait.

Quant à la dot profectice, à celle qui était constituée par le père, et qui pouvait l'être par diction, elle ne restait au mari que si, à la dissolution, il se trouvait survivre tout à la fois au constituant et à la femme. Dans ce cas, il la gardait tout entière, comme la dot adventice (L. 19, C. *De jure dot.*); mais dans le cas contraire, elle retournait au père, *solatii loco*, disent les textes (L. 6, D. *De jure dot.*). C'est là, en effet, à l'époque des jurisconsultes classiques, la seule raison à donner de ce droit de retour en faveur du père, si singulier dans la législation romaine, à laquelle le Code a emprunté, et qui applique avec encore plus de rigueur, en général, ce principe que la loi ne recherche pas l'origine des biens pour en régler la dévolution. Ici pourtant, la dot remonte à sa source, retourne se réunir à la masse dont elle a été détachée, aux biens du *paterfamilias*, par une loi que ne désavouerait pas notre ancien droit coutumier, si attentif à conserver les biens dans les familles. Et ceci n'a pas lieu *jure potestatis*, en vertu de ce droit qui confondait la personne des enfants dans celle du chef, et qui, survivant au mariage, faisait que la femme restait soumise à son père sans l'être à son mari. La *potestas* n'a rien à faire ici; car la dot est profectice même quand le père l'a donnée pour une fille émancipée (L. 5, § 11, *De jure dot.*), et si la fille, en puissance au moment du mariage, se trouve émancipée lors de sa dissolution, le père ne laisse pas de reprendre ce qu'il a donné. C'est ce que prouvent surabondamment les lois 5, *De divortiis*, 10, pr., et 59, *Soluto matrim.*, et même la loi 71 *De evictionibus*, quoiqu'elle reconnaisse que le père n'a pas le même intérêt dans la dot quand la fille est émancipée que quand elle est en puissance; car, même dans cette dernière hypothèse, elle suppose que dans un cas, la dot pourra revenir au père, et ce cas ne peut être, comme l'indique d'ailleurs la suite du texte, que celui où le mariage se dissoudra par le prédécès de la fille. C'est en vain qu'on oppose l'autorité de la loi 4, C. *Soluto matrimonio*, qui parle de *mulier filiafamilias*, car cela prouve seulement que dans l'espèce sur laquelle Alexandre Sévère était consulté, la femme était *in potestate*; et quant aux autres arguments qu'on invoque, ils ne nous paraissent pas moins impuissants contre des dispositions aussi précises. Il faut donc reconnaître qu'au temps de Gaïus et d'Ulpien, la puissance n'entrait pour rien dans le droit donné au père sur la dot profectice. Toutefois il nous paraît difficile de croire que ce droit de retour ait été imaginé d'un seul coup, sans précédents, sans analogue dans la législation romaine, et sans qu'on puisse citer ni la loi qui l'aurait établi, ni le jurisconsulte qui l'aurait proposé. Pourquoi d'ailleurs l'aurait-on appliqué seulement au père ou à l'ascendant paternel mâle, c'est-à-dire au *paterfamilias?* Nous croyons probable que la cause première en fut, non pas dans l'idée de consolation, invoquée plus tard, et qui n'explique pas qu'on dépouille le mari au profit du père, mais dans la puissance en vertu de laquelle la femme ne pouvait jamais avoir qu'un pécule, et le père gardait un droit sur ce qu'il lui donnait en dot, droit suspendu seulement pendant le mariage, et modifié par les pouvoirs du mari. Plus tard, le lien de puissance s'affaiblissant chaque jour, on aura retenu les conséquences, la distinction des deux sortes de dots et les règles spéciales de la dot profectice, en les étendant au cas même où la puissance n'existait pas, et en écartant par là le principe (Ginoulhiac, *Hist. du rég. dot.*, p. 71). Comme la mort du père, sa condamnation et la confiscation de ses biens laissent la dot au mari, qui est préféré au fisc, à moins que le constituant, pour frauder le fisc, ne l'ait donnée après le crime commis, et en vue de la soustraire à la confiscation (L. 8, § 4, *De bon. damnat.*).

La restitution au père n'était pas complète et absolue. Le mari, comme dans le cas de divorce, retenait une certaine partie de la dot à titre de compensation de la garde et de l'entretien des enfants qui restaient à sa charge ; seulement la proportion ici était différente. La rétention était d'un cinquième par enfant : *Quintis*, dit Ulpien, *in singulos liberos in infinitum relictis penes virum*. Mais de grandes difficultés se sont élevées sur la manière d'entendre ces mots *in infinitum*. Comment le mari pourra-t-il garder un cinquième pour chaque enfant, s'il y en a plus de cinq ? Cujas (*in tit. De rei ux. act.*, t. IX, p. 468), pense qu'on doit calculer la *quinta*, comme on calcule la *quarta* de la loi Falcidie ; que le mari retiendra le cinquième de la part que chaque enfant aurait dans la dot si elle leur était parvenue des biens du père ; qu'ainsi pour un enfant il aura un cinquième ; pour deux, deux fois un cinquième ou deux dixièmes ; pour trois, trois quinzièmes, et ainsi de suite. Mais ce système n'est pas admissible, car ces diverses fractions se réduisent toutes à un cinquième ; par conséquent le mari ne garderait qu'un cinquième de la dot, quel que fût le nombre d'enfants, ce qui ne peut pas être le sens du texte d'Ulpien. Pothier (Tit. *Solut. matrim.*, sect. I, art. 1, note 2) s'exprime ainsi : *Scilicet ita observabatur, ut propter primum ex liberis detraheretur quinta totius dotis, propter secun-*

dum quinta totius quod supererat, et sic in infinitum quintæ detra-hebantur. Sans doute, en procédant ainsi, on remplira toutes les conditions du texte, on pourra pousser l'opération jusqu'à l'infini. Mais nous pensons avec M. Pellat, que ce procédé compliqué n'a pas dû entrer dans la pensée des jurisconsultes, et qu'il faut entendre par les mots *in infinitum*, non jusqu'à l'infini, mais sans s'arrêter, sans limite autre que celle de la force des choses, de l'épuisement de la dot, en sorte que le mari retiendra un cinquième par enfant s'il y en a moins de cinq ; s'ils sont plus nombreux, il gardera la dot entière. Paul (*Frag. Vat.*, § 108), parle comme Ulpien de cette rétention d'un cinquième par enfant, mais sans s'expliquer da-vantage.

Il y avait un cas où l'on doutait si la dot profectice devait être rendue, ou s'il ne fallait pas dire que la condition de survie du constituant ayant manqué, le mari pouvait la garder. Les deux dé-cisions contraires sont rapportées dans le Digeste. Ce cas était celui où un aïeul avait donné une dot à son petit-gendre pour sa petite-fille, née de son fils, et décédait le premier. Le père de la femme doit-il, si elle meurt pendant le mariage, recueillir la dot ? Non, dit Labéon, d'après Servius (L. 79, *De jure dot.*), car la dot ne peut pas être réputée profectice par rapport au père, puisqu'il n'a jamais eu à lui rien de ce qui la compose. Mais Celse (L. 6, *De collat. bonor.*) se décide pour l'affirmative ; car l'é-quité veut, dit-il, que ce que mon père a donné, à cause de moi, pour ma fille, soit comme si je l'avais donné moi-même ; le devoir de l'aïeul envers la petite-fille dépend du devoir du père envers la fille, et c'est parce que le père doit donner une dot à la fille, que l'aïeul doit, à cause du fils, donner une dot à la petite-fille. Il maintient cette décision, même si le fils a été exhérédé par le père. Pothier (tit. *Solut. matrim.*, ibid.) concilie ces deux solu-tions, en attribuant la première à l'observation rigoureuse des prin-cipes, la seconde à une interprétation plus équitable. Pacius, (*Centur.* V, 55), pense qu'il faut distinguer si c'est en considération de sa petite-fille ou de son fils que l'aïeul a constitué la dot. Dans le premier cas, si l'aïeul n'a pas songé à rendre service à son fils, la loi 79 s'appliquera ; dans le second, s'il a donné la dot pour décharger son fils du devoir qui lui était imposé de doter sa fille, comme l'indiquent les mots *propter me, propter filium*, de la loi 6, *De coll. bon.*, la dot fera retour au fils.

Pour terminer ce qui se rapporte à la survie du mari, il ne nous reste qu'à mentionner deux hypothèses particulières. Quoique la condition qui devait lui assurer le gain de la dot fût matériellement accomplie, il la perdait s'il avait lui-même donné la mort à sa femme. Celle-ci était du reste, pour le même fait, privée du droit de la reprendre (L. 10, § 1, *Solut. matrim.*). A l'inverse, quoiqu'il ne fût pas certain que le mari eût survécu, ses héritiers gardaient la dot, quand les deux époux mouraient dans le même événement; car c'était à ceux de la femme à la réclamer, et pour réussir dans leur action, ils devaient prouver que le droit s'était ouvert dans la personne de leur auteur. Il est bien entendu que cette règle ne s'appliquait pas à la dot profectice, quand le père existait encore.

Toutes les fois que le mari ou ses héritiers gardaient la dot, ils étaient tenus de contribuer aux frais funéraires de la femme, en proportion de la valeur de ce qu'ils gagnaient par rapport au reste de la succession. On avait pour les y forcer l'action *funeraria*; mais elle cessait d'avoir lieu dès qu'ils n'avaient rien à recueillir, soit faute de constitution de dot, soit parce qu'elle avait été rendue à la femme pendant le mariage, dans les cas où les lois le permettaient. Cette obligation n'était donc pas un *officium pietatis*; c'était une charge du gain de la dot. Le mari ne pouvait être contraint de la remplir que dans la mesure de ses moyens; il jouissait alors du bénéfice de compétence, aussi bien que quand sa femme divorcée l'actionnait en restitution de sa dot (L. 22, 23, 27, 28, 32, § 1, *De religios.*).

Tout est différent quand c'est la femme qui vient à survivre. Le droit ou l'espérance de droit qu'elle avait sur sa dot se consolide, elle en redevient créancière, et peut se la faire rendre par les héritiers du mari. On ne distingue plus ici de dot adventice et profectice. Par rapport à la veuve, la dot est une, et elle la reprend en bloc et tout entière. Nous avons vu comment s'était établi ce droit de reprise. A l'époque où nous sommes, la faveur des secondes noces, l'esprit de la loi *Julia* font considérer comme d'intérêt public la conservation de la dot à la femme; aussi sa reprise est-elle entourée de beaucoup de facilités et de garanties; elle forme l'objet d'un grand nombre de dispositions spéciales, exceptionnelles, contraires souvent aux principes ordinaires du droit romain. Nous nous en occuperons bientôt.

Mais nous devons auparavant, à côté de ces situations diverses ainsi prévues d'avance et réglées de plein droit, signaler celles que la volonté des parties pouvait créer; après les avantages légaux, parlons des gains de survie conventionnels. On pouvait déclarer, nous l'avons dit, que la rétention *propter liberos* aurait lieu en cas de divorce, même s'il n'était pas déterminé par la faute de la femme; c'est ce que prouvent les §§ 106 et 107 des *Fragm. Vat.*, car ils n'ont de sens qu'appliqués au divorce par consentement mutuel. On peut encore « augmenter la quotité à retenir pour un nombre « donné d'enfants, jusqu'à autoriser pour un seul la retenue de la « dot entière (M. Pellat, *Dot*, p. 22). Mais nous devons nous occuper surtout des pactes qui viennent modifier les règles de la restitution de la dot, en cas de prédécès de l'un des deux époux. Sous ce rapport, nous voyons, dans tout le titre *De pactis dotalibus*, que la liberté des conventions matrimoniales était proclamée en droit romain, comme chez nous. On pouvait même les faire ou les changer après le mariage, à condition seulement de ne pas rendre moins bonne la situation de la femme (L. 1, *De pactis dotalibus*). Ainsi, on ne pouvait stipuler qu'elle serait sans dot, c'est-à-dire qu'elle n'aurait rien à reprendre, de quelque manière que fût dissous le mariage; on ne pouvait même altérer d'aucune façon son droit de reprise, fût-ce seulement par rapport au temps où elle pourrait l'exercer, ou à la responsabilité du mari. Était interdit également tout pacte qui aurait dénaturé la dot, ou excité à faire une mauvaise action. Mais dans ces limites, liberté à peu près complète est laissée aux conventions, pourvu seulement qu'elles soient faites entre toutes les personnes qui pourront répéter la dot, et contre qui on pourra la répéter (L. 1 . § 1, *De pact. dotal.*). Ainsi, l'étranger qui constitue une dot peut, avant le mariage, imposer seul à sa libéralité telles conditions qu'il

.veut. Mais une fois qu'elle est parfaite, il ne peut plus la modifier par aucun pacte, sans que la femme y consente (L. 20, § 1, *id.*). Le père stipulait souvent le retour de la dot à son profit, probablement pour pouvoir la reprendre tout entière, ou pour jouir du bénéfice de l'action *ex stipulatu*; mais il ne pouvait le faire, pendant le mariage, qu'avec le concours de sa fille, de même que la fille ne pouvait faire seule que les pactes avantageux à son père, non ceux qui lui auraient été nuisibles. Du reste, la faveur pour les conventions nuptiales amenait même à sanctionner, malgré les principes, le pacte fait en faveur de la femme par une personne qui ne pouvait pas acquérir pour elle. Ainsi, quoiqu'on ne pût pas, en constituant une dot, dire : Elle sera rendue en cas de divorce à un tiers, si ce tiers était la femme elle-même, quoique le constituant fût pour elle un aïeul maternel, un étranger, Paul lui donnait une action utile (L. 45, *Solut. matrim.*). Nous n'entreprendrons pas de passer en revue tous les pactes qui, dans le Digeste, modifient la restitution de la dot pour ou contre l'un des époux, en prévision de la dissolution du mariage par la mort de l'autre ; mais nous devons dire un mot d'une convention en faveur du mari, importante à cause de son fréquent usage, qui la faisait appeler le pacte vulgaire (L. 30, *De pact. dotal.*). « C'est celle, dit Pothier, par laquelle le mari stipule que le mariage venant à se dissoudre par le décès de la femme, il gardera la dot ou la partie de la dot qu'il devrait rendre au père, comme profectice. Ordinairement, ce pacte supposait le cas où il y aurait des enfants du mariage ; mais cette condition n'était pas nécessaire, et Paul le déclare valable, même quand il n'y en a pas (L. 12, *De pact. dotal.*). De plus, les interprétations extensives qu'il reçoit prouvent qu'on le considérait comme favorable. Ainsi (L. 48, *Sol. matrim.*), l'avantage assuré au mari, en cas d'existence d'enfants, lui appartenait, s'il ne conservait que des petits-fils ; et même quand la dot n'avait été donnée ou augmentée qu'après la naissance des enfants, il ne la gagnait pas moins, parce qu'il suffisait qu'ils fussent nés du mariage (L. 24, *De pact. dotal.*). Ce qu'on stipulait pour la dot entière, on le stipulait aussi, à plus forte raison, pour une partie de la dot, et souvent les deux pactes se cumulaient, droit au tout en présence d'enfants, droit à une portion seulement, s'il n'y en avait pas (L. 26, pr.). Alors l'augmentation postérieure de la dot était, à moins d'une exclusion formelle, soumise à la même condition que la dot elle-même. Le droit de retour stipulé en faveur du père, à défaut d'enfants, tombait par cela seul qu'il y avait eu un fils qui avait survécu à sa mère ; mais aussi on appliquait les présomptions de survie ordinaires, quoique défavorables au mari ; et si la mère et l'enfant avaient péri dans le même événement, l'enfant était réputé avoir succombé le premier.

Voyons maintenant à quelles actions donnait lieu le gain de la dot par l'un ou par l'autre des époux ; à quelles personnes, selon les divers cas, elles appartenaient. Nous avons ici de nombreuses distinctions à faire.

Et d'abord il se pouvait que le mari qui devait gagner la dot ne l'eût pas reçue. Nous parlons d'abord de cette hypothèse, la plus rare, parce qu'elle est la plus simple. Quand la dot était *data*, pas de difficulté ; car le mari en était propriétaire, et si elle ne lui avait pas été livrée, il n'y avait lieu qu'à la revendication. Mais si la dot était *dicta* ou *stipulata*, il pouvait se faire, soit par suite de la prompte dissolution du mariage, soit parce qu'un terme avait été pris pour le payement, qu'il en fût encore créancier. On stipulait même quelquefois qu'elle ne serait pas réclamée pendant le mariage (L. 30, *De pact. dotal.*). L'entretien de la femme et les charges du ménage étaient supportés alors par le mari, qui, créancier de la dot à la dissolution, avait contre le constituant, pour l'exiger, une *condictio*, action de droit strict, et qualifiée, dans le cas où elle résultait d'une stipulation, d'action *ex stipulatu*. Il pouvait se faire aussi que tout en ayant reçu la dot il eût encore à la réclamer, parce qu'il l'avait rendue à sa femme indûment. Les lois, probablement les lois caducaires, pour en assurer la conservation, avaient défendu non-seulement à la femme de demander d'avance sa dot, mais même au mari de se libérer de son obligation et d'opérer cette restitution avant la dissolution du mariage, sauf dans quelques cas exceptionnels qu'énumèrent les lois 73, *De jure dot.*, et 20, *Solut. matrim.* Si, malgré cette prohibition, le mari l'avait rendue, il n'était pas libéré, et pouvait être contraint d'en payer une seconde fois la

valeur; par conséquent il pouvait en exiger de nouveau le payement, soit pendant le mariage, soit même après sa dissolution, si,
par suite du décès de sa femme, elle devait lui rester. Il pouvait
la répéter, comme il aurait pu répéter une donation. Mais nous
avons vu que ce dernier droit dérivait d'un autre principe, et sans
qu'il soit besoin d'exposer toute la longue controverse à laquelle
cette question a donné lieu, une preuve en est qu'il était permis
aux époux de se faire des avantages de revenus ou d'intérêts; que
si, par exemple, l'un avait payé à l'autre une dette non échue, même
avec l'intention de le faire profiter des intérêts du temps intermédiaire, il ne pouvait pas les retirer, quoiqu'il pût se faire rendre
le capital lui-même (L. 15, § 1, et L. 17, *De don. int. vir. et ux.*),
tandis que le mari, en reprenant la dot, reprenait aussi ses fruits
à compter du jour où il l'avait livrée, ceux du moins dont la femme
s'était enrichie. *Eadem uxore defuncta, ab ejus heredibus cum fructibus ex die refusæ dotis marito restituatur*, disent Honorius et
Théodose (L. unic., C. *Si dos constant. matrim.*), et cette décision
n'est pas une innovation, car, en remontant dans l'ordre des temps,
on la trouve donnée successivement par Dioclétien (**L. 20, C. *De
jur. dot.***); par Alexandre Sévère (**L. 8, C. *De don. int. vir. et
ux.***), pour le cas où le mari abandonne à la femme la jouissance
de la dot; enfin par Julien et Ulpien, pour celui où il lui fait remise
de ses intérêts (L. 21, § 1, D. *De don. int. vir. et ux.*). Remarquons
que ces deux jurisconsultes sont précisément les mêmes qui, un
peu auparavant, consacrent pour le cas de donation la solution inverse.

Quand le mari était *sui juris*, il exerçait l'action par lui-même; s'il
était *in potestate*, l'exercice en appartenait à son chef de famille, qui
était le vrai propriétaire ou le vrai créancier des biens dotaux. Mais
ces biens ou ces droits n'étaient pas traités comme le reste de son
patrimoine. Si pendant le mariage il survenait un événement qui
changeât la condition du fils; si le père mourait en l'exhérédant
ou en l'instituant seulement pour partie, la dot ou la créance dotale qui aurait dû se diviser lui était attribuée tout entière; s'il
subissait un changement d'état par émancipation ou par adoption,
elle aurait dû rester au père, d'après les principes; au con-

traire, elle était distraite de son patrimoine, pour passer, soit au fils lui-même, soit à son nouveau *paterfamilias*. Dans tous les cas, la dot suit le fils marié, comme le suivent les charges du mariage, dont elle est inséparable.

Passons aux actions qui pouvaient être dirigées contre le mari ou ses héritiers à la dissolution du mariage, pour les obliger à rendre la dot. Nous disons à la dissolution, car si le mari ne pouvait rendre auparavant la dot que dans des cas très-rares, *à fortiori* la femme ne pouvait-elle pas l'exiger ; et cette dernière règle ne souffrait qu'une exception : c'était dans le cas où l'insolvabilité du mari menaçait évidemment d'en rendre le recouvrement impossible (L. 24, pr., *Solut. matrim.*). On supposait alors le divorce, et l'on donnait à la femme, avec *formula fictitia*, la même action qu'elle aurait eue s'il était réellement intervenu. Nous n'avons donc qu'à nous placer au moment de la dissolution du mariage. Mais il faut se rappeler ces deux distinctions : 1º la dissolution arrivait-elle par divorce ou prédécès du mari, en sorte que l'épouse eût droit à la restitution de la dot entière, ou, au contraire, par le décès de la femme, hypothèse où les dots profectice et receptice étaient seules restituables ; 2º s'en était-on rapporté aux règles ordinaires du droit, ou une stipulation était-elle venue consacrer formellement la restitution.

Il y avait, selon ces diverses situations, trois actions différentes pour réclamer la dot, toutes trois actions personnelles, puisque la propriété était considérée comme transférée au mari, jusqu'au moment où Justinien reconnut sa persistance entre les mains de la femme, en lui donnant la revendication (L. 30, C. *De jure dotium*). C'étaient d'abord les actions *rei uxoriæ* et *ex stipulatu*, la première, sanction commune de toutes les règles que nous venons d'exposer, moyen ordinaire que donnait la seule force de la loi, à défaut de toute prévision spéciale, pour en obtenir le bénéfice ; la seconde, dérivant de la convention, et servant à exiger la restitution de la manière et dans les cas déterminés par un contrat verbal formel ; la troisième enfin était l'action *civilis incerta*, l'action appelée généralement *præscriptis verbis*, c'est-à-dire, *quæ præscriptis verbis rem gestam demonstrat*.

Comme tout pacte dépourvu d'action par lui-même, mais exécuté par l'une des parties, lui donnait ce recours contre l'autre, pour l'empêcher de s'enrichir à ses dépens, la dation d'une dot par un tiers, avec le pacte non accompagné de stipulation qu'elle lui ferait retour à la dissolution du mariage, lui assurait ce moyen de se la faire rendre, pourvu que la convention eût été faite *ab initio*, comme condition de la constitution de dot (L. unic., § 13, C. *De rei ux. act.*). Mais cette action ne dérogeait en rien pour ce cas spécial à ses règles ordinaires. Elle ne pouvait d'ailleurs s'appliquer qu'au cas de dot réceptice, et appartenir qu'à l'ascendant maternel ou à l'étranger qui avait donné une partie de la dot adventice. Celui-ci ne pouvait avoir que les actions *præscriptis verbis* ou *ex stipulatu*, jamais l'action *rei uxoriæ*. Réciproquement, le père, l'auteur de la dot profectice, ne pouvait avoir que l'action *rei uxoriæ*, ou *ex stipulatu*. La loi 6, C. *De rei ux. act.*, marque bien nettement cette différence de situation. *Non eadem est causa*, dit-elle, *patris et matris paciscentium : quippe matris pactum actionem præscriptis verbis constituit, patris, dotis actionem profectitiæ nomine competentem conventione simplici minime creditur innovare.* Cette action *præscriptis verbis* une fois acquise ainsi par le pacte passait à l'héritier du donateur.

Quant aux deux actions *rei uxoriæ* et *ex stipulatu*, elles appartenaient également, l'une en l'absence, l'autre par suite d'une stipulation expresse [1], soit à l'ascendant paternel pour la dot profectice, quand la femme prédécédait, soit, si elle survivait, pour toute la dot, à la femme elle-même, quand elle était *sui juris*, et à l'ascendant, *adjuncta filiæ persona*, quand elle était en puissance. De plus, le père pouvait avoir seul l'action *ex stipulatu*, s'il avait voulu que la dot lui fût rendue à lui-même, *non adjuncta filiæ persona, et dotem non esse filiæ pro matrimonio* (Cujas, tome II, p. 328). A quelques personnes qu'appartînt le droit de la reprendre, dans aucun cas elles ne pouvaient s'en emparer de leur au-

---

[1] Paul, *Sent.* II, 22, § 2. *Omnibus pactis stipulatio subjici debet, ut ex stipulatu actio nasci possit.*

torité privée, sans le consentement des héritiers du mari, ou sans un jugement (L. 9, C. *Solut. matrimon.*). Il fallait exercer l'une ou l'autre action ; mais leurs résultats étaient différents comme leurs principes. Malgré le soin avec lequel les rédacteurs du Digeste, quand Justinien les eut fondues toutes deux en une seule, ont effacé dans tous les textes qui s'occupaient spécialement de l'un ou de l'autre les anciennes dénominations, pour y substituer le nom général d'action de dot, nous pouvons pourtant, avec les textes qui nous restent, et des inductions tirées des principes généraux, déterminer leurs principaux caractères. On ne doit jamais perdre de vue leurs points de départ différents : pour l'une la seule force de la loi, et les règles ordinaires de la dot ; pour l'autre, un contrat formel, accessoire à la constitution ; la première était donc générale, la seconde, toute spéciale et personnelle.

L'action *rei uxoriæ* était une action de bonne foi, c'est-à-dire une de celles dont l'*intentio incerta* donnait au juge, par l'addition des mots *ex fide bona, ut inter bonos bene agier oportet*, ou *quod æquius melius*, le pouvoir de ne plus prononcer sur une obligation unilatérale, d'après les principes étroits du droit civil, mais de tenir compte de toutes les circonstances d'équité, de bonne foi, ou de convenance, pour décider de l'existence et de l'étendue de l'obligation, et des obligations réciproques. Par conséquent, il devait prendre en considération tout fait de dol, de la part de l'une ou de l'autre partie, sans que la formule contînt l'exception de dol ; suppléer d'office tout ce qui était d'usage général dans les mœurs et dans la coutume ; opérer lui-même, en condamnant le débiteur, la compensation de ce que son créancier pouvait lui devoir d'ailleurs. C'étaient là les règles communes à toute cette sorte d'actions ; mais l'action *rei uxoriæ* avait, sous ce rapport, un caractère spécial. La situation réciproque des personnes entre lesquelles s'agitait la question, la nature anormale de la dot, qui était dispensée tantôt comme de droit naturel (L. 8, *De capit. min.*), tantôt comme d'intérêt public, de beaucoup des principes rigoureux du droit romain, la faisait considérer comme éminemment de bonne foi. Distincte des actions *bonæ fidei* ordinaires, par sa formule, conçue *in bonum et æquum* (*quod æquius melius*), elle n'est com-

prise, chose remarquable, dans aucune des trois énumérations qui
nous restent de ces actions, et qui nous sont données, dans trois
états du droit bien différents, par Cicéron (*De Offic.*, III, 15,
17), par Gaïus (IV, § 62), et par Justinien (*Instit.*, IV, 6, 28);
mais dans un autre passage (*Topic.*, 17), Cicéron nous dit :
Privata judicia maximarum quidem rerum in jurisconsultorum
mihi videntur esse prudentia... Imprimisque in arbitrio rei
uxoriæ, in quo est quod æquius melius, parati esse debent. Illi
enim dolum malum, illi fidem bonam, illi quid socium socio...,
quid virum uxori, quid uxorem viro tradiderunt. Partout nous
trouvons cet *arbitrium* traité avec cette faveur singulière, et nous
voyons que « le juge y a une latitude de pouvoir bien plus grande
« même que dans les autres actions de bonne foi. Ainsi, notam-
« ment, il peut et doit empêcher qu'une partie n'obtienne aux dé-
« pens de l'autre, par l'imprévoyance de celle-ci, un profit qui
« ne serait pas absolument interdit dans d'autres obligations. »
(M. Pellat, *Dot*, p. 51.)

De ce caractère de l'action *rei uxoriæ*, et de la situation réciproque
du demandeur et du défendeur, il résultait d'abord que le mari
n'était pas tenu de rendre intégralement et immédiatement toute
la dot. Trois sortes d'avantages lui étaient accordées ; et d'abord
le droit de faire certaines retenues.

1° Nous n'avons pas à revenir sur la rétention *propter liberos*, qui
portait sur la dot profectice en cas de prédécès de la femme, ni sur
les rétentions *propter liberos et propter mores*, que le mari exerçait sur la dot entière, quand la dissolution arrivait du vivant des
deux époux, par la faute de la femme ou de son *paterfamilias*.
Mais il était d'autres retenues qui dérivaient de causes purement
pécuniaires, et qui par conséquent profitaient, en général, aussi
bien à ses héritiers, quand il prédécédait, qu'à lui-même, quand il
était personnellement actionné ; ce sont celles qu'Ulpien appelle
propter impensas, *propter res donatas*, et *propter res amotas*.
Quoique l'héritier du mari, dit la loi 15, *Solut. matrim.*, soit
condamné pour le tout, il peut pourtant opposer les compensations
qui dérivent de causes pécuniaires, de sorte que son obligation sera
réduite d'autant : *veluti ob res donatas, et amotas, et impensas;*

morum vero coercitionem non habet. Non-seulement ces créances pouvaient s'opposer par voie de compensation ou de rétention, soit sur la dot, soit sur les revenus des biens dotaux perçus depuis le divorce, et sujets à restitution ; elles pouvaient même, à la différence de la *retentio propter liberos,* s'exercer par voie d'action. Mais il y a ici plusieurs distinctions à faire. Ceci est absolument vrai pour le cas de soustraction ou de recel ; car le § 2 du tit. VII d'Ulpien, évidemment tronqué, en nous disant : *Si maritus divortii causa res amoverit, rerum quoque amotarum actione tenebitur,* nous apprend par une analogie certaine que le même délit de la part de la femme était puni de la même façon. Quoique ce fût bien un *furtum* dans le sens romain, on n'avait pas voulu permettre entre époux l'action pénale *furti,* et l'on avait établi une action simplement *rei persecutoria,* action en restitution ou en indemnité, et qui tenait lieu de la *condictio furtiva.* L'action et la rétention appartenaient donc également, soit au mari, soit à son héritier (Pothier, *De act. rer. amot.*).

Quant aux donations, toutes les fois qu'on n'était pas dans un des cas où elles étaient permises exceptionnellement, soit comme faites à cause de mort, soit comme ne contenant pas à la fois appauvrissement de l'un des époux et enrichissement de l'autre, elles conféraient au mari non-seulement le droit de retenue sur la dot, mais la faculté de revendiquer la chose donnée si elle existait encore, ou si elle avait péri en enrichissant le donataire, de se faire rendre ce profit par la *condictio sine causa.* Mais comme, depuis le sénatus-consulte de Caracalla, la mort du donateur validait la libéralité, ces actions n'étaient pas transmissibles à ses héritiers.

Enfin pour les *res impensas,* il faut distinguer. Il y a trois espèces d'impenses : les impenses nécessaires, qu'on ne peut négliger sans laisser périr ou se détériorer la dot ; les impenses utiles, celles qui, sans la conserver précisément, l'ont améliorée, et les impenses voluptuaires ou de simple agrément. Les premières diminuent de plein droit le capital, pourvu qu'elles soient faites pour la dot elle-même, et qu'elles ne soient pas de ces dépenses d'entretien qui se compensent avec les fruits, et sont forcément à la charge du mari par cela seul qu'il est tenu de conserver les biens dotaux : *Nam tueri res dotales vir suo sumptu debet* (L. 15, *De impens. in res dot.*). Cette diminution *ipso jure* était entendue dans un sens si large, que, d'après Scévola, les corps certains même et les fonds de terre étaient diminués en tant que dotaux du montant de la dépense faite pour leur conservation ; en sorte que si l'on avait dépensé à différentes fois, pour un fonds compris dans la dot, une somme égale à sa valeur, il cessait par cela seul d'être dotal. Mais Paul rejette cette opinion, en montrant la singularité des conséquences auxquelles elle conduit, combinée avec le principe de l'inaliénabilité du fonds dotal, si la femme vient à rembourser les dépenses. Il déclare qu'il faut entendre seulement que faute par elle d'opérer ce remboursement, le fonds sera retenu en tout ou en partie (L. 56, § 3, *De jure dot.*). Ulpien, examinant la même question (L. 5, *De imp. in res dot.*), dit aussi que la diminution porte non sur les objets corporels, mais sur l'ensemble de la dot ; que sur le montant de sa valeur totale, le mari pourra retenir jusqu'à parfait payement une quantité égale à la somme dépensée ; mais il admet la diminution *ipso jure* toutes les fois qu'il s'agira non de corps certains, mais de choses données avec estimation, ou de sommes d'argent. Ces deux lois nous montrent la vraie doctrine à cet égard. Mais alors s'ensuivait naturellement cette question : Si l'on a rendu la dot entière sans se faire tenir compte des impenses, pourra-t-on réclamer ce dont on aurait pu opposer la compensation ? Marcellus admet, répond Ulpien, qu'il y a lieu à condiction ; et malgré l'opinion de la plupart des jurisconsultes, il faut par équité adopter sa décision.

Quant aux impenses utiles, le mari n'avait jamais d'action. Ce fut Justinien qui le premier lui donna l'action de mandat pour celles qu'il avait faites *voluntate mulieris*, et l'action de gestion d'affaires, *si citra ejus voluntatem* (L. unic. C. *De rei uxor. act.*). Mais dans le droit du Digeste, la propriété de la dot qui reposait pendant le mariage sur sa tête les empêchait toutes deux de naître à son profit, car nul ne peut les acquérir à l'occasion de sa propre chose. La ressource de la rétention lui restait donc seule, en vertu de la règle qui prohibait les avantages entre époux (L. 11, § 1, *De impens.*

in res dotal.). Encore ne l'avait-il toujours que pour les dépenses consenties par la femme. Pour les autres, il fallait de plus que le remboursement n'en fût pas trop onéreux à celle-ci; car on regardait comme injuste qu'elle fût forcée de vendre sa chose, faute d'autres moyens de rembourser les dépenses qu'elle avait occasionnées (L. 8, *De impens. in res dotal.*).

Enfin les impenses voluptuaires ne donnaient jamais lieu à rétention, même quand elles étaient faites par la volonté de la femme (L. 11, *id.*). Il n'y avait lieu à remboursement qu'autant que l'enlèvement des améliorations par le mari étant *possible* et *profitable*, elle ne voulait pas le lui laisser opérer : *Nam si vult habere mulier, reddere ea quæ impensa sunt debet* (L. 9, *id.*).

Pour tous ces cas, où l'action refusée totalement au mari par beaucoup de jurisconsultes ne lui était tout au plus accordée que pour les dépenses nécessaires, on avait imaginé en sa faveur une autre garantie. Quand il s'était obligé pour sa femme ou avait fait une dépense pour sa chose, il avait coutume, lors du divorce, de prendre ses sûretés par la stipulation tribunitienne (Ulp., VII, § 3). Dans le premier cas, l'utilité de cette stipulation est facile à comprendre, car le mari qui s'est obligé pour sa femme ne peut pas se payer sur sa dot, puisqu'il n'a encore rien déboursé, et que peut-être même, si l'obligation est à terme ou sous condition, il n'aura rien à débourser. Mais pour le cas de dépenses, il semble que la ressource de la rétention pourrait lui suffire. Il faut supposer qu'il renonçait à exercer son droit, parce que la femme n'avait pas actuellement les moyens de rembourser la dépense, et éprouvait un besoin pressant de recouvrer sa dot. Il fallait alors assurer d'une autre façon l'intérêt du mari. Le nom de cette stipulation paraît indiquer qu'elle émanait de la juridiction des tribuns. Quelques auteurs pensent pourtant que le texte d'Ulpien est altéré, et que le mot *tribunitia* remplace le nom qu'elle tirait de son inventeur (MM. Hugo, Zimmern).

La liberté des conventions matrimoniales, qui pouvait modifier d'une façon très-large le droit à la rétention *propter liberos*, était beaucoup plus restreinte quant aux trois causes de retenues que nous venons d'examiner. (Voyez tit. *De pactis dotal.*)

2° Outre ces retenues, le mari jouissait d'un autre privilége qui le dispensait souvent de rendre intégralement toute la dot. Nous voulons parler du bénéfice de compétence, exception mise par la formule au pouvoir de condamner donné au juge et exprimée par ces mots : *Duntaxat in id quod facere potest condemna*. La position particulière des deux parties faisait quelquefois accorder au défendeur cette faveur de n'être condamné que jusqu'à concurrence de ses facultés. Il était alors libéré par ce payement partiel, et ne pouvait plus être poursuivi sur les biens qu'il acquérait plus tard. Parmi les personnes qui en jouissaient, l'une d'elles, le donateur, avait de plus deux avantages particuliers. Pour calculer ses facultés, on déduisait de ses biens : 1° le montant de ses dettes, 2° la somme jugée nécessaire pour ne pas le réduire à l'indigence, *ne egeat*, ce qu'on ne faisait ni pour les patrons, ni pour les ascendants, ni même entre époux (L. 16, 19 pr. et §§ 1 et 30, *De re judic.*). Les rédacteurs des Pandectes généralisèrent ce dernier privilége et l'étendirent à tous les cas (voir L. 173, *De regul. jur.*, extrait corrigé du texte qui forme la loi 19, *De re judic.*), sans remarquer qu'il était illusoire, séparé de l'autre. Car à quoi servira de laisser une somme au débiteur *ne egeat*, si un autre créancier, vis-à-vis duquel il ne jouira pas du bénéfice de compétence, peut venir la lui enlever un instant après ? Quoi qu'il en soit, voilà, telle qu'elle était au temps des jurisconsultes (L. 54, *Solut. matrim.*), et telle que l'a faite Justinien, la position du mari. Le bénéfice refusé à ses héritiers appartenait pourtant au beau-père actionné par sa bru, *quia parentis locum socer obtinet* (L. 15 et 16, *Solut matrim.*) ; et aussi, d'après Labéon, aux enfants vis-à-vis de leur mère (la loi 14, *id.*, le donne aussi au *defensor*, au représentant du mari). A l'inverse, il s'exerçait contre les héritiers de la femme aussi bien que contre la femme elle-même, et, à cause du motif moral dans lequel il prenait sa source, Ulpien n'admettait pas qu'on pût y renonce (L. 14, § 1, *id.*). Le bénéfice, qui ne s'appliquait d'abord qu'à l'action en reprise de la dot, fut plus tard étendu à toute créance entre mari et femme, sauf celles résultant de délits. Quant au père de la femme poursuivi par le mari, pour le payement de la dot promise, Labéon le lui refusait. Mais Pomponius (L. 22, *De re judic.*) le lui accorde pendant le mariage, et Paul

(L. 84 *De jure dot.*), après même sa dissolution, pourvu qu'il ne s'en soit pas rendu indigne en trompant le mari.

3° Enfin un troisième avantage résultait pour celui-ci de l'action *rei uxoriæ*. Il n'était pas obligé de rendre immédiatement toute la dot. Ici l'on distinguait entre les corps certains et les quantités. Les premiers devaient être rendus sans délai, car ils étaient restituables identiquement. Or, de deux choses l'une, ou le mari les avait encore, et alors il pouvait les rapporter immédiatement, ou s'il ne les avait pas conservés, il était en faute, et cette faute ne devait pas lui procurer une faveur. Le cas fortuit ou de force majeure, l'événement non imputable à l'époux, le libérait seul, mais le libérait complétement de l'obligation de rendre. Autrement, il répondait de son dol et de sa faute grave, assimilée partout au dol dans le droit romain. Il répondait même de sa faute légère, mais appréciée seulement *in concreto* : il n'était tenu de donner aux biens dotaux que le même soin qu'il apportait à ses propres affaires, car disait-on, *causam habuit gerendi.* (*Diligentiam uxor eam demum ab eo exigit quam rebus suis exhibet, nec plus potest.* (L. 24, § 5, *Solut. matrim.*). Quant à la dot composée de quantités ou de corps certains donnés au mari avec estimation, toutes choses qu'il ne doit pas rendre identiquement, mais en même poids, nombre ou mesure, il n'est tenu de la livrer qu'en trois ans par tiers, *annua, bima, trima die ;* car on ne peut pas supposer qu'il aura toujours gardé à sa disposition une pareille quantité d'argent ou de denrées, pour être prêt à la restituer à l'époque incertaine de la dissolution du mariage. Il faut donc lui laisser un certain délai pour se la procurer. La volonté des contractants pouvait abréger le délai de la loi, mais elle ne pouvait pas l'étendre (L. 15, *De pact dotal.*), car on ne pouvait par un pacte rendre moins bonne la condition de la femme. Dans tous ces cas, pour elle, il ne pouvait être ici question de risques ; ils étaient toujours à la charge du mari comme débiteur d'un genre, *genera enim non pereunt.*

Il ne nous reste plus que deux observations à faire sur l'action *rei uxoriæ*. La première, c'est qu'elle ne passe pas aux héritiers de la femme ni de son père. Si, à la dissolution du mariage, l'épouse existe, comme elle peut avoir besoin de sa dot pour un nouveau mariage, elle a l'action pour la réclamer ; mais si elle est décédée lors de la dissolution, ou si elle a succombé depuis, mais avant d'avoir formé la demande, le mari qui a reçu la dot la conserve, parce que toute destination semblable en faveur de la femme est désormais impossible. Cependant, pour que l'action soit acquise à ses héritiers, il n'est pas nécessaire, comme pour les actions pénales, qu'il y ait eu, du vivant de leur auteur, *litis contestatio*. Il suffit qu'il y ait eu mise en demeure, probablement parce que cette action est de bonne foi, et que le retard du mari ne doit pas lui profiter (Ulp. VI, § 7 ; Paul, *Fragm. Vat.*, § 97). Mais des textes nombreux prouvent que l'action subsistait contre ses héritiers, quoiqu'il n'eût pas lui-même été mis en demeure, malgré l'opinion contraire de Cujas (*In tit. de rei uxor.*, *act.*, t. IX, p. 460) que rien n'appuie, et qui conduirait à cette conséquence inadmissible que le mariage finissant par le prédécès du mari, ses héritiers gagneraient la dot. Maintenant, de que lfait résultait la mise en demeure ? Paul (*Fragm. Vat.*, § 95) décide que la seule déclaration de l'intention de répéter la dot ne suffit pas, et le § 112 nous présente le procès-verbal d'une interpellation devant le magistrat propre à produire cet effet. *Apud magistratus de plano* (c'est-à-dire ne siégeant pas sur leur tribunal), *L. Titius his verbis a marito repetit. Anicius Vitulis dixit : Quoniam præsto est Fl. Vetus junior, peto... ab eodem ex legibus et edictis dotem et peculium... Fl. Vetus junior dixit interpellatus sum ; Duumvir dixit : Sermo vester in actis erit.* On voit, par ce même texte, que l'interpellation pouvait se faire par un mandataire de la femme, et qu'elle rendait l'action transmissible à ses héritiers, malgré le principe qui ne permet pas d'acquérir une action par un tiers ; car ce principe ne s'oppose pas à ce qu'une action déjà acquise soit conservée par un tiers agissant pour nous.

En second lieu, remarquons que la femme ne pouvait pas cumuler l'exercice de l'action *rei uxoriæ* avec les libéralités à cause de mort, par legs, fidéicommis ou institution d'héritier, qu'elle recevait de son mari. Un édit, nommé *de alterutro*, l'obligeait à opter entre l'une ou l'autre de ces deux sortes d'avantages, et si elle acceptait le legs, l'action de dot s'éteignait, comme l'exercice de l'action de dot faisait tomber le legs. Seulement, elle ne perdait l'un de ces deux droits qu'autant qu'elle pouvait exercer l'autre avec fruit (L. 40, *Solut. matrim.*).

L'action *ex stipulatu*, qui servait aussi à répéter la dot, différait de l'action *rei uxoriæ* par son caractère et par ses effets. Mais elle ne différait en rien, dans son application à la restitution de la dot, de l'*actio ex stipulatu* ordinaire, qui n'était elle-même qu'une condiction née d'une stipulation; par conséquent, elle a pour nous peu d'intérêt. C'était une action de droit strict, dont la formule ne donnait pas au juge le pouvoir de s'arrêter aux considérations d'équité ni d'obligations réciproques. Il ne pouvait prononcer que sur l'obligation unilatérale du défendeur, d'après les principes rigoureux du droit civil, et les faits de dol ou les dettes à opposer en compensation devaient faire l'objet d'actions séparées, ou du moins être réservés par une exception spéciale dans la formule. Seulement, l'*intentio* était ordinairement *incerta*[1], et le juge pouvait condamner *quanti ea res erit*, latitude qui n'était restreinte tout au plus que par un maximum (*taxatio*). La restitution de la dot, réglée par une stipulation, devait donc se faire d'après les termes précis de la promesse. Il n'y avait pas ici de droit fixé à l'avance : la convention faisait loi. Mais comme les règles des pactes dotaux interdisaient de diminuer par une convention les droits ordinaires de la femme, de rendre sa condition moins bonne quant au recouvrement de sa dot, il en résultait que la liberté des conventions s'exerçait le plus souvent au préjudice du mari, et que l'action *ex stipulatu* servait de moyen pour le poursuivre avec plus de rigueur. On pouvait le forcer à faire la restitution entière sans aucun délai ; à n'opérer aucune retenue, sauf pour les impenses nécessaires, qui diminuaient de plein droit la dot (L. 5, § 2, *De pact. dotal.*), à ne pas opposer le bénéfice de compétence. On pouvait ne le priver qu'en partie de ces divers avantages, et, par exemple, abréger les délais de la loi pour la restitution, ou y joindre l'obligation de donner caution. Dans ce cas, si le mari ne pouvait fournir la caution, il était

[1] On trouve des actions qualifiées *ex stipulatu*, où la formule est *certa* ; mais elles portent alors plus ordinairement le nom général de *condictio certi*, le nom d'action *ex stipulatu* étant réservé à la *condictio incerti* née d'une stipulation.

forcé de s'exécuter immédiatement, déduction faite des avantages qu'il aurait retirés du délai; s'il ne le voulait pas, quoiqu'il le pût, il était condamné *in solidum*, sans aucune déduction (L. 24, § 2, *Solut. matrim.*). Il ne pouvait pas opposer le bénéfice de compétence, car il était tenu comme un débiteur ordinaire, et lié d'une manière irrévocable par les termes de sa promesse. Par la même raison, la femme ne perdait pas l'exercice de cette action, par le fait qu'elle recevait une donation à cause de mort ou un legs de son mari. Elle pouvait cumuler les deux avantages, à moins que le legs ne fût formellement destiné à lui tenir lieu de sa dot; et dans ce cas même, s'il se trouvait caduc, elle recouvrait son droit à l'action *ex stipulatu* (L. unic., C. § 3, *De rei ux. act.*). Enfin le mari survivant ne gagnait pas la dot même adventice, car l'action *ex stiuplatu* était transmissible aux héritiers, sans qu'il fût besoin de mise en demeure : le tout, ajoute Cujas, *nisi aliud actum sit*. Nous ne voyons même pas ce qui se serait opposé à ce que le père privât le mari de toute chance de gagner la dot profectice, en en stipulant à son profit la restitution, stipulation dont ses héritiers, s'il venait à décéder avant la dissolution du mariage, eussent pu, comme lui-même, poursuivre l'exécution. Mais nous savons que sous ce rapport on était plus porté à étendre les droits du mari qu'à les restreindre, car ici l'intérêt sacré de la femme n'était plus en jeu, et l'intérêt du père n'était pas sauvegardé par les mêmes prohibitions.

En rendant la dot, le mari devait fournir certaines cautions, et en recevait d'autres de celui qui la réclamait. Il devait, pour les corps certains, caution de sa faute et de son dol (L. 25, § 1, *Solut. matrim.*), c'est-à-dire qu'il garantissait ne les avoir pas détériorés par un vice non apparent. Il devait encore la *cautio de persequendo servo* (L. 25, § 3, *id.*), si un esclave dotal était en fuite, et si cette fuite n'était pas le résultat d'une faute dont il fût lui-même responsable; car alors on ne pouvait pas le condamner à rendre le prix, et, comme propriétaire, il pouvait seul exercer la revendication. Réciproquement, la femme lui devait caution de le dédommager de tout ce qu'il pourrait être obligé de payer à cause de la dot; par exemple, s'il avait donné lui-même la caution *damni infecti* pour un édifice dotal qui menaçait ruine (L. 55, *id.*), ou s'il avait loué un fonds pour un bail excédant la durée du mariage, et qu'elle voulût expulser le fermier ; car alors, comme l'observe Cujas, le fermier aurait eu un recours contre le mari, son bailleur.

Maintenant, par qui et contre qui pouvait être exercée l'action de dot, ou plus spécialement l'action *rei uxoriæ*, la seule qui offre des particularités remarquables? Il y a ici plusieurs distinctions à faire. Ecartons d'abord le cas où c'est le père survivant à sa fille qui intente l'action en son propre nom et pour la dot profectice. Celui où les époux, au moment de la dissolution du mariage, se trouvent tous deux *sui juris*, sans avoir subi de *capitis deminutio*, n'offre aucune difficulté; il doit suffire de l'indiquer [1]. Mais il est deux hypothèses qui demandent à être examinées en détail : 1° les deux époux sont *alieni juris* lors de la dissolution : 2° ils sont *sui* ou *alieni juris*, peu importe, mais après avoir subi une *capitis deminutio* pendant le mariage.

1° Dans le premier cas, il faut distinguer la situation de la femme et celle du mari. Quant à la femme, d'après les principes ordinaires du droit, l'action appartient à son *paterfamilias* ; c'est lui qui peut l'intenter. Mais l'action *ex stipulatu*, par exemple, comme toute autre, lui appartiendrait à lui seul. Ici, au contraire, la fille intervient : la dot est déclarée leur appartenir à tous deux (L. 2., § 1, *Solut. matrim.*), et l'un ne peut pas empirer la condition de l'autre. Aussi le père ne peut-il réclamer la dot qu'*adjuncta filiæ persona*, et non-seulement la dot adventice, mais la dot même qu'il a constituée. Il ne peut l'exiger sans le consentement de la fille, parce qu'il ne lui est pas loisible de lui ôter sa dot comme son pécule (L. 7, C. *Solut. matrim.*). Par conséquent, la fille, par son opposition, arrête l'action de son père : elle l'empêche d'agir par cela seul qu'elle ne consent pas, lors de la *litis contestatio*, et, si elle se cache pour ne pas

---

[1] La femme exerçait elle-même l'action, et on la lui accordait même dans des cas où le droit strict la lui aurait refusée. Ainsi, dans l'hypothèse où, en divorçant, elle a ordonné de rendre la dot à son père, et où celui-ci meurt après en avoir reçu une partie, elle a l'action pour le reste (L. 66, § 2, *Solut. matrim.*). De même, si le *procurator* constitué par le père, *voluntate filiæ*, a intenté l'action, obtenu un jugement favorable, et si le père meurt ensuite, l'action *judicati* appartient à la fille, et non aux héritiers du père (L. 31, § 2, *id.*).

le faire, le préteur doit examiner ses motifs, et refuser l'action au père, s'il paraît que ce soit un moyen respectueux qu'emploie la fille pour refuser son consentement (L. 22, § 6, *Solut. matrim.*). Enfin, si elle est absente, le père peut bien agir, mais en donnant caution qu'elle ratifiera (L. 2, § 2, *id.*). Jusque-là, si le concours de la fille est déjà une grave dérogation aux droits ordinaires des *patresfamilias*, l'action, du moins, appartient toujours au chef; mais voici qui est plus grave. La fille agissait seule et par elle-même quand le père en était empêché, car on ne voulait pas que cette circonstance lui fît perdre sa dot. Ainsi, la condamnation qui rendait impossible au père de se trouver au lieu où il devait demander la dot, sa démence, sa captivité chez l'ennemi, ouvraient le droit de la fille, qui devait seulement donner caution qu'il ratifierait. En dehors même de ces cas, lorsqu'elle s'était constitué en dot son pécule, et qu'il lui appartenait encore au moment où l'action devait être intentée, elle pouvait exiger seule le payement de la dot, comme elle aurait pu agir pour toute autre dette du pécule (L. 24, *De jur. dot.*). Enfin, il paraît qu'on allait jusqu'à permettre à une fille d'agir contre son père qui s'était trouvé héritier de son mari, par la raison que cette qualité du père n'avait rien pu changer à ses droits à elle, puisqu'il ne pouvait ni exiger ni recevoir la dot sans son consentement (L. 2, Cod. *Solut. matrim.*). Remarquons que si la fille meurt postérieurement à la dissolution du mariage, l'action, déjà intentée ou non, continuera d'appartenir au père, qui pourra l'exercer seul (L. 25, pr. *Rat. rem hab.*). Le texte qui nous l'apprend ne parle que de la dot profectice, et Cujas (t. I, p. 1193, et t. IX p. 467) restreint à elle seule la décision. Mais il nous semble que quelle que soit la nature de la dot, une fois l'action ouverte par la dissolution du mariage en faveur du père, la mort de la fille ne peut que lui permettre de l'exercer seul, mais non l'éteindre, surtout si elle est déjà intentée. S'il s'agissait d'une fille émancipée, morte aussi après la dissolution, l'action *rei uxoriæ* passait à ses héritiers quand il y avait eu *litis contestatio*, ou au moins mise en demeure, autrement elle s'éteignait. Dans aucun cas, et pas même pour la dot profectice, elle n'appartenait au père (L. 75, *De jur. dot.*).

Quand c'est le mari qui est *alieni juris*, comme c'est son père qui doit pourvoir aux dépenses du ménage et à l'entretien de sa bru, même si elle n'est pas *in manu*, c'est lui qui est le vrai propriétaire de la dot, quoiqu'elle ne soit pas toujours traitée comme ses autres biens. C'est donc contre lui qu'il faudra agir ; mais il y a une distinction à faire. Si la dot a été donnée au père, ou au fils, par ordre de son père, on agira pour le tout contre le chef de famille, dans le premier cas par l'action simple *rei uxoriæ*, dans le second, par cette même action avec *adjectitia qualitas*, comme disent les commentateurs, c'est-à-dire avec la modification qui en fait une action *quod jussu*. Dans cette hypothèse, aucune action n'est donnée contre le fils, à moins qu'il ne soit héritier de son père, et qu'ainsi, continuant sa personne, il ne se trouve chargé de toutes ses obligations (V. L. 22, §§ 12 et 24, § 1, *Sol. matr.*), Mais si le fils a reçu la dot sans l'ordre du père, il y a, pour la réclamer, une double action, l'action *rei uxoriæ* ordinaire contre le fils, et, contre le père, cette même action, avec l'adjonction *de peculio* ou *de in rem verso* (probablement *duntaxat de peculio et de eo quod in rem versum est condemna*) (L. 22, § 12, *id.*). Ce dernier est alors tenu, non plus à rendre toute la dot, mais toute la partie de la dot qui a tourné à son profit, plus toute celle qui se trouve dans le pécule du fils. Seulement on ne comptait le pécule que déduction faite de ce que le fils devait soit à lui, soit aux autres personnes également placées sous sa puissance. Mais dans le pécule était compris ce que la femme devait à son mari (dépenses nécessaires, etc.), car le père avait, pour répéter ces créances, une action *ex persona filii* (L. 53, *Solut. matrim.* ; L. 25, *id.*). Nous n'insisterons pas, du reste, sur tout ceci, car ce n'est que l'application des principes généraux auxquels la dernière jurisprudence prétorienne était arrivée pour déterminer les cas où l'on pourrait être obligé par les personnes qu'on aurait sous sa puissance.

2° Si les époux avaient subi une *capitis deminutio* pendant le mariage, la nature exceptionnelle de la dot exemptait aussi l'action *rei uxoriæ* des effets de ce changement d'état (L. 8, *De cap. min : civilis ratio naturalia jura corrumpere non potest*). Sans doute l'adrogation de la femme transportait la créance dotale comme toutes les autres, d'après le droit commun, au père adoptif; mais l'adrogation du mari aurait dû, d'après les règles ordinaires, éteindre son obligation relative à la dot ; car loin que les dettes de l'adrogé passassent à l'adrogeant, il cessait lui-même d'en être tenu *jure civili*, seulement ses créanciers pouvaient obtenir du préteur contre lui une action utile, *fictitia, rescissa capitis deminutione*, et si le père adoptif ne voulait pas le défendre, la permission de faire vendre tous les biens qui lui auraient appartenu s'il était resté *sui juris* [1]. Ici, au contraire, comme les biens dotaux passent avec tous les autres aux mains de l'adrogeant, il subit les charges auxquelles ils sont destinés à subvenir (voir L. 45, *De adopt.*, qui, en parlant d'*onera*, n'entend pas les dettes ordinaires, ce qui n'eût point été vrai, mais les charges matrimoniales). De même, l'émancipation de la femme ne laissait pas la créance dotale aux mains de son père, comme les autres créances qu'il avait acquises par son fils ou sa fille. Elle ne périssait pas non plus comme eût fait un usufruit légué *per vindicationem* à cet enfant en puissance. Au contraire, le droit à l'action *rei uxoriæ* passait sur la tête de la femme émancipée, pour lui appartenir tout entier et sans restriction. Bien plus, la *media capitis deminutio* même, qui, par exemple, dans le cas de déportation, faisait perdre à la femme le droit de cité, ne lui ôtait pas pourtant l'usage de cette action. Pour l'émancipation du fils, comme pour les cas où il sort de puissance, sans subir de *capitis deminutio*, nous avons à faire une observation importante. En vertu de ce principe inscrit dans la loi 56, § 1, *De jure dotium*, que la dot doit être là où se trouvent les charges du mariage, le fils émancipé a droit d'emporter la dot de sa femme, pour subvenir à l'entretien du ménage qui maintenant lui est confié. De même, à la mort du père, quoiqu'il ne soit héritier que pour partie, quoiqu'il soit même exhérédé, il prélève la dot tout entière dans la succession paternelle (L. 51, *Famil. ercisc.*). Dans le premier cas, le juge de l'action *familiæ erciscundæ* la lui attribue comme si elle lui avait été léguée *per præcep-*

---

[1] Gaïus, *Inst.*, III, § 84. Quelques jurisconsultes, contre l'avis des Sabiniens, voulaient que les créanciers pussent agir *de peculio* contre l'adrogeant (L. 42, *De pecul.*).

tionem ; au second, il la prend par une action utile, dit Ulpien (L. 1, § 9, *De dote præleg.*), action utile *familiæ erciscundæ,* probablement, comme l'avait d'abord pensé Cujas (t. III, p. 385), qui a ensuite, à tort suivant nous, abandonné cette opinion, pour voir là une action *in factum,* compétant au fils, *non ut heredi, sed ut marito* (t. VII, p. 512). Il prélève non-seulement la dot de sa femme, mais encore celle de la femme de son fils, comme étant aussi chargé des dépenses de ce ménage (L. 20, § 2, *Familiæ ercisc.*). Mais il y a ceci de remarquable que, malgré ce prélève-ment, l'obligation de restituer la dot que le père avait contractée en la recevant ne passe pas tout entière sur la tête du fils, mais reste une dette héréditaire, qui se partage entre tous les héritiers, et dont il n'est pas tenu, s'il n'a pas ce titre. Et cette règle ne s'applique pas seulement au cas où il y a eu un contrat verbal, où la restitution peut être poursuivie par l'action *ex stipulatu ;* on s'ex-pliquerait alors que l'obligation, naissant de la promesse du défunt, suivît les principes ordinaires de transmission des biens. Mais il en est de même quand il n'y a lieu qu'à l'action *rei uxoriæ,* comme le montre la loi 1, § 10, *De dote præleg.*, qui reproduit pour l'ac-tion de dot (ce nom a remplacé partout, dans le Digeste, celui d'ac-tion *rei uxoriæ*), la décision que la loi 20, § 2, *Famil. ercisc.*, donnait déjà pour l'action *ex stipulatu.* Seulement, pour prévenir un résultat inique, le fils, en prélevant la dot de sa femme, doit donner caution aux héritiers de les garantir de l'action en restitu-tion, à laquelle ils restent exposés. Pour déterminer la valeur du prélèvement comme de la caution, il faut se référer à ce que nous avons dit sur la mesure dans laquelle le père est tenu. S'il se trouve obligé civilement, soit par suite d'une promesse, soit parce qu'il a reçu lui-même la dot, ses héritiers peuvent être actionnés pour le tout ; le fils donnera donc aussi caution pour le tout. Lorsque la dot a été reçue par le fils lui-même, le père n'est tenu que d'après le droit prétorien, et seulement *de peculio,* ou *de in rem verso ;* c'est dans cette mesure que s'exercera le prélèvement [1]. Ceci explique

---

[1] La loi 1, § 10, *De dote præleg.*, établit une différence entre le cas de legs de la dot au fils, et celui de legs du pécule au *libertus orcinus.* Dans ce dernier, il

les deux principes que nous avons posés, et qui pouvaient paraître contradictoires : le premier, que la dot suit toujours le fils marié, le second, que quand le père a reçu la dot, le fils n'est tenu de l'action *rei uxoriæ* qu'autant qu'il est son héritier. (Voyez aussi L. 24, § 1, *Solut. matrim.*) Le cas où le fils avait été institué héritier sous condition se réglait d'après les mêmes principes. Si le mariage s'était dissous par le divorce, mais après le décès du père, il y avait lieu au prelèvement et à la caution, avant même l'événement de la condition. Si le divorce était arrivé avant le décès, il n'y avait aucun prélèvement, et l'action restait en suspens jusqu'à ce qu'on sût si le fils était ou non héritier (L. 46, *Fam. ercisc.*). Mais s'il avait des cohéritiers qui eussent, avant l'événement de la condition, remboursé à la femme sa dot pour leur part, son obligation était réduite d'autant, car il n'avait pas d'action contre eux pour répéter cette somme (L. 31, § 3, *Solut. matrim*).

Ici se termine ce que nous avions à dire de la dot. Nous ne parlerons pas des sûretés, soit personnelles, soit réelles, qui en garantissaient la restitution. Ceci rentre dans une autre question, celle de l'origine de l'hypothèque légale des femmes. Nous n'avons pas non plus à nous occuper des paraphernaux ; car la propriété en reste à la femme, ou, si elle a voulu la transférer au mari, de quelque manière que se trouve dissous le mariage, qu'elle survive ou qu'elle prédécède, elle ou ses héritiers peuvent, par une action personnelle, en exiger la restitution ; c'est ce qui les faisait appeler *bona receptitia*. Dans l'usage, le mari signe un état des effets que la femme a apportés dans la maison, et qu'elle a entendu se réserver. Cet état sert ensuite de preuve pour les réclamer individuellement, soit par l'action de dépôt ou de mandat, si le mari s'est chargé de la *custodia*, soit par l'action *rerum amotarum*, ou

n'y a pas besoin de caution de défendre les héritiers contre les créanciers, car ils ne sont plus tenus envers les créanciers du pécule, par cela seul qu'ils ont cessé de l'avoir en leur pouvoir. Elle est nécessaire dans le premier, car ils sont tenus, non à cause de la possession de la dot, mais à cause de l'obligation contractée par le défunt. Julien, qui donne cette décision, suivait l'opinion des Sabiniens. Les Proculéiens (L. 1, § 7, *Quand. de pecul. act. annal.*) assimilaient, au contraire, les deux hypothèses, et pensaient que les héritiers continuant d'être obligés envers les créanciers du pécule, l'affranchi devait leur donner caution.

ad exhibendum (L. 9, § 3, *De jure dot.*). Si le mari peut exercer les actions relatives aux créances paraphernales, ce n'est que comme fondé de pouvoirs de la femme, mais sans qu'il lui soit permis de mettre ces biens en commun, ni de leur imposer, malgré elle, aucunes charges (L. 8, C. V, 14). On voit qu'il n'y a ici lieu à aucun gain de survie entre les époux. Il en est de même du régime dotal tel que l'a fait Justinien, puisqu'en fondant les deux actions *rei uxoriæ* et *ex stipulatu* en une seule, dans laquelle il a réuni les divers caractères de l'une et de l'autre, il a décidé que la dot serait dans tous les cas restituable, soit à la femme, si elle survivait, soit à ses héritiers. Par là, le régime dotal se trouve enfin définitivement constitué; mais, par là aussi, il sort de notre sujet. En revanche, nous avons maintenant à étudier une institution nouvelle qui vient se joindre comme corollaire au régime dotal, et nous permet de suivre les modifications ultérieures qu'il a subies.

II. *Donatio ante aut propter nuptias.*

Si les donations entre époux furent de bonne heure interdites, il n'en était pas de même des donations entre fiancés. Indépendamment du présent appelé *nuptiale munus*, que l'homme devait faire aux parents de sa future par suite d'un usage qui remonte peut-être jusqu'à la coemption et à l'achat de la femme, cette forme primitive du mariage chez tous les peuples (L. 1, § 5, *De tut. et rat.*; L. 13, *De adm. tutor.* D.), les dons de fiancé à fiancée étaient fréquents; ils étaient dans les mœurs des Romains comme des Grecs (Saumaise, *De Usuris*, p. 147 à 149), et datent probablement d'une très-haute antiquité. La loi *Cincia* les exceptait de ses rigueurs (Vat. Fr. § 302), et ils furent, comme les libéralités testamentaires, exemptés de la prohbiition qui vint frapper les donations entre époux; car si pour les secondes le motif n'existait plus, pour les premiers il n'existait pas encore. On en trouve de nombreux exemples dans le Digeste et dans le Code, sous les noms soit de *sponsalitia donatio* (Sid. Apoll., VII, ep. II; C. V, I et III), soit d'*ante nuptias munera* (L. 5, *De don. int. vir. et ux.*, D.; L.

2 et 7, C. *De don. ante nupt.*). Ces présents consistaient ordinairement en biens meubles à l'usage du donataire, en vêtements, bijoux ou esclaves (L. 1, 10, 13, C. *De don. ant. nupt.*), quelquefois pourtant, aussi, en fonds de terre (L. 8, 12, *id.*). Le plus souvent le don était fait par le fiancé à sa future ; mais ce n'était là qu'un usage ; il n'y avait pas encore de règles propres à cette matière. Ces donations n'étaient que des donations ordinaires, pures et simples, qui n'étaient même pas censées faites en vue du mariage et sous la condition qu'il se réaliserait, mais *pure atque absolute*, dit Vinnius. Les choses données ne faisaient donc jamais retour au donateur, qui ne pouvait même pas révoquer la libéralité si le mariage manquait, *nisi ea lege nominatim factæ essent, aut id actum evidenter appareret* (Vinnius, *Inst.*, II, 6, § 3; C. L. 10 et 11, *De don. ante nupt.*). Mais cette condition, sans doute fréquemment stipulée, fut enfin sous-entendue de plein droit par Constantin, qui commença à attribuer, sous ce rapport, un caractère particulier aux donations pour cause de noces, en les assimilant à la constitution de dot, au moins à celle qui se faisait par *dictio* ou par *stipulatio*. Deux rescrits, qui forment les lois 15 et 16, C. *De don. ant. nupt.*, ordonnent que si le mariage manque par la faute du donataire, la donation tombe ; que s'il manque par la faute du donateur, elle soit valable, et que le montant en puisse être exigé. S'il n'y a faute d'aucun côté, si la mort a surpris l'un des futurs, on distingue, pour le don fait à la fiancée, si elle a reçu ou non le baiser nuptial. Après le baiser, elle en recueille moitié ; avant, il est nul pour le tout[1]. Quant à la libéralité dont était gratifié le fiancé, la mort la rend toujours caduque. Ainsi, comme le dit encore Vinnius : *Hoc jure uti cœperunt, ut donatio omnis inter sponsum et sponsam facta intelligeretur tacitam in se habere conditionem futurarum nuptiarum ; et optima ratione, nam sine spe nuptiarum haud facile esset donaturus.* Mais cette condition n'était pas mise comme suspensive; la donation

---

[1] *Quasi osculi jure augeatur jus sponsalium, et qui osculum accepit quasi maritus sit, aut certe plus quam sponsus* (Vinnius). Cet usage du baiser nuptial est d'autant plus remarquable, que la constitution est adressée au vicaire des Espagnes, et que nous le retrouverons encore dans les *fueros* de Castille.

n'aurait pas pu alors prendre naissance, car elle eût été une libéralité *inter virum et uxorem*. Il fallait toujours qu'elle existât avant le mariage, seulement elle était résolue s'il ne se faisait pas. On n'avait fait que poser en principe ce qu'une convention formelle pouvait établir auparavant. Par là, ces donations, et celles même qui étaient faites aux parents, prirent le caractère de dédit, de peine pour celle des deux parties qui manquerait à sa promesse, en ne réalisant pas le mariage, et toutes furent comprises sous le nom général d'*arrhæ sponsalitiæ* (Voy. Code V, tit. I, L. 3, et tit. III, L. 2). Du reste, le mariage une fois fait, il n'y avait plus aucune chance de retour au profit du donateur; la chose donnée appartenait de plein droit et d'une manière irrévocable au gratifié.

La donation *ante nuptias* était donc loin alors d'avoir l'importance qu'elle prit plus tard : elle n'avait pas encore de caractère spécial, de physionomie propre; elle ne formait pas une institution distincte. Mais la force des choses devait produire bientôt de grands changements. La donation pouvait émaner aussi bien de la fiancée que du futur; mais le premier cas était rare, comme Constantin nous le dit lui-même. La libéralité avait déjà pour cause l'idée de donner à la femme une compensation de l'apport de sa dot et de l'avantage éventuel qu'il pouvait constituer au profit du mari, et cette pensée équitable ne pouvait qu'être encouragée et développée par le christianisme, qui venait achever de réhabiliter la femme, et en faire la compagne, bientôt l'égale de l'homme. La donation faite à la fiancée ne dut pas tarder à subsister seule. Il est vrai qu'elle lui était acquise en principe d'une manière absolue et irrévocable par le mariage; c'était une différence grave avec la dot, et qui s'accommodait mal avec l'idée de dédommagement, puisqu'il pouvait se faire que l'apport de la femme ne profitât pas au mari. Mais dès longtemps l'usage s'était établi que la fiancée rendît à celui-ci, à titre de dot, ce qu'elle en avait reçu comme donation. Trois constitutions nous l'attestent, et l'une d'elles montre combien il était général en disant · *Ut adsolet fieri* (L. 1, 14, *De don. ant. nupt.*; L. 5, *De sec. nupt.* C.). Il en résultait que, confondue avec la dot, soumise aux mêmes règles de restitution, la donation, comme elle, appartenait en entier à l'époux survivant. Dès lors, la véritable *donatio propter nuptias*, et par suite tout un nouveau système matrimonial, étaient trouvés, car la dot n'était plus une. Fournie en apparence tout entière par la femme seule, elle provenait en réalité du patrimoine des deux époux; elle formait un fonds commun, distinct des autres biens, une masse unique formée de deux mises, et dont l'attribution totale à l'un ou à l'autre des associés dépendait de la chance de la survie. Les lois n'avaient plus qu'à organiser et à développer ce que la coutume avait établi.

Tel est en effet, selon nous, le vrai caractère de cette institution si importante et si peu connue, malgré les longues controverses et les nombreuses conjectures dont son origine et son but ont été l'objet. Elle forme une contredot, une ἀντίφερνη, comme disaient les Grecs, et comme l'appelle quelque part Justinien. *Est dos donatio*, dit Vinnius, *nomine uxoris in maritum collata, ad onera matrimonii sustinenda. Donatio propter nuptias vice versa est quœ a parte mariti in uxorem, vel sponsi in sponsam confertur, quasi remunerandœ dotis causa.* Et d'après Cujas : *Est contractus quo quis dotem contrariam uxori affert* : contredot d'abord différente de l'autre, parce qu'elle conservait encore des traces de son ancienne nature, mais qui lui fut peu à peu assimilée sous tous les rapports, et qui finit par avoir les mêmes principes, le même but, souvent le même nom, car l'une et l'autre peut s'appeler indifféremment dot ou donation (C. L. 9, *De pact. conv.*; L. 20, *De don. ant. nupt.*). De la réunion de ces deux dots dans la main du mari naît un intérêt commun entre les époux, une asso- ciation de biens, un fonds distinct de leurs fortunes respectives, sur lequel, à l'origine, le ménage seul a un droit actuel, et chacun des conjoints un droit éventuel en cas de survie. Ainsi déjà la femme, sans retomber sous une puissance absolue et sans contrôle, n'est plus séparée du mari comme une étrangère. L'avantage que le gain éventuel de la dot offrait à une seule des parties devient un droit égal et réciproque : par l'effet seul du mariage, chacun des deux époux participe à la fortune de l'autre comme à ses travaux : le mot d'union conjugale n'est plus un mensonge, quant aux rapports réels des époux ; le mariage ne réunit plus seulement deux personnes, mais, dans une sage mesure, deux fortunes. Plus tard, l'influence du

christianisme continue à pénétrer le droit, et y fait surgir le sentiment et la protection de l'intérêt de la famille. Ce n'est plus pour la
femme seule, et pour qu'elle puisse se remarier, que la loi veille à
lui conserver sa dot; l'intérêt de l'État se place plus haut. Une
part de la dot d'abord, et bientôt la dot entière, sont réservées
aux enfants, qui doivent la recueillir à la mort de leur mère, ou à
la famille qui l'a fournie; l'apport du mari est soumis aux mêmes
règles, et la masse entière, administrée à part, spécialement pro-
tégée, entourée de nombreuses garanties de conservation, forme
une réserve à l'abri des chances de la fortune propre des deux
époux, qui assure leur existence pendant la durée du mariage et
celle des enfants après sa dissolution. Quant à l'intérêt personnel
du survivant, il n'est plus garanti de plein droit dans ce dernier
état de la législation; mais la convention peut combler cette lacune; l'usage se fixe en ce sens, et les lois concilient ces pactes
avec l'intérêt des enfants, en réduisant souvent l'avantage concédé
à un simple usufruit.

Telle fut la dernière solution donnée par la législation romaine à
ces questions capitales du droit privé, les rapports pécuniaires des
époux, les droits du survivant, et leur conciliation avec l'intérêt
de la famille. Issu des anciens principes, mais développés dans un
sens plus moral et plus élevé par la philosophie chrétienne, ce
système nouveau fut un progrès, et le plus grand peut-être qui
pût sortir des idées et des lois d'une civilisation longtemps païenne.
C'était à des races nouvelles, instruites de bonne heure et guidées
pendant une longue suite de siècles par l'Église, qu'il appartenait
de trouver une solution plus haute de ces problèmes, dans la communauté corrigée par le douaire.

Nous ne pouvons pas entreprendre de suivre dans tous ses développements successifs la formation de la donation *ante nuptias*. Il
faudrait reprendre une à une et classer dans leur ordre de date
toutes les constitutions des derniers empereurs, depuis celles de
Gratien et de Théodose, les premières qui, rompant avec les principes anciens, édictèrent des peines contre les secondes noces,
en ne laissant à l'époux remarié que l'usufruit des avantages qu'il
avait pu recevoir du prédécédé, notamment de la donation *ante*

nuptias ou de la dot (L. 3 et 5, C. *De sec. nupt.*). Disons seulement que sous leurs successeurs, cette assimilation continue ;
toute loi qui vient modifier le sort de l'une est étendue ou s'applique de plein droit à l'autre ; enfin, sous Justinien, il y a presque entre elles identité. Prouver ce parallélisme est chose facile ; il
suffit d'examiner successivement les différents principes de la *donatio propter nuptias* dans sa forme définitive, et de les rapprocher
des règles de la dot qui leur correspondent. Voyons donc sa constitution, sa destination pendant le mariage, et sa condition après
qu'il était dissous.

1º Sous le premier rapport, nous trouvons, dès l'origine de la
donation *ante nuptias* véritable, comme institution distincte, l'u-
sage par les parents du mari de la constituer, usage bien établi,
et qui paraît aussi certain que celui de la constitution de la dot par
les parents de la femme. Le retour légal au profit de l'ascendant
qui l'a fournie, s'il survit au mariage, est consacré dès avant Théodose et Valentinien, car ils expliquent (L. 2, C. *De bon. quæ
liber.*) qu'ils n'ont pas entendu lui enlever ce droit par une
loi précédente [1]. Quant à l'étranger qui a fourni la donation
ante nuptias, il peut, comme celui qui a donné la dot, stipuler qu'elle lui sera rendue ; l'usage en est fréquent, et la loi 31 (C.
De jure dotium), dans deux paragraphes semblables, suppose successivement les deux cas. Il y a donc aussi une donation adventice, profectice et réceptice. Sous Justinien, apparaît, pour le père
du fils, l'obligation de donner une dot, qui incombait depuis les
lois Pappiennes au père de la fille. Si nous ne trouvons pas consacrée par un texte formel son extension à cette situation nouvelle,
la loi 7, *De dotis promiss.* la suppose d'une manière irrécu-
sable quand elle dit : *Neque enim leges incognitæ sunt quibus
cautum est omnino paternum esse officium dotem*, vel ante nup-

---

[1] Cette loi (1, C. *id,*) est elle-même remarquable, en ce qu'elle applique à
la donation l'exemption des règles de la puissance paternelle qui existait pour
la dot, et en ce qu'elle déclare que ces biens, comme tout ce qu'un époux aura
reçu, de quelque manière que ce soit, de son conjoint prédécédé, seront réservés à l'époux lui-même, le chef de famille n'en ayant que l'usufruit, sauf le
droit de retour au constituant.

tias donationem *pro sua dare progenie. Dubitabatur apud veteres utrumne videretur pater ex ipso debito, dotis vel ante nuptias donationis fecisse promissionem, vel dationem, ut sese ab hujusmodi nexu liberaret, an liberalitas paterna dotem vel ante nuptias donationem dare suggessisset.* Comme conséquence de ces deux obligations semblables, la suite de cette loi établit, si le père a fait la donation en biens paternels et maternels, les mêmes règles d'imputation que pour la dot dans le même cas. De même, si le père était aliéné, son curateur devait fournir en son nom, soit la dot, soit la donation (L. 28, *De episcop. aud.*). Enfin, le fils ou la fille, gratifié de l'une ou de l'autre, en devait également le rapport à la succession de l'ascendant donateur (L. 17, *De collat.*, Léon`), et toutes deux étaient comprises dans le calcul de la quarte à laquelle ils avaient droit (L. 29, *De inoff. testam.*, Zénon). Restaient quelques différences, qui tenaient à ce que l'une, depuis longtemps, n'était plus considérée comme une donation, tandis que l'autre conservait encore quelques-uns des caractères de l'acte dont elle était issue, et dont elle portait le nom. Ainsi, elle devait se faire avant le mariage, entre fiancés ; dès qu'il y avait *vir* et *uxor*, on ne pouvait ni la constituer, ni même l'augmenter. Ainsi encore, elle était soumise à l'insinuation avant le mariage, à peine de nullité. A ces deux points de vue elle s'écartait de la dot : ces deux règles furent abrogées. Justin (L. 19, C. *De donat. ant. nupt.*) permit de l'augmenter pendant le mariage, pourvu que ce fût pour répondre à une augmentation pareille de la dot, et il permit même, s'il n'y avait pas de donation *ante nuptias*, et que la femme augmentât son apport, de constituer une donation égale à la dot ainsi accrue. Justinien (L. 20, *id.*), généralisant cette innovation, changea son nom, et l'appela *propter nuptias*, déclarant qu'elle pourrait être établie soit avant, soit pendant le mariage, comme la dot, *a qua et nomine et substantia nihil distat, quia quasi antipherna hæc possunt intelligi.* En même temps il modifie et supprime bientôt la sanction de l'ancienne règle, la nécessité de l'insinuation. Par la loi 20, § 1, il décide qu'on pourra remplir cette formalité pendant le mariage, même pour une donation faite auparavant, c'est-à-dire qu'elle n'aura plus besoin d'être insinuée au moment même (*actis intervenientibus*). Plus tard, il va plus loin, et abroge l'insinuation pour la donation *sponsalitia*, parce qu'elle forme maintenant un contrat spécial, même si elle émane d'un tiers, en tant du moins qu'elle est faite à la femme; car si par les pactes dotaux le mari doit en profiter, c'est une donation à son égard, et il faut l'insinuer. (Voyez *Authent. eo decursum est*, C., liv. v, t. III, *in fine.*)

Ainsi disparurent les traces les plus marquées que la donation retenait de son origine. Ainsi chaque jour la rapprochait davantage de la dot, et, à ce premier point de vue, les lois que nous avons citées et une foule d'autres prouvent qu'à la fin elles ne différaient plus. Comparons maintenant leur destination, leur fonction pendant le mariage.

La propriété des choses données est transférée à la femme, comme le domaine quiritaire de la dot l'était au mari. Ceci n'a pas besoin de démonstration; la preuve en est dans la place qu'occupe dans le Code la nouvelle *donatio ante nuptias* mêlée et confondue avec l'ancienne, qui transférait certainement la propriété, dans la nécessité de l'insinuation si longtemps maintenue, enfin, dans la revendication, seule action constamment donnée à la femme (L. 29, *De jure dot.*). Mais cette propriété est aussi fort imparfaite. Nous avons vu qu'on était arrivé à reconnaître à la femme sur la dot un domaine naturel, persistant pendant le mariage. De même, la propriété de la donation qui, en droit strict, appartenait à la femme, en vint à être considérée comme n'étant pas entièrement perdue pour le mari, comme lui restant dans une certaine mesure, et en quelque sorte naturellement, de façon que quand il reprenait les choses données à la dissolution du mariage, il n'y avait pas nouvelle translation de propriété. Les principes qui limitaient le domaine du mari sur la dot, l'inaliénabilité et la restitution éventuelle, bornaient aussi celui de la femme sur la donation. Il y avait même ici cela de plus, que pendant le mariage l'administration et la jouissance restaient au mari, qui les cumulait avec l'administration et la jouissance de la dot. Nulle part, en effet, nous ne voyons de tradition réelle faite à la femme; nulle part, elle n'administre elle-même les biens donnés. Au contraire, tous les auteurs déclarent que ni la possession , ni la propriété n'est transférée ; c'est même là-dessus que l'on se fonde pour ne voir dans la donation qu'une garantie de plus donnée à la dot. *Deinde,* dit Vinnius, *nec revera ex hac donatione dominium rei donatæ transit in uxorem, sed alia jura consequitur, veluti jus specialis hypothecæ, nam res donatæ propter nuptias pro securitate dotis mulieri speciatim obligatæ esse intelliguntur. Et hic præcipuus hujus donationis finis est, ut dos mulieri sit cautior : unde recte D. Wesenb. notat res sic donatas potius hypothecæ subjici videri, quam vere alienari.* On dit aussi généralement, ajoute-t-il, que la propriété des choses données est acquise à la femme; mais si cela était, comment comprendre que Justinien (*absurde facit*) eût constitué sur elles, au profit de la femme, un droit de gage, et eût interdit expressément au mari de les aliéner et de les hypothéquer? (Nov. 61 [1].) Ainsi, et cela devait être, d'après l'ancien usage que nous avons signalé de comprendre dans la dot les choses données, l'administration des deux dots, de la masse commune, appartient au mari, chef dès lors d'une vraie association conjugale. Par conséquent, le but de la donation est le même que celui de la dot; c'est de subvenir aux charges du mariage.

La meilleure preuve s'en trouve dans la loi 29 (C. *De jure dotium*), qui règle un cas particulier où la femme obtient par exception l'administration de cette masse. C'est celui où le mari étant ruiné, elle peut réclamer sa dot, et exiger en même temps la donation *sponsalitia*, comme si le mariage s'était dissous par un mode qui lui donnât le droit d'exiger la dot et la donation. Elle jouit du tout alors, mais sans pouvoir rien aliéner, sans disposer librement d'aucune des fractions qui le composent. Elle peut seulement consommer les fruits, employer les revenus à se soutenir elle-même, et à soutenir son mari et ses enfants; tous les droits

---

[1] Bien entendu, nous nions ce droit d'hypothèque en faveur de la femme, qu'on veut voir dans la *donatio pr. nupt.*, comme tout ce caractère de sûreté de la dot. La loi 29 et la novelle 61 ne font, ce nous semble, que reconnaître à la femme la propriété *ab initio*, suivant les anciens principes, quand son droit s'ouvre par l'événement de la condition. Du reste, nous discuterons plus loin tout ce système.

éventuels des deux époux leur étant d'ailleurs réservés pour l'époque de la dissolution du mariage, tant sur l'un que sur l'autre des deux apports, selon la teneur de leur contrat. La fonction de la donation est donc aussi de subvenir aux charges du ménage, car si elle n'était qu'une sûreté de la dot, ou qu'un gain de survie, pourquoi aurait-on donné à la femme les fruits jusqu'à la dissolution du mariage, au grand préjudice des créanciers, alors qu'une collocation éventuelle, comme chez nous, aurait suffi?

Quand le mariage cesse, le même parallélisme se reproduit entre le sort de la donation et celui de la dot. Dans le principe, la première dut être acquise en entier à la femme, par sa survie ; elle dut se réaliser ainsi à la dissolution, car c'est ainsi seulement qu'elle put être considérée comme une vraie donation, et rapprochée des donations pures et simples faites entre fiancés, soit indépendamment de la condition *si nuptiæ fuerint secutæ,* soit sous cette condition depuis Constantin. D'ailleurs, comme primitivement la donation se confondait dans la dot, elle devait en suivre le sort, et la dot formait encore à la dissolution un simple gain de survie.

Quand Valentinien fit apparaître dans le régime dotal, à côté de l'intérêt de l'époux, celui de sa famille, en réduisant à la moitié de la dot adventice le gain de survie du mari, et en réservant l'autre aux père et mère survivants de la femme, la même disposition atteignit la donation *ante nuptias,* et la même faveur fut accordée aux parents du mari prédécédé (Valent. Nov., tit. XII). Enfin, après la loi de Justinien, qui, en donnant l'action de dot aux héritiers de la femme, abolit le droit de survie légal, pour ne laisser subsister que des avantages conventionnels, en vertu de stipulations expresses, il fut naturel que dans ce système nouveau les avantages fussent encore égalisés entre les deux familles, et que les héritiers du mari pussent de leur côté reprendre la donation. Aussi la novelle 22, ch. xx, § 1, nous dit-elle : *Habebunt propria, dotem quidem mulier, sponsalitiam vero largitatem vir.* Mais elle ajoute que si les pactes nuptiaux assurent aux époux un avantage réciproque, ils l'exerceront, le mari sur la dot, la femme sur la donation anténuptiale. Et Léon le Philosophe rappelant dans le Bas-Empire l'ancien droit, c'est-à-dire la législation de Justinien, pour la remettre en vigueur, indique expressément qu'alors c'était en vertu seulement de pactes formels que l'une ou l'autre profitait à l'époux survivant.

Pour ces pactes eux-mêmes, la législation exigeait qu'ils fussent toujours parfaitement semblables, parfaitement égaux, et cette rigueur fut poussée jusqu'à l'excès. D'abord, si après la constitution de dot, la confection de l'acte dotal et même la célébration du mariage, le mari fait une donation *propter nuptias*, sans y apposer de conditions, elle sera de plein droit soumise aux mêmes conditions que la dot ; tous les pactes ajoutés à l'une affecteront l'autre, afin qu'elles marchent toujours ensemble et du même pas. (L. 20 C. *De don. ant. nupt.*) De plus, Majorien, dans cette novelle étrange où il faisait de la constitution de dot une condition essentielle de la validité du mariage, avait déja exigé qu'elle ne fût pas inférieure à la donation *sponsalitia*, (C. Théodos., Nov., tit. vɪɪɪ). Nous voyons cette condition d'égalité se développer sous Léon et Anthémius dans la loi 9, *De pactis*, qui veut que si le gain de survie du mari est fixé à une certaine partie de la dot, la femme obtienne au même titre une partie égale de la donation, qui, en d'autres termes, prescrit égalité proportionnelle, égalité de quotité dans les droits éventuels des deux époux, et déclare nul le pacte qui s'en écarterait. Cette disposition n'empêchait pas du moins que la dot et la donation elles-mêmes ne pussent différer de valeur. Justinien, qui l'avait d'abord maintenue, en réduisant seulement l'avantage stipulé le plus fort à la quotité du plus faible (L. 20, V, 3), exigea bientôt dans sa novelle 97, § 1, qu'il y eût égalité numérique, égalité dans la somme, objet de ce contrat aléatoire ; il alla plus loin encore, et imposa cette condition à la constitution même de la dot et de la donation : *Æqualia esse et ea quæ afferuntur, et ea quæ in stipulationem deducuntur pacta, et tantam quantitatem conscribere virum quantam et mulierem.* Cette disposition, impraticable à cause de la différence de fortune qui existe souvent entre les deux époux, ne put jamais se faire observer et fut abandonnée plus tard par Léon. Mais elle n'en est pas moins une preuve frappante de cette assimilation complète avec la dot, de ce caractère de contre-dot que nous cherchons à établir, et qui faisait dire à Justinien : *Dos data donationem propter nuptias meretur.*

Enfin, cette parité de condition et de règles ne cesse pas même avec la liquidation des droits des époux ; elle subsiste dans le caractère spécial que la donation et la dot conservent encore après cet événement. En effet, le gain de l'une ou de l'autre par le survivant ne la fait pas disparaître en la confondant dans son patrimoine. Elle lui appartient sans doute, mais non comme ses biens propres ; elle ne perd pas complétement sa nature de dot, garantie et conservée maintenant, non plus pour l'époux seul, mais aussi pour la famille. Dès le temps de Théodose, celui qui abandonne son conjoint et brise le mariage en dehors des cas spécialement déterminés par la loi perd son droit sur l'apport de l'autre, et ce dernier prend le tout, mais à la charge de réserver ce qu'il a gagné, c'est-à-dire la dot si c'est le mari, la donation si c'est la femme, aux enfants communs, sans aucun pouvoir de l'aliéner. (L. 8, §§ 4, 5, 7, C. *De repud.*) Si, le mariage s'étant dissous naturellement, le survivant a recueilli l'une ou l'autre, en vertu du droit que lui assurait le contrat, il en jouira comme du reste de sa fortune, s'il ne se remarie pas, et en aura même la libre disposition. Mais ces biens, s'il meurt sans les avoir aliénés, seulement en instituant pour ses héritiers des étrangers, ne passeront pas aux héritiers inscrits, et seront réservés aux enfants communs. De même, ceux-ci se les partageront entre eux également, et non d'après la part à laquelle ils seront appelés dans la succession ; peu importe que les uns soient institués héritiers et pas les autres, ou qu'ils le soient tous, mais dans des proportions inégales. (Nov. 22, ch. xx, § 2). Les lois sur les secondes noces marquent d'une manière plus saillante ce caractère de réserve au profit des enfants. Nous ne pouvons nous étendre sur cette idée, qui, en nous jetant dans le dédale de la législation du Bas-Empire sur cette matière, nous écarterait des principes propres aux avantages entre époux. Ce caractère ressort déjà des constitutions *Feminæ quæ* et *Generaliter* (L. 3 et 5. C. *De sec. nupt.* Voy. *supra*), qui interdisaient au conjoint remarié d'aliéner les biens qu'il avait reçus à un titre quelconque de son premier époux, au préjudice d'enfants communs. Par là, ces biens formaient une sorte de fidéicommis légal, auquel les enfants étaient appelés sous la condition suspensive de leur survie, leur auteur restant propriétaire sous condition résolutoire, avec la charge de conserver et de rendre. Aussi, pour les recueillir, n'étaient-ils pas obligés en principe d'accepter la succession du grevé, mais seulement celle du prédécédé; cependant, par une faveur spéciale, on déclara que même à défaut de cette acceptation, ils pourraient, au décès du grevé, conserver leur droit. Il était garanti de plus par une hypothèque tacite sur les biens de la mère d'abord, plus tard du père ou de la mère remariée. (*Id.*, 6, § 2, et 8, § 4.) Sous Justinien, il s'étend et devient un droit actuel de nue propriété, qui appartient aux enfants dès que le donateur prédécède, et est transmissible à leurs héritiers même externes, s'ils succombent avant leur auteur remarié. L'usufruit seul reste entre les mains de l'époux survivant [1]. On a voulu, il est vrai, ne voir dans ces lois que des dispositions pénales contre les seconds mariages, non une idée de protection pour les enfants; mais ce système nous semble démenti par les dernières modifications qu'elles subirent. La nov. 98, ch. i, supprimant toute différence entre le cas où l'époux contracterait un second mariage et celui où il resterait en viduité, ne lui donne plus jamais en présence d'enfants que l'usufruit des gains nuptiaux; et si, plus tard, la novelle 127, ch. iii, rétablit au profit de la viduité une faveur que l'équité réclamait, elle se réduisit à donner à l'époux non remarié dans les gains nuptiaux une part virile, suivant le nombre d'enfants, en propriété.

Quant aux règles sur la garantie et la restitution de la dot, elles ne pouvaient pas être étendues à la donation *propter nuptias*, car la situation était différente. Cette dot du mari restait entre ses mains; il n'avait donc pas besoin d'action pour la réclamer, ni d'hypothèque tacite pour en assurer la reprise : un droit de rétention lui suffisait pleinement. Pour ce qui concerne la femme, toutes

[1] Nov. 2 chap. xxi et lxviii. Il en était autrement si le prédécédé avait donné sous la condition *non existentium liberorum*; le conjoint était alors propriétaire sous la condition suspensive de prédécès des enfants.

les fois, nous l'avons dit, que la donation se réalisait en sa faveur par sa survie, la propriété était censée lui appartenir *ab initio*, comme à l'origine ; elle avait encore la revendication. Mais cette action lui était refusée, dans le dernier état du droit, quand il n'y avait pas un pacte de survie formel et réciproque. La donation, alors, restait au mari, et ses seuls avantages pour la femme étaient ceux qu'en avait retirés le ménage pendant sa durée.

Voilà, quant au caractère et au but de la donation *propter nuptias*, le système qui nous paraît le plus conforme aux textes, à la physionomie de cette institution dans le Code et les Novelles, enfin à la logique des idées et aux principes nouveaux que le christianisme avait introduits dans l'empire.

Cependant, bien d'autres opinions se sont produites : les uns n'y ont trouvé qu'un gain de survie constitué au profit de la femme, soit d'après les mêmes règles que le gain de la dot au profit du mari, soit comme un véritable douaire (Warnkœnig, Burchardi) ; d'autres n'ont voulu y voir qu'une simple caution fournie par le mari, une garantie de plus donnée à la dot (M. Laboulaye). Nous rejetons ces deux systèmes comme trop restrictifs. Nous objectons au premier que si cette égalité dans les gains de survie, cette aléa réciproque est un des résultats et fut peut-être un des motifs de l'établissement de la donation *propter nuptias*, il n'est ni le premier ni le seul. Il n'est pas le premier, car elle existait déjà long-temps avant que Léon eût établi dans la loi 9, *De pact. conv.*, la règle de l'égalité des avantages mutuels. La donation dut naître, sans doute, du besoin de compenser pour la femme le bénéfice éventuel que le mari pouvait retirer du gain de la dot ; mais cette compensation fut établie d'abord par une translation de propriété absolue et immédiate, non par la simple stipulation d'un avantage conditionnel ou par des pactes semblables aux règles de la dot. D'ailleurs, même après Léon et Anthémius, cette compensation fut loin d'être toujours exacte, puisqu'il n'y avait encore qu'une éga-lité proportionnelle, qui n'empêchait pas que les deux avantages ne pussent être bien différents de valeur. Il est vrai que Justinien pose un principe plus absolu. Mais ici se présente une autre obser-vation : c'est que dans sa législation, le pacte de survie, la clause aléatoire peut ne porter que sur une partie de la donation, qu'il peut même ne pas y en avoir, et que légalement il n'y en a pas, puisqu'elle ne résulte que d'une convention formelle. Pourtant, en l'absence de cette idée de gain de survie la donation n'en existe pas moins, et il est impossible alors de l'expliquer. En second lieu, son rôle se borne-t-il à servir de garantie à la femme, par la revendication des choses données qui lui sera accordée si sa dot se trouve dissipée par le mari? C'est là, croyons-nous, une idée inadmissible; car on ne comprend pas l'utilité de cette sûreté de plus, quand toutes les protections déjà si nombreuses qui l'entouraient sont maintenues et augmentées encore, quand, entre autres, l'hypothèque légale vient de prendre une nouvelle extension. La donation serait donc au moins inutile, comme faisant double emploi avec toutes les autres sûretés, soit réelles, soit personnelles de la dot. Mais, de plus, pourquoi Justinien se croirait-il obligé de lui refuser expressément l'hypothèque légale de la dot, en donnant pour seule raison, *non pro lucro fovemus mulieres?* Cette loi (12, § 2, C. *Qui potior.*) ne s'expliquerait pas si la donation n'avait que ce caractère de caution, car on n'assure pas une sûreté par une autre. Ce système est trop étroit, même en y ajoutant ce correctif qu'elle avait un second but, celui d'assurer pendant le mariage la subsistance de la famille, au moyen de l'inaliénabilité des biens qui en font l'objet, et du droit pour la femme de les administrer en cas de ruine du mari : car toujours il faut supposer ainsi la déconfiture; ce serait la seule hypothèse où la donation présentât de l'intérêt. Or, par la place qu'elle occupe dans les préoccupations des princes et dans le droit du Bas-Empire, elle a évidemment une plus grande importance. Elle ne formerait qu'un pacte accessoire à la constitution de dot; or, elle se présente avec le caractère de pacte non pas accessoire, mais parallèle, comme institution non pas subordonnée, mais mise en regard de la dot[1]

[1] Si la dot peut exister sans elle, tandis qu'elle ne peut pas exister sans la dot, il faut songer que Majorien avait rendu la dot obligatoire pour la validité du mariage, qu'elle l'était encore entre certaines personnes, et que la maxime : *Nullum sine dote fiat conjugium*, était sinon dans les lois, au moins dans les mœurs. D'ailleurs, cela s'explique par la raison historique, l'ancienneté plus grande de la

.et sur la même ligne. Enfin, le premier caractère de la donation *propter nuptias* une fois constituée fut évidemment de former un gain de survie ; or, on ne l'explique pas.

Maintenant, quelle est l'origine de cette institution nouvelle? On a voulu la trouver tantôt dans les coutumes de l'Orient, tantôt dans celles de la Germanie, tantôt en Gaule. Mais si l'on voit aussi en Orient, et c'est là ce qui fait l'analogie, l'homme distraire lors du mariage une certaine portion de ses biens, elle n'est pas donnée à la femme, mais à son père, comme à son maître, et pour prix de l'abandon qu'il en fait ; ce n'est donc ni un avantage constitué au profit de l'épouse, ni une mise de fonds pour le ménage : c'est simplement un achat, c'est-à-dire le mariage antique dans toute sa pureté. En Germanie, il en est à peu près de même ; le mari fait plusieurs dons, les uns aux parents, les autres à la femme elle-même, et ces dons, en se réunissant sous le nom commun de *dos*, vont bientôt contribuer à former le douaire. On trouve donc à la rigueur une dot donnée par le mari, mais nulle part une dot égale donnée en compensation par la femme. Ce n'est pas là encore la forme de régime matrimonial qui se produit à Constantinople. Celui de la Gaule, tel qu'il nous est connu par les *Commentaires* de César, s'en rapproche davantage. Nous y trouvons aussi deux apports égaux, une masse commune qui même s'augmente de l'accumulation de ses fruits, et dont la somme totale est attribuée à l'époux survivant. On s'explique assez bien que l'usage de capitaliser les fruits, réprouvé pour la dot par la jurisprudence romaine, qui n'y voyait qu'une suppression de son utilité (*mulierem indotatam*, D. L. 4, *De pact. dotal.*), ait pu modifier sur ce point la coutume celtique, et cette différence écartée, on ne peut disconvenir de la grande analogie qui reste entre cette coutume et le contrat où une dot et une donation *ante nuptias* réunies forment un gain de survie réciproque (M. Laferrière, II, p. 466). Mais on s'explique moins comment cet usage de la Gaule, encore sauvage et libre, aurait pu survivre à la conquête et à la civilisation romaine, et non-seu-

dot, et parce que l'on comprenait à la rigueur que le mari ne reçût pas de dot, mais non que n'en recevant pas il en donnât une.

5

lement subsister aux lieux où il avait pris naissance, mais encore se répandre dans tout l'empire, envahir les lois des envahisseurs et devenir le droit commun du monde romain, au moment surtout où le siége de l'empire, transféré à Constantinople, s'éloignait davantage de son berceau. Une objection sérieuse naît d'ailleurs contre ce système, de ce que rien de pareil à ce régime matrimonial ne se retrouve au nord de la Gaule après la conquête des Francs, et de ce que dans le midi même, où la donation *ante nuptias* s'est perpétuée, les plus anciens monuments, ceux qui nous la montrent avant qu'elle n'eût été modifiée par l'influence des lois de Justinien, lui donnent, avec son nom primitif de *donatio sponsalitia*, un caractère beaucoup plus éloigné de l'ancien gain de survie des lois celtiques, que la dernière législation du Bas-Empire.

Pour nous, nous croyons que l'empire romain, même dans sa décadence, était encore assez fier de sa grandeur, et assez riche de son vieux droit, pour ne pas aller emprunter les usages des barbares qu'il avait vaincus; nous croyons qu'occupés sans cesse à débrouiller le chaos de la doctrine, de la jurisprudence et des lois anciennes, les empereurs et les jurisconsultes n'ont pas pu vouloir l'augmenter encore par l'importation d'une institution étrangère; qu'enfin le développement spontané des principes romains, sous l'influence de la religion nouvelle et des progrès du temps, suffit à expliquer la formation de la donation *propter nuptias*. Son origine nous paraît être simplement dans les donations entre fiancés, faites plus souvent par le futur, comme compensation des avantages éventuels que le régime dotal lui promettait, mais comprises par la femme dans la dot qu'elle lui apportait, liée dès lors à cette dot, et participant à sa nature et à ses règles. Cet usage s'était répandu, on dut chercher à éviter ce double transfert; au lieu d'une donation réalisée, faire une simple promesse; reporter enfin à la dissolution du mariage, et rendre conditionnel l'effet de la donation, en la laissant dans l'intervalle entre les mains du mari, pour lui servir, comme la dot, à soutenir les charges du mariage. Dès lors, la vraie *donatio ante nuptias* était trouvée; les lois postérieures n'eurent plus qu'à en régler les détails, à imposer la condition d'égalité, à tirer les conséquences de ce caractère de contredot. La preuve de cette origine toute romaine, c'est que les règles des donations primitives, pures et simples, les lois de Constantin, qui établissent la condition *si nuptiæ fuerint secutæ*, celles enfin de ses successeurs, qui traitent de la donation *ante et propter nuptias*, se trouvent les unes à côté des autres dans le même titre du Code, indiquant bien cette progression d'un seul et même sujet; c'est enfin que Justinien donne encore à cette institution, dans son dernier état, le nom même qui marqua sa naissance, celui de *sponsalitia largitas* [1].

III. Donations entre époux.

La séparation complète des époux quant aux personnes juridiques et quant aux biens, qui résultait du mariage libre, entraînait pour eux la capacité absolue de faire, l'un avec l'autre, toute espèce de contrats: vente, louage, échange, prêt, donations, tout leur était permis, et nous avons vu qu'on poussait ces conséquences du principe, jusqu'à leur permettre d'intenter l'un contre l'autre, pendant le mariage, toute espèce d'actions. La loi Cincia, qui vint, l'an 550 de Rome, limiter le taux des donations, laissa subsister cet état de choses, en exceptant formellement les libéralités entre mari et femme de ses prohibitions [2]. Cependant, au temps des jurisconsultes classiques, nous les trouvons interdites, sans pouvoir fixer l'époque de ce changement: *Moribus apud nos receptum est*, dit Ulpien (D. 24. 1, L. 1). Les textes du Digeste en donnent un grand nombre de raisons: l'affection réciproque qui peut porter les époux à se dépouiller inconsidérément [3], motif général qui est de tous les temps, et a fait, sinon prohiber, au moins restreindre ces avantages

[1] M. d'Hautuille, *Revue de législation*, t. VIII, p. 344, expose à peu près ce système, qui est celui de Lœhr.
[2] *Fr. Vat.*, §§ 298 et 302. On a voulu soutenir que cela ne s'appliquait qu'au cas où, sous l'empire de la prohibition, ces donations étaient exceptionnellement permises. La généralité des termes de ces paragraphes repousse cette interprétation. D'ailleurs, ces exceptions n'ont été pour la plupart introduites que par des constitutions impériales, ou par une jurisprudence évidemment postérieure à la loi Cincia.
[3] L. 1, *De don. int. vir. et ux.*

dans toutes les législations ; mais surtout la crainte de voir la paix domestique achetée à prix d'argent, l'époux le plus honnête dépouillé par un conjoint avide, le mariage devenu un marché par la menace constante d'une séparation [1], et ces raisons, si souvent répétées et développées dans les textes, nous paraissent les plus vraies, à cette époque de corruption effrénée où les femmes comptaient les années par le nombre de leurs époux. Peut-être, dans un pareil état de choses, la nécessité de faciliter les seconds mariages fit-elle, comme pour la dot, sentir la nécessité d'assurer aux conjoints la conservation de leur fortune, et les lois caducaires ne furent-elles pas étrangères à l'établissement de la prohibition.

Quoi qu'il en soit, les donations entre vifs, même mutuelles, étaient interdites, à moins qu'il n'y eût entre elles une égalité parfaite, qui leur donnait alors le caractère d'un échange, contrat permis (L. 7, § 2) : on sait quelle influence cette disposition, appliquée chez nous au don mutuel, exerça sur notre ancien droit. On prohibait toute libéralité, directe ou indirecte, et par conséquent les donations aux personnes dont le patrimoine se confondait avec celui de l'un des époux ; de même toute donation déguisée sous l'apparence d'un contrat à titre onéreux [2], comme sous une constitution de gages pour sûreté de la dot, sous une fausse estimation des choses dotales qui eût obligé le mari à rendre plus ou moins qu'il n'aurait reçu, peut-être aussi sous une restitution anticipée de la dot : nous croyons pourtant que cette dernière prohibition tenait à un autre principe, à l'intérêt public, qui exigeait impérieusement la conservation des dots des femmes [3]. Mais cer-

---

[1] L. 2 et 3, id.

[2] L. 7, § 6 ; et L. 5, § 5. On distinguait ici : si le contrat était sérieux, mais que le prix eût été diminué par intention de libéralité, l'acte subsistait, la donation seule était nulle, et le gratifié devait rendre ce dont il s'était enrichi. Si le contrat n'était fait que pour déguiser une donation, il était nul. La loi 12, *De jure dot.*, qui est spéciale au cas d'estimation de la dot faite trop faible en faveur du mari, doit s'entendre en ce sens que le but de la femme n'était pas de vendre la chose, mais seulement de gratifier son mari ; autrement, les principes auraient voulu que l'estimation sortît à effet que seulement le mari fût obligé de rendre la vraie valeur.

[3] Nous avons montré plus haut combien la répétition de la dot restituée indûment était plus étendue que la répétition des choses données.

taines donations restaient permises aux conjoints. C'étaient d'abord celles dans lesquelles il n'y avait point appauvrissement de l'un des époux, et enrichissement de l'autre (L. 5, § 16; 31, § 7, *De don. int. vir. et ux.*), et une interprétation favorable étendait assez loin cette concession. D'une part, on ne considérait le donateur comme s'étant appauvri, qu'autant qu'il diminuait son capital acquis, ce qui ne comprenait ni le cas où il s'était privé de son revenu (L. 17, 15 § 1, 31 § 6, *id.*) (par conséquent les dons de fruits ou d'intérêts étaient permis), ni celui où il négligeait d'acquérir, d'exercer un droit (L. 5, §§ 13, 14 et 15; L. 25). D'autre part, quant à l'enrichissement du donataire, on ne se montrait pas moins favorable à la libéralité. On ne voyait une cause de nullité que dans l'augmentation du patrimoine, et non dans les économies qu'elle avait permis de faire : *Si propriæ pecuniæ pepercisset.* (L. 5, §§ 8, 9 et 11; L. 42; L. 7, § 9; L. 9, § 1; L. 14.)

De plus longs développements sur les donations ordinaires nous écarteraient trop de notre sujet; passons à un autre ordre de libéralités permises en principe, parce que l'effet s'en reporte à un temps où il n'y aura plus de mariage : *In hoc tempus excurrit donationis eventus, quo vir et uxor esse desinunt.* Ce sont les donations à cause de mort et de divorce (Ulpien, VII, § 1), dont les premières nous intéressent spécialement, car elles constituent de vrais avantages de survie entre époux. En général, le caractère essentiel des donations à cause de mort est qu'elles soient faites non-seulement en prévision de la mort, ce qui ne suffirait pas si elles étaient d'ailleurs irrévocables (L. 27, *De mort. caus. dot.*), mais qu'elles soient subordonnées à la condition du prédécès. Du reste, on pourrait prendre pour condition le décès, soit par tel événement déterminé, soit d'une façon générale, et le décès, soit du donateur, soit d'une tierce personne; comme si un père donnait à sa bru, pour le cas où le fils mourrait avant elle (L. 11, 18, *id.*). La donation pouvait être subordonnée au décès, soit pour son existence (condition suspensive), soit pour sa résolution (condition résolutoire chez nous, à Rome *donatio pura, quæ sub conditione resolvitur*). Dans tous les cas, elle n'était parfaite, inattaquable que par le décès (D. XXXIX, 6, 32); cet événement seul la confirmait, car jusque-là le donateur, qui, s'il gardait le silence, était censé persister dans sa première intention, pouvait en exprimant une volonté contraire, et sans autre motif que son bon plaisir (*ex pœnitentia*), révoquer la donation. (D. XXXIX, 6, L. 13, §§ 1 et 30.)

Les mêmes règles s'appliquaient aux donations à cause de mort entre époux, seulement avec les modifications qui résultaient de ce qu'en principe les donations leur étaient interdites pendant le mariage. Il leur est permis se donner *mortis causa*, non-seulement d'après l'opinion de **Fulcinius**, *si donator justissimum mortis metum habeat*; mais encore *si existimatio donantis hæc est ut moriturum se putet, quam juste nec ne susceperit, non quærendum* (L. 43, *De mort. caus. don.*). Mais, tandis qu'entre étrangers la condition du décès peut se présenter de deux manières, une seule est possible entre époux, puisque la donation ne doit jamais produire d'effets actuels. Il s'ensuit qu'elle n'est permise que sous condition suspensive; la propriété, dit la loi 11 (*De don. int. vir. et ux.*), n'est pas transférée au donataire immédiatement, mais seulement quand l'événement du décès se réalise : dans l'intervalle, elle reste à l'auteur de la donation. Celle-ci ne pouvait donc constituer un avantage de survie que pour le donataire.

Pourtant la phrase qui suit immédiatement dans cette même loi nous dit que non-seulement la donation sous condition de survie est valable, mais toute donation à cause de mort, ce qui ne peut s'entendre évidemment que de celle qui produit des effets actuels, sauf à rester éventuellement résoluble. On peut concilier ces deux textes, en disant avec **Pothier** que dans ce dernier cas la propriété restera bien encore au donateur, en vertu de la règle générale qui ne permet pas que la transmission s'en opère entre époux; mais que si le prédécès du donateur fait disparaître la condition résolutoire, la transmission se fera avec effet rétroactif, et tout se passera comme si le donataire avait été effectivement saisi du jour du contrat. C'est dans ce sens que la donation résoluble peut exister; mais existe-t-elle réellement? Nous le croyons, en général; seulement il faut distinguer. Quand il y avait eu tradition, un tel acte indiquait bien l'intention, de la part du do-

nateur, de faire une donation immédiate, mais résoluble ; la rétroactivité avait lieu. S'il s'était contenté d'une simple promesse,
il en pouvait être ainsi encore ; seulement, comme cette volonté ne
résultait pas de l'acte lui-même, il fallait d'autres indices pour
faire admettre la rétroactivité. Mais dans tous les cas, si elle devait nuire aux époux, ils étaient présumés ne l'avoir pas voulue.
Ainsi, la loi 40, *De mort. caus. don.*, nous dit, comme posant
un principe général, *si mortis causa donatio inter virum et uxorem facta sit, morte secuta reducitur ad id tempus quo interpo-
sita fuerit*; et Javolenus en fait une application remarquable,
quand il déclare que si l'esclave donné à cause de mort a stipulé,
le bénéfice de la stipulation sera en suspens jusqu'à ce que la condition de la donation soit réalisée ou défaillie ; par conséquent que
si le donataire survit, le bénéfice lui en appartiendra (L. 20, *De
don. int. vir. et ux.*). Ulpien, supposant une donation réalisée
(*acceperat*), dit de même que la tradition faite par la femme donataire avant le décès sera en suspens (L. 11, § 9). Mais auparavant
il a expliqué les inconvénients (*vitia*), qui dans certains cas font
écarter la rétroactivité. Ainsi, le mari voulant faire à sa femme
une donation à cause de mort, celle-ci a interposé un fils de famille
pour recevoir la chose donnée et la lui transmettre ; mais ce dernier se trouve, à la mort du mari, devenu *sui juris :* la tradition
qu'il a faite à la femme est valable, tandis que s'il y avait rétroactivité elle serait nulle, la donation devant profiter à son père. Il
faudrait en dire autant du cas où l'on aurait interposé un esclave,
qui eût été depuis affranchi. De même, si l'époux avantagé, en
puissance au moment de l'acte, est *sui juris* lors du décès, c'est à
lui et non à son *paterfamilias* que la donation profite. Mais à
l'inverse, sans la rétroactivité, l'époux sera lésé quand l'homme
libre qu'on aura interposé sera devenu esclave au moment du
décès, ou quand l'époux donataire *sui juris* au moment de la donation se trouvera en puissance à l'événement du décès ; car alors
tout le bénéfice appartiendra au maître ou au chef de famille.

Les donations à cause de mort, que s'étaient faites les époux,
tombaient s'ils venaient à divorcer, et cela se conçoit ; car si le donateur se porte à un acte aussi grave que le divorce, c'est probable-

ment par suite d'une injure de son conjoint qui doit faire supposer l'intention de révoquer la libéralité. Pourtant, si le divorce avait lieu *bona gratia*, nous pensons, avec Pothier, que la donation devrait être maintenue, sauf à rester soumise à la condition de survie. De même, si le mari encourait la déportation, quoique cet événement annulât, en principe, les donations à cause de mort qu'il avait faites (L. 7, *De mort. caus. don.*), comme il avait été reçu, en faveur du mariage, qu'on pouvait faire des donations en cas de déportation aussi bien qu'en cas de divorce, comme d'ailleurs la déportation ne brisait pas de plein droit le lien conjugal, et n'avait pas lieu par la faute de la femme, on décidait par humanité que cette donation était confirmée, *tanquam si mortuo marito rata habeatur* (L. 13, § 1). Mais la suite de ce texte nous semble, contrairement à cette décision et aux principes de la *capitis deminutio*, indiquer qu'il faut entendre seulement qu'elle n'est pas infirmée, sauf le droit de révocation du mari jusqu'à son décès, quelle que soit à ce moment sa condition.

Comme les donations à cause de mort, les libéralités testamentaires étaient permises entre époux; par conséquent toutes celles que nous avons signalées comme prohibées devenaient valables, si le donateur les confirmait par testament. Tel fut le droit jusqu'à l'an 266 de J.-C. Mais un sénatus-consulte fut rendu alors sur la proposition d'Antonin Caracalla, qui se relâcha de la rigueur de la prohibition, et attribua un nouveau caractère aux donations simples entre époux (L. 32, *De don. int. vir. et ux.*). On les avait interdites pour protéger les deux conjoints l'un contre l'autre; mais l'intérêt des héritiers ne parut pas également digne de protection. On décida donc que le donateur pourrait pendant toute sa vie se repentir, révoquer sa donation; mais que, s'il ne l'avait pas fait, ses héritiers ne seraient pas recevables à l'attaquer. En d'autres termes, le prédécès du donateur sans changement de volonté validait la donation, sans qu'il fût besoin d'une confirmation expresse par testament. Par réciprocité, l'intérêt des héritiers du donataire ne parut pas mériter qu'on levât la prohibition en leur faveur; par conséquent, le prédécès du donataire dut rendre nulle la libéralité. De tout cela, il résulta une assimilation à peu près complète des donations entre époux avec les donations à cause de mort[1]. Comme elles alors elles purent être de deux espèces, soit ne produire aucun effet avant l'événement de la condition, soit, considérées comme faites sous condition résolutoire, saisir rétroactivement le donataire de la propriété des choses données, à dater du jour de l'acte. (L. 25, C. *De don. int. vir. et ux.*)

Sous un autre rapport, les donations se divisent en trois classes ; elles peuvent consister en une *datio*, en une *obligatio* ou en une *liberatio*. Quant à celles qui se sont opérées par *datio*, translation de propriété, ou par *acceptilatio*, en un mot, pour les donations réalisées, pas de doute possible ; elles sont comprises dans la faveur du sénatus-consulte (L. 32, § 23). Mais la question s'élève pour celles qui consistent en obligations : le donataire pourra-t-il exiger de l'héritier leur exécution ? Les termes de l'*oratio* semblent embrasser à la fois les deux cas : *ut et ipso jure res fiant ejus cui donatæ sunt, et obligatio sit civilis.* Cependant les plus graves autorités, Cujas, Furgole, Pothier, Vinnius, décident la négative, en se fondant sur la loi 23, où Ulpien indique ce système d'après Papinien et semble l'approuver. Quant aux termes de l'*oratio*, ils les expliquent en les rapportant à des hypothèses particulières et plus ou moins naturelles (Pothier, n° 76). Mais comment admettre qu'une phrase aussi générale dans sa première partie soit spéciale dans la seconde, et spéciale jusqu'à s'occuper des espèces les plus singulières ? Il y a, d'ailleurs, un autre texte du même Ulpien, qui, *en vertu du sénatus-consulte*, admet successivement pour le mari et pour la femme le droit de réclamer des héritiers du prédécédé la pension annuelle que le survivant a stipulée de lui pendant le mariage. Il est vrai qu'on retourne contre nous cet argument en disant que c'est là une exception particulière, fondée soit sur ce caractère

---

[1] Car on leur applique aussi les règles des legs et des fidéicommis (§ 1 et 3), pour le calcul de la Falcidie. Allait-on jusqu'à leur appliquer le principe : *Non sunt bona nisi deducto ære alieno?* Pothier le pense, et se fonde notamment sur la loi 15, C., *De don. int. vir. et uxor.* ; mais il n'y a pas là une donation valable, puisque le sénatus-consulte ne validait pas celles qui étaient faites par acte simulé. Il faut dire que ce rescrit est fait pour donner, par exception, au fisc le droit d'invoquer la nullité résultant de la simulation d'acte, quoique relative.

de pension annuelle, soit sur ce qu'il s'agit d'aliments, et que cette exception même confirme la règle. Mais comment justifier cette faveur pour le cas de pension laissée par la femme au mari, qu'Ulpien qualifie précisément d'*incongruens*? Enfin, une constitution de Sévère au Code (L. 2, *De dote cauta*) déclare que si le mari, dans une intention de libéralité, a reconnu à sa femme une plus forte dot que celle qu'elle avait réellement apportée, et est mort sans manifester de changement de volonté, la femme pourra réclamer le tout contre ses héritiers (L. 33)[1]. Nous ne parlerons pas du système de Furgole (sur l'art. 46, de l'ordon. de 1731), qui propose de dire que la distinction entre les donations par tradition et par promesse n'est possible qu'avant Justinien; qu'après lui ces dernières étant déclarées valables par la simple convention, la confirmation doit s'appliquer aussi bien aux unes qu'aux autres. Tout ce qu'a fait cet empereur, c'est de déclarer la simple promesse aussi obligatoire qu'autrefois la stipulation; mais la libéralité par obligation existait avant lui. La question reste donc tout entière de savoir si l'action qui résultait de cette libéralité entre personnes étrangères en résultait aussi entre époux malgré la prohibition, et par le bénéfice du sénatus-consulte, c'est-à-dire après la mort du donateur. Pour nous, nous adoptons l'affirmative, qui nous paraît fondée sur les textes les plus puissants, et de plus, sur cette considération décisive, qu'on ne saurait trouver une raison de différence entre les promesses de donner et les donations réalisées, ni comprendre pourquoi les secondes auraient été exclues du bénéfice accordé aux autres. Ce n'est pas que nous admettions les moyens qui ont été proposés d'expliquer la contradiction d'Ulpien, et dont l'un notamment consiste à supposer que deux sénatus-consultes successifs auraient confirmé, l'un les donations par tradition, l'autre celles par obligation, et que les textes qui nous occupent seraient l'un antérieur, l'autre postérieur à la seconde loi, comme l'in-

---

[1] La loi 28, § 7, comparée à la loi 33, montre bien le changement que le sénatus-consulte avait apporté : *Si dotis usuras annuas uxor stipulata sit, licet ei non debeantur, quia tamen quasi de annuo convenerit, peti quidem dotis judicio non possunt, compensari autem possunt.* La loi 33, au contraire, accorde action à la femme, en vertu du sénatus-consulte, après la mort du mari.

dique, assure-t-on, leur place dans le Digeste. Ceci nous paraît une pure hypothèse, imaginée pour le besoin de la cause. Quant à supprimer purement et simplement le mot *recte* dans la loi 23, il nous semble que c'est trancher un peu hardiment le nœud gordien. Il vaudrait mieux dire avec M. de Savigny que le mot *recte* ne s'appliquait qu'à la première proposition de Papinien sur les donations par tradition ; que quant à la seconde, celle qui concerne les donations par promesse, Ulpien ne la rapportait que pour en donner une réfutation dont les compilateurs du Digeste nous ont privés, peut-être par suite de l'exclusion qui avait longtemps frappé ses notes sur les décisions de ce jurisconsulte si estimé. Remarquons, en finissant, que la question faisait doute encore du temps de Justinien comme le prouve la Novelle 162, ch. I, et le procès à l'occasion duquel elle fut rendue. Mais alors le droit d'action fut reconnu au conjoint survivant; l'opinion que nous soutenons est donc consacrée par ce texte, dont on a pu contester dans notre ancien droit l'autorité législative, mais dont on doit reconnaître la valeur historique et dogmatique.

La donation était caduque en cas de révocation, de prédécès du donataire, de divorce et de défaut d'insinuation (au-dessus de 200 solides avant Justinien, et de 500 après lui). Cette dernière condition distinguait les donations entre vifs des donations à cause de mort. Si l'insinuation avait manqué, elles étaient nulles pour l'excédant de leur valeur sur la quotité dispensée de cette condition. Elles pouvaient alors être confirmées par testament ; mais, comme les simples legs, elles ne rétroagissaient pas. (Nov. 162, ch. 1, § 2, et C. *de don. int. vir. et ux.*)

Il ne nous reste qu'à dire quelques mots du prédécès. La condition de survie affectait toutes les donations entre époux; car, puisque la donation nulle pendant toute la vie n'était confirmée que par la mort, il fallait nécessairement que le donataire fût capable de recevoir à cette époque. Mais comme la mort opère confirmation de plein droit, et confirmation rétroactive qui ne peut tomber que devant la preuve du prédécès, ce sera à ceux qui invoqueront la caducité à l'établir. Au reste, ce n'est qu'avec hésitation, en avouant que la question est difficile, et en s'appuyant principalement sur

les termes du sénatus-consulte qui exige, pour la caducité, le
prédécès du donataire, et par conséquent la preuve de ce fait, que
le jurisconsulte donne cette solution. Mais une fois posée, il en
tire toutes les conséquences. Il s'en suit que, si les deux époux
ont péri dans le même événement, sans qu'on puisse savoir lequel
est prédécédé, elle produira tout son effet, et que s'ils se sont fait
des donations réciproques entre vifs ou des donations mutuelles à
cause de mort, elles subsisteront toutes, car on ne peut donner
action ni à l'un ni à l'autre (L. 32, § 14). La servitude étant assimilée au décès, on règle d'après les mêmes principes le cas où
les époux ont été pris en même temps par l'ennemi. S'ils meurent
tous deux à des époques différentes, mais sans avoir recouvré la
liberté, ce sera comme s'ils étaient morts en même temps; si un
seul revient, en vertu de la fiction du *postliminium*, il sera censé
avoir seul survécu, quoique, en fait, ce soit peut-être son conjoint,
et la donation qu'il aura faite sera caduque, celle qu'il aura reçue
valable (*id.*).

Quelquefois il ne suffisait pas, pour rendre la donation caduque,
du prédécès du donataire seul, car le donateur paraissait avoir voulu
préférer à lui-même non plus seulement une, mais deux personnes. Ainsi, la donation faite par une belle-fille à son beau-père
ne tombait qu'autant qu'elle survivait à la fois à son beau-père et
à son mari, car elle était censée avoir donné dans la prévision que
le mari hériterait de ces biens. Si donc le beau-père mourait le premier, on maintenait la libéralité *quasi nova donatio in maritum
collata* (L. 32, § 18). Mais il fallait pour cela qu'il fût le seul héritier de son père.

IV. Libéralités testamentaires entre époux.

La prohibition des avantages entre vifs n'était établie qu'en vue
du mariage et de la personne même des époux ; elle n'était nullement fondée sur l'intérêt des familles respectives, sur le désir de
leur assurer la conservation de leurs biens patrimoniaux. Par conséquent, la prohibition cessait dès que le lien conjugal qui la mo-
tivait venait à se rompre, et tout avantage qui se reportait à cette

époque était permis. Nous avons vu que les donations à cause de
mort n'avaient jamais été interdites entre époux. Primitivement,
les libéralités testamentaires, les legs et les institutions d'héritier
ne le furent pas non plus, car leur effet ne se produit qu'à une
époque *quo vir et uxor esse desinunt.* Mais, plus tard, on reconnut
nécessaire de raffermir par des principes nouveaux les anciennes
institutions ébranlées. Déjà, à la suite de cette lutte incessante qui
avait rempli les premiers siècles de Rome, les plébéiens avaient
conquis presque l'égalité politique ; à leur tour, les lois civiles
étaient menacées. C'était le temps où les victoires de Rome y ame-
naient, par des représailles fatales, avec les richesses, le luxe, les
vices, les idées des pays conquis. La *manus* était en pleine décadence, la *potestas* restreinte, tous les liens de famille relâchés,
toutes les fortunes mises en circulation et entraînées dans des fluc-
tuations constantes. Tout cela menaçait d'emporter bientôt, avec
le vieux patriciat, avec ses *gentes* et leurs traditions héréditaires, la
République et la liberté qu'elles soutenaient ; et l'on pouvait déjà
prévoir cette négation de l'autorité dans le gouvernement comme
dans la famille, cette prédominance chaque jour plus grande des
idées démocratiques, qui devaient enfin, par des convulsions san-
glantes, niveler toutes les classes, et leur faire payer, au prix d'une
servitude uniforme, l'adoucissement de leurs lois civiles. Mais, à
l'époque où nous nous plaçons, l'esprit conservateur de l'antique
société romaine luttait encore, et essayait d'arrêter, par des cen-
sures ou par des lois, le torrent qui l'entraînait. Le principe qui
laissait aux femmes une liberté absolue de recevoir par testament
amenait les plus graves désordres dans la famille comme dans la
cité. Il favorisait le déplacement des grandes fortunes, l'une des
principales causes de la ruine de l'aristocratie; car les femmes portaient dans une famille étrangère les sommes immenses qu'elles
recevaient ainsi, soit d'étrangers, soit de leurs maris [1]. Il achevait
de détruire la puissance maritale par l'orgueil, l'indépendance qu'il

[1] *Hactenus feminas non minus quam viros ad hereditates admitti jus fuerat.
Inde fiebat ut illustrissimarum sæpe familiarum bona in alias domos transfunde-
rentur, magno cum reipublicæ damno, cujus interest clarorum hominum heredibus
suppetere opes.* (Tite-Live, XLI, 31.)

leur donnait, souvent par les moyens qu'elles y trouvaient de se rendre maîtresses de leurs maris obligés d'avoir recours à elles, et ensuite sans cesse menacés de poursuites inopportunes (V. *supra*, p. 14). Enfin, il corrompait les mœurs en les entraînant par émulation à un luxe effréné. La loi Oppia contre le luxe des matrones, la loi Furia, qui mettait une limite à la valeur excessive des legs, avaient été des armes impuissantes. Enfin, Caton, ce prophète clairvoyant des maux que ces vices naissants devaient engendrer, voulut couper le mal à sa racine, et comme le lui fait dire Cicéron : *Legem Voconiam magna voce et bonis lateribus suasit.* (*De Senect.*, V.)

Dans l'ordre politique, cette loi introduisit le grand principe de la conservation des biens dans les familles ; dans l'ordre civil, elle tendit à fortifier le gouvernement domestique [1] et à relever la puissance maritale. Pour Caton, le salut de la République était à ce prix, et l'événement montra s'il avait tort. La loi Voconia comprenait deux dispositions : l'une secondaire, pourtant la plus fréquente dans l'application et la mieux connue, qui, pour donner aux héritiers institués une garantie plus sérieuse que celle de la loi Furia, réduisait tous les legs, sans distinction du sexe des légataires, à une portion égale à celle de l'héritier (Gaïus, II, § 226); l'autre principale, et la seule dont nous ayons à nous occuper, mais sur laquelle l'absence de textes certains donne lieu à de nombreuses controverses. Celle-là était tout exceptionnelle, spéciale à un seul ordre et à certaines fortunes, celles qui s'élevaient au moins à 100,000 as (Gaïus, II, 274). Ceux qui se trouvaient dans ces conditions ne pouvaient instituer héritière une femme, qu'elle fût ou non mariée, ni lui faire de legs au-dessus d'une certaine valeur. L'institution d'héritier était prohibée même en faveur d'une épouse, même en faveur d'une fille unique (Cic., *in Verr.*, I, 42; Tite-Live, xli, 54; saint Aug., *Cité de Dieu*, III, 21). Quant aux legs en faveur des femmes, la limite à laquelle ils étaient bornés est incertaine. L'opinion commune la fixe à un quart des biens [2], malgré le texte de Tite-Live, qui semble

[1] Laferrière, *Hist. du dr.*, t. I, p. 231 : « Conserver les forces respectives et l'équilibre des ordres de l'État, maintenir ou fortifier les mœurs de la famille, tel fut son esprit général. »

[2] Cujas, Vinnius II, ch. xxiii. M. Giraud la porte à la moitié des biens.

l'évaluer d'une manière absolue à 100,000 sesterces. Ici, il y avait exception en faveur de la fille unique, mais la prohibition portait sur l'épouse, qui ne pouvait recevoir de son mari au delà du taux fixé. Restent enfin les successions *ab intestat*; des doutes s'élèvent sur la question de savoir si elles étaient ou non comprises dans les prévisions de la loi. M. de Savigny croit que, par exception, elle autorisait l'institution d'héritier en faveur seulement de la femme qui aurait pu recueillir l'hérédité *ab intestat*; mais la plupart des auteurs pensent, d'après les expressions absolues des textes, que, prohibant l'institution dans tous les cas, sans distinction, elle demeurait complétement étrangère aux successions *ab intestat*, quoiqu'elles pussent occasionner quelques déplacements de fortunes, à cause de la rareté de ce fait, en présence de la répugnance qu'avaient les Romains, surtout les patriciens, à mourir intestats.

La loi Voconia, sans être abrogée comme celles qui la précédèrent, fut comme elles impuissante à soutenir les mœurs et les vieilles institutions de Rome. En vain on faisait jurer aux citoyens de l'observer ; en vain des dispositions pénales donnaient au fisc une part dans les biens de ceux qui faisaient fraude à la loi ; ces ressources purent lui conserver une autorité nominale, jusqu'à une époque avancée de l'empire, mais ne purent pas la faire exécuter généralement. Cicéron lui-même la réprouvait ; les mœurs l'éludèrent au moyen des fidéicommis. Avant même qu'ils fussent consacrés, l'estime publique récompensait l'homme qui accomplissait le vœu du défunt ; la réprobation frappait celui qui préférait à ce vœu ses intérêts et l'observation de la loi. Au temps de Gaïus, la femme pouvait recevoir par fidéicommis l'hérédité dont elle était légalement dépouillée (II, 274). Le fidéicommis public et patent était sanctionné ; il ne fraudait la loi, il n'était puni que s'il était tacite. *Non intelligitur*, disait Julien, *fraudem legi fecisse, qui rogatus est palam restituere.* (D. *De jure. fisci*, L. 3.)

Longtemps avant l'abolition formelle de la loi Voconia [1], dès les premiers jours de l'Empire, les lois caducaires avaient pro-

[1] Elle existait encore au temps de Trajan ; Pline le Jeune en parle dans son *Panégyrique*.

fondément modifié ses dispositions. D'après leur esprit de défaveur pour les *orbi*, elles distinguaient, comme nous le montrent les fragments d'Ulpien, la femme qui avait et celle qui n'a-
vait pas d'enfants. Celle-ci ne pouvait recevoir de son mari qu'un
dixième de ses biens, et de plus un tiers en usufruit (Ulpien,
tit. XV-XVI). C'était une sévérité plus grande que pour les *orbi*
ordinaires, qui pouvaient recueillir la moitié de ce qui leur avait
été laissé, et elle ne peut s'expliquer que par les rigueurs de la loi
Voconia. Mais en cas d'existence d'enfants, la capacité de recevoir
augmentait. Ici nous parlons indistinctement des deux époux, et de
tous les modes d'acquisition à titre gratuit, legs, donations à cause
de mort, ou constitutions de dots adventices (qui resteront au mari
s'il survit). Si les conjoints avaient des enfants survivants même
d'un autre lit, ils pouvaient recueillir en outre un dixième par enfant. S'ils avaient eu un ou deux enfants communs, encore qu'ils les
eussent perdus, pourvu que ce ne fût qu'après la *nominum professio*
(l'inscription sur les registres), ils avaient droit à un ou deux
dixièmes en sus, et de plus ils pouvaient obtenir en propriété le tiers
accordé tout à l'heure en usufruit seulement. Quelquefois enfin,
chacun d'eux conservait tout ce que l'autre lui avait laissé, sans
restriction. C'était si tous les deux, ou l'un d'eux seulement,
n'avait pas atteint l'âge auquel les lois faisaient commencer l'obligation d'avoir des enfants, c'est-à-dire si l'homme avait moins de
vingt-cinq ans, ou la femme moins de vingt; ou s'ils avaient dé-
passé l'âge fixé, l'homme soixante ans, la femme cinquante; s'ils
étaient parents au sixième degré, ou si le mari était absent, probablement *Reipublicæ causa*, ajoute Cujas (pendant son absence,
et pendant l'année qui suivait son retour, les époux avaient capacité pleine et entière de recevoir l'un de l'autre par testament).
La *solidi capacitas* leur était acquise aussi par la survie d'un enfant commun, ou par la perte, soit d'un fils âgé de quatorze ans,
soit d'une fille de douze, soit de deux enfants de trois mois, soit
de trois morts *post nominum diem*. Elle résultait encore de l'ac-
couchement de la femme dans les dix mois de la mort de son mari,
comme aussi, pendant dix-huit mois, de la perte d'un seul enfant
impubère, quelque âge qu'il eût d'ailleurs. Souvent enfin, le *jus*

liberorum s'accordait aux femmes qui n'avaient pas le nombre d'enfants voulu, et les mettait dans la même position que si elles eussent rempli les conditions de la loi. Le premier exemple en fut donné par Auguste, qui, instituant Livie son héritière pour un tiers, demanda au sénat de l'autoriser à recueillir toute cette portion [1]. Plus tard, le *jus liberorum* se donna par la seule volonté de l'empereur, et presque indistinctement à toutes personnes. Ce fut sa fréquence qui contribua le plus puissamment à faire tomber en désuétude et à ruiner les lois caducaires.

Dans tous les cas ci-dessus énoncés, la femme pouvait, outre la part qui lui était accordée, recueillir la dot que lui avait léguée le mari : si elle avait la *solidi capacitas*, elle pouvait même profiter des *caduca*. Mais quelquefois, au contraire, les époux ne pouvaient rien recevoir l'un de l'autre. C'était quand le mariage s'était fait malgré la défense des lois Julia et Poppia Poppæa; par exemple, quand on avait épousé une femme de mauvaises mœurs, ou quand un sénateur s'était uni à une affrachie. Si l'homme avant soixante ans, ou la femme avant cinquante, n'avait pas obéi aux lois, ils étaient frappés de certaines peines, d'après le sénatus-consulte Pernicianus, quoiqu'ils fussent libérés par leur âge de leurs prescriptions. Mais d'après le sénatus-consulte Claudien, lorsqu'un homme de plus de soixante ans épousait une femme de moins de cinquante, on le considérait comme s'il s'était marié avant soixante ans. Quand c'était l'inverse (l'homme âgé de moins de soixante ans, et la femme de plus de cinquante), on appelait le mariage *impar*, et d'après le sénatus-consulte Calvitien, il ne donnait capacité de recueillir ni l'hérédité, ni les legs, ni la dot : *Itaque, mortua muliere, dos caduca erit.* Ces mots doivent s'entendre du mari survivant, qui est privé du droit de conserver la dot adventice.

Les lois caducaires eurent un autre effet, tout favorable au mari, et qui indique bien l'esprit du temps où elles furent conçues. Elles furent la première atteinte directe portée à ce principe primitif et conservateur de la tutelle perpétuelle des femmes. Jusque-là,

[1] *Ex triente Livia... a senatu petierat ut tantum etiam præter legum præscripta legare ei posset.* (Dion, 1. 56.)

6

propter animi levitatem, disent les jurisconsultes du Bas-Empire, mais plutôt à l'origine, par suite de la constitution politique de la famille romaine et des droits de l'agnation, les femmes *sui juris* étaient toute leur vie assimilées aux impubères. Que la tutelle résultât, soit du testament du *paterfamilias* ou du mari *cujus erant in manu* (tutelle testamentaire), soit de la loi (tutelle légitime des agnats ou du patron), ou d'un affranchissement par un tiers qui les tenait *in mancipio* (tutelle fiduciaire), jamais les femmes ne pouvaient faire sans l'autorisation d'un tuteur un des actes importants de la vie civile, *lege aut legitimo judicio agere, se obligare, civile negotium gerere, rem mancipi alienare* (Ulp., XI, 27). Par conséquent elles ne pouvaient tester seules, car le testament se faisait par une mancipation, et l'hérédité considérée *in abstracto* était une chose *mancipi*. Or, on conçoit quelle entrave la nécessité du consentement des agnats, membres de la famille et héritiers présomptifs, apportait à des libéralités qui eussent fait passer une trop grande partie des biens de la famille dans les mains du mari. Déjà toutes les autres tutelles s'étaient bien affaiblies. Le père ou le mari, en mourant, léguait à la femme l'option de son tuteur, ou bien elle se faisait vendre fictivement à un tiers qui l'affranchissait, et prenait ainsi, avec le titre de tuteur fiduciaire, une autorité qui, affaiblie par les mœurs et la jurisprudence, était déjà impuissante au temps de Cicéron [1]. Mais cela même ne se pouvait qu'avec le consentement du tuteur légitime, dont l'autorité, qui subsistait encore en partie au temps de Gaïus (I, § 192), maintenait l'organisation des familles et leur richesse. Les lois caducaires en exemptèrent les ingénues qui auraient trois enfants, les affranchies qui en auraient quatre, en réservant seulement une part au patron (Ulp. XXIX, 3). Dès lors ces femmes peuvent tester librement en faveur de tous, et par conséquent de leurs maris. Avec le temps, les lois et la jurisprudence prétorienne firent le reste. Le sénatus-consulte Claudien supprima la tutelle des agnats sur les femmes, en ne laissant subsister parmi les tutelles légitimes et sérieuses que celle

[1] *Mulieres omnes, propter infirmitatem consilii, majores in tutorum potestate esse voluerunt; hi inverunt genera tutorum, quæ potestate mulierum continerentur.* (Cic., *Pro. Mur.*, XII, 27.)

de l'ascendant et du patron. Le préteur, en donnant la possession
de biens en vertu de testaments faits sans mancipation, permit
aux femmes de tester sans avoir besoin d'autorisation. Pourtant
Gaïus exclut encore de cette faveur celles qui se trouvent soumises
à une tutelle légitime d'agnats ou de patron : *Loquimur de his quæ
alterius generis tutores habent, qui etiam inviti coguntur auc-
tores fieri. Alioquin, parentem aut patronum, sine auctoritate
ejus facto testamento non summoveri palam est* (II, 122).
Mais peu à peu, cette tutelle tomba en désuétude comme les autres. Le testament prétorien établi, les femmes, et bientôt toutes
sans exception, furent admises à jouir de son bénéfice. Sous Justinien, et avant lui déjà, sous Constantin, il ne reste pas trace
de restriction. (*De his qui ven. ætat.* L. 2, § 1. C.)

A cette époque, la situation des deux époux est la même ; il y a
pour eux, à condition d'être *sui juris* ou d'avoir un pécule, liberté
absolue, qu'ils aient ou qu'ils n'aient pas d'enfants, de se faire réciproquement des legs ou de s'instituer héritiers. Ils ne sont soumis
qu'aux règles de droit commun qui restreignent les libéralités testamentaires. Depuis longtemps, la loi Voconia n'est plus appliquée ;
les fidéicommis l'ont tuée, en donnant un moyen facile, depuis
qu'ils ont une existence légale, de faire arriver aux femmes les
biens qu'on ne pouvait leur transmettre directement. Les lois caducaires, appliquées aux fidéicommis comme aux legs par le sénatus-consulte Pégasien (Gaïus, II, 286), mais rendues odieuses par
la constitution de Caracalla qui, attribuant au trésor tous les *caduca*, en a fait des lois purement fiscales, ou rendues illusoires par
la concession fréquente du *jus liberorum*, ont été abrogées par une
constitution de Constantin, le jour où l'avénement du christianisme
a réhabilité le célibat, et l'a fait considérer non plus comme un vice,
mais comme un mérite (L. 1, *De infirmand. pæn.* C.). Une constitution d'Honorius et de Théodose est venue compléter son œuvre,
et étendre aux époux exceptés de cette première disposition la
même faveur, en leur donnant dans tous les cas la *solidi capacitas*
(L. 2, C. *De infirm. pæn.*) ; enfin, Justinien, réglant à nouveau le
droit d'accroissement entre colégataires, efface jusqu'aux dernières
traces des anciens principes (C., l. unic., § 11, *De caduc. toll.*). Dès

lors, un droit nouveau apparaît. L'idée de conserver les biens dans les familles, et celle de punir comme une faute le malheur de n'avoir pas d'enfants, sont abandonnnées. Ce sont les secondes noces, au contraire, qui sont vues de mauvais œil ; c'est l'intérêt des enfants du premier lit, qui est protégé par des incapacités de disposer à titre gratuit. La législation de Rome aristocratique et républicaine, les expédients du despotisme païen, ont fait leur temps. Une législation nouvelle est fondée, chrétienne et libérale, trop libérale peut-être, pour un pays qui eût joui de la liberté politique.

Une espèce particulière de legs, fréquente à ce qu'il paraît dans les habitudes romaines, et qui mérite de fixer un moment notre attention, comme elle a mérité de faire l'objet d'un titre spécial dans le Digeste, est le prélegs de la dot que le mari avait coutume de faire à sa femme. Ce n'était pas seulement du mari qu'il pouvait émaner ; c'était tout débiteur de la dot qui la léguait à son créancier, soit le père du mari à son fils ou à sa belle-fille, soit le père de la femme, s'il ne l'avait pas payée à sa fille ou à son gendre [1]. Mais nous n'avons à nous occuper que du premier cas, qui est aussi le plus naturel. Et d'abord, on peut se demander quel avantage la femme trouvait dans ce legs, qui ne lui donnait que ce qu'elle avait droit d'exiger ; *Verum est id dotis legato inesse, quod actioni de dote inerat* (L. 1, de dote prœleg.). Par conséquent, si la femme n'a pas encore livré la dot, elle sera purement et simplement libérée de son obligation (L. 1, § 7); si des corps certains non estimés ont péri par cas fortuit, de telle sorte que le mari n'en soit pas responsable, le legs sera nul quant à eux (L. 1, § 6), et il en est de même quand l'époux a de son vivant rendu la dot, dans les cas où il en a la faculté (L. 1, § 5); s'il a reçu en dot des biens hypothéqués, son héritier n'est pas tenu de les dégager, quoique, en général, il doive dégager les biens compris dans le legs (L. 15). Ainsi encore, quoique régulièrement le légataire ne soit pas obligé de conserver le fermier, si le fonds dotal a été donné à loyer par le mari, pour un temps déterminé, la

[1] Il y avait encore le legs de libération fait à celui qui était obligé de rendre la dot, pour lui permettre de la retenir (V. L. 11, *De dote prœleg.*)

femme, réclamant ce fonds en vertu du legs, doit donner caution de laisser jouir le fermier, parce qu'elle la devrait aussi si elle intentait l'action de dot (L. 1, § ult.). Enfin, si cette action appartient à la mère de la femme, le legs de la dot fait à cette dernière ne renferme rien, à moins qu'il n'apparaisse clairement que la volonté du testateur a été de charger ses héritiers d'un double payement de la dot (L. 16). Quel bénéfice nouveau obtient donc la femme? Il consiste d'abord dans la *repræsentatio*, dit la loi **1**, § 2, c'est-à-dire que le legs doit être payé de suite, intégralement, tandis que l'action de dot donne trois termes de payement pour les objets qui ne doivent pas se rendre en nature [1]; il consiste encore en ce que le legs n'est jamais soumis à la *retentio propter res donatas*, qui, avant la constitution de Caracalla, pouvait s'opérer dans l'action de dot, quand elle était intentée contre les héritiers du mari, par cela seul que celui-ci n'avait pas confirmé par testament la libéralité. Il n'y avait même lieu à aucune retenue pour les impenses, du moins pour les impenses utiles. En effet, lorsque la dot se trouve diminuée de plein droit par des dépenses nécessaires, la femme, par le legs de la dot, ne peut obtenir que ce qui reste déduction faite de ces dépenses, parce que le legs ne comprend que ce qui est dans la dot; mais quand les dépenses sont simplement utiles, elles ne diminuent pas la dot; seulement on peut les déduire en opposant une exception. Rien n'empêche donc que, par le legs, la femme obtienne la dot entière; et l'héritier ne pourra pas opposer l'exception pour les impenses, parce que le mari, en léguant la dot, paraît en avoir fait remise (Pothier, sur la loi 5). Il faut remarquer ici qu'il en est différemment du legs fait par le mari lui-même, débiteur personnel de la dot, et de celui qui émane d'un étranger. Dans ce dernier cas, le testateur sera supposé avoir légué ce que la femme aurait pu obtenir par l'action de dot, c'est-à-dire ce qui reste, déduction faite des impenses utiles, dont le mari pourrait retenir le montant par une exception. Dans l'autre, au contraire, le mari, en s'en référant à la dot, lègue dé-

---

[1] Plus généralement, l'avantage consiste dans la différence de l'action, qui est, suivant la nature du legs, réelle ou personnelle, mais alors de droit strict, et toujours réelle sous Justinien.

terminément tout ce qui lui est parvenu, par conséquent toute la dot, sans aucune diminution pour les dépenses (L. 41, § 1, *De leg. 2°*). Voici la raison par laquelle Pothier explique cette différence : quand le mari lègue la dot, il paraît faire tacitement remise du droit qu'il a, d'en retenir par voie d'exception une partie pour les impenses utiles. On ne peut en dire autant du legs fait par un tiers, car celui-ci ne peut faire remise de ce qui est dû, non à lui, mais au mari.

D'après ce que nous avons dit, le prélegs de la dot diffère grandement du legs d'une certaine somme donnée *pro dote*. Ici, on doit la somme tout entière quoique le mari n'ait pas reçu la dot, ou n'en ait reçu qu'une partie, encore qu'il y ait moins ou qu'il n'y ait rien dans la dot (L. 6) ; car si le testateur s'en est référé à la dot, c'est seulement pour indiquer la cause du legs, qui n'en est pas moins déterminé par lui-même (il en serait autrement, s'il avait mis le chiffre de la dot comme condition.) Par conséquent, la perte fortuite des corps certains dotaux ne diminue pas un pareil legs, comme elle fait l'autre (L. 8).

Nous ne parlerons pas du legs que nous trouvons dans la loi 9, et qui consiste dans l'obligation imposée aux héritiers de rendre en nature des objets donnés avec estimation, et dont, par conséquent, ils ne devraient régulièrement que le prix. Il va de soi que cela ne les dispense pas de rendre en nature les effets donnés sans estimation. Quant à exposer successivement toutes les autres sortes de legs que pouvaient se faire les époux, ce serait un travail aussi fastidieux qu'inutile : ils rentrent d'ailleurs en général dans les règles ordinaires.

V. Succession *ab intestat* des conjoints.

Il est enfin un dernier droit que la survie peut conférer à l'un des époux sur les biens de l'autre, celui de lui succéder à défaut de parents. Boucher d'Argis, avant de s'en occuper dans son *Traité des gains nuptiaux et de survie*, fait cette réserve : « Notre des- « sein n'est pas de traiter à fond cette matière, mais il manquerait « quelque chose à cet ouvrage, si l'on n'y donnait pas du moins une

« idée sommaire du titre *unde vir et uxor*..., car les auteurs qui en
« parlent conviennent tous eux-mêmes que c'est un droit singulier
« qui n'est pas proprement de l'ordre des successions, en sorte qu'ils
« semblent le renvoyer dans la classe des gains nuptiaux et de sur-
« vie, avec lesquels il a beaucoup de rapport et de liaison. En effet,
« quoique ce droit de succession réciproque entre le mari et la femme
« n'ait pas toujours lieu lorsque l'un des conjoints a survécu à l'au-
« tre, quoique ce ne soit qu'à défaut d'héritiers testamentaires et *ab*
« *intestat* que le conjoint survivant succède au prédécédé, il faut ce-
« pendant convenir que, lorsque le cas arrive où ce droit peut avoir
« lieu, le conjoint survivant n'est préféré au fisc qu'en considération
« de sa qualité de conjoint, en faveur du mariage et de la survie. »
A l'exemple de cet auteur, nous ne nous étendrons pas sur la
succession *unde vir et uxor* ; mais nous devons l'exposer rapidement ici, car elle s'est perpétuée presque sans modifications, jusqu'à nos jours, telle que le droit romain l'avait établie.

La *manus*, comme on l'a dit, créait une sorte de droit de succession *ab intestat* au profit de la femme ; car, placée au rang de
fille dans la famille de son mari, elle avait à sa mort tous les droits
d'héritier sien, et partageait avec ses propres enfants. Ce système
qui, bien que dans un rang subalterne, la faisait entrer du moins
dans la famille qu'elle avait contribué à former, au lieu de l'en déclarer séparée quant aux biens, et qui lui assurait à la mort de son
mari une position pécuniaire et des droits en rapport avec sa situation morale, peut être préféré à ce point de vue, non-seulement
à celui qui l'a remplacé immédiatement, mais peut-être même à
tous ceux qui ont prévalu depuis. Son principal défaut nous paraît
être qu'à défaut d'enfants ou de descendants, ce titre d'héritier sien
donnait à la femme vocation au tout, et que par là les biens d'une
famille pouvaient être en masse transportés dans une autre. Mais
les mœurs romaines rendaient rare la succession *ab intestat*, et
paraient à ce danger. Quoi qu'il en soit, le mariage libre, qui
séparait complétement les personnes et les biens des conjoints,
vint établir un système diamétralement contraire. Ici, plus d'agnation, plus de lien civil entre les époux ; le mariage peut former
un lien moral, mais la loi ne le connaît pas. Pour elle, les époux

ne sont ni agnats, ni cognats, ni parents à aucun degré; ils sont étrangers, et n'ont sur les biens l'un de l'autre que les droits qu'ils se sont formellement attribués. Cet état de choses dura long-temps, jusqu'à ce que le préteur, en vertu de son pouvoir *adju-vandi, supplendi, et corrigendi juris civilis* fût venu le modifier. On sait ce qu'étaient les possessions de biens, et leur origine; comment, en vertu du pouvoir qu'il avait de faire livrer et de maintenir à l'héritier du droit civil la possession des biens du défunt, le préteur avait peu à peu établi qu'il l'accorderait aussi à des parents que le droit des Douze Tables avait laissés de côté, ou même qu'il la re-fuserait à l'héritier légal, et, à son détriment, l'attribuerait à d'autres personnes que l'équité et les liens naturels lui rendaient préférables. Par là s'était trouvé formé un nouvel ordre de succes-sion *ab intestat*, conforme quelquefois à l'hérédité légitime, plus souvent distinct ou contraire, ordre qui n'était pourtant pas tou-jours préféré à l'hérédité, mais auquel le préteur dérogeait quel-quefois lui-même par certaines considérations d'équité, et qu'il rendait illusoire en donnant la possession de biens *sine re*. Pour l'époux survivant, il se trouvait cette anomalie singulière, qu'à dé-faut même d'enfants ou d'agnats habiles à succéder, il n'était pas ap-pelé, et que le fisc l'excluait. Le préteur qui, après les enfants héri-tiers siens et les agnats héritiers légitimes, avait appelé les cognats, les parents naturels placés en dehors de la famille civile, auxquels les lois primitives ne donnaient aucun droit, le préteur ne pouvait, à défaut de parents de ces divers ordres, laisser dépouiller le con-joint. Il créa la possession de biens *unde vir et uxor*, qui lui recon-naissait enfin un droit, droit faible et insuffisant, il est vrai, car, dans la succession des ingénus, le conjoint ne venait qu'après trois or-dres de successeurs, auxquels s'appliquaient les possessions *unde liberi, unde legitimi* et *unde cognati*, et s'il s'agissait d'affranchis, les possessions *tum quem ex familia*, et *unde liberi patroni patro-næque et parentes eorum* lui faisaient préférer, en outre, le patron, la famille civile, et même une partie de la famille naturelle du patron. Pourtant, cette jurisprudence était un progrès, car elle réunissait davantage les époux; elle reconnaissait, après la disso-lution du mariage, un effet civil aux liens étroits qui les avaient unis ; elle détruisait en partie cette fiction contre nature, qui les faisait étrangers l'un à l'autre : le droit était fondé presque tel que nous l'avons conservé. La possession de biens *unde vir et uxor* ne pouvait résulter que d'un mariage légitime, de même, dit Ulpien, que l'accomplissement seul de cette condition permet de faire adition d'hérédité, ou de demander la possession de biens *secundum tabulas*, en vertu d'un testament; *nihil enim capi propter injustum matrimonium potest* (L. unic. D. *Unde vir et uxor* (V. L. 27, *De usu et usufr. leg.* — L. 13, *De his quæ ut indign.*) Il fallait de plus que le mariage existât encore au moment du décès, et la possession de biens cessait même d'avoir lieu, par cela seul qu'un divorce était intervenu, encore qu'il laissât subsister le mariage au point de vue de la loi. Ceci pouvait arriver dans certains cas; ainsi, quand une affranchie divorçait d'avec son patron malgré lui, la loi Julia *De maritandis ordinibus* la retenait dans les liens du mariage, et lui interdisait d'en épouser un autre contre la volonté de son patron; de même, si certaines formalités n'avaient pas été remplies, la loi Julia *De adulteriis* considérait le divorce comme non avenu (*Unde vir et ux.*, §1).

Tel fut le droit, jusqu'aux réformes de Justinien [1]. La loi 1, au Code (*Unde vir et uxor*), contient une constitution de Théodose et de Valentinien, qui confirme purement et simplement la jurisprudence prétorienne, en donnant à l'époux, à défaut d'enfants ou de parents, vocation à toute la succession de son conjoint, à l'exclusion du fisc. Dans les Instituts, la possession de biens *unde vir et uxor*, du neuvième rang qu'elle occupait monte au sixième. Ce changement vient de la suppression des possessions *unde decem personæ, tum quem familia*, et *unde liberi patroni patronæque et parentes eorum*, devenues inutiles, puisque la succession des affranchis était assimilée presque entièrement à celle des ingénus. Mais il n'améliora pas en réalité la position du conjoint, qui se vit toujours exclu par les héritiers siens de l'affranchi, et les personnes appelées au rang des héritiers siens,

---

[1] Dans les derniers temps de l'Empire, il y eut, ce semble, une tendance à préférer l'époux survivant à certains parents; mais une constitution de Théodose coupa court à cette innovation. (**J.** Goth., *Ad l.* 9 **C.** Théod., *De leg. hered.* ; Cujas, *Observ.* III, 3.)

par le patron et ses enfants, par les ascendants et même les cognats du patron jusqu'au cinquième degré. Une disposition plus importante fut celle qui se perpétua dans notre ancien droit, sous le nom de quarte de l'authentique *prœterea*. L'authentique, dans le cas où le prédécédé est riche, et le survivant dans la misère, veut que celui-ci succède en concours avec les enfants soit communs, soit issus d'un autre mariage, pour un quart s'il n'y en a que trois, s'ils sont plus nombreux, pour une part virile ; seulement, s'il y a des enfants communs, il n'aura que l'usufruit, s'il n'y en pas eu ou qu'ils n'aient pas survécu ; il aura la pleine propriété, et supportera une part des legs. — Mais ce texte, que nous rapportons à cause de la grande autorité que lui à donnée dans nos provinces du Midi le nom de son auteur, Irnérius, n'est que le résumé, et n'est même pas un résumé parfaitement exact du dernier état de la législation de Justinien. Celle-ci est consignée dans les deux novelles, 53, ch. vi, et 117, ch. v. La première établit un droit analogue aux peines que la novelle 22, ch. xviii, avait édictées au profit de l'époux non coupable, contre celui qui divorçait sans cause, ou nécessitait le divorce par sa conduite. Elle décide que si, en l'absence de constitution de dot, ou de donation anténuptiale, un des époux meurt en laissant une succession opulente et son conjoint dans la misère, ce dernier prendra un quart de ses biens, quel que soit le nombre d'enfants existants, et que si le prédécédé lui a laissé un legs inférieur à ce quart, on le lui complétera. La novelle 117 modifie cette législation sous trois rapports : elle refuse la quarte au mari, pour ne la conserver qu'à la femme ; elle la limite à une part d'enfant, dans le cas où le mari en laisse plus de trois, soit communs, soit d'un premier mariage ; enfin, elle ne donne la propriété de cette part que dans le cas où la femme n'a pas d'enfants de son mari ; autrement la propriété est réservée aux enfants communs, et leur mère n'a que l'usufruit. En cas de répudiation injuste, la femme dut jouir des mêmes avantages ; mais le mari n'avait jamais rien à prétendre. On voit que la novelle différait sensiblement de l'Authentique. Ce fut cependant cette dernière que l'on observa dans les pays de droit écrit. Il en résulta que la quarte s'accordait au mari aussi bien qu'à la femme, et s'appelait, sans distinction, la quarte du conjoint pauvre. Lebrun, dans son *Traité des successions* (liv. I, ch. vii, n° 4), éleva la question de savoir si l'on ne devrait pas appliquer la novelle dans toute sa riguéur. Mais les plus graves autorités (Accurse, Dumoulin, Despeissés, Boucher d'Argis), et une jurisprudence constante, fondée sur un antique usage, admettaient le droit de succession réciproque, qui subsista sans modifications jusqu'à la fin du siècle dernier.

II. PAYS DE DROIT ÉCRIT.

Quand l'invasion germanique eut brisé le lien qui unissait la Gaule à l'Empire, elle permit pourtant aux vaincus de conserver leurs lois civiles, et l'on sait comment, dans les provinces méridionales, les Barbares moins nombreux, plus éloignés de leur ancienne patrie, placés en contact avec des populations plus fortement imbues des principes et des usages de Rome, finirent par se confondre avec elle, en laissant sa législation dominer et étouffer presque entièrement leurs propres coutumes. Ces contrées furent donc en général régies par les lois mêmes que nous venons d'étudier. Séparées de l'Empire avant le règne de Justinien, jusqu'à quel point ont-elles connu et admis, pendant le moyen âge, les réformes de ce prince ? C'est une question qu'il ne nous appartient pas de résoudre. Les donations entre époux restèrent telles que les avait faites Caracalla, la possession de biens *unde vir et uxor*, telle qu'elle était sortie des mains du préteur, jusqu'au jour où la grande renaissance du droit romain permit enfin à la jurisprudence des parlements d'appliquer les dispositions plus récentes du Code et des Novelles. Sur tous ces points donc, nous nous dispenserons d'entrer dans des détails qui ne seraient, le plus souvent, que de fatigantes et inutiles répétitions. Mais pour la matière du contrat de mariage, des faits graves résultent de cette séparation prématurée qui interrompit la tradition du droit romain, avant qu'il eût arrêté sa forme définitive. Nos provinces de droit écrit en restèrent aux lois des empereurs d'Occident; mais, en s'appropriant leurs principes, elles leur attribuèrent un caractère nouveau. Développés sous l'influence de l'Eglise, dans le sens des idées modernes, ces principes finirent par donner naissance à deux institutions toutes favorables à la survie, et que Rome n'avait jamais connues. Consacrés par un long usage, l'augment et le contre-augment, issus de la *donatio sponsalitia* et de l'ancienne attribution de la dot au mari survivant, résistèrent à l'introduction des règles qui avaient organisé définitivement le régime dotal, et liés à ce régime formèrent, en assurant l'intérêt personnel des époux, le complément nécessaire qui lui manquait dans les lois de

Justinien, sinon dans les mœurs de son époque. En même temps une foule d'autres avantages vinrent entourer la veuve, et marquer pour elle cette protection spéciale qui est l'un des caractères les plus saillants de l'ancienne législation française.

Le droit romain, tel que le connaissait la Gaule au moment où elle cessa de suivre ses progrès, nous est révélé par deux compilations données comme règles par les rois barbares aux populations gallo-romaines de leurs territoires. Ce sont : le Bréviaire d'Alaric, pour la partie du midi qui s'appuie aux Pyrénées; le Papien, chez les Burgondes. Tous les deux sont du sixième siècle, et s'arrêtent à peu près au Code et aux Novelles de Théodose. Le système est celui-ci : obligation pour le père de doter. La nécessité de la dot et de la donation anténuptiale pour la validité même du mariage, édictée par la novelle de Majorien, n'a peut-être pas été admise [1]; mais le concile d'Arles (524), craignant l'indigence pour les jeunes familles, s'est beaucoup rapproché de cette rigueur, en posant ce principe : *Nullum sine dote fiat conjugium* (C. Théod., édit. Ritter, t. VII, p. 157). Toutes les règles anciennes sur la conservation et l'administration de la dot, la loi Julia entre autres, sont maintenues : quand la femme survit, elle reprend sa dot, et gagne de plus la *donatio sponsalitia;* si elle prédécède, le mari retient la dot; mais chacun des deux époux perd, en se remariant, la propriété de ce qu'il a gagné, pour n'en conserver que l'usufruit sa vie durant, et perd même cet usufruit quand le nouveau mariage a eu lieu dans l'année de deuil. Enfin, la *donatio ante nuptias* n'est pas encore telle que Justinien l'a constituée, ni même telle qu'elle était lors de son avénement, car son acquisition en cas de survie n'est pas soumise même à la condition d'égalité proportionnelle avec le gain de la dot, que Léon et Anthémius ont établie. Par conséquent, quoique déjà un avantage de survie, elle est encore une libéralité envers la femme; mais elle est soumise à la double condition de l'insinuation et de l'écriture établie par Constantin. (V. Code Théod., Brév. III, et Papien,

---

[1] La question est résolue diversement par les auteurs. (V. MM. Laferrière, II, p. 469, et Ginoulhiac, p. 416.)

tit. XVI, 21 et 22.) Quant aux biens paraphernaux, une formule
du temps reproduit la règle romaine : *Nihil aliud agat maritus,
nisi quod ei agendum per mandatum illa commiserit* (Form. Sirmund., 20).

Les formules du sixième siècle qui nous restent (*Formulæ Sir-
mundicæ*, et *Formulæ Andegavenses*, publiées par Mabillon) nous
montrent les donations *ante nuptias* faites par un acte formel, et la
nécessité de l'écriture semble reconnue comme celle de la tradition, avant la célébration du mariage ; mais c'est alors seulement
que la chose donnée *devenit ad sponsæ potestatem*, c'est-à-dire
qu'on en est encore à la législation de Constantin. De même,
sauf cette condition, la donation paraît être pure et simple, et
non subordonnée à la survie : seulement la pleine propriété n'est
donnée à la femme qu'à défaut d'enfants ; la nue propriété est réservée aux enfants à naître, et, en leur présence, la femme n'a qu'un
droit d'usufruit (*Ita ut dum advixeris secundum legis ordinem, te-
neas atque possideas, nostrisque qui ex nobis procreati fuerint filiis
vel filiabus derelinquas*). Du reste, la chose donnée semble rester
commune aux deux époux pendant le mariage (*Quamdiu advixeri-
mus, ambo pariter hoc tenere et possidere debeamus*), probablement parce que l'usage s'était conservé de la comprendre (dans la
dot ; il dut conduire, comme à Rome, à dire que le mari ne se
dessaisissait pas actuellement, et que sa mort seule ouvrait le droit
de la femme. Nous devons avouer pourtant que, tout en paraissant
se référer aux lois romaines, ces formules, dont l'une est intitulée
Cessio in dotem, pourraient bien n'avoir trait qu'à la dot germanique, et se rapporter, non pas à la question dont nous nous
occupons, mais à celle de l'origine du douaire [1].

Au onzième siècle, nous trouvons un monument plus important
du droit de ces contrées, qui nous montre les progrès qu'il avait
faits, soit par lui-même, soit plutôt parce que la connaissance des
innovations de Justinien s'était répandue : nous voulons parler
des *Excerptiones Petri, legum Romanarum*. En lisant cet ouvrage,
il est difficile d'admettre que l'auteur n'ait pas eu sous les yeux, au

[1] Form. Sirmund., 14, *Donatio in sponsa facta*, et 15, *Traditio*. Form. Mabill., 39
et 53.

moins par parties ou par l'*Epitome* de Julien, la nouvelle législation de l'Empire, et par conséquent, s'il en diffère, c'est sur des
points où l'usage des pays pour lesquels il écrivait ne l'avait pas
adoptée. Voici le résumé du régime dotal, tel qu'il nous le présente.
La dot n'est pas nécessaire pour la validité du mariage, si ce n'est
pour celui des comtes, des ducs et des rois [1] (*De nupt. sine
dote*, I, 30 et 51). Elle est toujours destinée à subvenir aux
besoins de la famille. L'aliénation en est prohibée plus sévèrement que par la loi Julia. Le mari, à moins de pacte contraire,
la gagne tout entière, et sans qu'on distingue maintenant la dot
adventice et la dot profectice; seulement, s'il y a des enfants, il
n'en a que l'usufruit, plus une virile en propriété, et s'il se remarie, il n'a que l'usufruit du tout (I, 33). Les mêmes règles s'appliquent à la donation *propter nuptias*, sauf que la dot peut exister
sans elle, et qu'elle ne peut pas exister sans la dot. Mais, du reste,
les mêmes conventions doivent les affecter toutes deux; elles doivent être égales même en quantité, et si l'une excède l'autre, la
plus forte est réduite (I, § 43). Leur restitution dans le cas de mort
ou de faillite du mari est réglée de la même manière (IV, 54).
Enfin, la femme qui se remarie dans l'année de deuil est déclarée
infâme, et perd sa donation. Ainsi, toutes les modifications de
Justinien ne sont pas adoptées; le principe qui attribue au survivant la dot ou la donation existe encore, et il est dès lors trop
fortement établi pour pouvoir jamais disparaître.

Tout en admettant que le *Petrus* peut avoir une autre valeur que
celle d'un ouvrage purement doctrinal et scientifique, il ne faut
pourtant pas y voir un exposé absolument exact de l'état des choses
dans tout le Midi. A aucune période du moyen âge on ne trouve
nulle part l'unité, la fixité dans le droit. Au onzième siècle surtout, les diverses législations, les principes romains et germaniques étaient partout en lutte, ou se conciliaient par la confusion :
règles nouvelles mêlées aux lois anciennes, noms romains couvrant

[1] Mais alors la *donatio propt. nupt.* est nécessaire comme elle. Dom Vaissette,
t. III, p. 196 : *Legalis est ordo et antiqua consuetudo, et etiam de jure tenetur, secundum constitutionem antiquam, ut conjugium cum dote vel donatione propter
nuptias fiat.*

des institutions barbares, c'était un chaos, d'où devaient sortir un jour les brillantes lumières de la société nouvelle, mais où rien n'était encore fixé, au milieu de la fermentation de tous les éléments qui devaient contribuer à la former.

A côté de ce texte si clair, qui nous transporte presque au temps de Justinien, et nous montre la donation avec son nom nouveau de *propter nuptias*, et son caractère de contre-dot égale, des chartes de la même époque nous ramènent à la *sponsalitia largitas* du temps de Constantin. Antérieurement déjà, le douaire germanique avait pénétré à la suite de la domination des Visigoths, et s'était établi au moins dans les familles nobles. Les lois de ce peuple, sorte de transaction entre les deux législations romaine et barbare, déclaraient la dot nécessaire pour la validité du mariage, et organisaient à côté un douaire (*dos* ou *arrhas*), ou plutôt un morgengab, qui ne pouvait excéder un dixième des biens du mari, à moins qu'il ne fût noble, ce qui lui permettait d'y ajouter certains meubles. S'il n'y avait pas d'enfants, la femme restait propriétaire de ces biens ; mais ils faisaient retour aux héritiers du mari quand elle mourait sans en avoir disposé. L'usage avait même fini par établir, en général, que le douaire ne consistât qu'en usufruit. Dans nos provinces régies par le droit romain, la *donatio ante nuptias* en fait fonction, et les deux choses se confondent dans une institution bâtarde, qui tient à la fois des deux origines [1] ; mais quelquefois le douaire est encore distinct de la donation, et c'est à lui probablement que s'applique le mot de *dotalitium*. Enfin, un autre usage, espagnol peut-être, car nous l'avons trouvé dans une constitution de Constantin adressée au préteur des Espagnes, celui de l'*osculum*, s'est perpétué presque tel qu'elle nous le montre dans le *Breviarium*, plus tard dans le *Fuero juzgo* (traduction espagnole de la loi Visigothe), et enfin dans le *Fuero viejo* de Castille [2]. Il a créé

---

[1] Dans le droit canonique, le douaire est ordinairement appelé *donatio propter nuptias* ; peut-être est-ce par suite de cette confusion que le *Petrus* déclare la donation nécessaire pour le mariage dans les mêmes cas que la dot : la confusion est surtout évidente dans les formules de Mabillon, notamment dans la trente-neuvième, intitulée *Cessio in dotem*.

[2] Liv. V, t. I, § 4 : Une fiancée, appelée dona Elvire, avait reçu de son futur des présents. Le mariage ayant manqué, il les réclama. L'affaire portée devant

un troisième avantage, une sorte de donation *propter nuptias*, faite
lors des fiançailles, qui plus tard se confondit avec les gains de
survie, et devint une forme de douaire. Mais au treizième siècle
même, nos praticiens la distinguaient encore et du douaire et de la
donation *ante nuptias*; car lorsqu'une femme s'obligeait, on la
faisait renoncer « à tous priviléges ou bénéfices, donnés ou à donner, soit par *oscle*, par douaire, par mariage, ou par donation par
noces ou entre vifs (Ducange, v° *Osculum*).

Nous trouvons toutes ces choses dans les textes des onzième
et douzième siècle qui nous restent : l'*osculum* dans deux contrats
de mariage, l'un de l'an 1005 (*dans illi primi osculi per sponsalitium*); l'autre de l'an 1363, entre Guillaume, comte de Beaufort et
d'Alès, avec Catherine d'Adhémar. La *dotalitium* se rencontre
dans plusieurs actes, notamment dans le contrat de mariage de
Bertrand, fils de Raymond comte de Toulouse, avec Electa de
Bourgogne, où l'on distingue bien, d'une part, le *sponsalitium* et la
dotatio, de l'autre, le *dotalitium*; et la preuve que celui-ci vient en
effet de la loi visigothe, c'est qu'à défaut d'enfants la femme en a
la pleine propriété, avec droit de la transmettre à qui elle voudra.
Quelquefois, quoique le mot ne soit pas prononcé, c'est presque un
douaire qui est constitué, comme dans un contrat de l'an 1037,
où la propriété de la donation est réservée aux enfants communs,
s'il n'y en a pas aux héritiers du mari; seulement on ajoute : à moins
que la femme ne laisse des héritiers légitimes. Enfin, nous trouvons un autre *dotalitium* qui est remarquable, en ce qu'il comprend la moitié des meubles du mari. — Quant au *sponsalitium*, il
fait le fond de toutes les chartes qui nous restent, il est évidemment très-commun, et peut-être nécessaire. Désigné longtemps
par ce seul nom, une charte en 1105 lui donne enfin comme sy-
nonyme celui de *donatio propter nuptias*, ce qui indique l'influence naissante du droit de Justinien; mais ses règles ne sont pas
pour cela changées : c'est toujours bien la *donatio sponsalitia*, telle

le magistrat, il fut jugé que si elle avait été embrassée, elle n'aurait rien à
rendre, qu'autrement elle rendrait tout; elle n'a que le baiser nuptial eût été
donné, et c'ill faut. C'est bien, sauf la quotité, la règle qu'établit la loi 16,
C., *De don ante napt.*

7

que nous l'ont présentée les lois et les formules du sixième siècle.
Presque toujours la propriété est réservée aux enfants à naître
du mariage. S'il n'y en a pas, quelquefois l'usufruit seul est donné,
et le fonds doit faire retour aux héritiers du donateur; mais le plus
souvent, la femme a la pleine propriété, et peut en disposer comme
elle l'entend. La condition de survie que nous avons vue naître s'est
généralisée. Elle est souvent formellement exprimée. Quelquefois,
tout en donnant certains biens d'une manière absolue, *ad integrum*,
on stipule que les deux époux en jouiront et les tiendront ensemble
pendant leur vie; ailleurs la nécessité de la survie résulte de la nature
même de la libéralité, par exemple quand elle comprend, comme le
dotalitium que nous avons signalé, les meubles présents et futurs ;
enfin, quand rien de tout cela ne se rencontre, cette condition
paraît toujours sous-entendue : soit que l'ancien droit romain fût
déjà, dans les Gaules, parvenu à ce point, soit que les principes
du douaire y aient plus tard conduit, la donation n'est réalisée que
par la mort du mari. Mais quant à l'égalité dans le gain de survie,
quant au caractère de contre-dot, il manque absolument. La donation
en est restée où elle en était au temps des empereurs d'Occident et
de Sidoine Apollinaire (VII, ép. 2) : c'est une libéralité envers la
femme. Différant probablement par leur origine, mais remplis-
sant la même fonction, et séparés seulement par des nuances qui
échappaient à la pratique grossière de ce temps, l'*osculum*, le *dotalitium* et le *sponsalitium* ne paraissent pas avoir jamais existé à
l'état d'institutions séparées. Employés concurremment d'abord,
comme avantages distincts, mais sans que chacun eût ses règles
fixes ou s'appliquât spécialement à telle ou telle nature de biens,
ils tendirent constamment à se confondre, et déjà, en 1156, nous
trouvons dans le contrat de Guillaume VII, sire de Montpellier,
les trois mots appliqués à la même chose, et pris comme syno-
nymes. Ils disparaissent ensuite, comme les choses mêmes; mais
un système nouveau sortira de celles-ci, et ses variétés reprodui-
ront souvent leurs principes divers. Seul, le *sponsalitium* se perpétue jusqu'au dix-huitième siècle; il se retrouve, en Roussillon,
dans le *sponsalici* ou *screix*, gain de survie purement conventionnel, réglé ordinairement au dixième, quelquefois au sixième de la

dot, dérivé, par conséquent, de la *donatio ante nuptias*, mais qui tient aussi du morgengab, puisque l'usage le refuse aux veuves remariées. (Voyez Boucher d'Argis, p. 98.)

Ainsi la survie de la femme lui faisait acquérir sa donation, sans lui enlever, bien entendu, son droit intégral sur la dot. Là-dessus aucune variation dans les textes. Il n'y en a guère, non plus, sur le droit du mari de continuer à jouir des biens dotaux après la mort de sa femme, à la charge de les conserver et de les rendre à son décès, soit aux enfants communs, soit à l'ascendant qui a constitué la dot, ou à ses héritiers. Cette restitution est assurée par un serment qu'il prête sur l'Evangile, avec plusieurs cojurateurs, quelquefois même par un gage réel. Voici comment une charte, donnée en 1350 aux habitants de Villeneuve, près d'Avignon, règle les droits respectifs des époux : Donation *propter nuptias*, fixée à la moitié de la dot, sauf pacte contraire ; le mari, s'il survit sans enfants, conserve la dot sa vie durant, et la rend à sa mort aux parents ou aux héritiers de sa femme, à moins que celle-ci ne lui en ait assuré la propriété irrévocable. Si la femme survit, et qu'elle ait des enfants, elle reprend la dot et obtient la donation, qui, à sa mort, passe aux enfants, à moins que le mari n'en ait autrement disposé. Ce texte est remarquable par le rapport de proportion qu'il établit entre la donation et la dot; il est remarquable aussi par sa date : car, un siècle auparavant, Placentin était venu enseigner à Montpellier le droit de Justinien, dont les principes commençaient à se répandre dans les pays de droit écrit. Déjà se fixaient les coutumes locales, et la jurisprudence des divers parlements. La grande majorité adoptait les règles du Code et des Novelles sur la restitution de la dot : restitution immédiate pour la dot immobilière, au bout d'une année pour la dot mobilière, surtout restitution dans tous les cas, que le mari survécût ou non, à moins de stipulation contraire. A l'inverse, quelques autres coutumes, maintenant l'ancien usage du pays, attribuaient de plein droit la dot, à moins de stipulation expresse, au mari survivant [1], soit en pro-

---

[1] Statuts de Montpellier, art. 118 : « Res immobiles quæ in dotem viro tradun-« tur, si præmoriatur uxor, vir debet sibi retinere in tota vita sua, nisi pactum « in contrarium reclamaverit. »

priété (Toulouse, confirmée en 1289 par Philippe le Bel, et Bordeaux, 1521), soit en usufruit (Agen, et statuts locaux d'Auvergne). En même temps, était consacré un droit analogue, légal aussi au profit de la femme survivante, sur les biens de son mari, droit que la coutume de Bordeaux étendit plus tard au double de la dot, mais qu'au treizième siècle celle de Toulouse (art. 1 et 3, *de dotib.*) fixait à la moitié de sa valeur, en l'appelant *donatio propter nuptias*, *dotalitium*, ou *augmentum*. Dès lors, l'augment était constitué, et son origine était indiquée par ces différents noms : il venait de l'ancienne *donatio ante nuptias*, modifiée par les principes de la législation de Justinien. On n'allait pas jusqu'à le rendre précisément égal à la dot, à lui appliquer toutes les règles de la *donatio propter nuptias;* mais on le déterminait en proportion de la dot, et non plus d'une manière absolue et indépendante. On lui reconnaissait donc en partie ce caractère de contre-dot, proclamé déjà dans le *Petrus*, et que les statuts de Montpellier (art. 95) indiquent, en disant : *Dotes aut hereditates, aut propter nuptias donationes vel sponsalitiæ largitates, æquis partibus ambulent*. Aussi peut-on dire que la coutume de Toulouse se rapprocha plus que toute autre, et se rapprocha la première, du régime matrimonial de l'empire d'Orient. Et quand nos anciens auteurs nous apprennent que, hors la ville et viguerie de Toulouse, dans le ressort du même parlement, on adopte communément cette coutume, ce qu'on appelle dans le pays se marier Pactes de Toulouse, on comprend l'influence que ce double gain de la dot par le mari, et de la donation proportionnelle à la dot par la femme, a dû exercer sur la formation de l'augment et du contre-augment dans nos provinces méridionales.

Tel qu'il apparaît dans le dernier état de l'ancienne législation, l'augment est un avantage que la femme survivante obtient, en récompense et à proportion de la dot, sur les biens de son mari prédécédé (Boucher d'Argis, p. 14 et suiv.). Ordinairement elle n'en a que l'usufruit, la propriété étant réservée aux enfants communs; seulement, si elle reste en viduité, elle gagne une virile, une part d'enfant en propriété. Cet avantage s'appelait encore gain de noces, gain nuptial, donation pour noces dans la coutume de Bordeaux, agencement dans le ressort du parlement de Pau. Il était de deux sortes, coutumier ou préfix, c'est-à-dire légal ou conventionnel. L'augment coutumier était dû de plein droit, dans certaines provinces, en vertu du texte formel de la coutume, dans d'autres, par suite d'un antique usage. La coutume de Bordeaux le fixait au double de la dot pour les femmes mariées en premières noces, au tiers seulement pour les veuves remariées, ; et cette distinction était plus saillante dans la Savoie, le Bugey, le Valromey, où ces dernières n'en avaient aucun (Favre, *De don. ant. nupt. def.* 3, et 6 *De jure dot.*). Dans certaines provinces, la distinction n'était pas admise ; ainsi, à Toulouse, l'augment était toujours de moitié, dans certaines parties de l'Auvergne, du tiers seulement. Quelquefois il était de moitié quand la dot était de valeur certaine, dans le cas contraire, du tiers ou du quart (Bugey, Gex) ; ailleurs (Lyon), on l'avait fixé à la moitié de l'argent comptant, au tiers des immeubles dotaux. Quant à l'augment conventionnel, il était ce que le contrat l'avait fait. Mais une grande controverse s'élevait sur la question de savoir si, dans les pays où il y avait un augment légal, on pouvait le stipuler moindre ; et, malgré l'autorité de Favre et des lois romaines (*conditio dotis deterior fieri non potest*), l'usage se prononçait pour l'affirmative. De même, l'augment pouvait-il être constitué ou augmenté pendant le mariage ? On décidait encore ce point contre les lois romaines, car, disait-on, les donations *propter nuptias* n'existent plus. Enfin, l'augment différait de cette donation en ce qu'il était dû, quoique la dot n'eût pas été payée, et dû pour le tout, quoiqu'il n'eût été payé qu'une partie de la dot, tandis que la donation se calculait toujours sur ce que le mari avait touché. Mais il s'en rapprochait, parce qu'il empruntait comme elle quelque chose de la nature de la dot, car il pouvait aussi être exigé avant la dissolution du mariage pour subvenir aux besoins de la famille ; il était garanti par un droit de suite contre les tiers [1] ; il n'avait lieu qu'autant qu'il y

[1] Pour l'augment comme pour le douaire, les biens du mari sont engagés et affectés de telle sorte, qu'ils ne peuvent être aliénés ni hypothéqués au préjudice de la femme et des enfants. Les acquéreurs des biens du mari ne peuvent prescrire ni l'augment, ni le douaire, contre la femme et les enfants pendant le mariage. (Boucher d'Argis.)

avait une dot constituée par la femme, et il se calculait en proportion de cette dot.

Fallait-il pour que l'augment prît naissance que, de son côté, le mari gagnât la dot? Evidemment la convention pouvait faire qu'il y eût un augment sans contre-augment, ou réciproquement [1], surtout sous l'empire des coutumes qui ne les établissaient ni l'un ni l'autre de plein droit. Mais, ceci est remarquable, en général là où l'augment existe par la force même de la loi, le contre-augment l'accompagne, et le contre-augment n'est guère dispensé de stipulation expresse, que là où l'augment l'est aussi. Le droit du mari de retenir la dot se trouve dans les art. 2 et 3 des *consuetudines Tolosæ*, et nous avons dit combien l'usage était répandu de s'en référer à cette coutume, dans les statuts de Montpellier, art. 18, mais seulement pour les immeubles, dans plusieurs coutumes locales d'Auvergne, enfin, dans celle de Bordeaux (art. 47 à 50), où le veuf gagne, outre la dot, tantôt tous les meubles, tantôt seulement ceux qui ont été acquis pendant le mariage (cette coutume établissait à côté du régime dotal une société d'acquêts entre les époux, corrigeant ainsi l'iniquité du principe romain, L. Quintus-Mucius, qui attribuait au mari tous les acquêts faits par sa femme pendant le mariage). Ailleurs, l'avantage donné au mari est restreint à une partie de la dot. Enfin, dans certaines provinces, celles qui forment le bassin du Rhône, il faut le fixer expressément, mais l'usage est de le constituer. Quant à ses règles, elles sont les mêmes que celles de l'augment. Il n'est dû que lorsque la femme apporte une dot, et sur les biens dotaux seulement. Il n'est que de l'usufruit s'il y a des enfants, sauf la virile de pleine propriété, qui se perd par un second mariage. Il est de la propriété s'il n'y a pas d'enfants existants lors de la dissolution, ou si on l'a stipulé *sans retour*.

Cette attribution en nue propriété aux enfants de tous les gains de survie, vient du Code de Justinien et des Novelles, qui, en constituant définitivement la donation *propter nuptias*, ont atténué

---

[1] Boucher d'Argis dit formellement que si on est convenu que la femme n'aura pas d'augment, le contre-augment n'en est pas moins dû là où il est légal.

ce qu'avait de trop exclusif le régime dotal pur, donné à chacun des
conjoints certains droits sur le patrimoine de l'autre, mais en soumettant les biens sur lesquels ils portaient à des règles spéciales,
qui en assuraient la conservation au profit des enfants. Seulement,
ce qui, sous Justinien, ne s'appliquait qu'aux avantages conventionnels, les seuls qu'il reconnût, résulte dans notre ancien droit de
la loi même, ou d'un usage ayant force de loi. Ainsi, s'efface cette
séparation complète, si étrange, entre les deux époux et leurs deux
fortunes, qui était le dernier système légal de l'Empire, et qui
a reparu dans notre Code. Le système que nous étudions, conforme en cela à l'esprit conservateur du droit coutumier, et de
toute notre ancienne législation, conciliait ainsi par des usufruits
l'intérêt personnel des époux, et l'intérêt de leurs familles respectives. Quelquefois pourtant, il faut le dire, celui-ci se trouvait
compromis, soit parce que les gains nuptiaux étaient donnés à
l'époux en pleine propriété, soit même par cette virile, qui dérivait aussi de l'influence des lois romaines sur la dernière jurisprudence de nos parlements.

Des coutumes portant un gain de survie réciproque soumis à de
telles règles n'offrent-elles pas une analogie frappante avec les
principes que nous avons trouvés dans le *Petrus*, et avec ceux des
dernières constitutions impériales avant Justinien? Considéré dans
son ensemble, un régime matrimonial ainsi organisé s'éloigne-t-il
beaucoup, quant au fond des choses, diffère-t-il sérieusement du
mode d'association conjugale que nous avons montré dans le Bas-
Empire? Et l'augment, en particulier, si l'on admet les changements qu'après l'introduction du Code et des Novelles la jurisprudence a dû faire subir aux usages français, pour les conformer à
ces lois considérées comme le droit par excellence, et qui avaient
dans ces contrées, mieux que nulle part ailleurs, leur application,
l'augment ne se rattache-t-il pas par une filiation évidente, nous ne
dirons pas à la donation inscrite dans la coutume de Toulouse,
en 1289, car elle est déjà l'augment même, mais à la donation
sponsalitia, dont nous avons suivi la marche dans les chartes et auparavant dans les formules, depuis l'invasion? Comme lui, cette
donation n'a pas de quotité nécessaire; les parties ont toute lati-

tude pour la fixer [1]. Comme lui, elle est toujours constituée avant
le mariage, et indépendante du payement ou du non-payement de
la dot. Quant au caractère constant de l'augment, d'être toujours
proportionnel avec la dot, il peut venir de l'influence des lois romaines, modifiant l'ancien usage en ce point, mais le conservant
en ce qu'il ne lui est jamais égal, à moins de stipulation formelle.

Malgré leur penchant à nier les origines nationales de notre droit
pour chercher à toutes nos institutions une origine romaine, nos
anciens auteurs dérogeaient pourtant ici à leurs habitudes, et reje-
taient la théorie que nous venons de développer sur la formation de
l'augment. En même temps qu'il se constituait chez nous, les principes de la législation de Justinien, peu à peu tombée en désuétude,
enfantaient à Constantinople une institution à peu près semblable. Au lieu de trouver là deux effets de la même cause, la grande
majorité des docteurs [2] ne voyait pas dans l'augment autre chose
que l'hypobolon grec lui-même, apporté tout formé de l'Orient par
les croisés, lors de la fondation de l'Empire latin, ou plutôt français, de Constantinople. Voici, en quelques mots, l'histoire de l'hy-
bolon :

Il paraît que, s'écartant de cette égalité dans les avantages conférés aux deux époux, que Justinien avait si rigoureusement ordonnée, on avait restreint, sous ses successeurs, la *donatio propter*
nuptias à un taux moins élevé que celui de la dot, mais en l'assurant, dans tous les cas, à la femme ou à ses héritiers. Seulement,
comme gain de survie, on y avait ajouté pour elle le droit de prendre
en sus, à titre successif, sur les biens de son mari, une somme égale
au quart (*quadrans*) du montant total de la dot et de la donation,
somme qui restait à l'époux quand elle prédécédait. Léon, dans sa
novelle 20, s'élève avec raison contre cette faveur excessive, et décide que, puisque l'usage en est établi, la donation restera diffé-

---

[1] *Prolibitu conferentium ex utraque parte aut ex una valeant* (Stat. de Montpellier, 95).

[2] Voyez pourtant les observations sur le chap. II de Boucher d'Argis. Mais
Cujas, V, *Observ.* 2, dit qu'on ne connaît plus la *donatio propter nuptias*, et que
l'augment, dans beaucoup de provinces, ne diffère pas de l'hypobolon. Il est vrai
qu'il prétend aussi que le morgengab est la même chose que l'hypobolon. (*De*
Feud., L. 2, t. IX, et L. 4, t. XXXII.)

rente pour sa quotité de la dot, mais que, d'ailleurs, si la femme survit, elle aura la dot et la donation, sans rien de plus; si elle prédécède, le mari n'aura qu'à rendre la dot, et gardera la donation. Ce fut probablement à cette donation un peu modifiée qu'on donna plus tard le nom d'hypobolon (la traduction latine le rend par *incrementum dotis*) que nous trouvons employé au douzième siècle par Harmenopule. Voici ce qu'il en dit dans son *Promptuarium juris : Hypobolon appellamus quod ob dotis quantitatem, cum uxore defuncta dos a viro repetitur* (Cujas, *Observ.*, liv. V, chap. IV, prouve qu'il faut lire : *cum viro defuncto dos ab uxore repetitur), huic subjicitur ac supponitur, et velut sub dote quæ in majorem ascendit quantitatem, tanquam minus ac infirmius, si cum hac conferatur, ponitur; verbum siquidem ὑποβάλλειν inter varia quæ habet significata, significat et illud, sub aliquo robustiori ac majori quidpiam infirmius ac minus collocare : unde sane dotis hypobolon nominatur. Cum ergo in contrahendo matrimonio utrinque de hypobolo conventum fuerit, ut in restituenda dote adjiciatur, et tantum redditur pro pacto convento hypobolon; sin hoc prætermissum fuerit, tunc ab eo qui dotem reddit, postulatur ut hypoboli nomine, trientem universæ summæ in quam dos reducta sit, præstet; atque hoc quidem apud recentiores in hodiernum usque diem obtinuit. Cæterum apud veteres hypobolon ad dimidiam dotem computabatur. Si vero ante virum diem obierit mulier, nullus relinquitur hypobolo exigendo locus.* Telle était l'institution dont on voulait faire dériver l'augment, et l'on ne peut méconnaître en effet qu'outre la ressemblance du nom, il n'ait avec elle de grands rapports. Il n'était pas admis autrefois que les lois de Justinien eussent pu n'être pas appliquées dans le midi des Gaules, ni même qu'on ne s'y fût pas conformé aux lois par lesquelles ses successeurs avaient réglé les transformations nouvelles des donations *propter nuptias.* Par suite, comme l'augment n'était pas entièrement conforme au Code et aux Novelles, et comme il était reconnu que l'hypobolon avait pris la place des donations à Constantinople, on en tirait cette conclusion que l'augment ne venait pas des lois de Rome, mais directement de la dernière législation du Bas-Empire. Aussi, tout en re-

connaissant qu'il y avait quelque rapport entre les donations à cause
de noces et l'augment, refusait-on de voir dans les unes le principe
de l'autre, et faisait-on remarquer, comme démonstration suffisante,
que la donation pouvait être constituée ou augmentée pendant le
mariage, et pas l'augment, qu'elle devait être égale à la dot, tandis
qu'il est ordinairement moindre, et quelquefois plus fort, qu'elle
n'était due que quand la dot avait été payée (Nov. II, ch. 5), ou en
proportion de ce qui avait été payé, et non pas lui (Boucher
d'Argis, p. 18). Mais ces différences sont loin de suffire à prouver que l'augment ne puisse pas venir de la *donatio sponsalitia*,
telle qu'elle existait en droit romain, et par conséquent dans les
Gaules, au moment de l'invasion. Nous avons montré, au contraire, qu'elle s'y était toujours maintenue ; les diversités qui sépa-
raient ses règles de celles qui furent posées plus tard en Orient, et
leur confusion fréquente avec certains principes du douaire, expliquent suffisamment les différences légères qui se rencontrent entre
le dernier état de l'augment et celui des donations *propter nuptias*. D'ailleurs, qu'il nous soit permis de le redire, si l'on envi-
sage la question d'une façon plus large, comment ne pas remarquer l'analogie frappante qui unit le système de l'ancien droit,
celui de la coutume de Toulouse, par exemple, avec augment et
contre-augment, c'est-à-dire gain de survie réciproque, et le régime du Bas-Empire, soit avant que Justinien eût donné aux héritiers le droit de reprendre la donation ou la dot, soit même après
lui, si les pactes de survie qu'il autorise étaient intervenus? Nos
anciens auteurs sont forcés de convenir que le contre-augment dérive du droit romain. Comment donc nient-ils cette origine pour
l'augment, qui en est la contre-partie et le corollaire? Enfin, si
l'augment se rapproche, dans certaines provinces, de l'hypobolon,
il en diffère grandement dans toutes celles qui l'assimilent au morgengab, en le refusant à la veuve remariée [1], et s'il ressemble alors
à une institution grecque, ce n'est pas à l'hypobolon, donné toujours à la femme, qu'elle soit mariée en premières ou en secondes

---

[1] Ce sont principalement celles qui bordent le Rhône, la Savoie, le Bugey, etc.
Voyez aussi la Cout. de Bordeaux, qui donnait à la vierge le double de la dot,
et à la veuve remariée seulement un tiers.

noces, mais au theoretrum, que la vierge seule pouvait avoir, et qui, maintenu en usage jusque dans les derniers temps, pouvait, dit Saumaise, se cumuler avec l'hypobolon (*De Modo usur.*, p. 151). Remarquons qu'il diffère aussi du morgengab, 'd'abord en ce qu'il n'a pas partout ce caractère de *pretium virginitatis*, mais surtout en ce que le morgengab n'est ni proportionnel à la dot, ni reversible en faveur des enfants. Il est vrai que sous ce dernier rapport, le douaire, qui doit à celui-ci son origine, se rapproche pourtant de l'augment.

Si l'augment et le contre-augment étaient les gains de survie les plus importants et les plus généralement en usage dans le Midi [1], ils n'existaient pourtant pas partout, car la jurisprudence, appliquant la loi *unic.*, *C. De rei ux. act.*, avait souvent déclaré la dot pleinement restituable aux héritiers de la femme prédécédée. Il en était ainsi notamment en Bresse, Mâconnais et Provence; on y suppléait par des donations réciproques de survie, appelées aussi *donationes propter nuptias*, nous dit Favre (*De sec. nupt. def.*, 13, 15), et qui, suivant Revel, étaient ordinairement, pour la femme, du double de ce qui était donné au mari; mais les conjoints pouvaient s'attribuer réciproquement, en cas de prédécès, tous leurs biens. Boucher d'Argis énumère cinq différences principales, qui distinguent la donation de l'augment : 1° elle n'est jamais due sans une convention expresse qui en fixe la quotité ; 2° elle appartient, en toute propriété, au survivant, quoiqu'il y ait des enfants du mariage, seulement il la perd en se remariant; 3° la femme n'a pas le droit d'en jouir, en cas de faillite ou de discussion des biens du mari; 4° le survivant ne doit pas caution pour la donation, à moins qu'il ne se remarie (elle est assimilée en cela à la virile de l'augment) ; 5° les intérêts n'en sont dus que du jour de la demande, tandis que, pour l'augment, ils sont dus de plein droit. Outre cet avantage; l'augment était encore remplacé, dans les mêmes provinces, par une pension viagère, que l'on constituait fréquemment au profit de la femme. Ce n'est pas

[1] Le contre-augment existait aussi en Italie; il en est question dans les ouvrages de Rolandus à Valle (de Casal en Montferrat), et de Pbannuccius (de Lucques).

qu'on ne pût aussi l'établir en faveur du mari, ou la stipuler dans
d'autres provinces; mais, dans l'usage, elle servait à suppléer
l'augment. Quelquefois elle devait tenir lieu des aliments viduaux,
et alors elle faisait tomber le droit de viduité. En cela, tout dépendait de la volonté des parties.

A côté de ces avantages réciproques, viennent se placer certaines
faveurs spéciales, établies, soit par la loi, soit par une convention
fréquente au profit de la femme; car c'est toujours le cas de sa survie qui est plus spécialement favorisé, même en droit écrit, où pourtant les lois de succession, lui donnant part égale, rendaient moins
nécessaire de subvenir à son existence; mais il est juste de protéger spécialement sa faiblesse, de lui assurer pendant son veuvage un sort convenable et en rapport avec sa situation passée.
Nous trouvons d'abord le droit de bagues et joyaux, gain de noces
et de survie proportionnel à la dot, que la femme cumule avec la
reprise en nature des objets qu'elle a apportés. Quoique ce droit ne
soit écrit dans aucune coutume locale, l'usage dans certains lieux
le rend exigible de plein droit, et sans stipulation. Alors, pour
fixer sa quotité, on a égard à la fois à la dot et à la condition du
mari, c'est-à-dire qu'il est d'un dixième de la dot quand le mari
est noble ou vivant noblement, et s'il est artisan, d'un vingtième;
quelquefois, par une sous-distinction, on place au-dessus des personnes nobles les personnes illustres, entre lesquelles l'avantage
s'étend jusqu'au cinquième de la dot. Comme l'augment, il était
donné pour une part virile en propriété, pour le reste en usufruit, et
réversible aux enfants, sauf dans certains pays où la libre disposition en était laissée à la femme. Il venait probablement, suivant Boucher d'Argis, de l'usage de stipuler dans le contrat, pour prévenir
toute contestation, la valeur des bijoux que le mari devrait donner
à sa femme, quand il ne l'avait pas fait avant le mariage. Mais nous
croyons y voir un reste d'un principe germanique, comme nous
le montrerons plus loin, en parlant du préciput de certains meubles dans les coutumes. Une preuve à l'appui de cette idée serait
cette distinction de la qualité des personnes, qui n'est guère dans
l'esprit des usages romains.

Dans la même classe se range le droit d'habitation; car, bien qu'il se trouve quelquefois assuré par la femme à son mari, c'est ordinairement en faveur de la veuve que le contrat l'établit. Nous retrouverons plus tard ce droit dans les pays de coutumes, mais avec des règles différentes. Au Midi, il ne résulte que d'un pacte exprès ; mais ce pacte est fréquent, surtout dans les provinces du centre, en Lyonnais, Forez, Beaujolais : seulement il peut, soit déterminer l'habitation concédée, soit en attribuer le choix à la femme, soit donner une somme d'argent, au lieu de l'habitation en nature. Ce droit est, d'ailleurs, indépendant de la dot ; si une convention expresse l'établit, il est ouvert, quand même la femme n'aurait rien apporté. Dans aucun cas, celle-ci n'est tenue de donner caution, car elle n'a pas un usufruit, mais une jouissance ; elle la perd en se remariant, car c'est un droit personnel, ce qui le distingue du douaire, à moins d'un pacte contraire, du reste assez fréquent [1].

Enfin, deux autres droits étaient reconnus à la femme, moins à titre de gains nuptiaux, que comme dettes de la succession de son époux envers elle ; aussi étaient-ils affranchis de la nécessité d'une stipulation formelle : nous voulons parler du deuil et de l'année de viduité. Le deuil n'était pas un avantage à titre gratuit ; c'était le résultat de l'obligation imposée à la femme d'après la loi 8, D. *De his qui notantur infamia*, de porter le deuil de son mari pendant un an. Par suite de ce devoir, et du principe que *nemo debet lugere sumptibus suis*, les héritiers devaient lui donner une somme réglée d'après la condition du mari, et destinée à lui fournir les habits, équipages et meubles de deuil, tant pour elle que pour ses domestiques. C'était une portion des frais funéraires ; par conséquent, elle pouvait être exigée, encore que la dot n'eût pas été payée, mais elle était enlevée à la veuve qui vivait d'une façon déshonorante, ou qui seulement se remariait pendant la première année [2]. Ce droit, qui se retrouve dans le Nord, n'existait jamais au

[1] Nous ne parlerons pas des droits de coffres, hardes, trousseau, bagues nuptiales, chambre tapissée, etc.; il faudrait nous jeter dans une variété infinie d'usages locaux.

[2] De même, du reste, que tous les gains nuptiaux et de survie, et tous les avantages à elle accordés sur les biens de son mari, soit par les lois, la coutume ou l'usage, soit par son contrat de mariage.

profit de l'homme ; car, dit Boucher d'Argis, d'après Tacite (*de Moribus Germanorum*) : *fœminis lugere honestum est, viris meminisse*. L'année ou droit de viduité consistait aussi en une certaine somme adjugée à la femme, tant pour les intérêts de sa dot mobilière, que pour ses aliments pendant l'année de deuil. Cet avantage provenait de ce qu'en expliquant la loi de Justinien, qui ordonnait que la dot mobilière serait restituable au bout d'un an, l'auteur de la glose avait ajouté que, comme pendant ce temps la femme serait exposée à manquer des choses nécessaires à sa subsistance, on devait obliger les héritiers du mari à la nourrir et à l'entretenir suivant sa qualité. En adoptant la loi unique au Code, *De rei ux. act.*, la jurisprudence avait adopté aussi cette interprétation favorable, qui, sans être consacrée dans aucun texte formel, avait acquis, par l'usage, force de loi. Par suite de ce caractère de dette de la succession, le droit de viduité était dû aussi, indépendamment de la constitution d'une dot, et n'était pas sujet au retranchement de l'édit des secondes noces. On jugeait même que la femme pouvait encore le réclamer, quoique l'héritier de son époux lui eût rendu sa dot ; cependant Boucher d'Argis le lui refuse dans le cas où elle se trouve à la dissolution, détenir la dot qui n'a pas encore été payée au mari. Du reste, la veuve était libre de conserver ce droit, en tenant compte aux héritiers des intérêts de sa dot, et réciproquement, à défaut de l'année de viduité, ils lui devaient ces intérêts. On voit que la loi de Justinien avait été singulièrement modifiée par la jurisprudence de nos parlements. Ce gain de survie était garanti, comme tous les autres droits matrimoniaux, par une hypothèque datant du jour du contrat ; le parlement de Toulouse était le seul qui appliquât la loi *assiduis*. En outre des intérêts de la dot, l'avantage dont nous parlons était considéré comme remplaçant aussi ceux des gains nuptiaux, qu'on ne faisait, en général, courir qu'à partir de la première année, sauf dans le ressort du parlement de Paris.

Reste le droit de succession réciproque des époux, que nous retrouvons tel que nous l'avons vu sous Justinien. La possession de biens *unde vir et uxor* s'est toujours maintenue au Midi de la France, dans les limites restreintes du droit prétorien. Mais la quarte du conjoint pauvre, que les auteurs appellent une loi des plus belles, des plus justes, et des plus conformes au droit divin et au droit naturel, la quarte s'est introduite à la suite des Novelles, et de l'Authentique d'Irnérius. Aussi est-elle plus étendue que celle de la novelle 117, en ce qu'elle est réciproque, au lieu de n'être accordée qu'à la femme. (Lebrun, *des Successions*, I, vii, n° 42, et Rousseau de Lacombe, *Jurisp. civ.*, v° *Succession*, sont les seuls presque qui appliquent la novelle 117.) Au reste, elle est, comme dans la novelle, d'une part d'usufruit en présence d'enfants communs, de propriété s'il n'y en a pas [1]. Quoique son admission ait été long-temps contestée dans plusieurs parlements, quoique, en Provence notamment, le premier arrêt qui la consacre soit de 1732, le dernier état du droit nous la montre universellement établie, dans ces provinces du moins, où l'absence de communauté et de douaire la rendait plus nécessaire. Peut-être est-il à regretter que le Code l'ait négligée.

Résumons maintenant les principales règles des gains nuptiaux ; nous en avons déjà, du reste, indiqué plusieurs en passant. Malgré les lois romaines, et, disent les auteurs, l'*ancien usage des pays de droit écrit*, on décidait que, dès qu'il y avait une dot promise, encore qu'elle n'eût pas été payée, ou ne l'eût été qu'en partie, l'augment et les bagues et joyaux étaient dus. Quant à la nécessité de la constitution de dot, la novelle de Majorien n'était pas suivie ; la femme pouvait ne rien apporter, seulement alors elle perdait ses gains de survie coutumiers, ne conservant que ceux qui lui étaient accordés par un pacte formel. Était-elle dans ce cas par cela seul qu'elle ne s'était pas constitué une dot expressément, quoiqu'elle eût des biens? La solution de la question dépendait de celle de savoir si tous ses biens étaient dotaux ou paraphernaux, question grandement controversée entre les docteurs. Quant au mari, ses gains de survie et même le contre-augment coutumier lui étaient toujours dus, quoiqu'il n'eût rien apporté en mariage.

Ces divers avantages étaient-ils réductibles pour parfaire la

[1] Il n'est pas besoin de rappeler que cette portion est d'un quart des biens s'il y a moins de trois enfants, et d'une part afférente s'ils sont plus nombreux.

légitime des enfants? Non, pour les bagues et joyaux et l'augment coutumier ; car, d'une part, une loi romaine permet à la femme de se constituer en dot tous ses biens, et de l'autre toute dot mérite un augment proportionné à sa quotité. L'affirmative, au contraire, est admise à l'égard des droits purement conventionnels de la femme, et même de l'augment préfix en ce qu'il excède le coutumier. Pour les gains du mari, les principes sont les mêmes. Seulement la faveur de la légitime pourrait peut-être faire réduire, comme excessif, le contre-augment qui absorberait tous les biens de la femme. Mais ils étaient tous, sans distinction, réductibles en vertu de l'édit des secondes noces, qui défendait comme la loi *hac edictali*, à toute personne qui se remariait ayant enfants d'un premier lit, de donner à son second conjoint, même de ses propres biens, plus que la part de l'enfant le moins prenant dans sa succession. Il n'y avait d'exception que pour les droits de deuil et de viduité, à cause de leur caractère de dettes de la succession.

Quelquefois les gains nuptiaux pouvaient être demandés par l'un des époux, du vivant même de l'autre. Ils étaient ouverts, pour le mari comme pour la femme, en cas de mort civile et d'absence du conjoint ; pour la femme seule, en cas de séparation de corps ou de biens pour sévices, mauvaises mœurs, faillite ou dissipation du mari, mais non pour cause d'indigence. L'augment et la dot conservaient alors entre ses mains leur nature et leur inaliénabilité. Hors ces cas, ces avantages ne sont exigibles que par suite de la survie, et, selon l'opinion la plus commune, quoique fort discutée, après l'année révolue, comme la dot, dont ils ne sont qu'un accessoire. De ceci pourtant il faut excepter le deuil, l'année de viduité, ajoutons, et l'habitation ; car, même en l'absence de toute stipulation constituant à son profit un droit d'habitation viager, la femme peut toujours continuer à résider dans la maison de son mari, pendant toute l'année qui suit le décès. Mais si les intérêts de la dot sont dus de plein droit à compter de l'année révolue, l'augment ne porte intérêt que du jour de la demande, suivant la jurisprudence des parlements de droit écrit, conforme, du reste, aux lois romaines ; le parlement de Paris, seul, les donnait du jour du décès et sans demande. Quant au mari, possesseur de la dot, il n'a qu'à exercer un droit de rétention ; il ne peut donc être pour lui question d'intérêts que dans des cas exceptionnels, et alors on suit à son égard les mêmes règles qu'à l'égard de la femme.

Nous avons dit que les gains nuptiaux n'avaient d'hypothèque que du jour du contrat : elle est même postérieure à celle de la dot ; vis-à-vis des autres donations portées au contrat, l'augment est préféré. A défaut de biens libres, les droits de la femme, du moins ses droits coutumiers, s'exercent sur les biens que le mari tient à titre de substitution, en ligne directe seulement. En outre, elle est préférée sur les meubles à tous créanciers, quoique premiers saisissants ; mais les cautions qui se sont engagées pour sûreté de la dot ne sont pas de plein droit engagées pour l'augment. Le mari a les mêmes garanties, au moins pour ses droits légaux, sauf le privilége sur les meubles.

Pour tous ces avantages, le conjoint survivant doit donner caution bonne et solvable, et non simple caution juratoire comme pour le douaire ; mais seulement, bien entendu, s'il y a des enfants, et pour la portion dont il n'a que l'usufruit. S'il se remarie un jour, il la devra même pour la virile ; mais on ne peut l'exiger d'avance. S'il avait été dispensé (par contrat de mariage et non autrement) de fournir cette garantie, ou si ses droits consistaient en jouissance d'immeubles, cas où elle serait inutile, les enfants ayant hypothèque légale sur ces biens, il devrait pourtant encore caution juratoire de jouir en bon père de famille. Mais il ne la doit pas, puisqu'il est propriétaire, quand les gains nuptiaux ont été stipulés sans retour, ce qui se peut, malgré l'opinion qui veut y voir une légitime en faveur des enfants, car les époux auraient pu n'admettre par leur contrat aucun avantage semblable.

La virile appartient au père aussi bien qu'à la mère, d'après les Novelles. Elle se fixe suivant le nombre d'enfants existants non au décès du premier époux, mais au moment où il est certain que son conjoint ne se remariera pas, c'est-à-dire soit à la mort de ce dernier, soit à son entrée en religion. Quant à savoir si le survivant avait vraiment la pleine propriété de la virile, ou si elle devait après lui retourner aux enfants, la question avait fini par être résolue dans le premier sens, après une longue controverse, et malgré l'ap-

8

pui que l'opinion contraire trouvait dans la Nov. 22, ch. 28, dans la L. 5 C. *De sec. nupt.*, qui semblent indiquer que cette propriété n'est pas parfaite, et dans ce fait qu'en droit romain, faute par le survivant d'avoir expressément disposé de la virile, elle passe aux enfants même non héritiers de leur père ou mère, et par parties égales, même s'ils sont institués pour des parts inégales. Mais cette propriété était-elle tellement absolue que la virile dut être censée comprise dans une disposition générale de tous les biens, ou fallait-il pour l'aliéner que l'époux survivant en disposât d'une manière expresse? La question ne fut jamais tranchée définitivement; nous en trouvons dans Boucher d'Argis une longue discussion, où l'autorité d'Henrys, de Bretonnier, est opposée à celle de Cujas, de Favre, de Despeisses, de Catelan. Pourtant il paraît qu'après de longues variations, la jurisprudence de tous les Parlements s'était enfin fixée à reconnaître la nécessité de la disposition expresse. C'était déclarer que le droit de propriété était encore incomplet, irrégulier.

D'après le second chef de l'édit des secondes noces, calqué sur les constitutions *Feminœ quœ* et *Generaliter*, l'époux remarié ne pouvait rien donner à son second conjoint des biens qu'il avait reçus du prédécédé; ils étaient réservés aux enfants du premier lit. Mais le conjoint remarié reprenait-il la propriété des gains nuptiaux après le décès de tous les enfants? La loi *Feminœ quœ* le décidait ainsi, et, après elle, les Parlements de Toulouse et de Bordeaux. Quelques auteurs tenaient pour la négative, en se fondant sur les novelles 2, ch. II; 22, ch. XXVI, et 68. Mais on leur répondait avec raison que ces textes n'avaient pas trait à cette question, et ne faisaient qu'énoncer une règle singulière, issue peut-être de la législation de l'empire contre les *orbi*, en vertu de laquelle la femme survivante gagnait la totalité de la donation à cause de noces, quand il y avait des enfants, et le tiers seulement quand il n'y en avait pas. Sans entrer dans tous les détails de cette discussion, il nous suffira de dire que Bretonnier, appliquant ces novelles à l'augment, à cause de ses rapports avec la donation à cause de noces, admettait pour lui seul la négative, et reconnaissait à l'époux un droit de propriété, *jure successionis*, sur les autres gains nuptiaux. Mais Boucher d'Argis rejette cette distinction, parce que l'augment n'est pas la donation à cause de noces, et parce qu'on n'est plus en cette matière sous l'empire des Novelles, mais sous celui de l'édit de 1560, qui a simplement pour objet d'empêcher le conjoint remarié de faire tort aux enfants du premier lit, et qui ne lui enlève pas immédiatement la propriété des gains nuptiaux, mais frappe seulement les biens qu'ils comprennent de réserve ou de substitution légale, au profit de ces enfants. Par conséquent, à leur mort, mais à la mort du dernier de tous seulement, cette substitution cesse, et le conjoint doit recouvrer une pleine liberté de disposition. — Le survivant était privé des avantages auxquels il avait droit pour indignité, c'est-à-dire pour avoir tué son conjoint, ou pour n'avoir pas poursuivi la vengeance de son meurtre. En outre, la femme perdait les siens pour adultère prouvé pendant la vie du mari, pour libertinage après sa mort, pour l'avoir quitté sans cause légitime, pour s'être remariée pendant l'année du deuil, ou à une personne indigne de sa qualité. Les enfants prenaient les biens, à son défaut, comme si elle les eût recueillis, et les leur eût transmis en mourant [1].

Quant aux droits des tiers, nous avons vu que les créanciers du mari antérieurs au mariage, mais eux seuls, primaient la femme, même dans les pays qui admettent la loi *Assiduis,* parce qu'elle ne s'applique qu'à la dot, et non aux gains de survie. Ils ne peuvent agir, pendant le mariage, sur les gains nuptiaux de leur débiteur, car la condition de survie n'est pas encore remplie, et même après la dissolution, ils n'ont d'action que sur l'usufruit si les avantages

---

[1] En règle générale, ces biens formaient pour les enfants une sorte de réserve; seulement ils les prenaient comme enfants, et non comme héritiers, c'est-à-dire même s'ils ne succédaient pas à leur auteur; ils se les divisaient toujours par parties égales. Cette transmission avait effet rétroactif au jour du contrat; elle était, à dater de ce jour, garantie par une hypothèque sur tous les biens des parents; les aliénations faites au préjudice des enfants étaient révoquées *ipso jure.* Mais les créanciers de ceux-ci n'avaient aucun droit qu'après que la condition de leur survie au dernier mourant de leurs parents s'était réalisée, sauf pourtant dans l'opinion de ceux qui voulaient que le survivant remarié ne pût pas reprendre les biens donnés, même quand les enfants venaient à prédécéder.

sont réversibles aux enfants, et sur la virile ; encore faut-il que celle-ci leur ait été expressément obligée. Contrairement aux lois romaines, la renonciation aux gains nuptiaux, faite en fraude des créanciers, serait révocable ; on y verrait non le fait d'avoir négligé d'acquérir, mais une véritable diminution de patrimoine. Si la succession du prédécédé ne suffit pas à satisfaire l'époux survivant, il peut agir, en vertu de son hypothèque, sur les biens aliénés. La prescription ne commence, au profit du tiers détenteur, que le jour où le droit est ouvert, c'est-à-dire, en général, le jour du décès. Elle court en même temps contre les enfants ; mais leur droit étant indivisible, le mineur relève le majeur. Elle court également, et contre les enfants et contre le survivant, même pour la virile, quoique les uns n'en soient propriétaires que sous la condition suspensive que leur auteur se remariera ou n'en disposera pas expressément ; et l'autre sous la condition résolutoire de inverse. Aussi beaucoup de doutes s'élevaient-ils sur le moment auquel devait se placer le point de départ de la prescription, puisque la propriété n'était fixée ni au profit des uns, ni sur la tête de l'autre. Mais on se décidait par cette considération que, du jour du décès, le survivant pouvait agir pour demander à jouir de ces biens, au moins comme usufruitier, et que les enfants, en vertu de leur droit éventuel, pouvaient aussi assigner les détenteurs pour faire déclarer les biens hypothéqués et affectés à la virile, et interrompre ainsi la prescription.

SECONDE PARTIE.

—

ANCIEN DROIT FRANÇAIS.

———

I. Coutume celtique.

Tel était l'héritage que la législation romaine avait légué à nos pères, et tels furent les développements qu'il reçut pendant une longue suite de siècles, par le travail patient des générations qui se succédèrent dans le midi de la France. Au nord, parmi des races différentes, d'autres causes inscrivirent d'autres principes dans les lois. Dès avant la conquête romaine, nous trouvons, chez les premiers habitants de la Gaule, une coutume singulière, plus civilisatrice et plus morale que tout ce que l'antiquité païenne avait conçu. César nous dit (*De Bell. gall.*, VI, 19) : *Viri quantas pecunias ab uxoribus, dotis nomine, acceperunt, tantas ex suis bonis, æstimatione facta, cum dotibus communicant : hujus omnis pecuniæ conjunctim ratio habetur, fructusque servantur; uter eorum vita superârit, ad eum pars utriusque, cum fructibus superiorum temporum pervenit.* Nous avons déjà indiqué une partie des nombreuses controverses auxquelles ce texte curieux a donné lieu. Les uns ont déclaré qu'une erreur seule avait dû faire dire à César *fructus servantur;* qu'on ne pouvait comprendre une masse commune ainsi constituée, et ne servant pas à subvenir aux besoins du ménage, mais accumulant ses revenus, pour les réunir au capital. D'autres, admettant que l'usage avait pu exister chez les Gaulois tel que leur vainqueur nous le montre, ont pensé qu'il avait dû céder sur ce point aux répugnances des jurisconsultes romains, qui considéraient comme n'existant pas la dot dont les fruits étaient réservés ; mais que pour le reste, il avait persisté à travers la conquête romaine, et, s'étant répandu, et introduit enfin jusque dans les lois de l'empire, avait donné naissance à la donation *propter nuptias.* —

D'autres enfin, comme Lebrun, Pasquier, Grosley, ce défenseur des origines celtiques de notre droit, y ont trouvé le principe de la communauté, et cette opinion, la plus accréditée au siècle dernier, a eu de nos jours encore et parmi les auteurs mêmes du Code civil de nombreux défenseurs. Heineccius, dans ses *Elementa juris germanici*, avait dit : *Quidquid inde quæsitum fuerat, æqua lance inter superstitem et defuncti heredes dividebatur.* C'était voir dans la coutume gauloise une vraie communauté, telle qu'elle existait dans le dernier état du droit coutumier, et telle qu'elle a passé dans le Code; mais c'était se mettre en contradiction avec le texte même de César, qui constate formellement l'attribution du tout au survivant. A son tour, Berlier s'écrie : « Voilà un certificat de bien ancienne origine pour notre communauté conjugale ! » et M. Pardessus ajoute : « Nous voyons ici la communauté conjugale clairement établie; ce système, qui a traversé tant de siècles et qui nous est parvenu *tel qu'il existait au temps de César*, devait frapper son attention. » (*Mémoire sur les origines du droit coutumier.*) Il est vrai que plus tard (*L. salique*, 13e dissert.), il a modifié ou expliqué son opinion, en disant qu'il n'entendait pas parler de la communauté légale (qui comprend les meubles présents et les acquêts, avec partage égal entre l'époux survivant et les héritiers de l'autre), mais de la communauté telle que la permettent, après les coutumes, les art. 1498 et 1525 du Code, c'est-à-dire d'une communauté réduite aux acquêts, et attribuée tout entière au survivant. Cependant nous ne pouvons pas voir dans le texte de César précisément une semblable association. On a opposé à M. Pardessus que, dans l'hypothèse des art. 1498 et 1525, l'apport de l'époux prédécédé est repris par ses héritiers, et n'appartient pas au survivant (M. Laferrière, II, p. 84); mais, avec toute la déférence que mérite une pareille autorité, nous devons dire que l'objection ne nous paraît pas juste. Elle suppose les conventions que prévoient ces deux articles prises isolément. Or, M. Pardessus ne parle pas de deux cas, mais d'un seul; il ne trouve pas dans le régime gaulois, d'une part, la société de l'art. 1498, de l'autre, celle de l'art. 1525; il y trouve une masse commune formée d'après les règles de l'art. 1498, et donnée au survivant, d'après l'art. 1525. Cette combinaison est très-possible, très-permise, et voilà un cas où le survivant aura seul toute la masse, sans que les héritiers de son conjoint aient aucun droit à exercer, puisqu'il n'y a pas d'apport. — Mais c'est là précisément que réside pour nous la différence entre cette espèce et celle qui résulte du texte de César. C'est qu'il n'y a pas seulement ici société d'acquêts, c'est-à-dire mise en commun des fruits des biens propres des deux époux, des bénéfices qu'ils pourront faire par leur industrie, et de ce qu'ils pourront acquérir en capitalisant ces fruits et ces bénéfices, toutes choses qui peuvent, à la rigueur, être considérées comme comprises dans le mot *fructus*; il y a encore un apport réciproque, un fonds commun formé, *ab initio*, de deux mises égales, et s'augmentant de leurs fruits : par conséquent autre chose qu'une communauté d'acquêts. D'un autre côté, si l'on considère le régime de ces biens pendant le mariage, on voit que le mari n'a pas les pouvoirs du mari commun, puisqu'il ne peut pas aliéner le capital, ni même disposer librement des fruits. Qu'y a-t-il donc? Simplement double apport d'une dot par la femme, d'une donation équivalente par le mari ; masse commune formée de ces deux mises, et attribuée en entier au conjoint survivant. Il y a chance aléatoire réciproque, avantage mutuel et égal sous condition, c'est-à-dire, à peu de chose près, le système que nous avons rencontré dans le Bas-Empire à l'avénement de Justinien. Par conséquent, c'est trop peu d'y voir un simple gain de survie. Il n'y a pas là uniquement le mot de communauté (*communicant*); il y en a, sinon la chose, du moins l'idée première, l'association de la femme aux profits et aux pertes, comme aux douleurs et aux joies du ménage. Ce principe moral et religieux, que l'antiquité stoïcienne avait entrevu, que l'antiquité chrétienne put seule, et encore bien imparfaitement, commencer de mettre en pratique, qu'il appartenait à l'Église de développer chez des races et au milieu d'une civilisation nouvelle, ce principe se retrouve parmi des peuples encore à demi sauvages, à côté d'une puissance maritale presque absolue, et d'une condition de la femme, qui ressemble fort d'ailleurs à celle de la femme hindoue. Sous ce rapport, le droit gaulois a été le précurseur du droit de nos coutumes. Quant à croire qu'il ait survécu à la domination romaine, pour se fondre ensuite avec les principes germaniques, et

créer soit la communauté, soit même le douaire, c'est là une hypothèse qu'aucun fait sérieux ne confirme, et qu'il est bien difficile
d'accepter[1]. Il nous apparait comme un éclair qui brille dans la
nuit du paganisme, pour s'éteindre bientôt et se perdre dans la
grande unité romaine, non comme un feu durable longtemps caché
sous la cendre, et qui se serait rallumé après cinq siècles.

Nous ne voulons pas quitter cette matière sans faire connaître les
conséquences qu'un de nos plus éminents jurisconsultes a tirées de
la coutume que nous venons d'exposer. Par une série de déductions
quelquefois peut-être un peu hardies, mais toujours rigoureusement enchaînées, M. Laferrière est arrivé à reconstruire, sinon
avec certitude, au moins d'une manière plausible, une des parties
les plus intéressantes du droit celtique. Nous n'aurons pas la
témérité de juger son système; nous ne ferons que l'exposer.

---

[1] Les auteurs qui adoptent cette idée s'appuient à peu près sur les mêmes
arguments qu'autrefois Hotman, Brisson et Bouhier, dont le système consistait à faire dériver la communauté du droit romain. Toute la différence,
c'est que, pour les premiers, les Romains n'auraient pas créé, mais reçu et conservé le principe. Pour Hotman, la preuve qu'ils avaient conçu l'idée de la communauté ressortait de ces mots que prononçait la fiancée en entrant dans la
maison conjugale : *Ubi tu Caius, ibi ego Caia*; de ce texte de Columelle, décri-
vant les premiers siècles de Rome : *Nihil conspiciebatur in domo dividuam, nihil
quod aut maritus aut femina proprium esse juris sui diceret* (lib. XII, *De Re rus-
tic.*, præfat); de la belle définition du mariage que donne Modestin : *Consor-
tium omnis vitæ, divini et humani juris communicatio*; d'une Constitution de Gordien, qui appelle l'épouse *socia rei humanæ atque divinæ* (C. IX, 32, 4). Enfin, il
trouvait la preuve que cette idée n'était pas restée à l'état de pure abstraction,
mais était entrée dans le domaine des faits, dans une épigramme de Martial
(75, liv. IV) :

> Te patrios miscere juvat cum conjuge census,
> Gaudentem socio participique viro;

et dans la loi 16, § 3, *De alim. vel cib. legat.*, où l'on voit, en effet, une société
universelle de tous biens entre conjoints, avec partage égal entre le survivant et
l'héritier. Mais rien ne distingue cette association des sociétés ordinaires entre
étrangers, et quant au mode de partage, il résulte simplement d'un testament;
c'est une question de fidéicommis qui est agitée, et la solution est : *Non amplius
quam quod vir pro sua præstabat deberi.* C'est sur ce texte et sur la loi 31, § 3, *De
don. int. vir. et ux.*, que s'appuie principalement M. Pardessus, qui croit à la persistance possible de la coutume gauloise à Rome. Mais il faudrait qu'elle s'y fût
non-seulement perpétuée, mais développée, puisqu'elle aurait quitté la forme de
gain de survie; dès lors, cette question sort de notre sujet.

De la réserve de la dot et de ses fruits, il conclut qu'on ne pouvait l'aliéner, ou qu'on ne le pouvait que sauf remploi ; de l'égalité de l'apport du mari, que toute donation entre vifs était interdite aux époux l'un envers l'autre ; de ce gain de survie mutuel, toujours réciproquement égal, que non-seulement aucun avantage entre vifs, mais même aucune libéralité à cause de mort ou testamentaire n'était permise entre conjoints. C'est ainsi que dans beaucoup de nos coutumes, il y avait à cet égard prohibition absolue en dehors du don mutuel. Les conséquences de celui-ci nous découvrent les règles du droit gaulois. De même ici, puisqu'on fixe à l'avance la quotité qui appartiendra à l'un dans la succession de l'autre, puisqu'on détermine au profit du survivant un avantage empreint du caractère d'égalité absolue, c'est que les deux époux n'ont pas la faculté indéfinie de s'avantager par des actes de dernière volonté ; c'est qu'ils ne peuvent pas se donner librement, dans les proportions les plus dissemblables. — La coutume celtique aurait donc pour but, non-seulement comme le principe romain, qui interdisait les donations entre époux, d'empêcher que leur affection réciproque ne devienne pour eux une cause de ruine, mais comme cette loi Voconia, si peu efficace, de protéger les familles contre des legs exagérés, de tenir égale entre elles la chance de gain ou de perte, de restreindre la part dont elles pourraient être dépouillées ; en un mot, d'y assurer la conservation des biens : principe qu'on retrouve, d'après M. Laferrière, dans tous les faibles débris qui nous restent de cette législation, et où il voit son idée fondamentale. Ainsi, à ce point de vue, intérêt des familles respectives, c'est-à-dire intérêt social, et intérêt du survivant des époux, tout serait ménagé et garanti à la fois par le régime matrimonial que César nous fait connaître.

II. Droit germanique.

Après les cinq siècles pendant lesquels la Gaule, réduite à l'état de province romaine, est initiée à la civilisation, soumise aux lois, associée aux destinées de l'empire, l'invasion germanique nous fait entrer dans un monde nouveau. Il nous faut oublier l'ordre de choses et d'idées dont nous avons suivi jusqu'ici le développement ; chercher les germes d'institutions différentes, dans les usages encore mal définis qu'une race à demi sauvage apporte d'une contrée à peine connue ; souvent démêler, sous des noms anciens, des principes nouveaux. Mais comme, après s'être inscrits dans nos lois, et avoir exercé, pendant une longue suite de siècles, une grande et utile action, ces principes, du fond de notre vieux droit de la France, suivant l'expression de Pasquier, ont presque tous cessé de nous régir ; comme proscrits avec toute l'ancienne hiérarchie dans la tourmente révolutionnaire, ils ont été, le plus souvent, sacrifiés dans le nouveau droit, aux principes de la législation de Justinien et de nos provinces méridionales, nous nous bornerons à exposer très-sommairement la marche des idées et des institutions, depuis la conquête barbare jusqu'à la fixation définitive du droit coutumier.

Avant tout, un grand fait se présente. Les gains de survie, qui, jusqu'ici, ont été ordinairement conventionnels, rarement légaux, qui du moins, soit par la loi, soit en vertu de l'usage, étaient attribués également au mari et à la femme, les gains de survie prennent maintenant un autre caractère. Nous ne les trouvons presque jamais établis qu'en faveur de la veuve ; mais, pour elle, ils augmentent en nombre et en importance. Dans le dernier état de l'ancien droit, devenus très-nombreux, fixés, pour la plupart, à défaut de conventions par la coutume, c'est ordinairement au profit de la femme seule qu'ils sont constitués, c'est elle qui tient la plus grande place dans cette législation. Par contre, elle est sacrifiée dans les lois de succession, privée de la part égale que la nature semblait l'appeler à prendre dans les biens de sa famille. C'est que les droits d'aînesse et de masculinité sont nécessaires pour assurer la conservation de la richesse des familles, l'éclat du nom, la permanence d'une société aristocratique, l'intérêt social ; mais l'intérêt de la femme n'est pas sacrifié. Couvert pendant le mariage par la mainbournie, pouvoir humain et protecteur, qui est aussi loin de la *manus* égoïste et absolue des premiers temps de Rome que de l'indépendance complète de son dernier système, il est garanti à la dissolution par le droit de la veuve aux acquêts, plus tard, aux acquêts et aux meubles, c'est-à-dire par la communauté; il l'est surtout par le douaire qui lui est attribué en usufruit, en usufruit seulement sur les propres de son mari. Ainsi nos coutumes, et déjà presque les coutumes barbares qui les contenaient en germe, ont réussi, là où cette belle législation de Rome avait échoué. Concilier, pendant la vie des deux conjoints, la dignité de la femme et sa dépendance, limiter les pouvoirs et les obligations du mari; après la dissolution, ménager à la fois les droits des familles, ce fondement de l'État, et les droits de la veuve qui, par son malheur et sa faiblesse, est plus digne que jamais de la sollicitude d'une législation bien faite, c'était un problème que ne pouvait résoudre ni la *manus*, qui donnait à la femme la situation d'une fille et une part d'enfant, ni le mariage libre, qui en faisait une étrangère, ni des lois de succession qui l'appelaient à concourir avec ses frères, tandis que le régime dotal, en lui rendant toujours et seulement son apport, la tenait en dehors de la maison, à l'écart des travaux et des périls de son époux. Nos coutumes, même les plus franchement germaniques, arrivaient plus près du but, quand, en excluant, avec plus ou moins de sévérité, les femmes de la succession de leurs parents, elles leur donnaient de plein droit, et à défaut de toute stipulation de gain de survie, la moitié de la communauté, et l'usufruit de la moitié des propres du mari.

Nous voyons poindre tout cela dès la conquête, presque déjà dans les écrits de Tacite, cette première et vive lumière qui éclaire pour nous les sombres forêts de la Germanie. Sans doute, à l'origine, la femme apparaît encore dans un état d'étroite sujétion. Cette dot, que le mari apporte, qui est reçue par une assemblée de parents, qui se compose d'un cheval harnaché, d'un glaive et d'une framée, ressemble moins à un don fait à la femme qu'à un prix d'achat, à un dédommagement payé à ceux qui la tiennent en leur puissance (Tacite, ch. xviii). Le *mundium* donne encore au père, et, à son défaut, aux frères, un pouvoir semblable à la *manus* sur toute la famille. A eux le devoir de la protéger envers et contre tous, de la venger à peine d'infamie [1]; à eux le droit exclusif de

---

[1] *Suspicere tam amicitias seu patris seu propinqui, quam amicitias, necesse est* (Tacite, ch. xxi).

se partager le wehrgeld (la composition de l'outrage), de recueillir la terre qu'ils peuvent seuls défendre [1]; à eux la tutelle perpétuelle des femmes, et le droit de consentir à leur mariage sans leur aveu, même encore après l'invasion, dans quelques lois qui ont conservé la rigueur primitive [2]. Le mari achète et reçoit d'eux cette puissance sur la personne et les biens qui, sans s'atténuer, passe à son fils. *Si vir virginem mercetur, pretio empta sit,* dit la loi des Saxons, et quelques coutumes fixent d'avance le prix qui sera donné, s'il n'y a pas eu de convention spéciale [3]. Aussi les textes appellent-ils le mari *dominus*, et la femme *ancilla*, car elle est presque à sa discrétion. En justice, le témoignage de l'homme l'emporte encore sur le sien d'après un capitulaire de 757. Enfin, les capitulaires même et les lois de Rotharis permettent au mari de la tuer *rationabiliter*, et si cette condition manque, ne le punissent que de peines pécuniaires [4].

Malgré tout cela, et tout en tenant compte de l'exagération que le plaisir de censurer les mœurs des Romains corrompus a pu prêter au langage du panégyriste de ces peuples encore dans l'enfance, il faut le reconnaître, la situation de la femme parmi eux était plus douce que chez la plupart des nations de l'antiquité; l'idée de protection naissait de l'idée d'infériorité; ces races enfin étaient mieux préparées à comprendre cette subordination dans l'égalité, que prêcha le christianisme, et ce respect de la force pour la faiblesse que propagea plus tard la chevalerie. *Inesse quin etiam sanctum aliquid et providum putant,* nous dit l'historien la-

---

[1] Ceci à une époque postérieure, bien entendu; car, au temps de Tacite, les Germains ne connaissaient pas l'appropriation individuelle du sol.

[2] *Quia non est credibile ut pater filiam suam, aut frater sororem suam doloso animo aut contra rationem cuiquam homini dare debeat* (Lombarda, voy. Laboulaye, *Cond. des femmes,* p. 82).

[3] *Uxorem ducturus ccc solidos det parentibus ejus.* La loi des Alemans le fixait à 40. V. L. ripuaire, t. XXXVII. On le trouve dans toutes les lois barbares, seulement sous les noms divers de *sponsalitium, dos, meta, mundr, ceap, gyft, wittemon.*

[4] Dans un synode, on discuta la question de savoir si elle pouvait être appelée *homo,* et être considérée comme étant de la même nature que l'homme. « Il loist à l'omme battre sa feme sans mort et sans mehaing quand elle le mef-« fet, » dit encore Beaumanoir.

tin, *nec aut consilia earum aspernantur, aut responsa negligunt.*
Vidimus, sub D. Vespasiano, Veledam, diu apud plerosque numi-
minis loco habitam. Les femmes étaient protégées par un wergeld
égal, quelquefois même supérieur à celui des guerriers. Elles étaient
pour eux dans leurs mœurs nomades, des compagnes, des asso-
ciées, *laborum periculorumque sociæ* ; le mot est dans Tacite.
Et ce n'était plus, comme à Rome, une association purement morale,
traduite dans les lois par d'admirables définitions du mariage, dans
les écrits des philosophes par des utopies d'union conjugale et
d'indivisibilité d'existence, mais niée dans les faits par la sujétion absolue des biens et de la personne, ou l'indépendance absolue de la personne et la séparation complète des biens. Ici l'association entrait dans les faits, s'étendait aux biens comme aux personnes. Les principes de la communauté étaient posés. La femme
était intéressée à la prospérité du ménage ; au lieu d'assister, spec-
tatrice indifférente, aux bonnes ou mauvaises chances de la fortune
du mari, elle perdait ou elle gagnait avec lui. Les produits de
l'industrie, du travail, de la *conquête* commune, se partageaient.
Elle avait une part *de eo quod simul collaboraverant.*

Cette part, dans les textes de lois barbares qui nous restent, la
femme semble l'obtenir, non à titre de collaboration, mais à
cause de sa survie, non comme commune, mais comme héritière. De
là la question si souvent et si savamment discutée, de savoir si la
communauté date du droit germanique, question que nous devons
examiner au moins sommairement, car selon que nous verrons là
un droit propre à la femme ou transmissible à ses héritiers, un
droit de survie ou de communauté, nous aurons à nous occuper
de ces textes, ou à les écarter comme sortant de notre sujet. Or,
quelque respect que nous ayons pour les graves et nombreuses
autorités qui placent au moyen âge seulement le berceau de la communauté (Houard et MM. Laferrière, Kœnigswarter, Laboulaye,
Troplong, etc.), il nous est impossible de croire qu'on n'ait connu
pendant toute la période barbare qu'un gain de survie, d'admettre
qu'un droit absolu ait été attribué au mari sur les acquets, sous la
simple condition que la femme, s'il prédécédait, succéderait à une
part de ces biens. — Nous savons que les termes des coutumes bar-

bares paraissent supposer formellement sa survie, ne donner part aux acquêts qu'à elle seule et non à ses héritiers; que, de plus, cette part est ordinairement fixée au tiers, et non à la moitié, comme le voudrait un véritable système de communauté. — La loi des Ripuaires, tit. XXXVII, s'occupant dans son § 2 du cas où il n'a pas été fait de contrat de mariage, commence par indiquer la condition de la survie, et semble subordonner également et avec la même rigueur à son événement le double droit qu'elle accorde à la femme soit à la dot, c'est-à-dire à ce qui devint le douaire, soit au tiers du produit de la collaboration. Certaines lois conduisent aussi à cette conséquence, en joignant ce dernier droit à un autre avantage constitué en faveur de la femme sur les propres du mari, qui semble venir de la quarte pauvre romaine, et qui est par conséquent un droit de succession; elles les établissent tous deux ensemble, comme semblables et corrélatifs. Ainsi, chez les Bavarois, la femme, s'il y a des enfants, concourt avec eux pour une portion égale sur tous les biens; s'il n'y en a pas, elle a la moitié des acquêts en usufruit. Nous ne parlons pas de la loi des Burgondes, qui pose comme la loi Ripuaire la limitation au tiers, mais qui, étendant le droit de la femme à tous les biens du mari, en même temps qu'elle le réduit à un simple usufruit, nous semble créer la première un véritable douaire [1]. La loi des Visigoths donne à l'épouse dans les acquêts une part proportionnée à son apport, sur le reste une part d'enfant en usufruit. Enfin, chez les Anglo-Saxons, une loi d'Ethelbert ordonne que si elle met au monde un enfant vivant, elle aura la moitié du bien, *si le mari meurt avant elle.* Mais tout en admettant que le droit de la femme aux acquêts est réduit à un tiers dans les lois franques, et qu'il a pu primitivement ne former qu'un gain de survie, nous pensons qu'il se modifia de bonne heure sous ces deux rappports. D'abord sa quotité se trouve étendue déjà dans la loi d'Ethelbert que nous venons de citer; et cette disposition vient évidemment de la loi des Saxons, qui nous dit que chez les Westphaliens la femme qui a des

---

[1] Loi des Burgondes, LXII. *Filius unicus, defuncto patre, tertiam partem facultatis matri utendam relinquat, si tamem maritum alterum non acceperit.* L'extension du droit de la femme à tous les biens du mari résulte du mot *facultas.*

enfants perd sa dot, mais prend la moitié des conquêts [1]. Ici donc, elle obtient déjà tout ce qu'elle aura quand la communnauté sera développée, et on peut douter que cet avantage soit restreint au cas de sa survie, car dans cette loi rien n'indique cette condition. M. Laferrière, il est vrai, trouve la preuve qu'il s'agit de cette seule hypothèse dans les mots qui suivent : *apud Ostfalos contenta sit dote sua* ; car, dit-il, pendant le mariage, la femme n'a pas à se contenter de sa dot, puisqu'elle est sous le *mundium* du mari, qui a l'administration de tous les biens. Mais ceci nous paraît inadmissible en présence de la partie du texte que ces mots viennent rappeler : *Si fœmina filios genuerit, habeat dotem quamdiu vivat, filiisque dimittat (aut proximis suis) ; si filios non habuerit, dos ad dantem si vivit revertatur;* car, puisque le donateur c'est le mari, pour que la dot lui revienne à la mort de la femme, il faut bien que ce soit lui qui survive. — En second lieu, et sans prétendre tirer argument d'un passage de Frédégaire, qui ne nous prouve qu'une chose, c'est que l'usage des diverses peuplades franques était conforme à ce qu'ordonnait la loi des Ripuaires [2], d'autres textes semblent reconnaître à la femme un droit actuel (*quod in tertia mea accepi*, Form. Marculf.) différent d'un simple droit successif, fondé sur la collaboration (*uxoris pars per quam intelligit tertiam partem collaborationis.* Frodoard). Mais arrivons au grand argument sur lequel roule surtout la discussion et qui nous paraît décisif. Nous voulons parler des formules 7 et 17 du liv. II de Marculfe. La première nous montre deux époux qui se donnent réciproquement, en cas de prédécès, tous leurs biens propres ou acquêts, et leur part dans les biens acquis en commun pendant le mariage. Dans les deux parties de la

---

[1] Chez les Ostphaliens, ce droit n'existait pas. La femme se contentait de sa dot en usufruit ordinairement, en propriété si elle avait eu des enfants et qu'ils fussent morts ensuite. Ce qu'il y a de curieux, c'est que ce double régime matrimonial s'est perpétué; celui des Ostphaliens, dans le Miroir de Saxe et dans la législation de la ville de Magdebourg; celui des Westphaliens en Westphalie et à Lubeck.

[2] *Ibique thesaurus Dagoberti, jubente Nanthilde et Chlodovæo... præsentatur et æqua lance dividitur; tertiam tamen partem, de qua Dagobertus adquisierat, Nanthildis regina recipit.* (Frédég., V, 85.)

formule, les acquêts sont mis exactement sur la même ligne que les alleux et autres biens propres. Par conséquent, la femme avait sa part des acquêts faits pendant le mariage au même titre que ses biens personnels ; c'est-à-dire non pas simplement sous la condition de sa survie, et comme héritière éventuelle, mais par un droit actuel de copropriété, de communauté. La seconde formule est un modèle de testament conjonctif entre deux époux. Elle se divise en deux parties. D'abord, le mari fait divers legs : *Villas illas et illas filius noster, villas illas basilica illa recipiat*, puis il ajoute : *Sed dum in villis quibusdam quas superius memoravimus..., quas pariter stante conjugio adquisivimus, prædicta conjux nostra tertiam habere potuerat, propter ipsam tertiam villas nuncupatas illas... in integritate, si nobis superstes fuerit, in compensationem recipiat*. Ceci indique déjà qu'elle avait un droit préexistant à la dissolution, et indépendant de toute condition sur ce tiers, puisque le mari lui donne d'autres biens en remploi, et que cette disposition va être établie comme réciproque. Mais continuons ; la femme dit à son tour : *Itemque ego illa, ancilla tua, domne et jugalis meus ille, in hoc testamentum scribere rogavi, ut si tu mihi superstes fueris, omni corpore facultatis meæ, quantumcumque ex successione parentum habere videor, vel in tuo servitio* pariter laboravimus *et quod* in tertia mea accepi, *in integrum, absque* repetitione heredum meorum, *quod tua decrevit voluntas, faciendi liberam habeas potestatem, et post discessum vestrum, quod non fuerit dispensatum, ad legitimos nostros* revertatur heredes. — Ainsi, les acquêts sont assimilés aux propres, la femme a les mêmes pouvoirs sur les uns que sur les autres ; elle en dispose par testament en faveur de son mari, et elle en dépouille ses héritiers, sauf la reprise par eux de ce que le mari n'aura pas consommé : toutes choses qu'elle n'aurait pas pu faire, ou qui auraient été bien inutiles si elle n'avait eu qu'un droit de survie. Elle a donc un droit immédiat, et qui s'ouvre par la dissolution du mariage, de quelque manière qu'elle arrive, fût-ce même par son prédécès.

Nous avons supposé que ce qu'elle abandonnait à son époux, c'était son droit actuel au tiers de tous les acquêts (*quantumcumque... pariter laboravimus*) ; mais une autre interprétation

consiste à ne comprendre dans cette disposition que les corps certains qui lui ont été donnés dans la première partie de la formule par
le mari, en remploi de sa part éventuelle, de ce qu'elle pouvait avoir
un jour de ces biens; c'est-à-dire que les mots : *Quod in tertia mea
accepi*, se rapportant seulement à la disposition émanée du mari,
la femme lui assurerait, pour le cas où il survivrait, non sa propre
part d'acquêts, mais seulement les biens qu'il vient de lui donner
à la place. Voyons si cette interprétation est admissible. Le mari
donne, dès à présent, *villas illas in compensatione*, en remploi
du droit au tiers des acquêts; mais il ne les donne que sous la
condition de survie : *Si nobis superstes fueris*. La femme, de son
côté, ne lui assure également ces terres que s'il lui survit; et, comme
M. Laferrière lui-même a soin de faire remarquer que les époux se
réservent la jouissance du tout pendant leur vie (*licet de omnibus,
dum advivimus, nostrum reservavimus usum*), il en résulte que le
mari ne recueille que par sa survie les objets dont il ne se dépouille
qu'en cas de survie de la femme; en d'autres termes, pour que la
disposition lui fût utile, il faudrait à la fois qu'il prédécédât pour
que le droit de la femme fût ouvert, et qu'il survécût pour que le
sien ne fût pas caduc! Exposer un pareil système, c'est le ré-
futer. (V. Tardif, *Thèse de doctorat*, p. 24, et note de Bignon sur
la form. 17, L. II, de Marculfe.)

M. Pardessus, comprenant quel appui trouve dans les formules
l'idée de l'existence à cette époque d'un droit de communauté, et
frappé en même temps de la condition de survie à laquelle la loi
des Ripuaires semble subordonner l'attribution des acquêts à la
femme, propose de concilier ces textes en disant que le premier
système résultait de la convention, le second de la loi; qu'en vertu
du contrat de mariage, l'épouse pouvait avoir un droit actuel de
copropriété; mais, qu'à défaut de contrat, d'après la loi seule,
elle était réduite à un simple gain de survie [1]. Ce système, dans

---

[1] L. Rip., 37, § 1. *Si quis mulierem desponsaverit, quicquid ei per tabularum seu
chartarum instrumenta conscripserit, perpetualiter inconvulsum permaneat.* —
§ 2. *Si autem per seriem scripturarum nihil ei contulerit, si virum supervixerit,
quinquaginta solidos in dotem recipiat; et tertiam partem de omni re quam simul
conlaboraverint sibi studeat evindicare.*

9

une matière surtout où il est si difficile d'échapper toujours aux hypothèses, est certainement admissible. Cependant, il nous semble plus naturel de supposer que dans le texte dont il s'agit, la condition *si virum supervixerit* ne porte que sur la première partie du § 2, sur la dot, et non sur la part d'acquêts; celle-ci, par conséquent, appartenant à la femme dans tous les cas. Au surplus, quoi qu'il en soit de cette interprétation, les formules sont si précises, qu'on ne peut méconnaître l'existence du droit de copropriété à l'époque où elles furent composées; soit qu'il se fût inscrit déjà dans les lois barbares, soit qu'il se fût introduit dans les mœurs, sous l'influence de l'Eglise, et des idées nouvelles que ne tarda pas à inspirer aux Germains leur établissement définitif sur le sol de la Gaule. .

Dès lors, l'histoire de la communauté ne nous concerne plus, et nous n'avons pas à suivre jusque dans le moyen âge, dans la période où les auteurs que nous avons combattus placent son origine, l'histoire du droit des femmes aux acquêts. Il nous suffira de dire que leur part fut bientôt de moitié, et que plus tard, les meubles des deux époux étant compris aussi dans un partage égal, le nouveau régime se trouva enfin définitivement constitué. Quant aux acquêts, si un capitulaire de Louis Ier (de 821), ne donne encore à la femme qu'un tiers de ceux qui consistent en Bénéfices, il lui reconnaît déjà sur les autres un droit égal à celui des enfants, c'est-à-dire un droit non pas à une part d'enfant, comme on l'a soutenu, mais à la moitié. Bientôt cela s'établit universellement par l'influence de l'Église, régulatrice suprême de tout ce qui concernait le mariage, qui, prêchant dans la chaire le principe de l'égalité des deux époux devant Dieu, et, par suite, devant la loi, appliquait dans ses tribunaux aux biens acquis par le travail commun les principes équitables des lois romaines sur le contrat de société. (On trouve de vraies communautés dès le onzième siècle.) D'ailleurs la force des choses portait à cette innovation; car une fois que les acquisitions pendant le mariage ne résultèrent plus de la conquête, ne furent plus dues à la guerre, c'est-à-dire à l'homme seul, une fois que le mot conquêt voulut dire *cum quærere*, acquérir ensemble, et, qu'en effet, par le développement de l'industrie et du commerce, la femme put faire pour la prospérité du ménage autant et souvent plus que son mari, alors il fut juste de ne pas la tenir dans une situation inférieure, de l'admettre à une part égale. Quant aux meubles, c'est pour eux seulement que nous paraît acceptable l'opinion qui place au moyen âge, sous la féodalité, la naissance du système entier de la communauté. Nous croyons qu'à cette époque, d'une part, l'usage si fréquent des communautés tacites entre serfs ou roturiers, et le sentiment naturel qui portait à appliquer leurs règles à cette association, la plus étroite de toutes et la plus intime qui unit deux époux; de l'autre, le peu de valeur des meubles, leur apport, leur mise en commun dans l'habitation conjugale, sous la main du mari, administrateur du tout, et la difficulté de distinguer, à la dissolution, ce qui provenait du fait de chacun, durent faire introduire, pour simplifier, le partage par moitié des meubles comme des acquêts. Voilà tout ce que nous pouvons accorder [1]. Mais la partie la plus savante peut-être et la plus extraordinaire du système, le pouvoir presque absolu donné au mari, qui, tout en le laissant associé vis-à-vis de sa femme, en fait presque un seigneur et maître à l'égard des tiers, conciliant ainsi les avan-

[1] Peut-être est-ce encore aux sociétés taisibles mobilières entre gens de poote (roturiers), sociétés qui se font, dit Beaumanoir, pour manoir ensemble à un pain et à un pot, un an et un jour, qu'il faut attribuer le système des coutumes, qui ne font commencer la communauté entre époux qu'après l'an et jour. Pourtant, Beaumanoir, les *Assises* et les *Établissements* la font commencer sitost comme mariage est fez; — ce terme d'an et jour ne se trouve qu'après le quinzième siècle, dans les coutumes rédigées; que dans huit coutumes, dont encore trois seulement et les moins importantes (Chartres, Châteauneuf, Dreux), admettent en même temps la société tacite mobilière. Delaurière rapporte à la même origine 1° la continuation de communauté ordonnée par les coutumes de Paris et d'Orléans entre les enfants, et le survivant qui ne faisait pas inventaire (on verra plus loin les motifs qui, selon nous, doivent faire repousser cette opinion), et 2° le long espace de temps qui semble séparer le moment où les femmes nobles eurent le droit de renoncer, et celui où il fut attribué aux roturières. Il est difficile d'admettre que ce droit fut accordé aux premières par singulier privilége, au moment des Croisades, comme le veut le grand Coutumier de Charles VI. Nous croyons que cela date de plus loin : peut-être cette faculté antipathique à l'idée de société, fut-elle conservée aux femmes nobles, quand l'ancien droit de succession germanique devint un droit de communauté, tandis que pour les roturières, l'origine étant la société taisible, la renonciation ne dut pas se présenter comme un droit primitif, mais comme un privilége introduit beaucoup plus tard, quand les deux choses se fondirent en une seule et même institution. Mais ceci n'est guère qu'une hypothèse.

tages de ces deux idées contradictoires, de propriété exclusive et de société, ce pouvoir, qui étonnait tant Dumoulin, et qu'il ne savait définir qu'en disant *maritus vivit dominus, moritur socius*, nous paraît se rattacher aux plus anciens principes germaniques, à la propriété complète et à la puissance presque sans contrôle reconnues primitivement au chef, au *mundium*, qui, adouci dans son application à la personne, mais subsistant sur les biens, et surtout sur les biens communs, se retrouve sous le nom de mainbournie, et dans la qualification donnée au mari de sire et baron de sa femme.

Ce premier point écarté, c'est à l'histoire de la dot qu'il nous faut revenir ; c'est elle que nous devons suivre dans tous ses développements, car elle va servir à constituer une des parties les plus importantes de notre droit coutumier. Mais, d'abord il faut oublier la dot romaine apportée par la femme, et confiée au mari pour l'aider à supporter les charges du mariage. Celle dont il s'agit a une autre origine, un autre objet, un autre but. *Dotem*, nous dit Tacite, *non uxor marito, sed uxori maritus affert. Intersunt parentes, ac propinqui, et munera probant. Munera non ad delicias quæsita, nec quibus nova nupta comatur ; sed boves ac frænatum æquum, cum framæa, gladioque, atque invicem ipsa armorum aliquid viro affert.* Si l'on peut douter, dans le principe, de ce caractère de libéralité envers la femme que Tacite assigne à cet apport du mari ; si l'analogie de ce qui se rencontre à l'enfance des autres peuples, la condition de la femme en Germanie, et quelques lois barbares même postérieures à la conquête, permettent d'y voir un prix d'achat payé aux parents, et la condition d'un contrat dans lequel la femme n'aurait figuré que comme chose vendue, il est certain aussi que le temps, les progrès de la civilisation, et l'influence de l'Eglise, adoucirent de bonne heure cette rigueur de l'antique coutume, et finirent par donner pleinement raison à Tacite. La femme, qui devenait ainsi la cause d'un enrichissement pour sa famille, obtint d'abord une partie, plus tard la totalité de ce bénéfice. Dans le cas de rapt, la loi des Saxons [1] partage déjà entre elle et ses parents la com-

[1] *Si vi rapta est, parentibus ejus 300 solidos, puellæ 240 componat, eamque parentibus restituat.*

position qui doit être payée. La loi des Burgondes (t. LXVI), lui donne, dans tous les cas, le tiers du wittemon, puisqu'elle ne porte jamais attribution aux parents que des deux autres tiers. Le *pretium nuptiale* s'efface peu à peu des mœurs, et ne se conserve que comme prix fictif, comme symbole, dans les fiançailles *per solidum et denarium*, la forme franque primitive qu'employèrent les ambassadeurs chargés par Clovis de lui amener Clotilde [1]. Mais en même temps, soit parce qu'il s'est confondu avec l'usage préexistant d'une donation directe du futur envers la femme, soit plutôt par suite d'une transformation qui a fait attribuer le prix personnellement à celle-ci [2], nous trouvons une libéralité spéciale et propre à la fiancée, un apport du mari avec le caractère que Tacite lui avait trop tôt reconnu. Il nous semble que ce travail apparaît clairement chez les Lombards, dont la *metha*, définie par Rotharis *pretium quod pro mundio mulieris datum est*, et liée, en effet, d'une manière évidente à cette puissance, appartient pourtant à la femme, et forme pour elle une véritable dot. De même, la loi des Visigoths semble contenir quelque chose des deux systèmes contraires, quand elle confère aux parents de la fille le droit de *recevoir et de conserver* la dot qui *lui* est donnée par son fiancé. En général, si l'on avait manqué à demander le consentement des parents au mariage, le *mundium* reparaissait avec ses anciens caractères, et, comme autrefois, quand il n'avait pas été payé, se tournait contre le nouvel époux. Enfin, il se perpétua dans la législation des secondes noces. L'homme qui épousait une veuve devait payer une indemnité, le *reipus* dans la loi salique, et la payer non pas aux parents de la femme, mais à ceux du premier mari, qui étaient considérés comme ayant reçu de la famille naturelle l'antique puissance [3].

---

[1] Frédégaire, chap. xviii. Quant au mariage lui-même, il s'accomplissait par la tradition sollennelle, *in Mallo*, plus tard par la célébration canonique.

[2] M. Ginoulhiac, d'après Ducange, croit à cette identité du wittemon avec la dot. M. Laferrière avec Conciani, etc., soutient qu'il y a deux choses différentes.

[3] Le reipus était de 3 sous et 1 denier; il se donnait dans le Mall, devant le magistrat et trois témoins. Comme le mariage des veuves était tout à la fois contraire aux plus anciennes traditions germaniques (Tacite XIX), et vu de mauvais œil par l'Église, le prix avait été porté à un taux plus élevé que pour la vierge. (Laboulaye, p. 159.)

La coutume germanique connaissait encore une autre sorte de libéralité du mari envers la femme. Nous voulons parler du morgengabe, don du matin, fait à la vierge le lendemain des noces, *tanquam pretium delibatæ pudicitiæ* [1]. Cette joie grossière est un sentiment commun à tous les peuples barbares, et, à l'origine de toutes les législations, elle se manifeste ainsi par des présents. Le *theoretrum* grec est aussi le prix de la virginité, et un vers de Juvénal [2] permet de supposer que les Romains avaient un usage, sinon une institution semblable. Les plus purs documents du droit germanique nous montrent cette donation entourée d'une faveur singulière. La loi anglo-saxonne ne fixe pas de maximum au morgengabe, et laisse toute liberté aux entraînements de la passion. La loi des Alemans, au lieu d'établir pour déterminer sa valeur, le duel, le mode de preuve ordinaire, veut que la femme affirme *per pectus suum* l'étendue de son droit, c'est-à-dire qu'elle en soit crue sur parole, et ce système se retrouve encore en Suisse au quinzième siècle; mais, de bonne heure, les lois comprirent le danger d'une pareille liberté, et Luitprand, sous l'inspiration de la législation romaine, défendit que la donation dépassât le quart des biens du mari.

De ces deux usages naquit une de nos plus grandes institutions coutumières : le douaire, *Wittum, Doarium*, qui n'apparaît sous ce nom qu'aux huitième et neuvième siècles, dérive évidemment de la dot et du morgengabe confondus. Avant l'invasion, c'étaient nécessairement des troupeaux, de l'argent, des choses mobilières qui faisaient l'objet de ces deux libéralités; car les Germains ne connaissaient pas encore la propriété foncière, l'attribution exclusive d'une portion de la terre à une personne. Une fois en Gaule ils se fixèrent sur le sol, et ce durent être des biens-fonds, des domaines que donna le plus souvent le mari à sa femme, de même que le chef à ses fidèles. Dès lors, le caractère de ces avantages commença à changer. Constitués en pleine propriété d'abord, et sans conditions, comme dons purs et simples, les idées germaniques, et bientôt les idées féodales qui reconnaissaient à la famille un droit sur le patrimoine immobi-

[1] La coutume d'Altorf autorise pourtant une donation semblable au profit de la veuve, sous le nom ironique d'*Abendgabe*, don du soir.
[2] *Nec illud quod prima pro nocte datur.*

lier, durent les faire réduire à un simple usufruit; mais, en même temps, le *mundium* reconnaissait au mari le pouvoir d'administrer les biens de sa femme, et les fruits de la terre donnée entraient comme choses mobilières dans la maison commune et dans le ménage, dont il avait la direction ; il fut donc naturel de ne plus voir dans la donation un dessaisissement actuel et irrévocable, mais de supposer, puisque les conjoints en jouissaient en commun, que le mari retenait la chose donnée jusqu'à ce que son prédécès ouvrît le droit de la veuve ; en un mot d'y ajouter la condition de survie. Puisque, loin de rester vis-à-vis de son époux une étrangère, la femme était devenue sa compagne et son associée, à quoi bon lui reconnaître un droit actuel pendant le mariage sur les biens personnels de l'homme? Il suffisait d'assurer son sort quand la mort, en brisant le lien conjugal, la laisserait seule et réduite à ses propres ressources. Si elle devait prédécéder, ce ne pouvaient être ses héritiers que le mari avait entendus gratifier ; la donation devait tomber.

Telle dut être la marche des institutions et des idées, et tel nous trouvons le douaire dans nos coutumes. Mais ces changements se firent insensiblement, surtout pendant la nuit du moyen âge, et leur marche est enveloppée de ténèbres. Ce n'est pas que les premières traces n'en soient visibles dans le droit gallo-franc. La dot et le morgengabe existent concurremment : mais déjà, au lieu d'avoir pour objet des choses mobilières, ils portent sur des terres, des villes, des provinces entières, comme le prouve le traité d'Andelot, que nous a conservé Grégoire de Tours (IX, 20). On y lit : *civitates... hoc est Burdegala, Lemovica, Cadurcus, Benarno et Bigorra, quas Gailesuindam, germanam Domnœ Brunechildis tam in dote quam in morgagemba (seu morgemgeba), hoc est matutinali dono, certum est adquisisse*, etc. Le même texte prouve pourtant que c'était encore un don pur et simple de pleine propriété, car on y trouve cette disposition : *Domna Brunechildis de præsenti in sua proprietate percipiat; in dominationem ejus heredumque suorum cum omni soliditate, Deo propitio, revertantur*.

Les règles de ces donations se modifièrent bientôt elles-mêmes. L'apport du mari, faute de mot romain pour le qualifier, avait été, par les rédacteurs des lois barbares, appelé d'un nom qui désigne une institution précisément inverse, du nom de dot [1]. Cette confusion dans les mots en amena d'autres dans les choses. Les conciles, en déclarant insuffisante la cérémonie du sou et du denier, et en ordonnant la célébration à l'église et la publicité du mariage, devenu sacrement [2], l'avaient fait tomber dans le domaine du droit canonique, droit plus avancé que le temps, civilisateur par conséquent, et encore imbu des principes romains. Dès lors on appliqua à la dot nouvelle, à l'apport du mari, les principes de la dot romaine. *Nullum sine dote fiat conjugium*, avait dit le concile d'Arles, à l'exemple de Majorien ; et, qu'il s'agît dans sa pensée de la dot romaine ou de la dot germanique, la décision fut étendue aux deux hypothèses par les capitulaires, et appliquée aux Francs aussi bien qu'aux Gallo-Romains. Les textes prouvent qu'une constitution quelconque de dot, suivant la fortune, était considérée comme imposée par la loi, et nécessaire pour que les enfants fussent légitimes. (Marculfe, append. n° 52, Capitulaires VII, 179, Burchardi *Decreta*, l. XIX, ch. v.) Elle devait se faire à l'église, en même temps que les *sponsalia*. De là plus tard le douaire, la *dos ad ostium ecclesiæ*. Mais on ne s'en tint pas à imposer la convention, on la suppléa. La loi des Ripuaires, l'une des plus avancées, donne l'exemple qui devait bientôt être suivi par les mœurs et par les coutumes écrites ; elle fixe un douaire légal : *Si... per. seriem scripturarum nihil ei contulerit, si virum supervixerit, quinquaginta solidos in dotem recipiat*. Ici apparaît déjà la condition de survie ; elle était nécessaire, car, en l'absence d'une constitution expresse, la dot, restant confondue dans les biens du mari, ne pouvait être réglée par la loi que pour le cas de survié de l'épouse

---

[1] Dans tous les textes, formules, lois, etc., où l'on trouve *dos, constitutio dotis*, il ne faut pas traduire par dot, mais par douaire : c'est le mari qui donne et non la femme. *Dos*, dit Glanville, liv. VI, chap. I, *duobus modis dicitur. Dos enim vulgariter dicitur id, quod aliquis liber homo dat sponsæ suæ ad ostium ecclesiæ tempore desponsationis suæ. In alia acceptione accipitur dos secundum leges romanas, secundum quas proprie appellatur dos id, quod cum muliere, datur viro* (ceci est l'acception plus récente, celle des savants); *quod vulgariter dicitur Maritagium*. C'est ainsi que, dans le Coutumier normand, on trouve le brief de *Mariage encombré*.

[2] *Nec sine publicis nuptiis quisquam nubere præsumat* (Concile d'Arles).

ou de répudiation [1]. — La dot conventionnelle se constituait soit dans la forme germanique, par une tradition solennelle emportant transfert de propriété, *per festucam et andelangum*, soit dans la forme romaine de la *donatio ante nuptias*, par un acte, ordinairement inséré dans les registres publics, et suivi d'une mise en possession (Laboulaye, p. 120). Dans tous les cas, par conséquent, il y avait transmission de propriété, la femme était saisie immédiatement, et avait sur les choses données un droit actuel et absolu de disposition. C'est ce que prouvent toutes les formules ; et, notamment, la 75e formule lindenborgique le dit en termes exprès : la seule condition de la donation était *si nuptiæ fuerint secutæ*. Il semble pourtant qu'il faut distinguer le cas où il y avait, et celui où il n'y avait pas d'enfants du mariage. Dans le premier, quand la femme prédécédait, la dot appartenait aux enfants, et le mari n'avait d'autre droit que de la leur conserver pendant leur minorité [2]. A défaut d'enfants, la femme survivante conservait la dot, même en se remariant, sauf une part appelée *achasius*, et certains meubles qu'elle devait abandonner aux parents de son mari. Mais si elle prédécédait, un capitulaire de Clovis permit à ce dernier de prendre, au partage des biens, le tiers de la dot et certains meubles ; et un édit de Chilpéric étendit ce droit du tiers à la moitié, l'autre partie étant conservée aux héritiers de la femme. Plus tard, la loi des Saxons dit positivement qu'à la mort de la femme, sans enfants, la dot faisait retour aux héritiers du mari [3] ; et c'est ce caractère de jouissance viagère qu'on retrouve

---

[1] La loi des Saxons, qui fixe la dot à 300 solides, nous paraît poser un maximum, en partant de l'idée inverse, celle de restreindre les libéralités excessives, comme la loi lombarde.

[2] Une formule de Marculfe, II, 9, indique pourtant que les enfants laissaient souvent au père le droit de jouir, sa vie durant, de la dot; *Dum et nostra fuit petitio, et vos ut condecet bonis filiis, voluntati nostræ obtemperantes, ipsas villas vel res quæ fuerunt genetricis vestræ, quas ego ei dedi vel condonaveram, mihi ad usum beneficii tenere et excolere, absque ullo vestro præjudicio permisistis...*

[3] *L. Saxon.*, t. VIII, *De dotibus*, 3. *Si filios non habuerit, dos ad dantem si vivit revertatur, si defunctus est ad proximos heredes ejus. Apud Westsalaos postquam mulier filios genuerit, dotem amittat ; si autem non genuerit, ad dies suos dotem possideat ; post decessum ejus dos ad dantem, vel si deest, ad proximos heredes ejus revertatur.*

aussi dans le douaire le plus purement germanique, celui du miroir de Saxe, comme dans celui de nos coutumes. Enfin nous voyons un véritable douaire coutumier, tel qu'il se constitua définitivement, c'est-à-dire étendu à une quote part en usufruit de tous les biens, dans ce texte curieux de la loi des Burgondes : *Filius unicus*, defuncto patre, tertiam *partem facultatis* matri utendam *relinquat, si tamen maritum alterum non acceperit. Nam si ad alias nuptias transierit, omnia perdat; dote tamen sua retenta quam a marito suo acceperat quamdiu vixerit utatur, filio proprietate servata* (titre 62). — Quant à la dot mobilière, devenue beaucoup plus rare, la confusion des meubles des deux époux, qui formaient une masse, où aucun n'avait de propriété distincte, dut ne laisser d'effet à sa constitution qu'au cas de survie de la femme ; du moins aucun diplôme ne parle du douaire mobilier d'une femme prédécédée, et la difficulté de déterminer la propriété de tels ou tels objets dut amener à ce résultat, de même qu'elle eut une grande part dans la formation de la communauté.

Quelques auteurs ont pensé que le morgengabe fut tout d'abord un don fait en usufruit seulement, et sous la condition de survie. Nous ne pouvons partager cette opinion que le traité d'Andelot seul suffirait à démentir, et qui a encore contre elle une foule de diplômes; mais le morgengab, constitué d'abord des mêmes choses et aux mêmes conditions que la dot, suivit la même marche qu'elle, et devint, comme elle, un droit de succession. Puis chez nous surtout, où la dot était nécessaire pour la validité du mariage et non pas lui, il dut tendre à se confondre avec elle dans une seule et même institution. En Lombardie, ses progrès sont curieux à suivre. Luitprand commence par décider qu'il ne pourra excéder le quart des biens du mari ; mais l'usage s'établit de donner toujours ce quart : puis, la donation toujours promise avant le mariage étant souvent refusée après, les femmes, lors des fiançailles, exigent des cautions, et bientôt se font constituer leur morgengab par acte exprès avant le mariage (*ante fattum*). Alors, le maximum fixé par la loi devient pour lui une quotité nécessaire; ce qui était faculté devient obligation, la femme a droit au quart des biens du mari (*morgincap*, dit le Papias, *id est quarta pars in lege Longobardorum*).

Mais, par cela même, ce droit devient un gain de survie ; car ce n'est pas seulement au quart des biens présents au jour du mariage qu'elle peut prétendre, c'est au quart de ceux que le mari laissera à son décès ; on ne les connaîtra qu'à ce moment, et la femme ne pourra les recueillir que si elle est encore vivante. La *quarta* est un douaire coutumier ; et cela est si vrai, que quand les Normands introduisirent les coutumes françaises dans le royaume de Naples, le douaire vint immédiatement prendre sa place, pour les femmes qui vivaient *jure Francorum*. Mais on la trouve encore dans les glossateurs du treizième ou quatorzième siècle, avec son vrai nom de morganicab ou morgincab [1]. En Italie pourtant, si le don du lendemain subsista assez tard dans quelques législations, il se perdit en général dans la *donatio propter nuptias*. Au Nord, il se fondit dans le douaire. On peut voir dans les lois anglo-saxonnes les trois termes de la progression. Ethelbert de 561 à 616) : *Si vir virginem mercetur pretio empta sit.* Edmond, 940 : *Significet sponsus quid ei destinet pro eo quod illa voluntatem ipsius elegerit, et quid ei destinet si illa supervixerit eum.* C'est bien là d'une part le prix ; de l'autre, la dot et le droit de survie encore distincts, mais qui se confondront bientôt, d'autant plus aisément que l'habitude est prise de constituer ces deux donations en bloc, avant le mariage. L'Allemagne seule a conservé, pendant tout le moyen âge, et peut-être certaines classes de sa population connaissent-elles encore le morgengab comme chose distincte, et concurremment avec le douaire. Mais dès le Rechtsbuch de l'empereur Louis de Bavière, il est fixé à une quote-part des biens du mari, dont il ne doit jamais excéder le dixième. C'est le même chiffre que celui de la *dos* dans la loi des Visigoths. Dans les coutumes franques, il arriva promptement aux principes du douaire, et un diplôme précieux de 1229 nous montre sous l'ancien nom

---

[1] Une charte de 1043 marque bien la transformation, en conservant de nombreuses traces de l'ancienne coutume. *In Dei nomine, scriptum morgincap, qualiter ego... dono tibi... dilectæ conjugi meæ, quartam portionem de omnibus rebus proprietatis meæ, quas modo habeo, vel inantea conquirere potero, de omnibus rebus mobilibus et immobilibus, ut alio die post noctem nuptialem, qui est dies votorum nostrorum ante parentes et amicos dedi ; quod sic ab hodierno die firmum et stabile tibi vel tuis heredibus permaneat.*

de morgengab, un avantage constitué sur un immeuble, lequel est inaliénable sans le consentement de la femme ; c'est-à-dire que la transformation est complète [1].

Plus tard, le mot lui-même disparaît ; mais le douaire, comme la *quarta* lombarde, comprend une portion de toute la fortune du mari, au lieu de consister, comme la dot ancienne, en objets particuliers. Un fait plus saillant encore, c'est qu'il conserva longtemps le caractère de don du lendemain. Effacé peu à peu par les progrès des mœurs et par l'influence de l'Église, qui travaillait à spiritualiser le mariage, ce caractère disparut lors de la rédaction des coutumes, où le douaire se trouve, en général, donné à la veuve comme à la vierge, et acquis à la femme par le seul fait de la célébration. Mais peut-on refuser de voir une trace de l'ancien principe dans cet article du vieux coutumier de Normandie : « Au coucher ensemble gaigne fame son douaire ; » disposition qui est reproduite par la nouvelle coutume, art. 367, et qui, malgré sa naïveté barbare, est restée en vigueur jusqu'aux derniers temps [2] ? Ce principe se retrouve encore, mais plus affaibli, dans la coutume de Bretagne, qui dit, art. 429, que « la femme gagne son douaire ayant mis le pied au lit, après être épousée à son seigneur, ores (encore) qu'il n'eût jamais eu affaire avec elle. » On sent là l'influence du christianisme, soutenu par les légistes, qui, disaient avec les lois romaines : *Nuptias non concubitus, sed consensus facit.* Mais on y aperçoit encore un reflet de ce système primitif qui avait régné de la Loire aux bouches de l'Elbe, et qui était fort sage, quoi qu'en ait dit Coquille, à une époque où le mariage n'était considéré comme parfait que par la cohabitation. Il fallait bien recourir alors à des symboles moins grossiers que le fait ; et ils subsistèrent longtemps, mais en se civilisant tou-

[1] *Luitphridus, cum ad intelligibilem pervenisset ætatem, quietam tanti temporis possessionem Schaunangiensium super passagio turbare templavit, asserens : quod prædium illud in Rorbach, loco passagii resignatum, cum dotalitium, quod dicitur morgengabe, matris suæ fuerit, pater ejus in feodum redigere, vel quolibet modo alienare absque suo assensu nec debuerit plane, nec potuerit.*

[2] La Cout. de Chartres, art. 52, porte : Le douaire s'acquiert dès la première nuit que la femme a couché avec son mari. Ceci prouve que la disposition de la Cout. normande n'est pas isolée, et ne doit pas être attribuée à la date plus récente de la fixation des Normands en France.

jours de plus en plus. On a un exemple frappant de ce progrès, si l'on compare la vieille coutume germanique, telle que la représente le pape Æneas Silvius, en retraçant le mariage de l'empereur Frédéric avec Éléonore de Portugal [1]; plus tard, le mariage par procuration de Maximilien d'Autriche avec Anne de Bretagne, et l'indignation de celle-ci quand le représentant de son futur vint mettre dans son lit sa jambe nue; enfin les mariages par procuration, tels qu'ils se font de nos jours.

Il nous reste à dire quelques mots du droit de succession réciproque des époux, tâche ingrate et laborieuse, car parmi les rares monuments qui nous restent, avec le peu de connaissance qu'avaient les barbares des principes du droit et de la valeur exacte des termes qu'ils employaient, il est bien difficile de démêler ce qui forme un profit de communauté ou un gain de survie, de ce qui dérive d'un droit de succession; aussi n'osons-nous ici presque rien affirmer. Nous avons déjà vu que le système des novelles, la quarte pauvre, établie en faveur seulement de la femme, semble se retrouver dans certaines lois barbares. Quant à l'ancienne possession de biens *unde vir et uxor*, elle subsiste aussi à son égard dans deux lois, celle des Bavarois et surtout celle des Visigoths, qui, à défaut d'héritiers du sang, paraissent l'appeler en dernier lieu à recueillir, à l'exclusion du fisc, tous les biens; mais, chez les autres peuples, les textes nous manquent à ce sujet, et l'on peut supposer que les principes germaniques si peu favorables à la succession des filles aux propres, que ces lois qui reconnurent avec tant de peine leurs droits même en ligne directe, et si rarement en ligne collatérale, ne se montrèrent pas moins sévères pour l'épouse, qui trouvait des ressources dans sa dot, son morgengabe et sa part d'acquêts. Plus tard, quand la féodalité vint renforcer les rigueurs anciennes, qui commençaient à fléchir devant les efforts de l'Église et les souvenirs du droit romain, le seigneur hérita de préférence même à la femme. Mais la raison politique n'existait pas pour la veuve roturière. Aussi, soit par l'exagération de l'idée qui avait produit la communauté, soit

[1] Voy. sur tout cela des détails curieux dans Laboulaye, *Cond. des fem.*, p. 130 à 133.

par une confusion assez explicable des principes des gains de survie qui s'organisaient alors, et notamment du douaire, avec un droit successif, en vint-on peu à peu à lui donner tous les biens à défaut d'héritiers, quelquefois même à l'exclusion des héritiers. Les coutumes de Fribourg (1120) disent, sans restreindre la décision aux seuls acquêts ni à de simples droits d'usufruit : *Omnis mulier est genoz (Allem. genoss, compagnon.) viri sui in hac civitate, et vir mulieris similiter. Omnis quoque mulier erit heres viri sui, et vir mulieris similiter erit heres illius* (M. Giraud, *Essai sur l'hist. du dr. fr.*), Les lettres par lesquelles Louis VI accorde, en 1128, une charte aux habitants de la ville de Laon, contiennent cette disposition importante à la fois pour l'histoire de la communauté et pour le sujet qui nous occupe : *Si vir et mulier de mercimoniis quæstum facientes, substantia fuerint ampliati* et heredes non habuerint, *altero deorum mortuo* alteri tota substantia *remanebit*. Enfin, les Assises de Jérusalem (*Cour des Bourgeois*, ch. 186) donnent à la veuve tous les biens du mari mort intestat, même les propres, à l'exclusion des descendants, ascendants et collatéraux, car « nus hom n'est si dreit heir au mort come est sa feme. » Bientôt après, l'étude des lois romaines vint faire cesser ces diversités de législation, en introduisant dans les écrits des praticiens, et ensuite dans les coutumes rédigées, la succession réciproque des époux, que la jurisprudence étendit par application des lois du Digeste aux pays où la coutume n'en parlait pas. Quelques-unes, cependant, se trouvent qui préfèrent encore le fisc au conjoint ; d'autres, au contraire, comme les Novelles, admettent le conjoint, mais le conjoint pauvre seulement, à concourir avec les héritiers.

A la différence de ce qui eut lieu pour la femme, le droit de succession du mari, semble avoir toujours été reconnu comme conséquence du *mundium*. De bonne heure, le droit canonique introduisit sous le nom de *faderfium* (*Vaders fels*, troupeaux du père), un apport de la femme, une vraie dot, semblable à la dot profectice romaine, constituée primitivement en biens paternels mobiliers, plus tard aussi en immeubles, et qui était souvent, du moins en présence de mâles, toute la part de la fille à la succession. Cette dot, dont une formule de Marculfe nous révèle aussi l'existence chez Francs, était surtout en usage chez les Lombards. Leur loi nous en explique clairement les règles, et son acquisition par le mari, à la mort de la femme, y apparaît toujours comme la conséquence de la puissance maritale. Quelquefois, sans distinguer si les biens qui la composent sont meubles ou immeubles (ceci résulte de l'influence des lois romaines), sans distinguer même s'il y a ou s'il n'y a pas d'enfants, on appelle le mari à succéder au tout, parce qu'il a le *mundium* (*si homo mundiaverit suam mundualdam*). Mais tout droit lui est refusé quand le consentement du père n'a pas été demandé, et que la puissance sur la femme est restée, par conséquent, dans sa famille naturelle ; dans ce cas, ce sont les enfants, c'est le donateur, c'est le fisc lui-même qui est appelé, à l'exclusion de l'époux. Il en serait de même si celui-ci avait tué sa femme sans une juste cause (*immerentem, non rationaliter*) ; il devrait rendre aux enfants les biens [1].

En appelant ainsi le mari mundwald à recueillir non-seulement les meubles, mais même les immeubles de la femme, la loi lombarde allait certainement contre les principes germaniques, conservateurs des biens dans les familles, et plus loin que les autres lois barbares, qui ne donnaient qu'un droit d'administration sur les propres, et tout au plus le pouvoir de les vendre avec le consentement de la femme et le concours de certains parents (L. Salique). Une formule de Marculfe prouve que le principe lombard n'était pas suivi chez les Francs, et que les enfants succédaient *in omnem alodem ipsius genetricis*. D'ailleurs, on trouve des formules portant donation par la femme au mari de ses biens à venir, même en l'absence d'enfants ; or ces donations auraient été inutiles, s'il avait eu un droit de succession. Mais il est probable qu'il était ap-

---

[1] *Si homo mundiaverit suam mundualdam, et si evenerit ipsa moriens, justum est ita maritus succedat in totum quod ei pertinet.* (*Quæst. ac monit. veter. Jurisper.*) — V. L. Luitprandi, liv. II, ch. I, *Formulæ antiquæ* : *Petre, te appellat Martine, quod tu tenes sibi terram in tali loco ; Mea est per successionem Aldæ meæ uxoris.* — Ailleurs, à la même question, on trouve la même réponse : *Ipsa terra mea est propria de parte Dariæ meæ mulieris.* — Le demandeur réplique : *Non debes tu eam succedere, quoniam mea mundualda fuit, et non tibi eam dedi ad uxorem.* Et la conclusion est : *Aut ostendat notitiam, aut probet quo modo sua fuit mulier, aut perdat terram.*

pelé en l'absence de parents, par préférence au fisc. En Angleterre, nous trouvons une loi, mais bien postérieure (de Henri Ier),
qui donne au mari la totalité des biens, s'il n'existe pas d'enfants;
seulement il est probable que les bijoux et autres objets à l'usage
des femmes, que ce qu'on appelait les *gerade*, étaient attribués aux
plus proches parentes, et constituaient pour elles un patrimoine
propre. Les lois même les plus favorables au privilége de masculinité, font toujours une exception à l'égard de ces biens, en les ran-
geant dans un ordre de succession distinct, et réservé exclusivement aux femmes. Dans le *Miroir de Saxe*, le mari survivant, unique
héritier mobilier, était pourtant tenu de leur laisser tous les objets
de cette nature, à l'exception des choses les plus nécessaires
du ménage, une table et un lit garnis [1]. Enfin, il est dans la loi
des Alemans, comme dans la loi lombarde, appelé à recueillir
toute la succession mobilière et immobilière de sa femme, mais
à une condition : c'est qu'il ait eu d'elle un enfant vivant, *qui
vivus remanserit aliquanto spatio, vel unius horæ, ut possit ape-
rire oculos et videre culmen domus et quatuor parietes, si tamen
testes habet pater ejus* (*Lex alam.* t. XCIII). La naissance
d'un enfant anéantissait les droits des héritiers du sang. Ceci
nous donne la clef d'une institution particulière, qui se retrouve
dans la période coutumière la plus récente : c'est le droit de
veufvage, sorte de douaire, établi par l'article 382 de la Coutume
de Normandie sur les biens de la femme, au profit de l'homme non
remarié, et qui avait un *enfant né vif*. Dans cet ancien droit, où
rien ne se perd, où les conséquences des vieux principes repa-
raissent toujours plus ou moins développées, plus ou moins altérées ici ou là, nous pouvons suivre, au moyen de plusieurs textes,
comme par des jalons, dans divers pays et sous divers systèmes, les
traces de cette filiation. Houard rapproche du texte que nous venons
de citer la formule 9 du livre II de Marculfe, par laquelle les enfants
laissent à leur père la jouissance de la dot de leur mère, sa vie
durant, et y voit la preuve que la coutume franque était semblable

---

[1] C'était aussi ce que la veuve franque qui se remariait devait laisser avec
l'*achasius* aux parents de son mari (*Chlodovœi Capitulum* VII).

à celle des Alemans; puis il ajoute : « Cela dut s'étendre facilement aux fiefs, par l'intérêt du seigneur, le père étant plus capable
du service féodal que les enfants. » D'après les *Etablissements de
saint Louis*, le mari noble qui, à la dissolution de mariage, devait
rendre aux héritiers de sa femme les propres en bon état, les conserve pourtant s'il a eu un enfant [1] : « Gentishomme tient sa vie,
ce que l'on li donne à la porte de moustier, après la mort de sa
femme, tout n'eût-il hoir, pour qu'il en ait eu hoir qui ait *crié
et bret* (Liv. I, chap, x); » et cette règle s'est conservée dans
la vicomté de Paris, dans les Coutumes d'Orléans, d'Anjou et
de Touraine (Bouteiller, *Somme rurale*, 1, t. XLV, p. 526).
Le Coutumier d'Écosse du douzième siècle, appelé *Regiam ma-
jestatem*, liv. II, chap. 58, § 1, nous dit aussi : *Cum terram
aliquam cum uxore sua quis acceperit in maritagio, si ex eadem
heredem habuerit* brayantem *inter* quatuor parietes, *si idem vir
uxorem suam supervixerit, sive vixerit heres, sive non, illi viro
pacifice remanebit terra illa* [2]. On retrouve ici les *quatuor pa-*

---

[1] Dans le *Miroir de Souabe*, le mari survivant retenait aussi tous les biens s'il
y avait des enfants. Mais ceci paraît se rattacher aux droits de bail ou de garde,
attribués au survivant sur la personne et les biens de ses enfants, selon qu'il était
noble ou roturier. Comme bail, il gagnait les meubles et les fruits en totalité,
et n'était tenu que de rendre la terre franche et quitte ; comme simple mainbournissière (gardien), il obtenait la moitié des meubles et des conquêts faits
pendant la mainbournie, à moins qu'il n'eût fait inventaire et partagé avec les
enfants. C'était une continuation de l'association que la mort avait brisée, et elle
reposait sur la même base, la mainbournie, puissance du père sur les enfants,
semblable par son origine à celle du mari sur la femme. On voit l'analogie entre
ces principes et ceux de la continuation de communauté entre le survivant et les
enfants, usitée dans les Cout. de Paris et d'Orléans. — On peut donc repousser avec
Pothier l'opinion de Delaurière, qui considère celle-ci comme une nouvelle communauté dérivant des principes de la société d'an et jour ; car le terme d'an et
jour n'était pas appliqué ici, tandis qu'il l'était quand il s'agissait d'héritiers du
mari ou de la femme autres que les enfants, et de plus s'il y avait eu une nouvelle
communauté, le survivant aurait dû la partager par tête avec les enfants, tandis
qu'on le voit toujours en prendre la moitié (Ginoubliac, p. 320, note 1). — Nous ne
nous étendons pas sur ces questions, parce qu'elles nous écarteraient de notre
sujet, en nous entraînant à parler de la tutelle des enfants mineurs, des droits
de garde, de correction, d'usufruit légal attribués par les art. 371 à 397 du
Code, au père ou à la mère survivant.

[2] On lit encore dans les *Assises de l'Échiquier* de l'an 1220 : « Il fut jugé que

rietes de la loi des Alemans, avec le nouveau signe auquel on attache la preuve de la vitalité de l'enfant, les cris. Plus tard, en Angleterre, cette condition subsiste seule. *Si aliquem nasci contigerit qui se vitalem clamando demonstret, fundi ususfructus ad virum recidet, licet confestim morte absumatur* [1]. De ces divers textes, ressort une double restriction qui n'apparaissait pas encore dans la première loi ; le droit du mari ne s'étend plus à tous les biens de la femme, surtout il se concilie avec les principes appliqués ordinairement aux propres, avec l'intérêt de la famille ; il se réduit à un simple usufruit. C'est sous cette forme qu'il se maintient jusqu'à nos jours dans la coutume normande, qui seulement n'exige plus que l'enfant ait crié, mais simplement qu'il soit né vif [2]. Ici, comme toujours, les progrès de la civilisation dégagent le droit des signes matériels. — Peut-être devrait-on rattacher aussi à cet ancien ordre de succession les dispositions des quelques coutumes qui, comme celle de Hainaut, établissaient un gain de survie réciproque, un douaire pour le mari comme pour la femme. Pourtant il faut reconnaître que la condition caractéristique d'avoir eu un enfant né vif ne s'y montre pas, et ces statuts locaux, assez rares du reste, s'expliquent suffisamment par l'usage fréquent de stipuler de pareils avantages au profit du mari, usage qui peut avoir pris force de loi. Nous rencontrons déjà dans une assez haute antiquité de pareilles conventions. Il suffira de rappeler le contrat de mariage d'Isabelle de Villehardouin, princesse de Morée, qui assura à son mari, après elle, la châtellenie de Corinthe, *pour qu'il ne perdît pas sa peine en l'épousant.* Elle avait trente-six ans, et lui vingt-cinq (1301).

---

si le mary eut hoirs de sa femme, il tiendra son mariage tout comme il sera sans femme. » Enfin, Littleton, sect. 35, parle aussi de ce droit, et dit qu'on le nomme courtoisie d'Angleterre (Voy. Lab., p. 220).

[1] Thomas Smith, *de Rep. Anglorum,* IV, cité par Berault sur l'art. 182 de la Cout. de Normandie.

[2] L'ancien Coutumier disait déjà : « Coutume est en Normandie... que si ung homme a eu femme de qui il ait eu enfant qui ait été nay vif, jà soit ce qu'il ne vive, mais toute la terre qu'il tenoit de par sa femme au temps qu'elle mourut lui remaindra tant comme il se tiendra de se marier. »

III. Droit coutumier.

Nous venons d'assister à la naissance et aux premiers pas des principales institutions coutumières qui nous intéressent. Nous avons dû en négliger d'autres moins importantes ou qui rentraient d'une manière moins directe et moins spéciale dans notre cadre. Mais, au point où nous sommes arrivés, il nous faut les reprendre toutes ensemble, et tracer aussi rapidement que possible une esquisse à peu près complète de notre ancienne législation sur la matière des gains de survie.

Et d'abord, un mot des lois de succession ; car si les avantages de survie marchent constamment de front avec elles, c'est maintenant surtout qu'ils ont pour but et pour rôle de satisfaire à ce qu'exigent la justice et l'humanité, en servant de correctif à ces lois, en compensant par une faveur plus grande leurs rigueurs politiques à l'égard des femmes. Si le douaire, si le préciput légal, si une foule de gains nuptiaux se forment ou se développent pendant cette période, presque toujours au profit de la veuve, et surtout de la veuve noble, c'est que les femmes, et les femmes nobles plus que toutes autres, sont atteintes par l'extension nouvelle des principes du vieux droit germanique. — Nous avons vu pour la première fois dans ce droit la dévolution des biens réglée différemment, selon leur origine et leur nature, selon que c'étaient des biens paternels ou maternels, des acquêts ou des meubles. Si les femmes avaient une succession mobilière privilégiée, les Gerade, la terre (la terre salique ou aviatique chez les Francs), et le wergeld, la composition du meurtre, étaient réservés aux mâles, qui seuls pouvaient contribuer à la défense commune. L'influence de l'Eglise et des lois romaines avait de bonne heure combattu ces usages, et commençait à en triompher [1], quand la nouvelle invasion des mœurs et des principes barbares, dont l'avénement de la seconde race fut le triomphe, et la féodalité qui en fut la suite les ravivèrent d'abord

---

[1] Voy. *Formules de Marculfe* : Rappel à succession d'une fille par son père (*antiqua sed impia consuetudo*, dit-il).

par le retour des idées primitives, et bientôt par des nécessités
nouvelles. Les fiefs devenus héréditaires, le droit de succession
dut s'accommoder pourtant à leur nature, celle d'une concession à
charge de service militaire. Les femmes en furent exclues, par la
même raison que de là terre salique, parce qu'elles n'avaient pas
la cuirasse et les armes (V. *Loi des Thuringiens*, Laferrière, t. III,
p. 191). Les règles des propres, en se développant, soit par suite
de la coutume germanique elle-même, soit par une imitation de la
loi féodale, s'approprièrent cette exclusion; l'esprit aristocratique
et conservateur qui survécut à la féodalité la perpétua, et enfin, le
droit de masculinité se trouve, dans toutes les coutumes, plus ou
moins étendu; il règne toujours dans les familles nobles, et pour
la succession des fiefs; il existe quelquefois même pour les familles roturières et à l'égard de la dévolution des biens de tout
ordre [1]. Mais, en même temps, le droit donné primitivement à la
femme sur les seuls acquêts s'est étendu; la dot et le morgengabe
facultatifs ou fixés à un taux minime ne suffisent plus. Le douaire
s'inscrit dans toutes les coutumes comme avantage légal, indépendant de toute convention; il s'élève au tiers ou même à la moitié des
biens personnels du mari; il s'étend même à ceux qu'il n'avait pas
lors du mariage, mais qui lui sont advenus depuis par succession directe; seulement, réduit à un simple usufruit, il assure la subsistance de la veuve pendant toute sa vie, sans blesser les droits des
héritiers du sang, et la fixation des familles sur le sol, intérêt politique qui exige le maintien de cette règle générale de la transmission des propres, *paterna, paternis*. D'autre part, la communauté
règne sans partage dans cinquante-trois coutumes, et assure à la
femme comme un patrimoine qu'elle aura en toute propriété, qu'elle
pourra donner et transmettre, la moitié de tous les immeubles ac-

[1] On peut diviser sous ce rapport les Coutumes en trois zones. Au Nord, il
porte sur tous les biens, dans toutes les familles (Normandie, Ponthieu); au
Centre, il existe tantôt pour les fiefs seuls (Paris, Orléans, Champagne), tantôt
seulement dans les familles nobles (Touraine, Maine, Anjou); au Midi, il faut
qu'il s'agisse à la fois de fiefs et de familles nobles (Auvergne, Bourbonnais,
Aunis). Remarquons que l'exclusion de la fille ne se rapportait qu'aux propres;
elle avait part égale avec ses frères sur les meubles et sur les acquêts.

quis pendant le mariage, la moitié de tous les meubles, soit apportés en mariage, soit acquis depuis par l'un ou l'autre des époux.
Quelques coutumes, en adoptant les règles protectrices du régime
dotal, pour la conservation du patrimoine de la femme, l'associent
pourtant soit comme héritière, soit comme commune (Normandie,
Bordelais) aux fruits de la collaboration ; tandis que d'autres, modifiant par une clause aléatoire la communauté, attribuent au conjoint noble qui survit, soit tous les meubles, soit même les meubles
en propriété et les acquêts en usufruit. Enfin, d'autres avantages de
survie, autorisés, sinon directement établis par la loi, et fréquents
dans l'usage, l'institution contractuelle, le don mutuel, permettent
aux époux de suppléer à ce que la coutume n'aurait pas fait, et d'assurer réciproquement, d'une manière plus complète, leur sort après
la dissolution du mariage. Ainsi se trouvent largement compensées
au profit de la veuve les exclusions dont l'intérêt public s'était vu
forcé de frapper la fille ; ainsi s'expliquent et se justifient ces lois
de nos ancêtres, que, de nos jours, on a si légèrement déclarées
odieuses.

Nous ne parlerons pas de la communauté qui est complétement
formée, et reconnaît un droit aux héritiers aussi bien qu'à l'époux
lui-même ; mais le douaire, et l'attribution légale ou conventionnelle de toute la communauté, ou d'une part avantageuse à l'époux
survivant ; accessoirement, les modifications des principes germaniques qui ont produit les coutumes spéciales de l'Alsace et de la
Normandie, les droits de deuil et d'habitation accordés à la femme,
enfin les libéralités soit entre fiancés, soit entre époux, par institution contractuelle ou par don mutuel, tels sont les points qui devront successivement fixer notre attention.

1. Douaire.

Jusqu'ici on a vu le douaire, formé par la fusion de la dot germanique et du morgengabe, cesser de se constituer par la translation actuelle de la propriété d'une certaine somme ou d'un certain
fonds, s'étendre à une quote-part en usufruit de tous les biens du
mari, et se subordonner à la condition de la survie. De bonne

heure , nous trouvons ce droit reconnu et consacré par l'obligation imposée au mari d'obtenir pour la vente de ses propres
le consentement de sa femme; et un diplôme de l'an 1153 nous
montre que cette règle était admise même sous l'empire des
coutumes salique et ripuaire, qui sont en général les moins favorables à ce sexe. Le douaire est donc déjà inaliénable sans
l'aveu de la femme.

Mais ce fut aux efforts de l'Église, qui fit tant pour la législation
du mariage, et à un long usage qu'il dut tout son développement :
il en fut comme chez les Lombards, où la limitation au quart des
biens, imposée comme restriction aux dons du matin, finit par former pour eux un taux légal, et par constituer un vrai douaire coutumier. Après les lois des Ripuaires et des Alemans, qui assuraient à
la femme, à titre de dot et indépendamment de toute convention,
une somme d'argent, nous avons indiqué la loi des Burgondes
qui, plus avancée, lui attribue la jouissance d'une quote-part, du
tiers de tous les biens. Enfin, dans un diplôme de l'an 1092, une
femme obtient au moins en usufruit la moitié des propres (*dimi-
dietatem alodi mei. Cart.* de St-Hil. de Poit. ch. ci, p. 3). — On a
dit qu'un capitulaire des rois francs avait imposé la constitution du
douaire, l'avait rendue nécessaire pour la validité du mariage ; et,
en effet, on retrouve dans la collection du diacre Benoît cette règle
à laquelle avait conduit la confusion de la dot germanique et de
la dot romaine : *Nullum sine dote fiat conjugium.* Le principe
semble bien établi à cette époque; le douaire paraît nécessaire
pour la légitimité des enfants, pour la validité du mariage, et
l'on voit Charles le Chauve, qui avait une concubine, en faire son
épouse légitime, en lui constituant une dot [1]. Mais ce recueil du
diacre Benoît, compilation sans ordre de pièces de toutes sortes,
ne paraît pas une autorité suffisante pour faire admettre en effet
l'existence d'une disposition législative, introduisant d'un seul coup

[1] *Item Karolus, certo nuntio comperto obiisse Ermentrudem uxorem suam,
sororem Bosonis nomine Richildem mox sibi adduci fecit,et in concubinam accepit.
In die festivitatis Septuagesimæ, prædictam concubinam suam Richildem desponsa-
tam et dotatam in conjugem duxit.*

le douaire parmi les lois civiles. Il vaut mieux´ y voir l'énonciation d'un principe ecclésiastique partout reconnu depuis, et constamment suivi, qui dut faire passer le douaire dans les mœurs, et, par un usage de plusieurs siècles, l'établir enfin comme droit légal. L'Eglise, protectrice des faibles, devait veiller à ce qu'il fût pourvu au sort de la veuve par cette convention, d'autant plus nécessaire que, dans sa propre famille, les lois la traitaient avec plus de rigueur. C'était *ad ostium ecclesiæ*, à *l'huis del monasterie*, dit Littleton (Houard, *Anciennes Lois des Français* t. I, p. 58), que se constituait le douaire. D'après Beaumanoir, le prêtre faisait prononcer au fiancé cette formule, conservée presque littéralement de nos jours : « Dou douëre qui est devisé entre mes amis et les tiens je te doue. » Par conséquent, le sacrement ne se donnait qu'une fois les intérêts matériels ainsi assurés ; c'était déjà une condition nécessaire, une partie intégrante du mariage, et non plus une libéralité purement volontaire. Il est vrai que sa quotité ne se trouve fixée nulle part, et que, sous ce rapport, la convention restait libre ; mais la cause du douaire, comme tout ce qui touchait au mariage, se portait devant la juridiction ecclésiastique ; elle pouvait, s'il n'y avait pas eu de douaire constitué, refuser la bénédiction nuptiale, ou, si celle-ci avait été donnée, arbitrer un gain de survie au profit de la femme. Elle était souveraine maîtresse, et, en vertu de ce pouvoir dont elle usa si largement à cette époque, mais presque toujours, il faut le reconnaître, dans l'intérêt de la société et de la civilisation, elle dut poser des règles générales et permanentes, fixer le douaire, à raison des facultés du mari, à une certaine part de ses biens. Quant à cette quotité, elle ne fut jamais déterminée d'une manière uniforme. Dans le dernier état du droit, tantôt elle conserve cette limitation au tiers que prononçaient la plupart des lois barbares pour les acquêts, et la loi des Burgondes pour toute la fortune ; tantôt elle est portée à la moitié, soit par un souvenir de la part d'acquêts que la loi des Saxons accordait à la femme, soit par suite du mouvement d'idées qui avait amené la communauté à un partage égal. Mais ce qu'il y a de remarquable, c'est que le douaire est ordinairement du tiers en Angleterre, et qu'il est réduit au même chiffre dans les coutumes de presque toutes les provinces qui reconnurent la domination des rois anglo-normands [1], tandis que dans celles qui restèrent vassales immédiates de la couronne de France, il est de moitié, comme aussi dans le royaume de Jérusalem, régi par les lois françaises. Renusson, d'après Bignon et Beaumanoir, attribue au douaire légal une origine qui expliquerait cette singularité. Beaumanoir, dit que « ce fut Philippe Auguste qui, par ordonnance de 1214, régla le douaire des femmes à la moitié de ce que le mari avait au jour du mariage ; avant laquelle ordonnance la femme n'avait pour son douaire que ce qui avait été accordé et convenu par son contrat de mariage. » D'autre part, on trouve, suivant Bignon, *In charta libertatum Joannis Angliæ regis apud Matthæum Paridem : adsignetur viduæ pro dote sua, tertia pars totius terræ mariti sui, quæ sua fuit in vita, nisi de minori dotata sit ad ostium Ecclesiæ* [2]. Malgré l'autorité de ces grands noms, auxquels on peut joindre encore ceux de Loisel et de Pithou, nous sommes fort portés à douter, avec la critique moderne, que les décisions de ces deux souverains fieffeux, s'ils en ont jamais rendu de semblables, aient été acceptées comme obligatoires et exécutées avec tant d'ensemble dans toutes les provinces de leur mouvance ; que leur autorité presque nominale ait pu faire, en pleine féodalité, ce qu'aucun de nos rois n'a tenté avant Louis XIV, et changer, ainsi, sur une des matières les plus importantes, les lois civiles de deux grands pays. Le douaire coutumier existait longtemps avant eux, nous l'avons montré. Le douaire, étendu à l'usufruit de la moitié des biens, se retrouve dans une contrée qui, tout en suivant les usages de la France, n'a jamais reconnu l'autorité de Philippe Auguste, et n'a pu être régie par ses ordonnances. Les *Assises de Jérusalem* le fixent aussi à la moitié des propres entre nobles (*Assises de la haute Cour*, livre de Geoffroy le Tort, XVI). Il faut conclure de là que les coutumes françaises n'eurent pas besoin d'une loi de Philippe Auguste pour adopter ce taux, que ce ne fut pas lui qui l'établit ; et nous l'a-

---

[1] Maine, Anjou, Poitou, Chartres, Touraine, Saintonge, Angoumois, Grand-Perche, Bretagne, Normandie, Guyenne (Voy. Mornac).
[2] Voici la suite du passage, qui nous donne des détails curieux sur des choses

vons rencontré, en effet, dans un diplôme, à une époque bien antérieure. Quant à la grande charte anglaise, elle nous semble plutôt destinée à reconnaître et à consacrer des usages préexistants, qu'à en introduire de nouveaux. Une idée plus admissible serait celle que propose M. Laboulaye, de voir simplement, dans l'ordonnance de Philippe Auguste, l'extension du douaire aux fiefs. Ceci demande explication.

Le douaire devait, par sa nature et par celle de la concession féodale, se concilier difficilement avec la féodalité ; car le bénéfice était primitivement donné en considération de la personne du tenancier, à titre viager. Comment le vassal aurait-il pu transmettre à sa femme un droit de jouissance qui ne devait s'ouvrir qu'à sa mort ? Quand le fief devint patrimonial, il conserva sa nature de concession faite à charge de service militaire ; les conséquences de cette condition se retrouvent à chaque pas dans les principes qui le régissent, et notamment dans ceux qui règlent sa transmission héréditaire. Or, la femme était incapable de remplir une telle obligation. L'intérêt du seigneur devait donc faire écarter la femme survivante aussi bien que la fille. Ce fut, en effet, ce qui eut lieu d'abord ; nous en avons la preuve dans le livre des fiefs, et même malgré la faveur de l'Eglise pour les veuves, dans une décrétale adressée par Innocent II à l'abbé de Saint-André, en Écosse (Laboulaye, p. 261. Liv. des fiefs, IX, § 1). Mais la rigueur du droit féodal plia sur ce point, comme sur tous les autres, et le douaire finit par s'étendre aux fiefs. Seulement, certaines traces restèrent de l'ancien état de choses. Le seigneur pouvait décharger le fief, quand il y avait assez de terres

dont nous nous sommes déjà occupés, ou dont nous parlerons plus tard : *Vidua, post mortem mariti sui, statim et sine difficultate habeat maritagium et hereditatem suam, nec aliquid det pro dote vel pro maritagio suo, vel hereditate sua, quam hereditatem maritus suus et ipsa tenuerunt, et maneat in capitali messangio* (manoir) *mariti sui per quadraginta dies post mortem ipsius mariti, infra quos assignetur ei dos sua, nisi prius fuerit assignata, vel nisi domus illa fuerit castrum.* — Nous trouvons là les grands principes du régime matrimonial normand. Là dot de la femme (*maritagium*), le douaire sur les biens du mari (*dos*), la part de meubles et d'acquêts donnée à la veuve à titre de succession (*hereditas*); enfin, son droit de demeurer dans la maison pendant quarante jours après le décès, droit qui se retrouve plus ou moins étendu dans toutes les Coutumes, et qui a passé dans le Code.

en roture pour assurer le douaire, en le faisant porter sur elles. Ce fut ce qu'on appela, en Angleterre, le douaire de la plus belle, parce que la femme pouvait, à son gré, choisir la plus belle terre roturière. Dans le *Miroir de Saxe*, on trouve encore le fief exempté du douaire, mais la glose nous apprend que le droit sur ce point a été changé, et attribue cette innovation à l'empereur Frédéric. Dans le royaume normand de Naples, ce fut Roger qui établit la règle nouvelle. Elle règne plus tard dans tous les pays; mais, en France, nous ne savons quand ni comment elle s'établit, et M. Laboulaye suppose que ce put être là précisément l'objet de l'ordonnance de Philippe Auguste. Un passage du texte de Beaumanoir (ch. xiii) semble s'accorder assez bien avec cette hypothèse : « Et cet établissement commanda-t-il tenir par tout le royaume de France, *exceptée la couronne* et *plusieurs baronnies* du royaume, lesquelles ne se partent pas à moitié pour le douaire, ni n'emportent les dames en douaire, fors ce qui leur est convenancié en fesant le mariage. » Toutefois, il faut convenir que ceci ne peut pas servir de preuve suffisante, et que ce qui précède est loin de restreindre autant la portée de l'innovation

Quant à la limitation au tiers, si elle rappelle les anciennes lois germaniques, elle s'accorde bien aussi avec le droit plus récent des fiefs, qui voulait que les deux tiers appartinssent à l'aîné, l'indivisibilité de cette portion paraissant nécessaire pour assurer le service féodal. Il ne restait donc qu'un tiers de libre, et il fut attribué à la femme. On trouve cette quotité dans les *Etablissements* de saint Louis, et elle se conserva dans les coutumes qui succédèrent à ce livre de pratique, et qui régirent plus tard les mêmes provinces, le Maine, l'Anjou, le Poitou. Un fait qui semble prouver cette origine féodale, c'est que la coutume de Touraine, qui élevait en général à la moitié des propres le douaire de la femme roturière, bornait au tiers celui de la veuve noble, et même celui de la roturière sur les biens nobles [1]. Elle formait ainsi un juste milieu, une sorte d'inter-

---

[1] Art. 326 : La femme survivant son mari noble aura pour douaire la tierce partie des propres et acquêts que son mari avait lors de leur mariage, et de ceux qui sont écheus en ligne directe et collatérale pendant icelui. — Art. 388 : Femme mariée à homme roturier a droit d'avoir par douaire sur les héritages, demeurez du décès de son mari, la moitié des choses roturières et tierce partie

médiaire entre les lois des pays restés toujours attachés à la couronne de France, et de ceux qui avaient subi l'influence des coutumes anglaises.

Maintenant, le douaire frappait-il tous les propres du mari, même ceux qui ne lui étaient échus que depuis le mariage, ou seulement ceux qu'il possédait au jour de la célébration? A l'origine il est probable qu'il ne put s'exercer que sur les biens présents ; car le douaire résultait d'une convention, et il était naturel de considérer la convention comme ne pouvant comprendre que les biens sur lesquels on avait un droit actuel. Les *Etablissements*, en parlant des eschoites, le disent formellement : « Mais ele n'y auroit riens se eles étoient avenues, puisque li sires l'auroit prise, et se eles étoient eschoites avant, ele i auroit son douaire. » (I, ch. xx.) Ce principe absolu se perpétua jusqu'à nos jours dans quelques coutumes. Toutefois, le douaire devenu légal fut souvent considéré comme un droit de succession, et dut porter, par conséquent, sur tout ce que le mari possédait, non plus au jour du mariage, mais au jour de son décès. Dans le Grand Coutumier déjà nous trouvons ce passage : « Par la coutume des nobles, ce qui échoit à homme noble lui étant en mariage, soit de père ou de par mère, d'aïeul ou d'aïeule, d'ascendant en ligne directe, la femme en est aussi bien douée, comme si son mari en fut ensaisiné au jour de ses nopces, et quand il épouse. » Loisel attribue cette extension à Eudes de Sens, légiste du quatorzième siècle ; mais une note insérée dans les *Olim*, parmi les arrêts de 1268, prouve que cela remonte beaucoup plus haut : *Nota, quod in omnibus iis de quibus aliquis cum ducit uxorem est saisitus, vel quæ durante matrimonio inter eos, ipsi marito ex successione perveniunt, uxor post mortem mariti habet dotalicium suum, quantumcumque maritus de eis alienaverit, nisi ipsa expresse consenserit alienationi hujus, et renunciaverit dotalicio suo. Non tamen ita haberet dotalicium in his quæ ex eschæta pervenirent marito* [1]. Cette distinction fut admise généralement par le droit cou-

des choses nobles, échenes en tiers foy. Ceci rappelle le Capitulaire de Louis le Débonnaire, qui, donnant en général à la femme la moitié des acquêts, ne lui accordait pourtant que le tiers de ceux qui consistaient en bénéfices.

[1] *Echoites* signifie ici successions collatérales.

tumier. La coutume de Paris, art. 248, fixa le douaire « à la moitié des héritages que le mari tient et possède au jour des épousailles et bénédiction nuptiale, et de ceux qui, depuis la consommation du mariage et pendant icelui, lui échéent et adviennent en ligne directe. » On sait qu'elle formait, pour les points sur lesquels les statuts locaux ne s'expliquaient pas, le droit commun des pays coutumiers. Cette succession aux propres en ligne directe paraissait si naturelle, qu'on n'y voyait pas pour le mari l'acquisition d'un droit nouveau, mais la confirmation d'un droit préexistant qui avait pu par conséquent se trouver immédiatement grevé du douaire. Cette idée, en effet, qui venait de l'ancienne solidarité et copropriété de la famille germaine, se retrouvait à chaque instant dans cet ordre de succession. C'était par la même raison que le père, pour pouvoir aliéner d'une manière irrévocable son propre, était obligé d'obtenir le consentement de ses enfants, et quelquefois de tous ses héritiers, qui autrement eussent pu exercer le retrait lignager. Cependant la coutume du Maine (art. 317) et quelques autres, allaient jusqu'à comprendre dans le douaire les immeubles même provenant de succession collatérale. Enfin, une disposition singulièrement extensive, et qui montre combien le douaire était favorable, est celle de la coutume de Normandie, qui, tout en le restreignant aux immeubles prevenant de successions en ligne directe (art. 367), ajoute : « Si le père ou ayeul du mari ont consenti le mariage, ou s'ils y ont été présents, la femme aura douaire sur leur succession, bien qu'*elle échée depuis le décès de son mari*, pour telle part et portion qui lui en eût pu appartenir si elle fût avenue de son vivant ; et ne pourra avoir douaire sur les biens que le père, la mère ou ayeul avoient acquis, ou qui leur seroient écheus depuis le décès du mari. » Quant aux acquêts, et surtout aux meubles, ils étaient ordinairement affranchis du douaire (Ginoulhiac, p. 333). Pourtant nous avons déjà vu la coutume de Touraine en grever les acquêts ; et la coutume d'Orléans, à défaut de propres, le fait porter aussi sur le quart de la portion du mari dans les conquêts, et, à défaut de conquêts, sur le quart des meubles.

Comme tous les autres gains de survie, le douaire était de deux sortes : coutumier ou légal, et préfix ou conventionnel. Les conventions matrimoniales dont la liberté était proclamée pouvaient déroger à toutes les règles que nous venons d'exposer. On pouvait faire consister le douaire en un corps certain, en une rente, en une part de pleine propriété[1], le limiter à quelques-uns des biens sur lesquels la coutume l'établissait. Nous n'avons pas à nous étendre là-dessus ; il suffit de rappeler le principe si large de l'art. 1091 du Code. Mais si la volonté des parties pouvait, sans aucun doute, réduire le douaire coutumier, il était moins certain qu'elle pût l'étendre, et que le douaire préfix pût excéder la quotité fixée par la loi ; car c'était porter atteinte aux droits des héritiers du sang. Dès les plus anciens monuments du droit germanique, nous avons vu des dispositions destinées à limiter, sinon les conventions de douaire, au moins les dons du lendemain exagérés. Ces restrictions durent augmenter avec la féodalité, et se conserver après elle, par l'intérêt des familles, d'accord en cela avec les lois romaines, si peu favorables aux libéralités entre époux. Guy-Coquille appuie de son autorité la prohibition de dépasser par le contrat de mariage les faveurs accordées directement par la coutume ; et dans beaucoup de pays, en Normandie, en Touraine, dans le Maine, le Poitou, ce système fut formellement consacré. On alla plus loin encore, et on se demanda si, dans ces provinces, la femme pourrait avoir son douaire conventionnel, alors qu'il n'y aurait pas lieu au douaire coutumier, parce qu'il ne se trouvait pas dans la fortune du mari de biens susceptibles d'en être chargés. Toutefois, ce dernier point fut décidé en faveur de la femme, par un argument d'analogie tiré de la coutume d'Auxerre, qui portait : «Si le mari n'a héritage, le préfix aura lieu, de quelque valeur qu'il soit. » Quant à la première question même, la restriction ne fut pas admise en règle générale. Repoussée en Angleterre, comme nous l'apprend Littleton (sect. 39), et par la majorité de nos coutumes, elle fut effacée à la réformation de celle de Paris, qui,

[1] Seulement, comme le douaire est par sa nature viager, le douaire conventionnel était présumé viager aussi, à moins que le contrat ne dît en termes formels que la femme aurait en propriété les choses qui lui étaient données pour son douaire. Pourtant, quelques coutumes avaient une présomption contraire, quand l'avantange consistait en une somme d'argent ou en une chose mobilière (Pothier, *du Douaire*, n°s 124 et suiv.).

d'abord, tout en laissant liberté entière aux roturiers, avait soumis le mari noble à la nécessité de l'égalité entre les deux douaires. Le mouvement continua dans ce sens de faveur pour la femme, et la doctrine admit qu'on ne devait pas voir dans la promesse d'un douaire supérieur au douaire légal une donation, mais un simple pacte nuptial, fixant le règlement d'une dette naturelle, celle que tout homme contracte en se mariant, de pourvoir à la subsistance de sa veuve ; par conséquent, on déclara cet excédant lui-même non sujet à insinuation, et non réductible pour parfaire la légitime des enfants [1]. Une autre difficulté dont la solution partageait les différents statuts était de savoir si le douaire préfix excluait le coutumier, c'est-à-dire, non pas si la femme pouvait les cumuler, mais si elle pouvait renoncer au premier, pour réclamer le second. En général, on adoptait la négative, car la plupart des coutumes n'accordaient le douaire coutumier qu'à défaut du conventionnel ; quelques-unes, pourtant, le déféraient purement et simplement à la veuve, qui, par conséquent, entre ces deux droits, dont l'un lui venait de la loi, l'autre de la convention, pouvait choisir.

Nous avons déjà dit quand et comment se contracte l'obligation du douaire, en montrant dans l'ancienne règle qui voulait que la femme gagnât son douaire au coucher, et dans les coutumes qui ont conservé ce principe, des traces du morgengabe. Ordinairement l'acquisition du droit au douaire résulte maintenant, pour la femme, de la célébration du mariage, du consentement des parties, donné en face de l'Église, et si quelques coutumes, comme celle d'Orléans, parlent de la consommation du mariage, on les fait rentrer dans la règle, en déclarant que ces mots doivent s'entendre simplement de la perfection du mariage par la bénédiction. Le droit conditionnel était ainsi acquis *ab initio*, même

---

[1] Renusson abandonnait seulement le principe au cas où le douaire préfix excédait toute mesure, comprenait l'usufruit de tous les biens du mari : il voyait là une donation. Mais Lemaître niait ce caractère, même dans ce cas exceptionnel. — Le seul point pour lequel on assimilât aux donations l'excédant du douaire conventionnel sur le coutumier était le retranchement de l'édit des secondes noces. On y soumettait cet excédant pour éviter des fraudes préjudiciables aux enfants du premier lit (Pothier, *du Douaire*, art. 2).

là où il consistait dans une portion des biens que le mari laisserait à son décès. Toute la différence était que, dans ces dernières provinces, il n'avait encore aucun objet déterminé, que c'était le moment du décès qui seul décidait sur quels héritages il devait porter : tandis que quand il était limité aux biens possédés lors du mariage, non-seulement l'obligation était formée, mais elle avait, *ab initio*, un objet déterminé. Quant à l'ouverture du droit, elle s'accomplissait par le prédécès du mari, comme l'exprime bien Loysel, en disant : « Mari ne paya jamais douaire. » Mais la mort civile équivalait-elle à la mort naturelle ? La coutume de Melun adoptait formellement l'affirmative, et celle de Nevers la négative. Dans celles qui ne s'en expliquaient pas, la question faisait doute encore au temps de Pothier, qui pourtant semble la décider dans le sens de l'affirmative, par analogie de ce qu'avait établi l'ordonnance des substitutions, mais en faisant remarquer qu'au temps de Dumoulin l'opinion commune était contraire : *Statutum loquens de morte intelligitur de naturali non autem de civili*, dit cet auteur. Dans le cas de séparation de biens même, on permettait à la femme, dans certains lieux, d'exiger son douaire par provision. Dans d'autres, la jurisprudence lui donnait une pension, réglée ordinairement à la moitié de la valeur de son droit éventuel, et qu'on appelait, à cause de cela, demi-douaire. Remarquons que, dès l'ouverture du droit, la femme était saisie du douaire *ipso jure*, et sans avoir besoin de former une demande en délivrance. Il en était ainsi du moins à l'égard du douaire coutumier, et du douaire préfix avec assignation sur telle ou telle terre, dans la plupart des coutumes (Paris, art. 236, etc.). Quelques-unes pourtant repoussaient complétement ce principe ; d'autres enfin, plus fidèles, croyons-nous, aux anciennes traditions, l'admettaient pour le douaire légal, et le repoussaient pour celui qui ne dérivait que de la convention. On trouve de bonne heure cette distinction : Glanville nous a conservé la procédure par laquelle la femme se faisait assigner son douaire préfix, constitué d'une façon générale. Elle devait demander au seigneur le bref *præcipe quod faciat habere*. Mais les héritiers pouvaient contester la donation ; les témoins, qui eussent dû la certifier, pouvaient venir à manquer, et alors, chose singulière à cette époque, on avait encore recours au duel. La coutume anglaise parle encore comme la loi des Alemans. On comprend l'importance qu'un mode de preuve aussi chanceux dut donner au douaire légal ; car la veuve, pour ne pas s'exposer à tout perdre, dut s'en tenir à ce que la loi lui assurait.

Ce droit conditionnel de la femme sur les propres du mari portait une grave atteinte à la liberté de celui-ci comme propriétaire, et cette restriction, qui résultait de la nature primitive du ¦douaire, de ses causes premières, maintenue ensuite en vertu des règles du droit, c'est-à-dire de la législation romaine, devint un des principes fondamentaux de cette institution, quand elle se constitua définitivement. Nous voulons parler de la faculté donnée à la femme, et quelquefois aux enfants, qui pouvaient profiter aussi du douaire, de révoquer les aliénations consenties par le père. A l'origine, comme on l'a vu, la femme était saisie du don immobilier par une translation immédiate de propriété. Mais il est probable que, dès une époque reculée, cette propriété cessa d'être absolue entre ses mains ; qu'à sa mort, ses enfants seuls recueillaient la dot [1], et, que s'il n'y en avait pas, elle faisait retour au mari ou à ses héritiers. La loi des Saxons le dit déjà ; seulement, et cette disposition dut bientôt se modifier, elle reconnaît le même droit à la femme, soit que les enfants lui aient ou ne lui aient pas survécu (t. VIII). Quand l'ancienne libéralité subordonnée à la condition suspensive de la survie, et limitée à une jouissance viagère, eut formé le douaire de la veuve, celui-ci conserva pourtant des traces profondes de sa première nature, car beaucoup de coutumes continuèrent à l'assurer comme une sorte de réserve aux enfants ; et, sous leur empire, il n'est pas vrai de dire que ce fût un avantage subordonné à la survie de la femme, car les enfants l'obtenaient, quel que fût celui de leurs auteurs qui prédécédât, ni un avantage

---

[1] Voici un texte qui fait bien voir la situation : *Si quis uxorem amiserit, et aliam ducere voluerit, dotem quam primariæ uxori dedit, secundæ ei donare non licet ; is tamen adhuc filii parvuli sunt, usque ad perfectam ætatem res uxoris anterioris vel dotis causa liceat judicare, sic vero ut de his nec vendere nec donare præsumat* (Capitulaire de Clovis, 8, § 1).

viager, car ils en avaient, au contraire, la propriété, l'usufruit seul restant à leur père, s'il survivait. Ainsi, dans toutes les coutumes à peu près, la libre disposition des propres fut entravée par le droit éventuel de la femme, dans beaucoup, elle le fut en outre par le droit futur, mais certain des enfants. Nous n'avons à nous occuper que de ce qui concerne la femme. Il a déjà été dit un mot des plus anciens textes où on la voit elle, et quelquefois même ses héritiers, consentir à la vente des propres du mari. Car « de raison, dit la très-ancienne coutume de Bretagne, nul ne peut vendre ni aliéner la saisine d'autrui, tant comme touche son droit, sans l'assentiment de celui ou celle à qui ils sont. » Ce n'est pas que la femme pût empêcher l'aliénation, car le *mundium* sous lequel elle était placée l'empêchait de rien faire par elle-même ; d'ailleurs, la mort pouvait venir lui enlever toute espèce de droit. Mais si, au contraire, la condition de sa survie se réalisait, le douaire s'ouvrait pour elle avec effet rétroactif, et elle pouvait révoquer les aliénations *ex antiqua causa* ; ce principe, exprimé déjà par Bouteiller et les *Etablissements*, forme encore une des grandes règles du douaire dans son dernier état. La logique rigoureuse de Pothier nous en montre bien les conséquences. Ce que le mari a reçu à la place de la chose sujette au douaire, qui est éteinte, y est sujet comme elle ; lorsque cette extinction provient de la faute ou du fait du mari, quoiqu'il n'ait rien reçu à la place, la douairière doit avoir une indemnité sur ses biens. L'héritage dont le mari était propriétaire au temps des épousailles cesse d'être grevé du douaire, lorsque ce droit de propriété vient à se résoudre *ex causa antiqua et necessaria* ; il en est autrement quand c'est *ex causa nova*, et par le fait du mari. Enfin, lorsqu'il a, sans le consentement de sa femme, aliéné durant le mariage l'héritage sujet au douaire, si l'aliénation a été volontaire, si elle procède de son fait, le fonds, en quelques mains qu'il passe, reste soumis à la condition qui l'affectait. Il en est libéré si l'aliénation est nécessaire et ne procède pas du fait du mari ; mais alors, le droit de la femme est transféré sur la somme qu'il a reçue pour le prix. Quoique la vraie raison de toutes ces règles soit peut-être dans l'histoire de la formation du douaire, Pothier les explique bien par les principes du droit,

11

qui ont dû en effet diriger plus tard les jurisconsultes et les
aider à les poser toutes avec cette sûreté de déduction. « Les héritages que le mari avait au temps des épousailles, dit-il, et ceux
qui lui sont venus depuis de ses père et mère ou autres ascendants,
ayant été affectés par le mariage au douaire de la femme, au cas
qu'il eût lieu, le mari n'est possesseur et propriétaire que *cum
ea causa*, avec cette affectation : il ne peut donc, en les aliénant,
transférer à l'acquéreur la propriété de ces héritages que telle qu'il
l'a lui-même, c'est-à-dire avec l'affectation au douaire de sa
femme, au cas qu'il ait lieu, personne ne pouvant transférer à un
autre plus de droits dans une chose qu'il n'en a lui-même (*Tr. du
douaire*, n° 85). Le douaire entraînait donc le droit de suite comme
en vertu d'une hypothèque légale et tacite. « Douaires, dit Loisel,
ont taisible hypothèque et nantissement : » ou plutôt il l'entraînait
par sa propre force, à titre de démembrement de la propriété, et par
une véritable revendication. Dumoulin allait jusqu'à ne pas admettre
que l'héritage pût être purgé du douaire par aucune prescription
ni par décret, pendant la durée du mariage : *Non obstante quo-
cumque temporis lapsu, et non obstante decreto et sublationi-
bus interpositis, dummodo matrimonium sit publicum et non
clandestinum.* Cependant il ne faut pas croire que rien ne pût
jamais altérer le droit de la femme. D'abord son recours contre les
tiers détenteurs n'était que subsidiaire, restreint au cas où il ne
restait pas assez de biens libres pour parfaire la quote-part d'usufruit qui lui était due, car elle n'avait pas une portion de chaque
héritage, mais le tiers ou la moitié du tout. De plus, d'après l'ancien
coutumier d'Artois et Bouteiller, le droit de suite tombait quand la
femme l'avait abandonné, soit en recevant compensation sur d'autres biens, soit par une promesse faite sous la foi du serment[1]; et
quand elle avait renoncé au bénéfice du sénatus-consulte Velléien,
qui lui interdisait de s'obliger pour son mari. Mais cette clause
de renonciation, qui était devenue de style, avait, au temps de Po-

---

[1] Si aucuns hons vendoit sa terre, fust gentilhomme ou coustumier, la feme
après sa mort auroit son douaire, ès choses que il auroit vendues, à moins que
la feme n'eut juré par serment de maintenir la vente.

thier, disparu dans l'abrogation du sénatus-consulte lui-même.
Quant au serment, ce moyen banal dans la pratique ancienne de
s'affranchir des prohibitions des lois civiles, en mettant leur violation sous la sauvegarde du droit canonique et de la foi jurée,
sans cesser d'être admis en principe, il avait perdu beaucoup
de son importance et de ses dangers; car l'étude des lois romaines avait conduit à dire que, comme la femme ne pouvait
se faire tort à elle-même, il n'anéantirait son droit qu'autant
qu'elle aurait été récompensée de suite sur un autre héritage.
Du moins, si parfois le consentement donné par elle à l'aliénation pouvait lui enlever son recours contre l'acquéreur, les héritiers du mari devaient toujours l'indemniser. Il n'est pas besoin
de parler du cas où les clauses du contrat de mariage auraient privé
la femme de tout douaire; quoiqu'on discutât la validité de cette
convention, Pothier, avec très-grande raison, l'admet, en vertu
de la liberté des pactes nuptiaux, à condition qu'elle soit expresse.

Utile à la veuve sous certains rapports, l'autorité que prirent les
lois du Digeste et du Code lui fut, à d'autres points de vue, défavorable. Elle diminua son droit de jouissance viagère, en le faisant
rentrer dans les règles étroites de l'usufruit romain. En se constituant comme gain de survie, le douaire avait pourtant conservé
certains caractères des donations pures et simples dont il sortait.
Si le bénéfice qu'il conférait n'était plus un droit complet de propriété, ce n'était pas davantage une servitude, un *jus in re aliena*.
C'était, et la nature des concessions féodales si communes alors
le fait comprendre, c'était un vrai domaine utile, distinct du domaine direct réservé aux héritiers. La veuve ne pouvait pas aliéner,
ni ruiner le fonds; mais, en dehors de ces deux formes de l'*abusus*,
elle pouvait tout faire; elle avait une vraie jouissance de propriétaire, tous les droits du domaine, et, dans l'intervalle, le droit des
héritiers était comme endormi, à peu près comme celui de l'appelé
dans une substitution. Plus tard encore, ces caractères apparaissent
d'une manière saillante. Mais il faut distinguer, du moins pour les
fiefs, et considérer le droit de la veuve sous deux rapports, à
l'égard du seigneur, et à l'égard des héritiers du mari. Vis-à-vis du

seigneur, malgré les difficultés qu'a d'abord rencontrées le douaire pour se combiner avec la féodalité, la femme arrive à être traitée avec une faveur singulière. Sa jouissance est complétement franche : l'héritier doit la garantir de l'hommage et de toutes redevances, et ne peut, chose remarquable, forfaire le fief à son préjudice (Laurière, *sur Paris*, art. 40); seulement, elle peut, dans certains cas, forfaire le douaire par sa propre faute. Il est probable que ces priviléges exceptionnels, qui dérogent aux principes constants du droit des fiefs, ne s'introduisirent qu'à une date assez récente. Ainsi, dans les constitutions napolitaines, c'est la douairière qui dessert le fief à ses risques et périls. Mais quand le fief fut devenu un patrimoine, l'intérêt de la femme l'emporta sur celui du seigneur. Voici un passage de Beaumanoir, qui nous montre jusqu'où l'on était allé (ch. xiii, p. 65) : «Combien qu'un autre emporte les fruits du fief duquel je suis hoir, je suis tenu à obéir et à desservir le fief pour la raison de l'hommage que j'ai fait et de l'héritage que j'attends, et je puis perdre ou gagner en plaid ou par meffet la propriété; mais je ne puis perdre ce qu'un autre y doit avoir pour raison de testament, car pour désobéissance ni pour meffet que mon homme me fasse, je ne puis ni ne dois mettre la main aux fruits qui sont tenus par raison de douaire, ni il ne convient que pour choses que l'hoir fasse, que la douairière me fasse hommage ni redevance, ainçoins en doit emporter les fruits franchement et quittement. » A l'égard des héritiers, la femme avait un usufruit des plus larges. Ils prenaient toutes les charges du fief; elle n'avait qu'à en recueillir les bénéfices. *Libera debet esse dos*, dit Bracton; *nihil enim confert uxor de dote sua, ad debita mariti acquitanda; item heres tenetur dotem defendere et warentizare, et pro ea sequi comitatus*, hundredas, *etc. Ipsa enim ad alia intendere non debet, nisi ut domui suæ disponat, et ut pueros suos, si qui sint, nutriat et educat.* Britton, dans son vieux français, en dit autant du *Dower.* Mais quand le droit romain eut conduit à distinguer dans la propriété le *fructus*, l'*usus* et l'*abusus*, et à ne pas admettre que ses éléments pussent se prêter à d'autres combinaisons; quand l'admiration générale pour cette *raison écrite* amena les jurisconsultes à faire rentrer à toute force les anciennes choses dans ses classifications, alors le douaire ne fut plus qu'un simple usufruit, et les principes du Digeste servirent à définir et par conséquent à limiter les droits de la veuve. Il n'y a qu'à ouvrir Pothier pour voir quel usage on en faisait dans cette matière. La douairière dut donner caution de jouir en bon père de famille [1], supporter les réparations d'entretien qui survenaient à faire pendant la durée de sa jouissance, acquitter les charges foncières échues pendant le même temps, et non-seulement les charges annuelles et ordinaires, comme les arrérages de cens, de rente foncière, les champarts, la dîme, mais encore les charges extraordinaires, comme les tailles d'église, les dixièmes, et autres impositions de la même nature. On la chargea du droit de franc-fief, et on discuta vivement si elle ne devait pas acquitter aussi le droit de mutation des censives, notamment celui qu'on appelait à Orléans la relevoison à plaisir, et qui était d'une année du revenu de la maison. Pourtant la coutume de Paris, la plus répandue et la plus importante, était restée plus fidèle dans son texte aux anciens principes, et à la nature de la foi et de l'hommage. Quoique les devoirs de fief et les profits féodaux fussent considérés comme des charges foncières, l'art. 40 disait : « Elle n'est tenue pour son douaire faire la foi et hommage, ne payer aucun relief ni profit ; mais est tenu l'héritage l'en acquitter, et payer le profit, s'il est dû de son chef. » Mais les commentateurs faisaient remarquer, sur ces derniers mots, que si l'héritier négligeait de porter la foi pour l'héritage sujet au douaire, le seigneur, en le saisissant féodalement, ne serait pas obligé de laisser jouir la douairière, n'étant pas tenu des charges imposées par le vassal sur le fief qu'il met en sa main. La rigueur des principes conduisait ainsi à être moins favorable à la femme au dix-huitième qu'au treizième siècle. On ne lui accordait qu'un simple recours contre l'héritier. De même, on ne donnait pas à la douairière les droits purement honorifiques du fief, car Dumoulin avait dit : *jura honorifica non sunt in fructu.* Elle ne devait avoir que les fruits, c'est-à-dire le revenu. Quelques interprètes moins sévères des lois consentaient à lui accorder, dans l'église, les honneurs moindres, le

---

[1] Il est vrai que beaucoup de coutumes se contentaient d'une simple caution juratoire.

pain bénit et l'eau bénite, *propter memoriam mariti*. Mais c'est avec hésitation que Pothier propose de lui laisser les grands honneurs, *les prières nominales et l'encens*. Nous sommes loin de la libéralité des vieux coutumiers!

Sans nous arrêter à ces détails, disons un mot des causes qui pouvaient priver la femme de son douaire. C'étaient d'abord, du vivant de son mari, l'adultère, et le fait de l'avoir abandonné malgré lui, et malgré une sommation juridique de revenir[1]. C'étaient ensuite l'inconduite, le libertinage notoire pendant la viduité, et surtout dans l'année de deuil : *Mulier, si infra annum luctus commiserit stuprum, perdit donata et relicta*. (Dumoulin). Mais son convol à de secondes noces n'était pas un fait susceptible d'entraîner la perte du douaire, à moins qu'on n'en fût convenu dans le contrat de mariage. La coutume de Bretagne seule punissait ainsi la veuve qui se remariait à domestique ordinaire. Une cause d'exclusion plus générale, quoiqu'elle ne fût pas édictée par toutes les coutumes, et qu'on ne l'appliquât pas sans une disposition formelle, était l'abus que la femme avait pu faire de sa jouissance; tantôt elle n'était dépouillée que de son droit sur l'héritage dont elle avait mésusé; tantôt de son douaire entier. Outre ces déchéances, le douaire cessait encore par tous les modes ordinaires d'extinction de l'usufruit.

Il faut remarquer de plus que, dans beaucoup de provinces (Bretagne, Anjou, Maine, Touraine), la femme ne pouvait avoir à la fois don et douaire, ce qui ne veut pas dire seulement qu'elle ne pouvait être à la fois donataire et douairière des mêmes objets, chose évidente en vertu de ce principe, *duæ causæ lucrativæ in eadem*

---

[1] Les causes qui donnaient lieu à séparation de corps n'entraînaient pas seulement la révocabilité, mais souvent la révocation de plein droit des gains nuptiaux. On lit dans les arrêtés de M. de Lamoignon : « La femme qui a quitté et abandonné son mari, et n'était avec lui lors de son décès, demeurera déchue de plein droit de son douaire, encore que le mari n'eût fait aucune plainte de son absence. » — Merlin rapporte encore une affaire qui fut jugée par le parlement de Nancy en 1775, et dans laquelle on voulait priver la femme de tous ses avantages comme indigne, par cela seul qu'étant comédienne, elle avait vécu de fait loin de son mari pendant vingt-cinq ans (V. *Répertoire*. v° *Gains nuptiaux*). — Du reste, nous reviendrons sur tout cela.

re et in eadem persona concurrere non possunt, mais ce qui signifie même qu'elle n'était pas admise à prendre à la fois certains biens du mari comme donataire, et certains autres comme douairière. Peu importait que la donation eût été faite par contrat de mariage ou depuis la célébration, qu'elle fût simple ou mutuelle, entre vifs ou testamentaire ; peu importait même que la femme eût reçu l'une des deux libéralités de son mari, l'autre des père ou mère du mari. A la dissolution, elle n'avait que le choix, et par son option soit pour la donation, soit pour le douaire, elle restait déchue de plein droit. Mais cette règle sévère ne s'appliquait qu'en présence de textes formels ; elle était considérée avec peu de faveur, et sous l'empire de la coutume de Paris même, qui la posait pour les enfants, on ne l'étendait pas à la femme. De plus, destinée à préserver les familles du danger de se voir privées d'une trop grande partie des propres, elle ne s'appliquait pas aux autres sortes de biens que la femme pouvait gagner à la dissolution du mariage ; par exemple, aux acquêts et aux meubles communs. Que la femme y renonçât ou qu'elle s'enrichît par une bonne communauté, qu'elle trouvât même dans un préciput des avantages spéciaux, elle n'en avait pas moins son douaire.

La cause du douaire était réclamée à la fois par les trois ordres anciens de juridiction : par l'Eglise, parce qu'il formait une des conditions du mariage ; par les seigneurs, parce qu'il reposait sur les fiefs ; par les rois, comme gardiens des veuves et des orphelins ; aussi, se l'étaient-ils réservé en le mettant au nombre des cas royaux. Mais la faveur dont il jouissait fit que la femme resta libre de s'adresser à celle de ces juridictions qu'elle voudrait choisir. Il paraît même que ce principe fut établi en France par une convention passée entre Philippe-Auguste et ses grands barons (M. Laboulaye.). L'ancien coutumier normand nous montre bien les avantages de cette liberté : «Pour ce qu'en la Cour de sainte Eglise, a trop grand délai aux veuves femmes à avoir leur douaire ou leur mariage, par les appels qui sont faits de l'archidiacre à l'évêque, de l'évêque à l'archevêque, et de l'archevêque à l'apostoile (au pape), il a été établi par l'octroi de sainte Eglise, que ces choses soient terminées en la Cour Laie, si que ceux qui en la

Cour Laie sont convaincus en leur malice, sont tenus à faire satisfaction en la Cour d'Eglise, par peine de deniers ou par pénitence de corps ; et si doit-on savoir que si l'on plaide de douaire ou de mariage, celui contre qui l'on plaide ne peut contremander (obtenir remise) qu'une fois ». Dans le dernier état du droit, nous ne voyons pas que la cause du douaire soit distincte des autres questions auxquelles le mariage pourrait donner lieu. Elle est donc, comme tout ce qui touche aux rapports pécuniaires des époux, attribuée aux tribunaux séculiers, les officialités n'ayant plus à connaître que des questions qui se rapportent au lien conjugal, au sacrement ; encore ce pouvoir n'est-il censé leur appartenir qu'en vertu d'une délégation de l'autorité royale.

Il ne nous reste que deux observations à faire sur le sujet qui nous occupe : la première, c'est que, primitivement, il n'y avait pas de douaire entre serfs, comme le prouve un passage du roman d'Artus, rapporté par Ducange [1], et même dans le dernier état du Droit coutumier, on trouve encore des traces de cet usage ou de ce principe. A cette époque, le servage avait disparu dans la plus grande partie de la France ; et, dans les coutumes qui le reconnaissaient encore, le droit de la femme serve au douaire était généralement consacré. Cependant la coutume du Nivernais, après lui avoir donné, par son art. 20, l'usufruit de moitié des héritages vilains, ajoute (art. 29) : « En héritage tenu à *bordelage*, la veuve, soit franche ou serve ne peut prétendre douaire au préjudice du seigneur. » Cette disposition, qui, antérieurement, se lisait aussi dans l'ancienne coutume du Bourbonnais, est expliquée ainsi par Coquille : «La raison est que le seigneur utile ne peut obliger ni affecter sa seigneurie utile, sujette à réversion, sinon pour autant de temps qu'elle doit durer ». C'est le même raisonnement

[1] Le prêtre fut appareillé,
A leur entrée les a signé.
Ainsi n'y fut douaire nommé
Ne serement, un seul juré ;
Fiance faite, ne pluvie,
Mais le vassal reçut sa mie.
(Ducange, v° *Dos.*)

que nous avons rencontré à une époque plus reculée pour les fiefs. Cette assimilation continua; comme on avait fini, toutes les fois que l'intérêt du seigneur n'était plus en jeu, c'est-à-dire qu'il se trouvait en présence d'héritiers du défunt, par considérer le fief vis-à-vis de ceux-ci comme un patrimoine susceptible d'être grevé d'usufruit, de même, et par le même raisonnement, le bordelage en vint à être soumis au douaire. — Ce que nous voulons noter en second lieu, c'est qu'à côté du douaire établi enfin sur tous les biens, nobles ou roturiers, mais seulement pour une quote-part [1], il existait un autre gain de survie, analogue, constitué aussi au profit de la femme, et en usufruit, mais sur la totalité des biens que le mari tenait en main ferme ou roture. Bouteiller l'appelle droit de *vivelotte;* c'était un véritable douaire, mais un douaire plus étendu, car ici l'on n'était point arrêté par les idées féodales. La femme gardait cet usufruit universel tant qu'elle restait en viduité, qu'elle eût ou non des enfants; mais en se remariant elle en perdait la moitié [2]. Il doit suffire de mentionner cet avantage peu important, qui a laissé peu de traces, probablement parce qu'il se fondit bientôt dans le douaire, dont sa nature le rapprochait tant. Nous en retrouvons pourtant encore un reste dans les monuments les plus récents. Les usages de la châtellenie de Lille, d'après Merlin, connaissaient encore au dix-huitième siècle un droit de *vivenotte,* opposé au douaire; celui-ci ne portant que sur les fiefs, tandis que le premier consistait dans l'usufruit de *toutes les rotures propres du mari :* seulement il n'appartenait qu'à la veuve commune.

Tel était le douaire de notre ancien droit. On voit tout ce qu'une pareille institution avait de noble et de grand, et quoique ses adversaires citent avec complaisance d'ingénieuses déclamations de

[1] Quand un veuf se remariait, s'il avait des enfants, dans certaines coutumes, le douaire était réduit de moitié; dans d'autres, il ne portait que sur les acquêts du second mariage; quelquefois, enfin, il n'avait pas lieu.

[2] *Somme rurale,* t. XCVIII, p. 559. « Vivelotte si est le droit que les femmes ont en terres tenues en cotterie après la mort de leurs maris, sur les héritages venant d'eux. La femme qui demeure vefve y a tel droit que, son mari mort, elle jouist de tous les héritages venant de son côté qui sont tenus en cotterie, supposé qu'elle ait enfants ou non, sa vie durant; mais si elle avoit enfants, et se remariast, elle en perdroit la moitié. »

Montaigne sur les gros douaires (M. Troplong, *Contr. de mar.*, préface), il nous semble impossible de ne pas reconnaître qu'elle fut un des plus beaux résultats des efforts constants de l'Eglise pour adoucir les mœurs et la législation du moyen âge, et qu'elle rendit d'immenses services dans un temps où les femmes avaient un si grand besoin de protection. A l'époque féodale, cet avantage constitua la principale faveur accordée à la veuve noble. Quand la communauté se fut complétement développée, il subsista à côté du partage égal des meubles et des conquêts, car il portait sur d'autres biens, et il fallait compenser pour la femme, d'une part, la rigueur qui l'excluait des biens patrimoniaux de sa famille, de l'autre, les dangers possibles du pouvoir presque absolu donné au mari sur les biens communs. Il continue encore en Angleterre à remplir l'office qui fut sa première destination, et il est, comme correctif de l'esprit aristocratique qui domine la transmission de la terre, un des contre-poids au moyen desquels se maintiennent les lois qui font la grandeur et la durée de ce peuple, et qui, prises isolément, nous paraissent si étranges, quelquefois si odieuses. Mais, sans chercher si loin, ne suffit-il pas de considérer cette institution en elle-même pour l'admirer? Laissons parler M. Laboulaye. « Il est souverainement juste, dit-il, qu'une femme qui a passé les plus belles années de sa vie à partager les peines et les plaisirs d'un époux ait une portion de la succession. La part dans la communauté ne suffit pas, car elle peut être ou nulle ou malheureuse. Il faut à la femme une part dans l'héritage du mari, car cet héritage a été le sien tant qu'a duré le mariage, et la loi ne doit pas détruire, au profit d'étrangers, une aussi légitime possession. Si notre succession est un testament présumé, à qui donc, bon Dieu! laisserons-nous plutôt notre fortune, qu'à celle qui nous a aimé pendant notre vie, qui a travaillé et souffert avec nous, et qui, après nous, aimera seule, comme nous l'eussions fait, ces orphelins qu'il nous faut abandonner! »

2. Préciput légal des nobles.

La sollicitude de nos vieilles coutumes s'étendait à tout. Après un gain de survie sur les propres, nous trouvons des avantages de

communauté; après le douaire vient se placer le préciput légal.
Voici la définition qu'en donne Pothier : « On appelle préciput, en
matière de communauté, ce que le survivant a droit de prélever
sur les biens de la communauté, lors du partage qui en est à faire.
Le préciput légal est le droit que plusieurs coutumes accordent au
survivant de deux conjoints nobles, de prélever au partage les
biens meubles dépendant de leur communauté, sous certaines
charges. » Cette définition, très-juste pour la coutume de Paris, dont
Pothier expose le système d'une manière spéciale, serait vicieuse
sous deux rapports, appliquée à l'ensemble du droit coutumier.
D'abord le préciput ne se rencontre pas exclusivement dans les
mariages des nobles ; quelques coutumes, en petit nombre il est
vrai, le consacrent aussi entre roturiers (Lorraine, Vitry, Luxem-
bourg). De plus, il ne porte pas toujours sur les meubles seuls ; assez
souvent la communauté entière, les meubles et les conquêts, les
conquêts au moins en usufruit, sont attribués au survivant. Il en
est ainsi à Blois, à Clermont en Argonne, à Metz même, quoique
la coutume de cette ville fût considérée comme exclusive de communauté; car l'époux survivant prenait tous les meubles et acquêts
de gagière, c'est-à-dire les immeubles qu'on avait, dans l'acte
même, déclaré acquérir à ce titre, afin de s'en réserver la libre
disposition en les assimilant aux meubles. Le mari survivant
prenait cette masse entière, même en présence d'enfants; la
femme, quand il y en avait, n'était appelée qu'à concourir avec
eux ; à défaut d'enfants, elle avait droit au tout [1]. C'est ici que nous
sommes tout à fait en dehors de la définition de Pothier, d'autant plus
qu'elle suppose pour l'existence du préciput l'existence d'une communauté, et que, de son temps, les coutumes qui attribuaient ainsi
la masse entière, les meubles et les acquêts au survivant, passaient
pour établir simplement un gain nuptial, et exclure la communauté.
Ainsi Loisel voyait un droit de succession dans la concession faite
à l'époux survivant du mobilier entier, et la coutume de Valois

[1] A Sedan, le survivant noble pouvait aussi prendre tous les meubles, la moitié des conquêts en propriété, et l'autre en usufruit. Voy. *Consult. des avocats
de Metz* dans Boucher d'Argis, p. 259.

adoptait expressément ce système. Pothier, plus clairvoyant, considère cet avantage comme un simple bénéfice de communauté; mais la doctrine de son temps n'était pas arrivée à en dire autant de la convention qui supprimait le partage, en donnant la masse entière à l'un ou à l'autre des époux, selon l'alea de la survie. Ces conventions n'étaient pourtant toutes deux que des pactes aléatoires de communauté, plus ou moins étendus.

Cette vérité a été méconnue par l'éminent historien que nous citions tout à l'heure. Pour soutenir que la communauté, admise dès longtemps entre roturiers, ne s'est établie que beaucoup plus tard dans les mariages des nobles, M. Laboulaye s'est armé des anciens textes qui indiquent l'existence de ce préciput, et des traces profondes qui en restent encore dans les coutumes rédigées. Il en tire cette conclusion, que le droit de la femme aux acquêts, qui, dans son opinion, était, dans les coutumes germaniques, subordonné à la survie, a conservé ce caractère jusqu'à une date très-récente chez les nobles, plus fidèles observateurs des anciennes règles. Ils n'auraient donc connu que le droit de succession, soit aux acquêts, soit aux meubles, non la communauté, qui ne se serait développée que dans les classes inférieures et par des principes plus modernes. Mais il nous semble que M. Troplong le réfute victorieusement, en montrant que, loin d'être la négation de la communauté, ce système n'en est qu'une variété, et en suppose au contraire la reconnaissance; car si ses règles sont altérées, si le droit des héritiers du prédécédé est diminué, restreint à la nue propriété des acquêts, s'il est même supprimé complétement, l'idée principale, celle de l'égalité des époux subsiste, puisque l'avantage est réciproque, subordonné pour chacun d'eux à la condition du prédécès de l'autre; c'est la communauté, seulement ce sont deux des formes de notre communauté conventionnelle; l'une maintenant pour les conquêts les règles ordinaires, en subordonnant l'acquisition des meubles au hasard de la survie, l'autre y soumettant la masse entière; l'une qu'autorisent les art. 1515 et 1516 du Code, l'autre qui est organisée par les art. 1520 et 1525. Nous allons plus loin; selon nous, non-seulement dans les coutumes, qui, comme le faisait celle de Bourgogne, n'établiraient le droit au préciput mobilier qu'au profit de l'un des époux, du mari survivant, mais encore dans le système qui comprendrait sous les mêmes conditions dans ce préciput tous les meubles et tous les acquêts, il y aurait reconnaissance implicite, et simple modification de la communauté; car ce même art. 1520 nous dit : les époux peuvent déroger au partage gal,... en stipulant que la communauté entière, en certains cas, appartiendra à l'époux survivant ou *à l'un d'eux seulement*. Et, en effet, quoique la chance ne soit pas égale des deux parts, l'idée d'association subsiste ici encore; car si l'époux au profit duquel le préciput est établi vient à prédécéder, la condition étant défaillie, le droit de son conjoint reparaîtra ; il prendra la moitié de la masse commune. Pour exclure la communauté, il faudrait que le préciput fût constitué en faveur d'un seul des époux ou de ses héritiers, c'est-à-dire qu'il lui fût assuré dans tous les cas, sans condition ni alea. Mais c'est ce qu'aucune coutume ne faisait.

Ces observations suffisent, sans que nous nous arrêtions à exposer les autres raisons qui ne permettent pas de douter de l'existence de la communauté, même entre nobles, dès le douzième siècle. Quelques mots sur l'origine et l'histoire du préciput achèveront de démontrer qu'il est loin de fournir une preuve contraire. Il faut reconnaître, d'abord, que c'est presque toujours pour les nobles seuls qu'il est admis; que notamment la coutume de Péronne l'appelle un privilége de noblesse, et que si, dans certaines provinces, on le rencontre aussi entre roturiers, c'est parce qu'ils ont imité le droit des nobles. C'est donc, soit dans un principe germanique, soit dans un principe féodal, c'est dans une règle particulière, soit aux premiers conquérants, soit plus tard aux seigneurs, qu'il faut aller chercher la cause de cette institution. Car elle ne s'est pas établie toute formée, tel ou tel jour; on ne cite ni une ordonnance, ni un arrêt, ni un auteur qui ait le premier imaginé de mettre ainsi la communauté pour ainsi dire à la loterie, et cela seulement entre nobles. Le préciput apparaît de bonne heure, dès les *Etablissements* dits *de Saint-Louis*, comme un droit reconnu. C'est une forme spéciale de la communauté, qui se trouve organisée en même temps que la communauté même.

Nous avons parlé assez longuement déjà, pour n'avoir pas besoin d'y revenir, du droit de la femme germaine à une part des acquêts, droit qui, peut-être, ne constituait primitivement qu'un gain de survie, mais qui, devenu déjà une copropriété du temps de Marculfe, donna enfin naissance à la communauté. Le capitulaire de Louis le Débonnaire prouve qu'elle comprit même les acquêts faits en bénéfices, c'est-à-dire qu'elle exista même en présence des idées féodales et parmi les nobles. Mais l'usage dut se conserver de stipuler des avantages particuliers au profit de l'époux survivant. Tout y portait; les sentiments les plus naturels, comme les souvenirs et les traditions ravivés par la féodalité, qui fut, sur beaucoup de points, une renaissance et un développement des anciennes idées germaniques. Une de ses conséquences, entre autres, fut de faire revivre presque l'antique *mundium*, sous le nom de bail, et d'en faire une puissance plus rigoureuse que la mainbournie des roturiers, souvenir bien affaibli du principe barbare. Or, on a dit souvent que, dans les pays qui conservèrent dans toute sa force primitive, sans altération, l'ancien *mundium*, cette puissance exagérée du mari entrava le développement de la communauté, et, en refusant à la femme tout droit actuel sur les acquêts, en la dépouillant même quelquefois de la propriété de ses biens personnels, la réduisit à une simple expectative de succession. En France, où le principe de la communauté était déjà posé, il n'en fut pas de même; mais cette recrudescence de sévérité fit prendre à ce régime une forme nouvelle. Ainsi, tandis que le mari *coustumier* n'avait comme mainbournissière que la moitié des meubles et des acquêts, le mari noble avait pendant sa vie comme baillistre, et gardait, quand il venait à survivre, tous les meubles et cateulx[1], et tous les acquêts, sans devoir aucun compte aux héritiers de sa femme; seulement en restant chargé de toutes les dettes (V. Ginoulhiac, p. 304). Mais s'il prédécédait, au contraire, le bail finissait avec lui; la femme reprenait son indépendance; son droit actuel et

[1] Ou catteux; ce sont, d'après Merlin, non des meubles réels, mais des objets auxquels, bien qu'ils soient immeubles par leur adhésion à un fonds, on donne fictivement les mêmes attributs qu'aux meubles.

transmissible sur les biens communs pouvait donc renaître ; et comme on en était arrivé à mettre les deux époux sur le pied de l'égalité, comme entre roturiers les héritiers du prédécédé partageaient également avec le survivant, il fallait, pour ne pas traiter plus rigoureusement la femme noble, puisque son mari, s'il eût survécu, aurait pris le tout, qu'elle prît le tout aussi quand elle survivait. Un autre principe encore put, au moins pour ce qui concerne les meubles, concourir à ce résultat. On a vu que le mari noble survivant conservait la tutelle, le bail des enfants ; qu'à ce titre, il gagnait les meubles et les fruits en totalité, et n'était tenu que de rendre la terre franche et quitte. Ce droit dut, il est vrai, à l'origine, être refusé à la mère, puisqu'une fois qu'elle avait un héritier mâle, on allait jusqu'à ne lui laisser ses propres biens qu'à titre de bail [1], et que son fils devait l'assister comme *advocatus* dans tous ses actes ; mais, par une violation de la loi féodale, on lui reconnut plus tard les mêmes droits qu'au père, et ils étaient tels, que jusqu'au moment où les coutumes furent rédigées, si on laissait au baillistre pendant l'an et jour les meubles de ses enfants sans les réclamer, ils lui appartenaient de plein droit. On comprend l'influence que ceci dut exercer sur la formation du préciput mobilier ; car, au fond, que le survivant gardât les meubles comme par un pacte aléatoire de communauté, ou comme ayant le bail de ses enfants, cela importait peu, et la différence n'était pas sensible. Elle n'apparaissait qu'au cas où il n'y avait pas d'enfants, et où, par conséquent, le droit de garde ne pouvait avoir lieu. Mais probablement par un *a fortiori* assez naturel, car l'époux ne concourant plus qu'avec des collatéraux était dans une situation plus favorable, ce cas fut traité comme l'autre, et le préciput se trouva formé. Il est vrai que, plus tard, il est réduit, dans certaines coutumes, à l'hypothèse spéciale d'absence d'enfants (Paris, art. 238, etc.), et que c'est là une règle assez générale pour que Loysel en fasse un point de droit commun : « Entre nobles, dit-il, le survivant *sans enfants* gagne quasi partout les meubles (II-5,23) ». Pour nous, cette condition nous

---

[1] Dame n'est que bail de son héritage, puisqu'elle a hoir mâle (*Etablissements*, ch. LXIV).

paraît une nouveauté introduite par la faveur, la protection plus grande qui entoure les enfants, émanant du même esprit qui a voulu qu'ils ne fussent plus dépouillés de leurs meubles par la possession d'an et jour. Elle est postérieure même, peut-être, à la rédaction de la plupart des coutumes, car celles qui exigent formellement l'absence d'enfants sont dans une assez faible minorité [1]. En général, la seule différence qu'elles fassent entre les deux cas porte sur les acquêts ; la part qu'elles donnent en usufruit au survivant lui est enlevée s'il se remarie, quand il y a des enfants ; il partage alors également avec eux, tandis que s'il n'y en a pas, il conserve le tout sa vie durant. Mais il est rare que la seule présence d'enfants à la dissolution du mariage fasse disparaître le préciput. — L'origine spéciale que nous attribuons ici au préciput mobilier expliquerait assez bien son extension plus grande, et son importance dans le dernier état du droit. Quant à celui qui comprend aussi les acquêts, il faut s'en tenir à notre première explication, quoique peut-être elle paraisse insuffisante ; nous ne voyons pas en quoi le bail aurait pu contribuer à le former. Cependant il est un texte, dans la coutume d'Anjou, qui semble venir à l'appui de cette idée. Quoique l'article 288 dise : « Aucuns lieux sont esdicts pays, esquels les acquêts se divisent, » l'article 283, qui forme le droit commun de la province, les donne par préciput au survivant, soit qu'il y ait ou non des enfants. Seulement, s'il n'y en a pas, il aura sa vie durant tous les acquêts, moitié en propriété, et l'autre moitié par usufruit. S'il y en a, il en sera de même tant qu'il restera en viduité, mais à la charge « de nourrir et entretenir les enfants, tant qu'ils soient en aage. » Cette obligation de nourrir et entretenir les mineurs semble significative : elle est la condition du préciput comme du bail. On pourrait donc croire que tous deux dérivent du même principe, que l'époux survivant est préciputaire parce qu'il est baillistre. (La coutume du Maine a une disposition à peu près semblable.)

---

[1] Cette condition ne se trouve ni pour les meubles dans les coutumes de Bourgogne (art. 25), de Lorraine (t. II, art 1), de Clermont (art. 189), etc. ; ni pour les acquêts dans celles de Valois (art. 62), d'Anjou (art. 283), du Maine, etc.

Du reste, quant au fond des choses, la coutume d'Anjou est d'accord avecl es *Établissements*, auxquels elle a succédé. « Si un homme et une fame, disent-ils, achetoient terre ensemble, cil qui plus vit si tient sa vie les achaz, et quand ils seront morts ambi dui, si retourneront li achaz une moitié au lignage devers l'homme, et l'autre moitié au lignage devers la fame » (I, ch. 134). Il est probable que cette disposition ne s'appliquait qu'aux époux nobles, car dans les *Assises* et dans les *Olim* le survivant des époux roturiers ne prend que la moitié des acquêts, l'autre étant réservée aux enfants. Un autre texte nous montre l'existence du préciput purement mobilier vers la même époque. « L'on dit communément que la femme noble a élection de prendre tous les meubles et payer les detes, ou de renoncer aux meubles pour estre quitte des detes. » (*Grand Coustumier*, liv. I, fol. 83.) Les deux formes du préciput noble étaient donc dès lors constituées. Mais au seizième siècle, l'influence de la communauté ordinaire, qui régnait en maîtresse dans la plus grande partie de la France, la prépondérance acquise par le tiers état, qui contribua si puissamment et qui gagna tant à la codification de nos vieux usages, la faveur plus grande qui, grâce à l'adoucissement des mœurs, à l'oubli des anciennes règles, à l'admiration pour le droit romain, entoura les mineurs, et porta à leur chercher des garanties contre le pouvoir même institué dans le principe pour les protéger, à leur assurer plus tôt la fortune et l'indépendance, toutes ces causes firent que le préciput fut vu de mauvais œil, souvent supprimé, toujours restreint, lors de la rédaction officielle des coutumes. Le procès-verbal qui fut dressé alors pour celle de Blois nous en offre un curieux exemple :

« Sur le 182e article qui est audit chapitre de mariage (contenant l'organisation de la communauté ordinaire, avec partage égal à la dissolution), les nobles se sont opposés, disant la coutume ancienne être au contraire, et qu'entre les nobles tous les meubles et conquêts appartiennent au survivant; et ainsi en avoit été usé, mêmement ès maisons de Chaumont, Ouzain, Saint-Aignan et autres infinies; leur avons remontré le préjudice et dommage qui en adviendroit *aux mineurs* et à la chose publique... Finalement, par l'advis et consentement des gens d'Eglise, *avocats et praticiens*, et autres du *tiers*

12

état, avons ordonné que ladite coutume demeureroit ainsi qu'elle est couchée audit cayer comme *nouvelle*, dont les nobles se sont portés comme appelans. » (V. *Coutumier général*, p. 1111, t. III.) Malgré leurs efforts, l'article fut maintenu, et les nobles furent, comme les bourgeois, soumis à cette communauté qu'ils prétendaient ne pas exister parmi eux. Elle leur était étrangère en effet, d'après les idées du temps, car ils ne connaissaient pas le partage égal qui semblait le caractère distinctif de ce régime. Mais nous avons appris à moins nous arrêter à la surface des choses, et à voir la communauté dans l'association pour les bénéfices ou pour les pertes, dans l'attribution même aléatoire, mais réciproque, d'une part avantageuse ou de la totalité de la masse au survivant. Ce qui n'existait pas surtout, c'était cette forme singulière de la communauté, qui faisait continuer l'association à défaut d'inventaire entre l'époux survivant et les enfants. Dans un autre passage, nous trouvons une nouvelle réclamation des nobles du Blaisois, à qui l'on voulait de plus imposer, et à qui l'on imposa en effet ce système. Mais avant cette innovation, leur situation n'était pas en ceci différente de celle où se trouvait la noblesse des autres provinces, et c'est un des plus solides arguments en faveur de l'opinion qui place l'origine de la communauté dans les sociétés d'an et jour. « La continuation de communauté n'est pas usitée entre gentilshommes, dit Beaumanoir, car quand les enfants demeurent avec leur père ou mère, on ne l'appelle pas compaignie, mais garde. » La coutume d'Orléans a conservé ce principe, en n'appliquant la continuation qu'entre non-nobles.

Ainsi, et à lui seul le procès-verbal de la rédaction de la coutume de Blois suffit pour démontrer ce fait et en indiquer les causes, le préciput perdit, dans la nouvelle législation, une grande partie de son importance. Ici nous le voyons disparaître entièrement; ailleurs il subsiste, mais diminué probablement et restreint. Il est permis de voir dans l'introduction de la règle qu'il aurait lieu seulement à défaut d'enfants, une de ces restrictions apportées pour subvenir à l'intérêt *des mineurs et de la chose publique*. Posée dans la coutume de Paris, elle dut s'étendre par la doctrine et la jurisprudence à toutes les provinces dont les lois, sans l'énoncer, ne l'excluaient pas.

L'importance toute particulière de cette coutume nous oblige à parler plus spécialement de son préciput : il était purement mobilier, et, par conséquent, ses principes n'ont pas trait à celui qui comprendrait même les acquêts; mais ils n'en constituent pas moins les règles les plus générales de ce gain de survie dans le dernier état du droit. Remarquons pourtant tout d'abord, qu'outre les limitations dont nous avons parlé, il s'en rencontre une qui est spéciale à la ville de Paris, qui provient de sa situation exceptionnelle et du plus grand développement que le luxe y a toujours pris. Les seuls meubles qui fussent sujets au préciput étaient ceux qui se trouvaient hors la ville et les faubourgs, sans fraude. Cette disposition faisait naître la question de savoir si le préciput n'était pas borné aux seuls meubles corporels, et des jurisconsultes, comme Lebrun, Duplessis, Lemaître, croyaient en effet que les créances en étaient exclues. Mais cette exagération succomba devant ces deux puissants arguments de Dumoulin et de Pothier : le premier, que le préciput entraînant la charge d'acquitter toutes les dettes mobilières devait comprendre tous les meubles, corporels ou incorporels ; le second, que l'ancienne coutume parlait en termes exprès des créances. Il en était ainsi, d'ailleurs, dans toutes les autres provinces. — Le préciput ne portait que sur les meubles communs ; il était subordonné à la condition qu'il y eut communauté de biens entre les époux ; par conséquent, il fallait que la communauté, établie par le contrat de mariage, n'eût pas été dissoute par une séparation de biens, ou détruite rétroactivement par une renonciation qui aurait fait perdre à la femme sa qualité de commune, et par suite son titre au préciput. Mais il était permis de stipuler, par contrat de mariage, qu'il n'aurait pas lieu. Cette stipulation devait-elle se présumer, par cela seul qu'on avait fixé d'avance un préciput conventionnel? L'affirmative, soutenue par quelques auteurs, est rejetée par Pothier, qui se fonde sur ce que la disposition de la coutume, qui établit le préciput, est un titre entièrement différent de la convention : la première consacre un gain de survie légal, forme un titre universel auquel est attachée la charge des dettes de la communauté, toutes qualités qui manquent au préciput conventionnel. Par ces mots, dettes de la communauté, nous avons préjugé la question, controversée cependant entre Lebrun et Lemaître, de savoir si le survivant devait être chargé même des dettes mobilières du prédécédé, ou seulement de celles de la communauté. Pothier la décide dans ce dernier sens, et avec raison ; par conséquent, le préciputaire pouvait rester créancier mobilier personnel de la succession de son conjoint, car la confusion ne s'opérait pas. Elle n'avait pas lieu non plus à l'égard de la créance du survivant pour la reprise de ses deniers exclus de la communauté par une convention de réalisation, ou pour le remploi du prix de ses propres ; car, bien que ce fussent là en réalité des créances mobilières, elles étaient, entre les conjoints, réputées immeubles fictifs, et le survivant n'était chargé que des dettes purement mobilières. Mais il confondait le préciput conventionnel, sans qu'on distinguât, comme le voulait Lebrun, s'il consistait en espèces ou en quantités, en une somme d'argent ou en certains meubles. — Outre les dettes, les frais funéraires du prédécédé, quoique charges de sa succession et non de la communauté, avaient été imposés au préciput. Aussi le deuil de la femme, comme faisant partie de ces frais, se confondait-il avec lui. Il en était de même dans certaines coutumes des legs piteux ou pitoyables, pourvu qu'ils fussent modiques ; et cette disposition se trouve déjà dans l'ancienne coutume d'Artois. Mais, contraire aux principes, elle était entendue restrictivement. — Enfin reste un dernier point très-douteux, et sur lequel Pothier même ne se prononce pas. Le survivant, après avoir accepté le préciput, pouvait-il, une fois l'inventaire fait, y renoncer pour se décharger sur les héritiers de son conjoint de la moitié des dettes ? La raison de douter se tirait de ce qui se passait pour la garde-noble, aux charges de laquelle on restait soumis, quoiqu'on offrît de renoncer à tout l'émolument passé et futur. Mais, pour l'affirmative, on répondait que la garde était un contrat aléatoire, un forfait, qui donnait les revenus des biens du mineur, à condition de l'élever et de l'entretenir d'une manière digne d'un gentilhomme ; tandis que le préciput était un avantage gratuit qui devait, comme tel, n'obliger le donataire que jusqu'à concurrence de son émolument, et le laisser toujours maître de se libérer en abandonnant les choses données.

Voilà les caractères les plus saillants du préciput légal des nobles. Quant au préciput conventionnel, le seul qui subsiste de nos jours, nous le retrouvons, sous le Code, tel à peu près qu'il était organisé dans l'ancien droit. Nous nous contentons donc, pour éviter des répétitions inutiles, de renvoyer à ce qui en sera dit plus loin.

3.

Tel était le droit général de la France. Mais certaines provinces avaient conservé dans leurs usages ou établi dans leurs lois écrites d'autres gains de survie. Nous n'entreprendrons pas de parler de tous. Il suffira de nous en référer à une œuvre législative qui les indique par une énumération probablement complète, en même temps qu'elle éclaire un point important de leur législation. La formalité de l'insinuation, imposée dès longtemps aux donations entre vifs et à quelques autres actes, avait été étendue, par la déclaration du 20 mars 1708, à tous les avantages portés dans les contrats de mariage. On en avait conclu que la peine de nullité devait résulter pour eux du non-accomplissement de cette formalité, et de là s'élevaient des doutes qui jetaient la perturbation dans la jurisprudence. C'est à cette occasion que fut rendue la déclaration du 25 juin 1729, dont voici une partie : « Attendu... qu'il serait trop rigoureux d'étendre la même peine à des dispositions qui, sans avoir le caractère d'une véritable donation, ne sont que de simples conventions matrimoniales, stipulées entre les parties contractantes, soit pour aider le mari à soutenir les charges du mariage, soit pour balancer les avantages qu'il fait réciproquement à sa femme, et pour établir par là une espèce de compensation aussi juste que favorable..; qu'on détruirait par ce moyen l'esprit et la liaison essentielle de toutes les clauses d'un contrat de mariage, et cela dans un temps où l'inconvénient que cette rigueur produirait ne pourrait plus être réparé, ce qui rendrait la condition des deux contractants entièrement inégale ; qu'enfin, dans une grande partie du royaume, le défaut d'insinuation dégénérerait en une espèce d'avantage indirect que l'un des conjoints pourrait faire à l'autre , contre la prohibition des coutumes qui y sont reçues.... Nous avons cru devoir préférer le sens qui est le plus favorable au bien et à la conservation des familles de notre royaume, en assurant l'entière exécution des contrats de mariage, et en les affranchissant d'une peine de nullité qui ne peut jamais s'appliquer aux conditions réciproques qu'il est d'usage d'y stipuler, sans troubler toute l'économie d'un acte qui est le fondement et la base de la société civile. A ces causes, nous avons ordonné... que l'édit du mois de décembre 1703, et la déclaration du 20 mars 1708, soient exécutés selon leur forme et teneur, sans néanmoins que les dons mobiles, augments, contre-augments, engagements, droits de rétention, agencements, gains de noces et de survie, dans les pays où ils sont en usage, soient censés avoir été compris dans leurs dispositions qui portent la peine de nullité, encore qu'ils n'aient pas été insinués dans les formes et délais prescrits ; déclarant qu'audit cas, ceux qui auront négligé de satisfaire à cette formalité ne doivent être regardés que comme sujets aux autres peines prononcées par lesdits édits et déclarations. » L'ordonnance de 1731 s'en référa, par son article 20, à ce texte, et exempta de la peine de nullité les mêmes gains de noces et de survie, quoiqu'elle y soumît toutes donations autres que celles faites par contrat de mariage en ligne directe, même les donations rémunératoires ou mutuelles parfaitement égales.

Nous pensons que cette énumération suffit pour donner une idée des gains de survie variés et multiples que reconnaissaient nos diverses provinces. Répétée trois fois dans les monuments législatifs de l'ancienne monarchie, et toujours dans les mêmes termes, elle doit être complète, du moins elle doit comprendre tous les avantages nuptiaux qui pouvaient passer pour des donations ; car on remarquera qu'elle ne renferme ni le préciput, qui ne constituait qu'une espèce particulière, un mode de partage exceptionnel de la communauté, ni le douaire, le droit d'habitation, le deuil, qui étaient, soit attribués par la loi même, soit considérés comme des dettes de la succession du prédécédé envers celui qui avait été son conjoint. Mais, pour ces derniers droits, nous avons déjà parlé des uns, et nous nous proposons d'examiner les autres.

Au milieu de cette diversité de coutumes, il en est deux pourtant qui méritent d'arrêter un moment notre attention, l'une par l'exemple remarquable qu'elle nous fournit de la persistance et du développement spontané des anciens usages; l'autre par l'étendue des contrées qu'elle régissait, la singularité de ses dispositions, l'importance que lui donnèrent les éloges et les critiques dont elle fut l'objet : nous voulons parler des systèmes matrimoniaux de l'Alsace et de la Normandie.

1° La province d'Alsace était considérée comme faisant partie des pays de droit écrit; mais, par une conséquence naturelle de sa situation même, ses usages n'avaient presque rien de commun avec les principes qui régissaient nos provinces du Midi, et conservaient, au contraire, des traces profondes de leur origine germanique. Les exposer sera donner un aperçu des transformations du droit de l'Allemagne. Nous y trouvons d'abord le droit de dévolution ou de succession réciproque, c'est-à-dire, d'une part, l'attribution en nue propriété aux enfants communs, à l'exclusion des autres, et en usufruit au conjoint survivant, ou, à défaut d'enfants communs, l'attribution en pleine propriété au survivant, de tous les immeubles présents ou futurs, propres ou acquêts des deux époux, et, d'autre part, le gain aussi par le survivant, même en présence d'enfants, de la pleine propriété de tous les meubles. Comme on l'aperçoit, c'était une communauté universelle de tous biens, avec un pacte réciproque de survie, qui donnait la masse entière à un seul des époux, au moins en usufruit quant aux immeubles. Il faut reconnaître l'identité de ce système avec celui d'un grand nombre de statuts de villes allemandes, système que les développements du commerce et de l'industrie, l'accroissement chaque jour plus grand de la fortune mobilière, la mobilisation fréquente des propres qui perdaient leur importance, enfin, les règles des sociétés romaines appliquées à l'association conjugale, avaient fait sortir des principes germaniques des deux Miroirs. En effet, nous voyons déjà, dans cette législation, le mari, par suite du *mundium*, administrer tous les biens de sa femme, avec droit de disposer des meubles qu'ils comprenaient aussi librement que des siens propres, et, quand il survivait, conserver tous les meubles (sauf les gerade), ou même, s'il y avait

des enfants, tous les biens. Quand il prédécédait, la femme, outre
ce qu'elle prenait des propres en vertu de son morgengabe et de son
douaire, héritait seule de tous les gerade, et même, dans quelques
statuts du treizième siècle, par droit de réciprocité, de tous les
meubles et de tous les acquêts (*Miroir de Saxe*). Dans le *Miroir
de Souabe*, cette succession particulière à la femme sur les meubles
à l'usage de son sexe n'existe pas ; il ne reste qu'une succession
générale aux meubles, que la veuve partage avec tous les enfants.
Pourtant, dans certaines contrées, elle a un droit qui, tout en restant fixé à l'ancienne quotité des lois barbares, au tiers, s'est étendu
quant à son objet, et porte maintenant sur tous les biens du mari [1].
Dans les premiers statuts locaux, la femme n'a qu'une part d'enfant ;
mais une part sur la masse entière de la succession, composée tout à
la fois des biens du mari et de ses biens personnels, qu'elle ne
peut pas retirer. De là sortit, par toutes les causes ci-dessus
indiquées, ce double système de communauté universelle entre
époux avec gain par le survivant des meubles et de l'usufruit des
immeubles, et de succession immédiate en nue propriété pour
les enfants, qui se répandit, quoique parfois sous une forme un
peu différente, dans une partie de l'Allemagne, dans l'Alsace,
le Brabant et le Hainaut. C'est lui que nous retrouvons à Liége,
sous le nom de main-plévie (*manus plicata*), quoique nos anciens
auteurs voulussent, par cette raison, le faire dériver de la *manus*.
Le droit de l'époux survivant sur les biens frappés de dévolution
au profit des enfants s'appelait plus spécialement les humiers
(Merlin, *Répert.*, v[is] *Entravestissement, main-plévie, humiers*).

A côté du droit de dévolution, se place, sous le titre de coutume
de Ferrette, un régime qui n'était pas consacré par un texte de loi.
mais par un usage dont la haute antiquité ressort du simple rapprochement de ses règles et des plus anciennes lois germaniques. Il y

---

[1] Notamment à Zurich. *Miroir de Souabe* (manuscrit français de la biblio-
thèque de Berne) : « Se li mariz muert, et ele puet proveir (prendre) se tiers.
Ce est mis par ce que les fames ne puent ne sevent mie si bien travalier en
conquérir come font li homes. Mari et feme ne doivent nule chose avoir parti
à lour vie, et si li mariz muert ainçois que la feme, ele n'irite pas for que en
la guise desus dite (chapitre 23 et 24).

avait aussi là une masse formée de tous les biens des deux époux, une communauté dans le sens propre et ordinaire du mot, car le survivant partageait avec les héritiers du prédécédé, qui avaient les mêmes droits que leur auteur. Seulement, ce qu'il y a de remarquable, c'est que les deux tiers restaient au mari, la femme ou ses héritiers n'ayant jamais que le tiers, comme dans les textes de la période barbare, preuve frappante que leurs principes suffisaient à eux seuls pour créer la communauté, et que le droit de la femme, quel qu'il fut à l'origine, devait par la force même des choses devenir un droit actuel et transmissible. Pour compléter cette reproduction, en plein dix-huitième siècle, de la législation du sixième, nous trouvons un gain nuptial de 60 livres, établi sous son nom primitif de morgengabe au profit de la femme qui survivait. En dehors de la coutume de Ferrette, la chose et le nom se rencontrent aussi, seulement comme avantage conventionnel et non coutumier. Les règles en sont curieuses à suivre : « C'est un avantage, dit Boucher d'Argis, que le futur époux fait à sa future épouse, *si elle est fille*, d'une certaine somme, qui est quelquefois stipulée propre à la femme, et quelquefois réversible aux enfants. Quand une veuve épouse un garçon, *elle* lui fait aussi un avantage de cette nature; et si un homme veuf se remarie avec une veuve, celle-ci a aussi sa morgengabe. » (*Tr. des gains nup.*, p. 92.) Remarquons, enfin, dans ce droit, qui semble dater de la conquête, la persistance de cette distinction entre les gerade et les hewergerade (meubles à l'usage de l'homme), qui a disparu partout ailleurs depuis si longtemps. Quand il y a des enfants, à la mort du père, ses habits et hardes appartiennent aux garçons; et quand la mère meurt, les filles prélèvent également ses habits, hardes et joyaux.

2° Arrivons maintenant à ces principes de la coutume de Normandie, qui lui ont fait donner, entre toutes, par des esprits éminents, le nom de sage. « Jamais coutume, dit Basnage, ne s'est plus défiée de la sagesse et de la bonne conduite de l'homme ; elle l'a presque mis en une curatelle générale et perpétuelle.» «Elle avait, ajoute M. Troplong (*Contrat de mariage*, t. I, n° 82), un caractère prohibitif très-marqué. Elle n'admettait dans son ressort que ce qui était d'accord avec ses dispositions. Se défiant de la liberté de l'homme, elle l'avait enchaîné par un ensemble de dispositions, combinées dans le but de conserver les biens propres dans la famille ; interdisant les institutions d'héritiers, les avantages conventionnels entre époux, et tout ce qui empêchait les biens d'être possédés par les héritiers du sang. » Par la même raison, les femmes y étaient beaucoup plus dépendantes de leurs maris que partout ailleurs, et Dumoulin fait cette remarque : *In Neustria, mulieres sunt ut ancillæ, multum viris subditæ, qui sunt avari.*

Le premier caractère distinctif que l'on remarque, c'est l'exclusion de la communauté. « Les personnes conjointes par mariage, dit l'article 389, ne sont communes en biens, soit meubles ou conquêts immeubles. » Et il n'en est pas ici comme dans certaines coutumes, qui, sans établir de plein droit ce régime, permettaient aux époux de l'adopter par une stipulation formelle. Cette coutume est plus sévère que celle de Reims, qui, se préoccupant à l'excès du pouvoir du mari pendant le mariage, nie aussi la communauté [1], et ne la fait commencer qu'à la dissolution. Elle est plus sévère même que l'ancienne tradition de ces contrées septentrionales, patrie originaire des Normands ; car le code islandais des Grâgàs permet, par une convention expresse, l'établissement d'une société entre époux ; seulement, comme dans les lois franques, la part de la femme y est du tiers : *e triente illa semper.* Statut réel et prohibitif, appuyé sur le caractère tenace et conser-

---

[1] Art. 239. « Homme et femme conjoints par mariage ne sont uns et communs : ainsi le mari seul, sans l'avis et le consentement de sa femme, en peut disposer comme et à qui lui semble. Elle partit néanmoins après le décès du mari. » Comme ses héritiers, si elle prédécède, ont aussi le droit de prendre la moitié, il faut reconnaître avec Lebrun (*De la comm.*, L. 1, ch. ı), qu'il y a là au fond, une communauté, où seulement le droit de la femme consiste pendant le mariage *in habitu* et non pas *in actu*, et sommeille, pour se réveiller à la dissolution. Les principaux résultats étaient que le mari avait le droit de disposer des meubles et des conquêts, et que la femme, sans avoir besoin de renoncer, était quitte de tout, par cela seul qu'elle n'acceptait pas. Cette coutume avait encore cela de particulier, qu'elle ne donnait à la femme que le choix entre sa part de meubles et de conquêts, ou la reprise de sa dot mobilière et son douaire. En outre, si elle avait reçu une libéralité testamentaire de son mari, et qu'elle voulût en profiter, elle n'avait plus droit qu'à la reprise de ses apports et à son douaire.

vateur de la race qu'il régit, et sur une jurisprudence qui interprète strictement et applique dans toute leur rigueur des dispositions qu'elle considère comme d'ordre public, la coutume normande ne veut pas voir changer par des conventions particulières les rapports qu'elle a une fois consacrés entre les personnes et les terres. La grandeur des familles, la prospérité de la province, lui semble à ce prix, et la liberté des conventions matrimoniales est sacrifiée à ces intérêts. Aussi, peu importe que, dans les pays de droit écrit mêmes, il ne soit pas défendu de stipuler une communauté. Deux époux, Normands tous deux, ne peuvent le faire. La femme parisienne, qui épouse sous ce régime, à Paris, un Normand, n'a, dans les acquêts faits en Normandie, que la part fixée par la coutume, et non celle qui lui est promise par le contrat de mariage (Arrêt du Parlement de Paris, du 10 juin 1617, sur le contrat de mariage du maréchal de Fervaques ; Rouen, 17 février 1827 ; pourvoi rejeté, Req. 4 mars 1829). Enfin, la femme normande, qui, mariée sous l'empire de la coutume de Paris, et devenue Parisienne par son mariage, recueille, par succession de ses père et mère, des biens situés en Normandie, ne peut pas pourtant en disposer comme de propres de communauté. Ils restent soumis au régime dotal, et inaliénables comme la dot de la coutume normande dont ils auraient dû faire partie (Arrêt de cassation, du 11 janvier 1831, conforme à la jurisprudence du pays) [1].

Ainsi, exclusion rigoureuse de la communauté, régime dotal assurant la conservation des propres de la femme, par des règles qui étaient arrivées à se rapprocher beaucoup des principes du

---

[1] Nous ne nous étendons pas sur cette question des statuts, si importante et si compliquée dans notre ancienne jurisprudence. Elle s'élevait presque sur chaque clause des contrats de mariage, à raison du domicile différent des deux époux, de la situation de leurs biens, etc. Vouloir seulement donner une idée de toutes les difficultés qui surgissaient à propos des divers gains de survie que nous avons passés en revue serait une tâche aussi laborieuse qu'inutile. Il nous suffira de les avoir indiquées, et d'avoir montré quelques-unes des conséquences d'un statut prohibitif. En dire plus long serait sortir de notre sujet, car, grâce à l'unité de législation, ces questions sont maintenant rejetées dans le domaine du droit international.

Code et des Novelles ¹, prépondérance donnée au mari, qui est
propriétaire des acquêts, propriétaire des meubles présents de la
femme, et de la moitié de ses meubles futurs, dont l'autorisation
enfin est nécessaire à celle-ci même pour tester, voilà quels sont
les caractères apparents du régime matrimonial normand. A première vue, on est surpris de les rencontrer dans une province dont
les usages sont en général aussi franchement germaniques ², et les
auteurs qui nient que l'origine de la communauté soit dans les anciens principes des lois barbares triomphent de la trouver formellement rejetée par la législation de ces Normands, « qui, venus
« les derniers des peuples barbares dans l'ancienne province des
« Gaules, conservèrent par leurs usages, plus que leurs devanciers
« confondus depuis quatre siècles avec les populations gallo-ro-
« maines, l'esprit des peuples du Nord. » (M. Laferrière, t. III,

¹ Ce n'est pas ici le lieu de faire l'histoire du régime dotal normand. Il est
probable qu'il se développa sur le sol même, par la seule force des anciens principes, et du besoin de conserver les propres, non par une imitation servile du
droit romain. L'exagération du *mundium*, qui faisait aussi le mari *dominus dotis*,
dut nécessiter des restrictions semblables à celles de la loi Julia et des lois
suivantes. Il y a ceci de remarquable, que la Normandie arriva non pas au
système du Code, mais à celui de la novelle 71 de Justinien; c'est-à-dire qu'au
lieu de proclamer l'inaliénabilité absolue, ou peut-être, après l'avoir fait, on
donna à la femme un simple recours subsidiaire contre les tiers détenteurs, en
cas d'insuffisance des biens du mari. Ce système, rejeté par la plupart des pays
de droit écrit, régnait pourtant aussi en Guyenne, qui, comme la Normandie,
avait été longtemps anglaise. Faut-il voir dans ce fait la cause de cette confor-
mité d'institutions? Quoi qu'il en soit, remarquons que le mot *dot* est récent;
on le trouve employé, pour la première fois, dans un arrêt du Parlement de
Rouen de 1529. Auparavant l'apport de la femme s'appelait mariage, *maritagium*,
mot que nous avons déjà remarqué dans Glanville, et qui subsista dans le *bref de
mariage encombré*, donné à la femme quand *son dot* avait été aliéné *moins que
duement*.

² Pour les lois de succession, par exemple. Dans le pays de Caux, les fils prennent tout, à la charge seulement de fournir à leurs sœurs un mari sans dépa-
rage. C'est l'ancienne règle qui privait les filles mariées de toute autre chose
que de leur *faderfium*, et qui, même beaucoup plus tard, excluait de tout partage celles qui avaient été mariées du vivant du père et dotées, fût-ce seulement
d'un *chapel de roses*. Cette obligation, imposée aux frères comme unique condition, de procurer à leurs sœurs un mariage sortable, est générale dans le très-
ancien droit coutumier, et, même dans son dernier état, une trace curieuse s'en
retrouve dans le nom de mariage avenant qu'a pris la réserve des filles.

p. 168). Il est certain que cet article 389, qui, prohibant la communauté, ne reconnaît à la femme qu'un droit de survie, que les articles 329 et 392, qui lui donnent, à titre successif seulement, tantôt la moitié, tantôt le tiers des acquêts immeubles, et le tiers des meubles en présence d'enfants, semblent bien s'être inspirés des traditions recueillies dans les anciennes lois des Ripuaires et des Saxons. Il est certain encore que de puissants arguments se tirent, dans ce sens, de l'exemple de l'Angleterre, où la communauté n'a jamais pu se constituer, et de l'Allemagne, dont les anciens coutumiers ne l'admettaient pas, et où elle n'a pris naissance qu'après l'adoucissement des antiques mœurs, à la faveur d'idées et de principes nouveaux. Mais d'abord nous n'avons jamais prétendu que la communauté fût sortie toute formée, avec tout son développement et toute sa perfection, des forêts de la Germanie. Nous avons signalé seulement ce principe fécond que proclament les lois barbares, ce droit de collaboration qu'elles reconnaissent à la femme, et qui la place non plus par abstraction, mais dans la réalité des faits, pour les droits comme pour les devoirs, au rang d'une associée. Nous avons montré que cette part des acquêts d'abord accordée à la femme dans tous les pays, en Angleterre comme autrefois chez les Saxons, en Allemagne comme chez les Francs, parmi toutes les fractions de cette grande race, qui s'était répandue sur l'Europe, avait rapidement augmenté, pour passer du tiers à la moitié, et que chez les Francs, dès le septième siècle, elle avait cessé, soit dans la coutume rédigée elle-même, soit au moins dans l'usage, de constituer un simple gain de survie. Si ce travail de transformation ne s'est pas opéré dans certaines contrées, ou si plutôt, ayant commencé il a avorté, il ne faut pas pour cela nier la règle générale, mais chercher la cause de l'exception. Or, on a vu en Allemagne la législation des Miroirs, tout en paraissant adopter les principes inverses, former un acheminement vers le droit nouveau, qui a consacré la communauté sous toutes ses formes, et, grâce à quelques changements, donner naissance à un développement même excessif de ce système. Ici donc la transformation fut suspendue, ralentie, mais non pas arrêtée; elle fut entravée par l'exagération du *mundium*, qui, chez ces peuples moins promptement convertis et policés par l'Eglise, ne devint pas, comme en France, par des adoucissements graduels, une simple mainbournie, mais resta ce qu'il était à l'origine, c'est-à-dire un pouvoir dominateur, égoïste, absorbant dans la personne et la fortune du mari la personne et les droits de la femme. Ainsi, tandis que chez nous le pouvoir étendu donné au mari sur les biens communs pendant le mariage, seule trace qui resta du *mundium*, n'empêcha pas que la femme ne fût une associée, n'eût un droit actuel à un partage égal ; en Allemagne, elle fut placée presque au rang d'une fille, confondit tout son mobilier avec celui du chef, et n'eut aucun droit certain et transmissible sur les bénéfices qu'il pouvait faire, mais simplement, s'il prédécédait, un titre successif avec préciput sur l'ensemble des biens. Sauf la conservation des propres, imposée au mari, et cette part avantageuse accordée à la veuve, ce système ressemblait beaucoup à la *manus*. Pourtant il suffit de mobiliser les propres, d'ôter au *mundium* sa rigueur, en reconnaissant à la femme des droits égaux, pour en faire sortir la communauté universelle, soit avec partage égal, soit avec attribution à l'époux survivant de tous les meubles, et des immeubles, partie en propriété, partie en usufruit [1]. Mais là où le *mundium* subsista à la faveur des idées féodales, dans les familles nobles, ce système ne put s'établir, et l'on conserva celui de la simple administration des propres par le mari, qui devint le régime dotal romain, avec le douaire transformé en donation *propter nuptias*.

En Angleterre, la marche des choses fut à peu près la même ; le germe de communauté qu'y avaient apporté les Anglo-Saxons, après s'être développé jusqu'à donner à la femme survivante droit à la

[1] Tout en reconnaissant que cette communauté ne s'est établie qu'au seizième siècle dans les villes libres d'Allemagne, sous l'influence des progrès du commerce et des besoins nouveaux, il nous paraît difficile d'admettre qu'elle se soit formée d'elle-même, sans précédents, sans se rattacher en rien aux principes appliqués auparavant. Il nous semble possible de suivre la filiation de cette institution comme de toutes les autres, à travers le moyen âge. Toutefois, nous nous croyons obligé de dire que nous sommes en contradiction avec MM. Ginoulhiac et Laferrière, qui s'appuient sur l'autorité de MM. Eichorn et Mittermaïer. Il nous a été impossible de vérifier le fait, mais on ne doit accepter ce que nous disons ici qu'avec une extrême réserve.

moitié des acquêts, fut étouffé par la trop grande importance que prit un des éléments qui devaient composer ce régime. Soit par suite de cette invasion nouvelle d'hommes encore barbares et d'idées germaniques et païennes, qu'on appelle la conquête normande, soit à cause de la prépondérance toute particulière dans ce pays des usages féodaux et des sentiments aristocratiques, le *mundium*, loin de se tempérer, devint presque une suppression de la personnalité de la femme, une *manus* romaine des premiers siècles, une domination pour ainsi dire sans limites, pesant sur l'épouse comme sur les enfants. Par conséquent, il ne fut plus question de communauté, de droits de la femme pendant le mariage, de partage égal. Le mari administrait seul, acquérait pour lui seul et pour la famille qu'il représentait. Que la veuve eût les droits d'une fille, qu'elle héritât d'une part, à la bonne heure ; mais le chef, pas plus que le *paterfamilias* romain, auquel il ressemble fort, ne pouvait souffrir dans la maison une autre autorité que la sienne, un contrôle de ses actes, un droit actuel égal au sien sur le patrimoine. Le pouvoir absolu dans la famille était, comme à Rome, la condition de la liberté politique. A ce prix seulement on pouvait, en organisant ce qui était l'âme de tout le système, une aristocratie puissante, fonder la constitution et la grandeur de l'Angleterre [1]. Toutefois, il arriva, comme à Rome, que l'excès de la sujétion amena l'excès de la liberté. L'Angleterre, qui avait sa *manus*, eut son mariage libre. On imagina les *jointures and settlements*, sortes de paraphernaux confiés à des mandataires (*trustees*), qui étaient chargés de les administrer dans l'intérêt de la femme, de lui en faire passer directement les revenus, et qui ne devaient rendre compte qu'à elle ou à ses enfants. Entre ces deux extrêmes, la communauté ne put jamais trouver place.

En Normandie, la prépondérance du pouvoir du mari se fait sentir aussi ; car sur les côtes de la Norwége les lumières du christianisme n'étaient pas parvenues à ces hardis pirates, et c'était à leurs courses aventureuses que se pouvait sur-

[1] Devant la loi, les époux ne formaient qu'une seule personne, représentée par le mari, maître absolu ; il pouvait même aliéner les immeubles de la femme sans son consentement, et encore maintenant celle-ci ne peut tester sans autorisation.

tout appliquer ce vieil adage : « Les femmes ne peuvent mie si bien
travailler en conquérir comme font les hommes. » Une fois fixés sur
le sol de la France, dans la riche province que Charles le Simple,
pour sauver le reste, avait cédée à Rollon, une fois devenus propriétaires, agriculteurs, et surtout chrétiens, leurs mœurs s'adoucirent, et le rôle de la femme dut s'agrandir comme ses droits.
Mais deux obstacles se rencontrèrent : d'une part la ténacité propre
au caractère, et, par suite, aux institutions de cette race ; de
l'autre, l'époque peu avancée où la rédaction du vieux Coutumier fixa
les usages et la jurisprudence du pays[1]. Cependant la marche de la
législation ne fut pas arrêtée ; on peut suivre dans ses variations
les progrès du temps et de la civilisation. A l'origine, le mari
avait la « seigneurie » de sa femme, et l'ancienne coutume disait
que « aucun n'est tenu de faire loi pour simple batture qu'il eût faite
à sa femme ; mais qu'elle doit être ouïe seulement s'il la méhaigne,
ou lui crève les yeux ou lui brise les bras. » Nous y lisons encore « qu'elle ne pouvoit rien avoir pour elle que tout ne fût à son
mari ; » et plus bas : « De ce que la femme est à la poste de
son mari, il peut faire à sa volonté d'elle, de ses choses et de ses
héritages, et ne peut femme rappeler ce qu'il fait. » (Chap. c,
rapporté par Basnage, sur l'article 537.) On voit que tout ceci se
rapproche fort de cette domination presque absolue du mari, qui est
le caractère du *mundium* barbare, et que nous avons signalée en
Angleterre. Mais cette rigueur trouva des adoucissements pro-
gressifs dans l'inaliénabilité complète, qui permet de supposer
qu'on ne reconnaissait pas encore à la femme une personnalité
distincte pendant le mariage ; puis dans la règle qui autorisa la
vente de ses propres, mais avec son consentement, et qui donna
bientôt naissance à l'action de remploi et au recours subsidiaire
contre les détenteurs. Pour les acquêts, il en fut de même ; le
droit de la femme se fixa, s'étendit, s'affranchit de plus en plus de
la condition de survie qui l'affectait d'abord. Aussi est-il permis

[1] De 1270 à 1280. Ce n'est pas une œuvre législative, un Code donné par un
duc, comme on l'a dit ; c'est un simple livre de pratique, ainsi que tous les coutumiers du même temps, mais qui eut grande autorité dans le pays, comme le
prouve une ordonnance de 1315.

de supposer que si le mouvement avait pu s'achever en Normandie, comme dans les autres provinces, elle serait arrivée à consacrer aussi la communauté, ou, en supposant que les propres fussent restés soumis au régime dotal, à consacrer sinon le régime en communauté, pendant le mariage, au moins le partage égal des acquêts et peut-être même des meubles à la dissolution. Malheureusement, la date plus récente de la fixation des Normands en France, et leur respect pour les us et coutumes de leurs ancêtres, firent que ce travail, lentement conduit, n'avait pas encore atteint son terme, quand leur coutume fut rédigée comme toutes les autres. C'est le propre d'une codification d'arrêter et d'immobiliser le droit. Dès lors, tout espoir d'atteindre comme les autres provinces au développement complet de ses institutions fut perdu pour la Normandie. Une muraille était élevée entre elle et le reste de la France ; ses usages devaient rester jusqu'à la fin du dix-huitième siècle ce qu'ils étaient au seizième, sauf les légers changements que pouvait encore y apporter la jurisprudence, et qui continuèrent, tant la force des choses y poussait, à être dirigés dans le même sens.

Maintenant quel était au fond ce mode particulier d'association conjugale? Que devenaient les meubles et les acquêts ? Faut-il prendre à la lettre les termes de la coutume, quand elle nous dit que la communauté n'existe pas, qu'on ne peut pas la stipuler, que la femme n'a de droits que comme héritière ? Pour nous, nous y voyons encore une trace des anciennes règles, un ancien principe arrêté dans ses modifications, et maintenu à côté des idées nouvelles qui le détruisent.

On a dit souvent qu'en réalité la société d'acquêts existait en Normandie, au moins pour les tenures bourgeoises ou roturières. En effet, dès l'année 1241, nous trouvons, dans un arrêt de l'Echiquier : *De acquisitione in burgagio facta, habebit dicta uxor medietatem partis mariti sui.* On lit dans l'ancienne coutume (ch. cı) : « L'on doibt scavoir que fame ne peut avoir douaire ni partie en conquest, fors en bourgage où elle aura la moitié. » Enfin, dans l'art. 329 de la nouvelle rédaction, la femme, après la mort du mari, a la moitié en propriété des conquêts faits en bourgage constant le mariage. Les progrès du commerce et de l'industrie, qui ailleurs

13

avaient fondé la communauté, avaient donc, en Normandie, fait abandonner dès longtemps l'ancien chiffre des lois barbares, la limitation au tiers du produit de la collaboration. Ils avaient fait disparaître aussi le caractère héréditaire du droit, la condition de survie, quoiqu'elle soit encore énoncée formellement dans le dernier état de la législation, car l'article 331 ajoute : « Le mari doit jouir par usufruit, sa vie durant, de la part que la femme a eue *en propriété* aux acquêts par lui faits constant leur mariage. » Ces mots, *en propriété*, répétés par les articles 332 et 333, et cette réserve de l'usufruit en faveur du mari survivant, prouvent bien que les héritiers de la femme avaient le même droit qu'elle, c'est-à-dire qu'elle n'était pas simplement héritière, mais commune. Aussi Bérault, Godefroy, tous les auteurs, et la jurisprudence la plus générale, surtout la plus récente, conviennent-ils que si le mari confisquait (encourait la confiscation), ne laissait par conséquent aucune succession, la femme n'en aurait pas moins sa part d'acquêts : « ce qui, dit Lebrun, détruit le droit de succession, et n'en laisse que le terme. » Il est vrai que les principes anciens résistaient à ces empiétements de l'esprit nouveau, et dominaient encore pour les acquêts hors bourgage, dont la femme n'avait ordinairement que le tiers par usufruit. Mais, d'abord, on peut attribuer cette persistance à l'esprit féodal, plus puissant dans cette contrée que dans aucune autre, et qui devait nécessairement régner plus long-temps sur les campagnes et les tenures nobles. De plus, il avait commencé là encore à fléchir, comme le prouve la part de moitié attribuée à la femme, en propriété, à Gisors ; en usufruit, dans le pays de Caux. Remarquons, enfin, que l'usage rendait à peu près illusoire cette rigueur plus grande, car on y échappait en ne faisant, autant que possible, d'acquêts qu'en bourgage, afin d'en assurer la moitié à la femme ou à ses héritiers.

Mais, à notre avis, ce n'est pas assez de voir dans la coutume de Normandie la mise en commun des acquêts immeubles. Il faut reconnaître qu'il existait même une sorte de communauté mobilière, seulement avec des règles spéciales, qui aboutissaient à consacrer quelque chose d'assez semblable au préciput noble. D'abord, indépendamment de sa dot, qui devait lui être conservée, la femme pouvait apporter au mari, pour soutenir les charges du mariage, ce qu'on appelait le don mobil (art. 384), c'est-à-dire tous ses meubles et un tiers de ses immeubles, ou même l'usufruit de tous ses immeubles présents et futurs ; de tous ceux du moins qui devaient lui écheoir par succession en ligne directe, les seuls qui fussent susceptibles de faire partie de la dot; car cette donation en était un démembrement, puisqu'elle avait pour but de subvenir aux frais de noces, de dédommager le mari de la première dépense qu'il faisait en se mariant[1]. Voilà donc un apport de la femme, soit en meubles véritables, soit en meubles fictifs, en immeubles ameublis, comme nous dirions[2]. De plus, les meubles échus à la femme constant le mariage sont au mari (390), mais à la charge d'en employer la moitié en héritage ou rente, pour tenir le nom, côté et ligne de la femme, s'il n'a pas reçu de don mobil; autrement, cette condition d'emploi lui est imposée dès que ces meubles excèdent la moitié du don mobil. Enfin le mari, de son côté, qui semble ne rien mettre dans la masse, mais simplement acquérir en toute propriété le mobilier de sa femme, fait en réalité aussi un apport de tous ses meubles présents et futurs, car, à sa mort, la femme a un tiers en présence d'enfants, et la moitié s'il n'y en a pas, de tous les meubles qui appartiennent au mari, c'est-à-dire de la masse formée ainsi par la confusion des mobiliers respectifs. Ainsi, quand le mari survit, il garde tous les meubles, tant les siens propres que ceux qui formaient l'apport de la femme, ou, si elle n'en a pas apporté lors du ma-

[1] Houard, *Dictionnaire de droit normand*, v° *Don mobil*. On l'appelle don mobil suivant les uns, parce qu'à l'origine elle ne consistait qu'en mobilier; suivant d'autres, et c'est l'opinion que cet auteur adopte parce que même quand elle consistait en immeubles, le mari pouvait en disposer comme de meubles. Par compensation de son morgengab, qui consistait aussi bien en immeubles qu'en meubles, la femme donna des uns ou des autres à son mari. L'ancien coutumier anglais, connu sous le nom de Fleta, assimile déjà dans ce cas les deux natures de biens.
[2] Dans l'intérêt du commerce, on avait été jusqu'à mobiliser les héritages urbains, qui formaient la portion la plus notable de l'avoir des marchands (*Anc. Cout.*, ch. XXXI). Cette facilité qu'avaient les négociants, en Normandie, de pouvoir à un moment donné réaliser leur fortune, dut augmenter beaucoup leur crédit et développer leur commerce. Dans les autres provinces, au contraire, une protection exagérée rendait l'aliénation des immeubles fort difficile, sinon impossible (*Tardif.*, thèse de doctorat, p. 39).

riage, la moitié de ceux qui lui sont échus depuis; quand il prédécède, la femme prend, outre l'autre moitié, qui appartient dans
tous les cas à elle ou à ses héritiers, le tiers ou la moitié de la masse
composée de tout son mobilier et de tout celui de son époux. Nous
avions donc le droit de dire qu'il y avait là une sorte de communauté
de meubles, avec préciput, seulement avec un préciput diversement
réglé, selon les conditions du contrat et les chances de la survie.

En général, la part de la femme sur les meubles est du tiers en
présence d'enfants, de la moitié quand il n'y en a pas. Mais par
une faveur, qui se rattache du reste aux plus anciens principes, le
cas où elle ne concourt qu'avec des filles mariées est assimilé
à celui où il n'y a pas d'enfants, et leur présence n'empêche pas
leur mère de prendre moitié. Elle contribue aux dettes en
proportion de ce qu'elle recueille (392), de même que les siennes
obligent le mari à raison des biens qu'elle lui a apportés; mais elle
peut se libérer de son obligation en renonçant, ce qu'elle doit faire
dans les quarante jours. Sur ce délai, et sur les causes qui privent
du droit de renoncer, le recel par exemple, la coutume a des dispositions qui se rapprochent beaucoup de celles du Code sur la renonciation à la communauté. Il est vrai que cette faculté de renonciation peut s'expliquer aussi en supposant l'existence d'un simple
droit de succession. Mais voici maintenant les récompenses de
communauté : « le mari ou ses héritiers peuvent répéter la moitié
des deniers qu'il a déboursés pour retirer l'héritage au nom de la
femme »(495). Enfin lisons les placités, cet arrêt de règlement rendu
par le Parlement en 1666, pour corriger et compléter la coutume.
Nous y trouvons, article 80, qu'une « femme séparée de biens par
contrat ou autrement n'a aucun droit sur les meubles échus, ni
sur les acquêts faits depuis la séparation. » Ceci nous prouve deux
choses : la première, qu'on avait reconnu nécessaire, et qu'on
avait adopté souvent l'usage de stipuler la séparation de biens,
pour éviter la confusion des dettes et des meubles des deux époux,
et le partage des acquêts, ce qui n'aurait pas eu de sens si le régime dotal pur et simple avait régné en Normandie; la seconde,
que ce n'était pas comme épouse, mais réellement comme commune,
que la femme avait son prétendu droit de succession; car la sépa-

ration de biens ne lui ôte pas sa qualité d'épouse, et ne devrait pas, si elle n'était qu'héritière, altérer son titre. La meilleure démonstration s'en trouve dans l'argument que fournit l'article 767 du Code civil. Aussi Pothier (*Traité de la communauté*, n° 7) reconnaît-il qu'il y a dans ce système un droit *qui a quelque rapport au droit de communauté*, et qui est fondé sur *la collaboration* de la femme. Lebrun dit : « On ne peut disconvenir qu'il n'y ait une espèce de communauté dans le droit de succession de la coutume normande ; » et, pour lui, cela ressort : 1° du terme de conquêts dont elle se sert, et qui ne se trouve que dans le droit coutumier ; 2° de l'usage qui donne la moitié de ces conquêts, non-seulement à la femme survivante, mais même aux héritiers, et qui la conserve encore à la femme, malgré la confiscation des biens du mari ; 3° du principe qui subordonne l'attribution au mari des meubles échus à la femme pendant le mariage, à la condition que la moitié en sera placée au profit de celle-ci ; 4° enfin, de la jurisprudence même des tribunaux normands, qui décident que la femme mariée sous l'empire de la coutume n'en a pas moins droit à la moitié des acquêts faits dans les autres provinces, puisque la loi normande elle-même la reconnaît capable de recueillir cette part. Il aurait pu ajouter qu'un assez grand nombre d'usages locaux, ceux de la Châtellenie d'Alençon, de Verneuil, de Caen, de Bayeux, de Pont-de-l'Arche, consacraient en principe le régime ordinaire des pays de coutumes.

Terminons en faisant remarquer que, de nos jours, l'opinion que nous défendons commence à prévaloir. Dès la fin du siècle dernier, un avocat au parlement de Rouen, Ducastel, avait soutenu de nouveau qu'il existait en Normandie un certain régime de communauté. Depuis, la loi du 17 nivôse an II ayant abrogé toutes les anciennes règles de succession, la question s'éleva de savoir si le droit de la veuve aux acquêts était tombé sous le coup de ses dispositions ; les tribunaux du pays et la Cour de cassation décidèrent dans le sens de la négative, que la femme prenait sa part, non pas à titre héréditaire, mais par droit de copropriété, de collaboration, sinon précisément de communauté (Cass., 4 août 1806, 16 janvier 1810, 25 mars 1819). Plus tard, la même décision fut étendue à sa part aux meubles, sur laquelle la régie prétendait exercer

le droit proportionnel de mutation, et que l'on déclara lui être
acquise par convention de mariage et entre associés (30 mars 1825,
22 juillet 1828).

4.

Il ne nous reste plus à examiner, avant d'arriver aux avantages
purement conventionnels, à ceux qui constituent des donations,
qu'une seule classe de gains de survie proprement dits : ce sont
ceux que les coutumes, par une sollicitude touchante, accordaient à
la femme, à la femme seule, pendant les premiers temps, ou plutôt
pendant les premiers jours de son veuvage, comme pour entourer
de soins son isolement, soutenir sa faiblesse, et témoigner du respect dû à sa douleur. Leur origine est curieuse, et d'autant plus
importante à étudier, que le Code, s'associant à la belle pensée de
l'ancienne législation, a respecté du moins et adopté cette partie
de son œuvre. — Nous avons déjà parlé des droits de deuil, d'habitation, et d'année de viduité reconnus à la femme dans les pays de
droit écrit. Ces avantages avaient été introduits par la doctrine,
admis par la jurisprudence, consacrés par l'usage, qui leur avait
enfin donné force de loi. Ils ne venaient pas du droit romain, qui,
dans son dernier état, était arrivé à noter d'infamie, et à punir
par la privation de ses gains nuptiaux, la femme qui se livrerait à la
débauche, ou seulement se remarierait pendant l'année de deuil,
mais non pas à la protéger, pendant le même laps de temps, par
des avantages spéciaux. Ils étaient nés sur le sol de la France,
des mœurs et des idées modernes, de la faveur singulière qu'une
civilisation, développée entièrement sous l'influence de l'Église,
avait inspirée pour les veuves à la législation. Le droit coutumier,
qui subissait à un plus haut degré encore l'empire des mêmes
principes, ne pouvait leur refuser une protection et des avantages
plus particuliers, dans les premiers moments, alors qu'elles sont,
comme on disait naguère, *esbahies et déconfortées*. Seulement il y a
ceci de remarquable que ces droits sont, au nord de la France,
moins larges, moins prolongés qu'au midi. C'est qu'en présence
du régime romain, qui, même avec son correctif, l'augment de dot,

faisait si peu pour la veuve, on avait senti la nécessité de ménager du moins pour elle la transition, et de lui aplanir, par des secours plus nombreux, l'entrée de cette vie nouvelle. C'est ainsi qu'on avait dû, afin d'assurer sa subsistance pendant la première année, lui permettre d'exiger des aliments à défaut de la restitution de sa dot, et du payement des intérêts. Le droit coutumier n'avait pas besoin de pourvoir ainsi à la subsistance de la femme. Tout ce qu'il fallait, c'était qu'elle ne pût être, dès l'instant de la mort de son mari, chassée de la maison où elle avait vécu avec lui, obligée de se chercher un abri, de s'occuper elle-même de tous les soins matériels de la vie ; que la nécessité de prendre le deuil ne vînt pas la charger encore de dépenses nouvelles, et que pourtant ce signe extérieur de regrets fut assuré à la mémoire du mari ; il fallait que ce souvenir, en étant pour elle une douleur, fût aussi une protection, et que la loi ne laissât pas une logique inexorable considérer et traiter tout d'un coup comme une étrangère celle qui, hier encore, était une épouse. Pour cela, les droits de deuil, les droits de nourriture et d'habitation, pendant les trois mois et quarante jours, suffisaient. Le douaire, le partage égal ou inégal de la communauté, le préciput, venaient ensuite faire le reste.

1° On a déjà vu une partie des plus anciens renseignements qui nous sont parvenus sur le deuil. Ce sont : la loi 15, C. *Ex quib. caus. inf. irrog.*, qui dispense les femmes de porter le deuil de leurs maris, mais qui chez nous ne fut jamais appliquée ; la loi 9, D., *De his qui not. infam.*, où l'on trouve : *Uxores viri lugere non compelluntur* ; enfin, ce texte de Tacite : *Feminis lugere honestum est, viris meminisse.* Une trace de cette différence subsista dans la France coutumière ; et, parmi les règles recueillies par Loysel, se rencontre celle-ci (*Instit. coutum.* L. 1, t, II, art. 24). « Le mari fait perdre le deuil à la femme, mais non la femme au mari », c'est-à-dire que celui qui épouse une veuve lui fait quitter le deuil qu'elle porte de son premier mari, parce qu'elle doit suivre l'état et la condition de son nouvel époux, mais que la réciproque n'est pas vraie ; et on poussait les conséquences du principe jusqu'à décider qu'une femme qui épouse un homme veuf doit prendre le deuil qu'il conserve de sa première femme. Malgré cette règle, comme rien ne justifiait la distinction, et comme la plupart du temps le mari s'engageait conventionnellement à prendre le deuil, s'il survivait, la réciprocité s'établit de bonne heure. Une ordonnance du 23 juin 1716, qui ne fut pas enregistrée, il est vrai, fixait à une année l'obligation pour le mari de porter le deuil de sa femme, comme pour la femme celui de son mari. Cependant, deux différences subsistèrent : d'abord, l'usage, qui a presque force de loi dans cette matière, étendait à treize mois et demi le deuil de la veuve, et limitait à six mois celui de l'homme; en second lieu, et ceci nous intéresse davantage, la veuve put se faire payer, par la succession, les frais de son deuil[1]. Ce fut pour elle une créance contre les héritiers, créance garantie par la loi, et dont le montant était arbitré par la justice, quand le contrat de mariage ne l'avait pas déterminé; ce droit de survie fut refusé au mari.

Pothier (*de la Communauté*, nº 678), reconnaît que l'exclusion de celui-ci est un usage constant; en effet, deux coutumes seulement, celles du Maine (art. 255), et de l'Anjou, et la jurisprudence d'un seul Parlement, celui de Bourgogne, y dérogeaient. Mais il s'étonne de cet usage et semble le blâmer, puisqu'il dit qu'il faut le constater, sans chercher à en donner la raison. Il nous semble pourtant qu'on pourrait en invoquer plusieurs : d'abord une raison historique, tirée de l'origine diverse du deuil de la femme, qui découle d'une prescription de la loi, et de celui du mari qui ne s'est établi que par l'usage; surtout nous ferons remarquer combien la position des deux époux est différente; combien la femme, dans les premiers jours, est plus abandonnée, plus dénuée d'appui et de ressources. Le mari, libre administrateur des revenus qui servaient à l'entretien du ménage, se trouve-t-il dans la situation embarrassée où elle aurait été placée si elle avait dû elle-même, faisant trêve à sa douleur, chercher les moyens de subvenir aux frais de son deuil? enfin, le deuil de la femme n'a-t-il pas une bien autre importance, n'entraîne-t-il pas de bien autres dépenses que celui de l'homme? On comprend donc parfaitement que l'avantage ne soit pas

---

[1] Les frais d'habillement des domestiques et les draperies du carrosse étaient même compris dans les frais de deuil.

réciproque, et que la loi se soit occupée de l'un des époux et non pas de l'autre.

Le deuil était payable en argent, en une certaine somme fixée suivant la condition et les facultés du mari ; et un arrêt du Parlement de Rouen, du 9 mai 1777, décida que la femme ne pouvait être obligée de le recevoir en nature. Il lui était dû, encore que sa fortune fût plus considérable que celle de son époux ; mais il était refusé à la femme du bas peuple, à la veuve du gagne-deniers, comme dit Pothier. C'étaient la condition et les facultés du mari qui lui servaient de mesure ; mais les Parlements, dérogeant au principe, le traitaient avec faveur, et accordaient largement les secours réclamés pour le deuil de la veuve, souvent même au préjudice de ceux qui étaient devenus, à titre onéreux, créanciers de la succession. Il était dû, quelque temps que le mariage eût duré, quel que fût le régime matrimonial, et soit que la femme eût accepté ou répudié la communauté ; car, d'une part, l'obligation de porter le deuil résultait du mariage lui-même, était imposée même à la femme séparée de corps ; et, de l'autre, la règle était celle-ci : *Uxor non debet lugere sumptibus suis.* Par conséquent, le deuil était considéré comme une charge nécessaire de la succession, une dette constante du mari. Il n'y avait d'exception qu'en Bretagne, où l'acceptation de la communauté (d'Argentré, sur Bretagne, art. 426), et en Bourgogne, où, au contraire, la renonciation faisait perdre à la veuve son droit (V. Merlin, *Rép.*, v° *Deuil*, § 2). Les frais de deuil étaient, nous l'avons dit, assimilés aux frais funéraires, et supportés par les héritiers dans les mêmes proportions. Comme eux, ils étaient privilégiés sur le mobilier, et primaient les dots même des premières femmes ; quelques arrêts leur reconnaissaient en outre hypothèque sur les immeubles, du jour du mariage ; mais, en général, on ne leur donnait cette hypothèque que quand ils étaient réglés par le contrat, et alors comme à toutes autres conventions matrimoniales. Pour tout ceci, pas de différence entre les pays de droit écrit et les pays de coutumes.

2° Après le deuil, viennent deux autres avantages, que Pothier nous explique en ces termes : « Quoiqu'en cas de renonciation, tous les effets de la communauté appartiennent à la succession du mari, il est néanmoins d'usage que la femme puisse, jusqu'à la fin de l'inventaire, vivre avec ses domestiques des provisions qui se sont trouvées dans la maison à la mort du mari, sans que les héritiers soient reçus à lui demander le prix de ce qu'elle en a consommé. A plus forte raison, ils ne sont pas recevables à faire supporter à la veuve aucun loyer de la maison où elle est restée après la mort de son mari; car c'est la communauté qui est censée avoir occupé la maison par les effets qu'elle y avait, et dont la femme, qui est restée dans la maison, n'était que la gardienne : c'est donc la communauté qui doit le loyer de la maison. Même après que la maison a cessé d'être occupée par les meubles de la communauté, il *n'est pas d'usage* que les héritiers du mari exigent de la veuve le loyer de cette maison jusqu'au prochain terme. » On distingue ici un droit de nourriture et un droit d'habitation donnés à la femme pendant les délais pour faire inventaire et délibérer, et qui, à part même la raison de bienséance, lui étaient dus équitablement, puisqu'elle n'est pas encore saisie de ses reprises, et qu'elle conserve le caractère de gardienne de la communauté. La nourriture de la veuve et celle de ses domestiques lui sont généralement accordées par toutes les coutumes. Là-dessus pas de difficultés ; mais il y a, quant au droit d'habitation, des distinctions à faire. Nous avons vu qu'au Midi, par suite d'une convention très-usitée, sinon en vertu d'une loi formelle, la femme demeurait souvent pendant toute sa vie dans une des maisons du mari. Au Nord, les *Etablissements* de saint Louis nous montrent un droit analogue attribué, même sans convention, aux femmes nobles [1] ; et il est consacré encore par les coutumes du Maine et de l'Anjou (V. aussi : Vermandois, Saint-Quentin, Noyon, etc.). D'autres l'étendaient à la femme roturière, en le faisant entrer dans son douaire (Bretagne, Vitry, Amiens, Artois, etc.). Beaucoup, enfin, sans interdire la stipulation d'un pareil avantage, donnaient, comme droit préfix, soit à la veuve seule, soit même à l'époux survivant, quel qu'il fut, la faculté d'habiter dans la maison commune aux frais de la communauté pen-

---

[1] *Etabliss.*, ch. XVI : Quel hébergement gentilfame doit avoir après la mort de son seigneur, et de tenir le en bon état.

dant les délais d'inventaire et de délibération[1]. C'est le droit qu'indique Pothier, droit qui a passé dans le Code comme gain de survie légal, et se trouve dans l'article 1465 organisé de la même façon et presque dans les mêmes termes que par les coutumes; mais il ne faut pas le confondre avec le droit viager d'habitation, soit coutumier, soit le plus souvent conventionnel. Ce dernier, qui se rapprochait du douaire et, par suite, de l'usufruit, obligeait la veuve à acquitter les charges foncières ordinaires et extraordinaires qui naissaient pendant tout le temps de sa durée; à souffrir les servitudes auxquelles la maison était sujette; enfin, à faire les réparations d'entretien devenues nécessaires pendant qu'elle était en jouissance[2]. De nombreuses différences existaient quant à l'habitation coutumière, et de nombreuses difficultés s'élevaient pour l'habitation conventionnelle, sur l'étendue du droit de la veuve, selon qu'il y avait plusieurs maisons ou une seule, soit dans la succession du mari, soit dans ce qui faisait partie du douaire; sur l'indemnité à donner à la femme, s'il n'y en avait aucune; sur le point de savoir à qui le choix appartiendrait, d'elle ou des héritiers; enfin, sur cette question des statuts, toujours si importante et si délicate au milieu d'une telle variété de coutumes[3]. De nos jours ce droit d'habitation n'est plus établi légalement; les conventions matrimoniales peuvent le constituer, mais elles lui serviront alors de loi et de règle. A défaut de disposition précise, il faudra s'en référer aux art. 625 et suiv. du Code, et d'après les art. 1189, 90 et 96, le choix appartiendra à l'héritier, qui sera libéré par la délivrance de l'une des maisons comprises dans la succession (Merlin, v° *Habitation*).

3° A tous ces droits venait se joindre pour la femme, qu'elle

---

[1] Bourbonnais, Artois, Douai, Cambrésis, Bretagne, etc. En Hainaut, la disposition était commune au mari et à la femme, mais restreinte au terme de quarante jours, quoique à l'égard de la veuve le délai pour délibérer fût de six mois, et quelquefois d'un an.

[2] Pothier, n° 21. Quelques coutumes le disaient formellement : La veuve doit entretenir de clôture et de couverture (Clermont); de pel, torche et couverture, comme usufruitière doit faire (Noyon, etc.).

[3] Dans quelques-unes, le droit subsistait malgré les secondes noces, mais ordinairement la veuve remariée le perdait.

acceptât ou non la communauté, un préciput mobilier, avantage de peu d'importance, en général, mais qui montre bien toutes les délicatesses de nos vieux usages à l'égard des veuves. Il porte sur certains meubles à l'usage de la femme, qui lui sont attribués quand elle survit à la dissolution. Son origine nous semble remonter jusqu'aux Gerade, à cette succession mobilière des femmes dans le plus ancien droit germanique, que nous avons retrouvée plus tard dans les *Miroirs* allemands, et enfin dans les coutumes de l'Alsace. Des textes nombreux permettent de suivre cette filiation à travers les siècles. Ainsi, au Midi, le *Fuero* de Castille établit une double succession mobilière privilégiée entre époux, donnant au mari survivant ses chevaux et ses armes, et à la femme *sua mula ensillada e enfrenada, e suo lecho con suo guarnimiento, el mejor que avier* ; les lois des villes d'Italie consacrent, en faveur de celle-ci, un droit de bagues et joyaux, appelé *corredi*, qui, par sa nature, aussi bien que par son nom, se rattache très-probablement aux Gerade (*Rhedo, Geräth*) ; enfin, ne peut-on pas croire que c'est ce préciput, primitivement exercé toujours en nature, mais plus tard converti en argent pour certains objets plus précieux, qui s'est perpétué dans nos provinces méridionales, sous chacune de ces deux formes, avec les noms divers de droits de coffre, hardes, trousseau, bagues et joyaux ? Bouteiller (*Somme rurale*, t. XCVIII, p. 561), accorde encore « à la vefve le meileur habit à elle appartenant, l'anneau de mariage, le fermail et les ornements de chef ; *leur lict étoffé*, et courtine, si elle y est, et un lict pour leur demoiselle servant, si elles sont dames ou damoiselles nobles ; de tous hostieux, un et le meilleur que prendre voudroit, réservée vaisselle d'or ou d'argent, et bête vive. » Dans quelques coutumes, cette faveur a conservé presque toute l'extension du droit primitif. En Normandie la femme avait un trousseau comprenant ses robes et joyaux, à titre de paraphernal, mot qui, comme tous les commentateurs en font la remarque, est pris dans une acception entièrement différente de celle du droit romain, mais qui se retrouve avec ce même sens, appliqué aussi aux Gerade, dans un statut de Pologne de l'an 1620. En Bretagne, la coutume donnait partie des joyaux et bagues, selon l'état et la qualité

de la maison du mari (436), et la jurisprudence avait fixé ce préciput du tiers au quart des meubles meublants, et de la vaisselle
d'argent. Pourtant, en général, il fut restreint à d'étroites limites,
par suite probablement de l'introduction ou de l'extension au
profit des femmes du droit de renoncer, qui paraissait déjà un
privilége exorbitant; « et pour ce ont d'usage, dit le grand Coutumier, si comme le corps est en terre mis, de jeter leur bourse sur
la fosse, et de ne retourner à l'hôtel où les meubles sont, mais
vont gésir autre part, et *ne doivent emporter que leur commun
habit et sans autre chose*; mais, s'il y a fraude tant soit petite, la
renonciation ne vaut rien. » Par suite de la même idée, Beaumanoir nous dit : « Soit que la dame voille partir ces meubles et ces
detes, soit que ele y renonce por ce que les detes sont grans et
li muebles petit, ele emporte tant solement sa robe de cascun jor,
la derraine que ele ot accoutumée à vestir à cascun jor, el tems que
ses baron a couquiés malade, et son lit tel come ele l'avoit ac-
coustumé le plus communément pour son gésir (ch. xiii, **21**). » Quant
aux coutumes rédigées, sous la variété de leurs dispositions on
découvre encore des traces du vieux droit germanique, restreint par
la rigueur des principes nouveaux, que rendait nécessaires, du
reste, la valeur chaque jour plus grande de certains meubles. Les
unes donnaient à la femme un habillement, ni le meilleur ni le
pire (Bourbonnais, art. **245**), d'autres, ceux des jours de fête (Bar,
art. **80**); ici elle avait son coffre, son lit et ses accoutrements
(Bretagne), là un lit garni, ses heures et patenôtres, une de ses
meilleures robes et l'autre moyenne, tant d'hiver que d'été (Tours
art. **293**, et Lodunois). Pothier décide qu'on doit lui laisser
une robe et le reste de ce qui forme l'habillement complet, *nam
non debet abire nuda*; et il pense même que, dans les coutumes
qui ne s'en sont pas expliquées, on ne doit pas envier à la veuve le
choix de son meilleur habillement (*Communauté*, n° **569**). Tout
cela est plein d'honneur, disait Coquille. Quant aux tissus précieux et aux joyaux, on pensait, comme en droit romain, qu'ils
devaient rester aux héritiers du mari, car il est censé n'en avoir *ac-
commodé* sa femme que pour se parer en faveur de lui; *quo honestius
culta ad se deduceretur*. Le Code, plus généreux, accorde à celle-

ci, sans distinguer, « les linges et hardes à son usage » (art. 1492), et nous croyons qu'elle doit reprendre en ce genre tout ce qui est à son usage, quelle qu'en soit la valeur, quelque nombreux que soient les objets ; par conséquent, même ses dentelles et autres effets de pur ornement. La distinction de l'ancien droit, possible dans un temps où le luxe était une exception, n'aurait plus, de nos jours, sa raison d'être. Mais, pour n'avoir pas à revenir là-dessus plus tard, remarquons, dès à présent, que le droit de la femme diminue quand le mari est tombé en faillite. D'après l'article 560 du Code de commerce, elle ne peut alors se faire remettre par les syndics, avec l'autorisation du juge-commissaire, que les habits et le linge nécessaires à son usage. De plus, il ne faut pas étendre la disposition de l'article 1492 aux diamants, bijoux et joyaux, même à ceux qu'elle possédait avant le mariage, ou qu'elle a reçus comme cadeaux de noces. Elle ne pourrait les reprendre qu'autant qu'elle se les serait réservés propres, ou qu'ils lui auraient été donnés sous cette condition ; autrement ils sont tombés dans la communauté, et si une renonciation intervient, comme ce fait suppose qu'elle est mauvaise, on ne doit pas frustrer les créanciers de la valeur souvent considérable de ces objets. D'ailleurs, le texte dont nous nous occupons consacrant une faveur exceptionnelle, ne peut pas s'étendre au delà de ses termes, et l'article 533 indique bien que les bijoux sont distincts des linges et hardes.

5. Institution contractuelle et don mutuel.

A côté des avantages assurés au survivant par la loi elle-même, il en était qu'une convention expresse pouvait seule lui attribuer. Mais ceux-ci ne font plus partie de la matière spéciale dont nous nous occupons ; ils rentrent dans la matière des donations, soit entre fiancés, soit entre époux. Aussi nous croirions-nous en droit de les passer sous silence, s'il ne nous fallait préparer et expliquer d'avance ce que nous aurons à en dire en examinant la législation moderne, où ils ont pris le premier rang, et tiennent la place de nos plus grandes institutions coutumières. Nous laisserons de côté les legs qui sont affranchis des restrictions de l'ancienne législation romaine, et n'ont pas de règles différentes, soit qu'ils s'adressent à un conjoint ou à un étranger. Mais une rapide exposition des deux théories de l'institution contractuelle et du don mutuel, des promesses de succession entre futurs époux et des donations réciproques entre conjoints, complétera cette partie de notre travail, et montrera non plus quelle était de plein droit, mais quelle pouvait être la situation de l'époux qui venait à survivre.

A Rome, le testament était la seule manière reconnue de disposer de sa succession. La faveur dont il jouissait dans les mœurs le rendait digne de la protection de la loi ; aussi tient-il la plus grande place dans les écrits des jurisconsultes et dans les textes du Digeste. L'hérédité testamentaire passe la première dans les Instituts, car l'acte même faisait des héritiers, et non simplement, comme chez nous, des légataires (l'institution d'héritier est qualifiée de *caput et fondamentum totius testamenti*). Mais les pactes sur succession future étaient interdits. On n'admettait pas qu'un acte entre vifs portât sur un ensemble de droits que la mort seule de l'un des contractants devait ouvrir; l'irrévocabilité, qui est de l'essence des conventions, semblait incompatible avec la nature des dispositions de dernière volonté ; enfin, de pareils contrats paraissaient immoraux, comme engageant l'une des parties à souhaiter la mort de l'autre, comme contenant le *votum mortis*. Aussi voyons-nous tous les pactes de cette espèce, promesses de part égale (L. 15, *De pactis*), appels à succéder, même seulement sur certains biens [1], renonciations à succession [2], toujours déclarés nuls par les Constitutions impériales qui composent le Code, même quand ils étaient contenus dans un contrat de mariage. On ne trouve que deux exceptions à cette rigueur : l'une, pour le partage d'ascendant, quand le *de cujus* avait persévéré jusqu'à sa mort dans la même volonté; l'autre, pour l'institution d'héritier réciproque que deux frères s'étaient faite avant d'aller au combat. Mais celle-ci s'explique par la faveur dont

[1] L. 5, *De pact. conv. sup. dote.* La femme avait assuré par le contrat tous ses paraphernaux à son mari.
[2] L. 8, *De collat.* La fille, en recevant une dot, avait promis de ne rien réclamer de plus.

jouissait le testament des militaires, qui étaient dispensés des formes ordinaires, et dont la dernière volonté devait s'exécuter, de quelque manière qu'elle eût été manifestée. La loi 19, *De pactis*, a soin de faire cette réserve. Quant à la première exception, la condition que le disposant n'eût pas révoqué sa libéralité détruit un des caractères principaux de l'institution par contrat ; car les conventions véritables ne peuvent se briser que par un mutuel dissentiment. Néanmoins, le grand nombre des textes qui annulent de tels pactes nous prouve qu'ils étaient fréquents dans la pratique, et que les mœurs les adoptaient ; elles devaient finir par triompher des prohibitions. Les promesses de part égale, du moins, furent enfin consacrées par une novelle de Léon le Philosophe (Nov. 19), qui constate bien la violence que l'usage fit aux lois, et le peu d'exécution que celles-ci avaient obtenue.

Quand les Germains apportèrent en Gaule leurs idées et leurs principes, le testament perdit son antique faveur, car leurs usages primitifs ne le connaissaient pas. *Heredes successoresque*, dit Tacite, *sui cuique liberi et nullum testamentum* (Germanie, 20). Il est vrai qu'il s'introduisit bientôt, grâce l'influence des idées romaines ; mais il ne reprit jamais la place qu'il avait occupée. L'hérédité *ab intestat* resta en premier ordre ; on ne put enlever le titre d'héritier à ceux à qui la naissance et la loi le déféraient : dans les coutumes comme sous le code, le testament ne fait que des légataires : *Solus Deus*, dit Glanville, *heredem facere potest*. En revanche, l'institution contractuelle prit une importance toute nouvelle dans la législation[1]. La loi salique, tit. XLVIII, la consacre sous le nom d'affatomie. L'acte se passe au plaid du centenier. L'instituant saisit le donataire de ses biens au moyen d'un symbole, *per festucam* ; il lui jette une parcelle, une motte de terre, une paille de la chose qu'il

[1] On trouve dans Marculfe deux formules de rappel à succession : l'une pour suppléer à la représentation que l'édit de Childebert n'avait pu faire adopter partout, l'autre pour détruire en faveur d'une fille les effets du droit de masculinité, qui est appelé : *Diuturna sed impia consuetudo* (Liv. II, 10 et 12). Plus tard, à côté de cette pratique fréquente dans les pays qui admettaient ce droit, pour en tempérer les effets, s'introduisit celle des renonciations à succession, qui suppléaient les droits d'aînesse et de masculinité dans les coutumes où ils manquaient.

veut lui transmettre. Mais cette formalité ne dispensait pas de la tradition réelle. Le donataire, pour prendre possession, s'établissait chez le donateur et y agissait en maître pendant moins d'un an ; car les délais de la prescription étaient si courts dans ces temps barbares, que la possession pendant une année lui aurait transféré immédiatement la propriété. Au bout de ce laps de temps, il ressaisissait le donateur par un symbole analogue et dans le Mall. Le même acte, sous le titre d'*adfatimus*, se trouve organisé par la loi ripuaire ; seulement il peut s'accomplir, soit par la tradition, comme dans la loi salique, soit par un écrit, simplification qui fut due à l'influence des usages romains, et aux progrès de la civilisation qui chassaient les symboles : *Si quis procreationem filiorum vel filiarum non habuerit, omnem facultatem suam in præsentia regis, sive vir mulieri, seu cuicumquelibet de proximis vel extraneis, adoptare in hereditatem vel adfatimi, per scripturarum seriem seu per traditionem et testibus adhibitis, licentiam habeat* (tit. XLVIII). Un capitulaire de 803 dit la même chose en d'autres termes (ch. VII, *De lege ripuariensi*). Il est vrai que Delaurière, et Merlin après lui, nient le rapport que nous prétendons trouver entre ces textes et l'institution contractuelle, et, s'appuyant sur les mots *adoptare in hereditatem*, ne veulent voir ici qu'une simple adoption. Mais on sait combien l'adoption était étrangère et presque antipathique aux mœurs germaines, dont l'influence fut même assez puissante pour la faire, malgré les lois romaines, disparaître à peu près entièrement dans le droit coutumier. D'ailleurs, les textes ne disent pas d'une façon générale *adoptare*, mais spécialement *adoptare in hereditatem;* et la preuve qu'il y a en effet dans cet acte autre chose qu'une simple adoption, c'est que le mari peut le faire, et le fait souvent au profit de sa femme, qu'il ne peut cependant vouloir prendre pour fille. Nous ne nous arrêterons pas à exposer les autres systèmes discutés par Merlin, et dont l'un consiste à faire dériver l'institution contractuelle de la loi salique, parce qu'on lit dans le *Livre des fiefs* (II, t. XXIX) : *Quidam habens filium ex nobili conjuge, post mortem ejus aliam minus nobilem duxit... ea lege: ut nec ipsa, nec filii ejus amplius habeant de bonis patris, quam dixerit tempore sponsaliorum ; quod Mediolanenses dicunt*

14

accipere uxorem ad morganaticam, *alibi, lege salica* [1]. Nous
croyons que ce mode de disposition ne découle pas spécialement de
telle ou telle loi barbare, mais d'un principe général du droit germanique; manifesté par le texte formel des lois des deux tribus franques. La preuve en est qu'il se répandit et subsiste encore en Allemagne. Chez nous, il est signalé comme universellement reconnu
dans nos plus vieux auteurs, et Pierre De Fontaines en parle, au
treizième siècle, en supposant, comme la loi ripuaire, que le disposant n'avait pas d'enfants. Il était même permis alors d'une façon
absolue, en toute circonstance. Les restrictions vinrent probablement de l'autorité que prit plus tard le droit romain, et qui entraînait à proscrire ce qu'il prohibait. Son antipathie pour les
pactes sur succession future prévalut sur les principes coutumiers ;
l'institution d'héritier par contrat, interdite en règle générale, ne
resta autorisée que dans les contrats de mariage, qui jouissaient
d'une faveur et d'une liberté toute spéciale, car les deux familles y
étaient parties et pouvaient sauvegarder leurs droits. C'était dans
de tels actes, d'ailleurs, qu'elle était le plus usuelle et le plus soli-
dement établie. Le système féodal y avait contribué; car, avant que
les fiefs ne fussent devenus peu à peu, par le consentement des
seigneurs, un patrimoine, dans le cours du travail de transformation
qui finit par les rendre héréditaires, il fut naturel que le vassal, en
mariant son fils, demandât à son seigneur d'intervenir à son contrat, pour lui assurer à lui et à ses descendants la succession au
fief. Un moment la doctrine inclina à interdire la donation de biens
à venir aux roturiers, pour ne la maintenir que dans les familles
nobles, par application de la loi 19 *De pactis*, qui, la permettant
par exception aux militaires, était faite évidemment pour les
nobles seuls, possesseurs de fiefs à charge de service militaire.
Pourtant, la grande masse des coutumes rédigées, le droit presque universel, et qui s'étendait même aux provinces du Midi,
la permit à tous, nobles ou roturiers, mais par contrat de mariage seulement. Quelques rares coutumes étaient contraires ; par
exemple, celle de Berri [2], rédigée, nous dit Merlin, par le président

---

[1] Voilà l'origine du mariage morganatique.
[2] Encore ne prohibait-elle que l'institution universelle : « Jaçoit que le

Liset, grand amateur du droit romain. Mais, opposée au droit commun, on l'interprétait restrictivement, et La Thaumassière nous
explique que comme elle ne prohibe que l'institution faite par
l'un des époux en faveur de l'autre, on l'entend comme souffrant
qu'un étranger institue l'un des époux. La conséquencee est assez
singulière pour être notée, d'autant plus que la même coutume interdisait aussi les institutions de tous biens présents et à venir,
faites par contrat de mariage en faveur des enfants à naître.

L'effet de l'institution était, à peu près comme sous le Code
(art. 1083), d'ôter au donateur le droit de disposer au moins à titre
gratuit de son patrimoine, en lui laissant cependant encore la faculté
de donner des objets particuliers, des sommes modiques, à titre
de récompense ou pour des causes analogues. L'institué était un
véritable héritier, jouissant de la saisine et tenu *ultra vires* [1]. Là-
dessus s'élevait une grande controverse que Merlin expose *in
extenso*, et qu'il tranche par un système intermédiaire. Devait-on
considérer l'institution contractuelle comme une donation entre
vifs ou à cause de mort, et depuis l'ordonnance de 1731, qui abo-
lissait ce dernier genre de dispositions, comme un testament? Les
deux opinions faisaient remarquer chacune différents caractères de
ce contrat singulier; les uns rappelaient qu'il se faisait entre vifs,
par un consentement mutuel, et liait irrévocablement les parties;
les autres qu'il portait sur la succession, que le droit qui en résul-

mari et la femme, avant le mariage solennisé ou consommé, puissent donner
simplement ou mutuellement l'un à l'autre, toutefois ils ne pourront par ledit
contrat instituer héritier l'un l'autre, soit mutuellement ou simplement, ne
pareillement convenir que l'un succédera à l'autre après son décès, mutuellement ou simplement, comme dit est, en tous biens universellement. Mais bien
pourront dès lors donner leurs biens simplement ou réciproquement l'un à
l'autre qui sera survivant, conférant par ce moyen l'effet et exécution de la
donation simple ou mutuelle après la mort du donateur, et aussi faire convention réciproque ou simple de l'obvention et succession en aucuns biens particuliers » (tit. VIII, art. 5).

[1] Dans les coutumes d'Auvergne, de La Marche, du Nivernais, il était assimilé
en tout à l'héritier légitime : « Et saisissent les contrahants ladite association ou
leurs descendants.— L'héritier institué par contrat de mariage est tenu de payer
et de répondre de toutes charges héréditaires tant actives que passives du défunt, comme serait héritier *ab intestat*.»Aussi pouvait-il échapper à cette charge
en acceptant sous bénéfice d'inventaire. Dans notre droit actuel, c'est plutôt un
légataire qu'un héritier.

tait ne devait s'ouvrir qu'après la mort du donateur, et si l'institué lui survivait. Mais à cela on répondait avec les plus graves autorités, et notamment avec Dumoulin, en distinguant la disposition et son exécution : *Dispositio statim ligat nec suspenditur, sed executio habet tractum.* Merlin conclut en disant que c'est un acte qui tient à la fois de la disposition de dernière volonté et de la donation entre vifs. Mais cela ne décide pas le point qui faisait précisément le grand intérêt de la question ; celui des réserves coutumières, qui ne restreignaient en général (au quint des propres) que les libéralités testamentaires, non les donations entre vifs, moins dangereuses, puisque le donateur devait se dépouiller actuellement et irrévocablement. Ordinairement on assimilait les donations de biens à venir aux donations entre vifs et on les faisait jouir de la même liberté. C'est l'opinion de Pothier, et il invoque à l'appui un arrêt du 30 août 1700, par lequel on avait adjugé au duc de Chevreuse, héritier contractuel du duc de Chaulnes, tous les propres, contre le parent de la ligne qui en prétendait les quatre cinquièmes. (t. I, p. 537). L'ordonnance de 1731 consacra par son article 17 l'institution contractuelle. Elle organisa aussi à peu près comme le Code la donation cumulative de biens présents et à venir, qui s'était introduite peu à peu, mais pour laquelle la jurisprudence n'avait pu encore déterminer d'une manière nette les droits conférés au donataire sur les deux sortes de biens. Nous reviendrons sur tout cela.

Quelques mots maintenant du don mutuel. M. Laferrière en fait remonter l'origine au droit celtique, à ce système d'apport égal et réciproque formant entre époux un gain de survie mutuel qu'il consacrait, et qui se serait plus tard introduit dans l'empire, à la faveur de la Constitution de Constantin. La loi 15 au Code *De don. ant. nupt.*, parle, en effet, de donations réciproques entre fiancés, *quæ mutuo largiantur*; mais elle ne fait que les subordonner à la condition *si nuptiæ furint secutæ*, non à la condition de survie, qui s'établit plus tard, comme nous l'avons vu, et créa la donation *propter nuptias.* Quant à un texte de l'interprétation des sentences de Paul, dont s'arme ensuite le même auteur, *si inter maritum et uxorem, matrimonii tempore, mortis causa fuerit facta donatio, morte unius convalescit,* nous ne pouvons y voir une indication cer-

taine de réciprocité, mais seulement l'application d'une règle ordinaire des donations à cause de mort, qui contenaient nécessairement
la condition de survie. Nous attachons plus d'importance au testament mutuel par lequel une novelle de Valentinien III en 446
permit aux époux de s'instituer réciproquement héritiers *una
charta* [1]. Révocable comme toute autre libéralité testamentaire,
la disposition tombait pour le tout par suite de la révocation
émanée d'une seule des parties : l'acte était indivisible. D'après
Bignon, là est peut-être l'origine du don mutuel des coutumes ;
et, en effet, nous y retrouvons plusieurs de ses principaux caractères. Bien que non inscrite dans le Code de Justinien, la
novelle peut avoir subsisté dans les usages de la Gaule : la formule 17 du livre II de Marculfe, intitulée : *Qualiter in uno
volumine testamentum duarum personarum condatur*, semble en
reproduire le principe ; car ce sont précisément deux époux qui
font ainsi leur testament l'un au profit de l'autre, et la formule est
évidemment conçue, pour le fond et pour la forme, sous l'influence
des idées romaines. Henrys disait aussi : «Les Constitutions de l'empereur Valentinien ne font point partie du droit écrit, mais quelques-unes cependant ne laissent pas de servir de lois, en tant que
l'usage les a confirmées. »
Le droit gallo-franc, qui, malgré son peu de faveur pour le testament, avait permis sous cette forme le don mutuel entre époux
de ce que laisserait le prémourant, dut le permettre à plus forte
raison par donation entre vifs, car il ne connaissait pas les motifs
qui avaient fait interdire ce mode de disposition entre conjoints par
le droit romain, et il l'admettait même, comme le prouve le morgengabe, au moment où étaient le plus à craindre les entraînements de la
passion. L'institution contractuelle étant consacrée entre toutes personnes, il était donc naturel que les époux pussent s'attribuer réciproquement, par une double libéralité, toute leur succession.
Aussi, après avoir parlé de l'affatomie d'une manière générale, la loi
des Ripuaires ajoute-t-elle, t. XLIX : *Quod si adfatimus fuerit inter*

[1] *Tanta vicissim caritate certarunt, ut propter incertum sortis humanæ, superstitem conjugem precarentur heredem. Sit testamenti ordo præcipuus... quamvis in
unius chartæ volumine, etc.* Laferrière, p. 470, t. II.

virum et mulierem, post discessum amborum ad legimitos heredes re-
vertatur; nisi tantum qui parem suum supervixerit, in eleemosyna vel
in sua necessitate expenderit. Il faut remarquer que cette dernière
condition se rencontre dans toutes les formules de Marculfe, qui
parlent soit de la donation, soit du testament mutuel[1] ; les biens donnés doivent toujours, après la mort du gratifié, faire retour aux héritiers, à l'exception de ce qui aurait été *dispensatum.* C'est donc l'analogue du fidéicommis *de eo quod supererit,* quelque chose de plus
qu'un usufruit, quoiqu'une formule emploie déjà ce mot, et semble
par là consacrer une restriction que nous retrouverons appliquée au
don mutuel dans la plupart des coutumes (Marculfe, II, 7). Le même
texte indique que deux époux ne se décident à se faire cette libéralité
qu'à défaut d'enfants. Mais ceci ne paraît pas une condition qui y soit
attachée. Du reste, le don mutuel jouit de la plus grande liberté. Dans
les modèles qui nous en restent, il porte sans distinction et sans réserve sur tous les biens des conjoints : *Omne corpus facultatis meæ,*
tam de alode, aut comparato, vel de quolibet adtractu ubicumque
habere videor, et quod pariter in conjugio positi laboravimus, dit
le mari ; et la femme répond : *Tam de hereditate paterna quam de*
comparato, vel quod pariter laboravimus totum et ad integrum.

Pendant longtemps les donations entre époux restèrent libres.
De Fontaines et Beaumanoir les admettent, comme entre étrangers, « Ce que on peut lessier à estrange personne peut-on lessier
à un de ses enfans, à sa feme meimes[2] ». « Il est coutume bien
approuvée que li hons, toutes ces cozes dessus dictes pot lessier à
sa feme, ou la feme à son seignour (Beaumanoir, ch. xii, 4). »
Mais l'esprit du droit romain se fait déjà sentir dans les *Etablisse-*
ments et dans les *Assises,* qui prohibent, comme n'offrant pas assez
de garanties de liberté, les donations faites par la femme, sauf par
testament, et encore pourvu qu'il n'y ait pas d'enfants mâles. Plus
tard, on tendit à ne les reconnaître, comme le Digeste, que sous
condition suspensive de mort sans révocation. Quand la législation
en vint à frapper de défaveur toutes les donations, et à poser la fa-

---

[1] I, 12; II, 7 et 8. Le premier livre de Marculfe contient les actes passés en présence du roi ; le deuxième ceux qui se font dans les assemblées de canton.
[2] De Fontaines, *Conseil,* ch. xxxii, p. 21.

meuse règle : Donner et retenir ne vaut, on ménagea moins encore les donations entre époux, qui présentaient au plus haut degré pour les familles ce danger de spoliation que le droit coutumier redoutait tant, et à juste titre. La subsistance de la femme était d'ailleurs assurée par tant d'avantages de survie, que des libéralités du mari envers elle n'avaient plus de raison d'être. De tout cela résulta la prohibition complète des donations simples, dans beaucoup de coutumes [1], et la restriction du don mutuel, qui pourtant resta généralement permis en principe. Quelques statuts, tout en le tolérant, autorisaient chacun des époux à le révoquer sans le consentement de l'autre, en lui notifiant de son vivant le changement de volonté. Mais, depuis l'ordonnance de 1731, qui par son article 3 avait abrogé la donation à cause de mort, en ne reconnaissant plus que deux formes de disposer à titre gratuit, par donation entre vifs et par testament, comme il paraissait résulter de cette faculté de révocation que la libéralité ne pouvait rentrer ni dans l'une ni dans l'autre de ces deux classes, on la considéra comme nulle, et le don mutuel fut de fait abrogé dans ces provinces [2].

Du reste, s'il était en général consacré partout, ses conditions variaient à l'infini. Pothier distingue sous ce rapport huit classes de coutumes. Les unes ne l'admettent que s'il n'y a pas d'enfants au moment de la mort; les autres dans tous les cas. La plupart le restreignent aux biens communs; d'autres l'étendent à tous les meubles, acquêts et conquêts; d'autres enfin aux propres même. Ordinairement il n'est permis qu'en usufruit; mais ailleurs il peut avoir pour objet la propriété, soit des meubles seuls,

---

[1] Pothier en fait quatre classes : 1° celles qui défendent toute libéralité testamentaire ou entre vifs (c'est le plus grand nombre); 2° celles qui les permettent par testament, mais qui les défendent par donation (leurs restrictions variaient selon qu'il y avait ou non des enfants, qu'il s'agissait de propres ou de meubles et acquêts, etc.); 3° celles qui admettent les deux sortes d'avantages, mais sous la condition de mort sans révocation; 4° enfin celles qui permettent même les donations entre vifs simples (celles-ci, moins nombreuses, paraissent avoir mieux conservé l'ancien droit germanique).

[2] C'est du moins l'opinion de Pothier, et ce semble l'opinion la plus générale autrefois. On soutenait cependant, avec quelque apparence de raison, que l'ordonnance de 1731, par son art. 46, avait excepté de sa prohibition les donations à cause de mort faites entre époux.

soit des meubles et acquêts, soit même d'une partie des propres. Quelquefois on distingue pour cette attribution s'il y a ou non des enfants. En résumé, d'après la coutume de Paris, la plus importante, Pothier le définit : « Un don entre vifs, égal et réciproque, que deux conjoints par mariage se font l'un à l'autre, à défaut d'enfants de l'un et de l'autre, et en cas de survie, de l'usufruit des biens de leur communauté, aux charges portées par les coutumes. » De sa nature, il doit être : 1° irrévocable, du moins par la volonté d'un seul des contractants, car il est évident que le mutuel dissentiment peut le dissoudre; mais la clause par laquelle une des parties se réserverait la faculté de résoudre seule le contrat le rendrait nul pour le tout; 2° égal; égal d'abord par rapport aux choses données, égal même quant à l'espérance, à la chance de survie. Ces deux dernières règles variaient aussi dans les coutumes. D'une part, dans quelques-unes, il suffisait que chacun des époux reçût des biens de la nature de ceux qu'il donnait, mais la plupart exigeaient même égalité de quotité; de l'autre, on n'autorisait, dans quelques provinces, le don mutuel qu'entre époux égaux ou presque égaux en âge ; car le plus jeune aurait eu plus de chances de voir par le prédécès de son conjoint la libéralité tourner à son profit [1]. D'après toutes ces conditions on voit, quoique Pothier niât ce caractère, que c'était moins une libéralité qu'un contrat à titre onéreux aléatoire. On allait si loin, dans ce sens, qu'on ne permettait pas le don mutuel pendant la dernière maladie de l'un des époux, car l'égalité alors était illusoire, ni même, dans beaucoup de coutumes, pendant une maladie grave. Bien plus, dans celles qui exigeaient simplement que les contractants fussent en santé, on discutait si ce mot ne devait pas s'entendre comme excluant toute indisposition. Ceci amena à poser des conditions, à exiger des formes pour le don mutuel, quoiqu'à titre de contrat commutatif il dût en être affranchi. Mais il fallait empêcher les fraudes au moyen d'antidates, ou de suppositions d'actes, par lesquelles une seule des parties aurait pu l'anéantir. Aussi, quoique exempté par l'ordonnance de 1731 des autres

---

[1] La coutume d'Auxerre exigeait que la différence d'âge n'excédât pas quinze ans ; celle du Nivernais, dix.

règles imposées aux donations entre vifs, il devait être fait par un seul et même acte, passé devant notaire, avec minute, et de plus être insinué.

Le prédécès de l'un des époux faisait évanouir le don qu'il avait reçu de son conjoint, et ouvrait celui qu'il lui avait fait. Mais le survivant était-il saisi de plein droit, ou devait-il demander délivrance? Ici encore pas de règle fixe. En Bourbonnais, il était saisi de plein droit du jour du décès ; ailleurs, du jour où il avait offert une caution. Le système le plus généralement admis était la nécessité de la demande en délivrance.

Comme on le voit, le texte des lois était déjà bien sévère pour les donations entre époux, qui avaient le tort de mobiliser la fortune, de compromettre l'éclat des grands noms, de déranger le pacte nuptial, traité conclu entre deux familles, plutôt qu'entre deux fiancés[1]. Mais la jurisprudence alla plus loin et, par une interprétation extensive, renforça encore la prohibition. On discutait la question de savoir si en se mariant sous une coutume qui permettait les donations, les conjoints pouvaient s'interdire de s'en faire aucune ; si, au contraire, ils pouvaient stipuler la faculté de se donner là où elle leur était refusée. On décida « que c'est of- « fenser les lois que de se permettre ce qu'elles défendent; mais « que ce n'est pas les offenser que de s'interdire ce qu'elles per- « mettent. » Par conséquent, on pouvait stipuler l'interdiction dans les coutumes permissives ; on ne pouvait pas s'en affranchir dans les coutumes prohibitives. Ici se présentait de nouveau la question des statuts. Pour les biens qui ont une assiette fixe, pour les immeubles, on considérait la loi du lieu de leur situation : c'était un statut réel. Pour les meubles, on suivait la loi du domicile de la personne. Si donc les époux venaient à changer de domicile, la capacité de disposer de ces sortes de biens devait varier ; mais on examinait alors s'il n'y avait pas fraude, si ce changement n'avait pas précisément pour but d'échapper à des dispositions gênantes, pour se placer sous l'empire d'une loi plus libérale.

[1] Ce fut un arrêt de règlement qui posa le principe que les conventions matrimoniales devaient être regardées comme conclues entre les seules parties contractantes.

Nous devons, avant de terminer, signaler deux variétés de coutumes assez importantes pour que Pothier en ait fait des chapitres distincts dans son traité. C'est d'abord celle de Paris, qui, ne permettant le don mutuel ordinaire qu'à défaut d'enfants, disait pourtant dans son article 281 : « Père et mère, mariant leurs enfants, peuvent convenir que leursdits enfants laisseront jouir le survivant desdits père et mère, des meubles et conquêts du prédécédé, la vie durant du survivant, pourvu qu'il ne se remarie [1]. » Remarquons, en second lieu, la coutume de Dunois, qui, par son article 68, exigeait pour la validité du don mutuel, qu'il fût fait à la fois par une donation et par un testament mutuel reproduisant dans cette disposition singulière quelque chose d'assez analogue à l'ancien droit romain, qui, avant le sénatus-consulte de Caracalla, déclarait les donations entre époux nulles, à moins qu'elles ne fussent confirmées par testament. Ceci nous ramène au testament mutuel, que nous avons vu prendre naissance dans les derniers temps de l'empire et s'établir en Gaule. Usité jusqu'au dernier siècle, surtout peut-être entre maris et femmes, il fut enfin abrogé par l'ordonnance du mois d'août 1735 (art. 17), à cause de ses nombreux dangers, et notamment des captations auxquelles il donnait lieu. Ce sage principe a été reproduit d'une manière encore plus absolue que le Code, qui n'avait plus à ménager la transition. « Un testament, dit l'art 968, ne pourra être fait dans un même acte par deux ou plusieurs personnes, soit au profit d'un tiers, soit à titre de disposition réciproque et mutuelle. »

---

[1] Il est encore fort ordinaire de stipuler, dans le contrat de mariage d'un enfant, qu'il n'inquiétera en rien le conjoint survivant, qu'il ne lui demandera pas le partage de la communauté, ni même aucun compte de la succession du prédécédé, et que s'il n'obéit pas à cette condition, la totalité de la dot, constituée cependant par le père et la mère conjointement, sera alors imputée sur cette succession. M. Bugnet (Notes sur Pothier, nº 256), croit avec raison, selon nous, que cette condition est prohibée par l'article 1130, qui interdit les pactes sur succession future, nulle, par conséquent, d'après l'art. 900, et que la clause pénale, loin de la valider, participe au contraire de la même nullité (1227). Cependant Pothier, nº 282, pense que l'enfant est tenu d'imputer la dot sur la succession, car son auteur a pu lui imposer les conditions qu'il a voulu, puisqu'il pouvait ne pas lui donner de dot.

TROISIÈME PARTIE.

I. DROIT INTERMÉDIAIRE.

Les diverses institutions que nous venons d'étudier avaient de trop profondes racines dans le passé, et se liaient trop intimement à toutes les parties de l'ancienne constitution de la société française, pour ne pas être ébranlées par les premiers coups qui devaient l'atteindre. Les lois civiles, plus peut-être que les lois politiques, sont le vrai fondement des sociétés, car ce sont elles qui leur assurent la force et la durée [1]. Aussi la réforme devait-elle les frapper les premières, par cet instinct qui pousse les démolisseurs, pour en finir plus vite avec l'édifice, à s'attaquer d'abord à sa base, sans se demander s'il ne va pas tomber sur eux et les écraser. Là étaient pour les masses les abus les plus sensibles ou du moins les priviléges les plus odieux. Au fond des provinces, on réfléchissait peu sur les droits de l'homme, sur l'équilibre des pouvoirs et sur les excès de l'autorité royale, qu'on vénérait quand même, sous Louis XV comme sous Louis XVI, parce qu'on n'en ressentait que les bienfaits. Il était réservé à la noblesse de cour de se consoler d'une disgrâce en applaudissant le *Contrat social*, ou de se venger de la Bastille en fondant la république américaine. Mais si les privilégiés sapaient comme un abus l'autorité qui les dominait, c'était eux-mêmes et leurs prérogatives qui étaient l'abus pour le plus grand nombre. La distinction du noble et du roturier, de la censive et du fief, les lois de succession, la capacité de donner ou de recevoir différentes dans les diverses classes, entre les diverses personnes d'une même famille, l'immobilisation des fortunes, la faveur donnée à la terre sur les meubles, contraires aux besoins d'un

---

[1] Elles atteignent la famille et la propriété, elles réagissent sur le passé, elles ont à compter avec les habitudes et les sentiments, elles sont aux prises avec tous les intérêts privés : en un mot, elles composent la constitution d'un peuple plus réellement que la loi qu'il est d'usage d'appeler ainsi. (M. de Barante, *Hist. de la Conv.*)

temps où le commerce prenait un nouvel essor et où l'agiotage venait de naître, les justices seigneuriales, tout ce système enfin, fondé sur le consentement des siècles, à l'ombre duquel tant de générations avaient passé tranquilles et prospères, mais dont un siècle raisonneur ignorait la logique et ne voyait que les entraves, c'était là le vrai despotisme, c'était là l'ennemi pour les cadets, les filles et les roturiers. Déjà de grands esprits, frappés de ce mouvement universel, avaient senti que le moment était venu de céder aux nécessités du temps, c'est-à-dire, pour les plus clairvoyants et les plus sages, de donner non une nouvelle Constitution politique, mais de nouvelles lois civiles, non de restreindre l'autorité royale, mais d'abroger les coutumes rédigées. On sait que d'Aguesseau voulait doter la France de l'unité de législation, et sur quelques point capitaux les ordonnances dont il fut l'auteur commencèrent avec une sage lenteur ce grand ouvrage. Le président de Lamoignon rédigea un projet de Code civil, en même temps que d'autres hommes d'Etat entreprenaient aussi, dans l'ordre administratif et financier, des réformes qui auraient probablement évité les catastrophes. Quand éclata l'orage que leurs efforts n'avaient pu conjurer, le remaniement des lois civiles, un Code uniforme fut un des premiers et des plus ardents vœux des cahiers, et l'Assemblée constituante y répondit en en faisant une des premières promesses de la Constitution de 1791. Mais elle ne put qu'annoncer l'œuvre, non l'accomplir. Sa mission était de détruire l'ancien ordre de choses, et dès qu'elle voulut fonder le nouveau, elle ne fit que traduire en lois les utopies philosophiques du siècle précédent. Absorbée tout entière par l'établissement de libertés politiques éphémères, elle négligea ce qui aurait pu leur donner la vie, une sage organisation du droit privé. Aussi, ne nous est-il rien resté d'elle, rien que quelques principes généraux et beaucoup de ruines, car le temps n'était pas encore venu où l'on pourrait édifier. Abolition de la féodalité et de tous ses priviléges (Lois des 4-11 août et 31 septembre 1789), du retrait lignager, qui entravait au profit de la grandeur des familles la circulation des biens; suppression des droits d'aînesse et de masculinité, bientôt de tous les priviléges établis par les coutumes en faveur de certains enfants ; interdiction des substitutions (1792), tels furent les coups d'essai de ces novateurs téméraires ou complaisants. Les bases les plus sacrées de la famille, la puissance paternelle et le mariage, ne devaient pas tarder à être attaquées. La *potestas* romaine, qui, maintenue dans les pays de droit écrit, survivait même à la majorité et au mariage du fils, fut abrogée, malgré le crédit que son origine devait lui assurer auprès des législateurs ; le père fut même privé du droit de consentir au mariage des enfants majeurs, car c'était encore là un despotisme. Le mariage lui-même, devenu un simple contrat civil, jouissant d'une liberté absolue garantie par la nullité de toutes les clauses qui eussent pu la restreindre, fut dépouillé de toute sanction morale, par l'abolition de la puissance maritale, par les droits égaux donnés aux enfants naturels et aux enfants légitimes ; enfin rabaissé au-dessous du moindre contrat par une faculté presque absolue de dissolution laissée à chacune des parties (V. lois des 3-4, 5-12 sept. 1791 ; 20 sept. 1792 ; 12 brum. an II ; 3 vendém. an IV).

Ce travail de destruction achevé, il fallait reconstruire et asseoir sur des bases durables l'édifice nouveau. Ce fut la Convention qui se trouva chargée de cette tâche, et si, au milieu des tempêtes qui l'agitèrent, elle ne fit que préparer un projet de Code civil sans en entreprendre sérieusement la rédaction [1], elle posa du moins certains principes et organisa à sa manière quelques-unes des principales parties du droit privé. Le point de départ fut, comme dans l'ordre politique, la tyrannie, la violation des règles les plus au-

---

[1] Il fut présenté par Cambacérès, le 21 août 1793. On est étonné, en lisant l'exposé des motifs, des concessions aux folies du temps qui se faisaient non-seulement accepter, mais applaudir des législateurs. On y trouve : « La voix impérieuse de la raison s'est fait entendre ; elle a dit : Il n'y a plus de puissance paternelle. » — A propos des donations : « Il répugne à la nature qu'on puisse donner à un riche, lorsqu'on a sous les yeux l'image de la misère. Cette considération *attendrissante* nous a déterminés à fixer un maximum, au delà duquel on ne sera pas admis à recevoir une donation. » Sur la date du 14 juillet 1789 : « Qu'on ne nous dise pas que c'est donner à la loi un effet rétroactif ; ce principe n'est pas applicable quand il s'agit d'un droit primitif, d'un droit qu'on tient de la nature. » L'administration de la communauté est déclarée commune aux deux époux, en vertu de l'égalité, etc. (Voyez **M.** de Barante, *Hist. de la Conv.*, t. IV, p. 260.)

gustes du droit positif universel ; car tous les moyens étaient bons pour atteindre le but sublime qu'on se proposait, le nivellement absolu. L'égalité conduit toujours à la négation de la liberté ; les lois de succession de ce temps en sont la preuve. D'après les théories de liberté si souvent proclamées, on s'attendrait à les voir encourager les dispositions à titre gratuit, les avantages en faveur des femmes, réduire la réserve, pour combattre l'ancien principe qui assurait aux familles la conservation de leur patrimoine, mobiliser les fortunes, et faire circuler par tous les moyens les biens séculairement concentrés dans les mêmes mains. Mais permettre d'une façon générale les legs ou les donations, c'était s'exposer à voir le père de famille, plus sage que les lois, avantager sur certains biens un de ses proches, et perpétuer ainsi l'état de choses qu'on voulait proscrire [1]. Ne les permettre même qu'au profit d'étrangers, c'était encore lui donner le moyen de maintenir ses enfants dans le devoir par une crainte salutaire, et prêter une arme à la puissance paternelle abrogée. Aussi, réduction de la quotité disponible, même vis-à-vis d'étrangers, à une fraction insignifiante, d'ailleurs égalité absolue des enfants même naturels au partage, avec rapport nécessaire de tout ce qu'ils auraient reçu antérieurement, prohibition complète d'un avantage quelconque en faveur de l'un des successibles, telles furent les dispositions du décret du 5 brumaire an II, bientôt confirmées par la loi plus importante et plus générale du 17 nivôse. — Celle-ci continuant à écarter toute distinction entre les biens, soit à raison de leur nature, soit à raison de leur origine, transmit la succession en bloc aux enfants ou descendants en ligne directe, avec représentation ; à défaut, aux frères ou sœurs ; puis aux ascendants ; enfin aux collatéraux, en admettant à chaque degré, même en ligne collatérale, la représentation à l'infini, car elle promettait

---

[1] Mirabeau avait déjà nié en théorie le droit de tester, et en avait fait une concession du pouvoir social qui était libre de la retirer. Mais sa conclusion se réduisait à fixer une limite aux avantages qu'un père pourrait, par testament, faire à un de ses enfants. Dans la Convention, on proposa d'interdire absolument le droit de tester, car la loi peut supprimer la convention qu'elle garantit. Sans aller aussi loin, les législateurs défendirent au père de rien léguer à un de ses enfants.

un morcellement plus immédiat. Tout avantage envers l'un des successibles fut sévèrement interdit, et la faculté de gratifier un étranger réduite à 1/6e ou à 1/10e de la fortune ; ainsi la liberté était sacrifiée, mais on assurait le maintien de cette distribution légale du patrimoine. Enfin, une disposition monstrueuse, brisant les droits les plus légitimement acquis et violant le grand principe de la non-rétroactivité des lois, proclamé dans la déclaration des Droits de l'homme, fit remonter l'autorité de cette loi au 14 juillet 1789, à l'instant, disait Bourdon de l'Oise, où le peuple recouvra ses droits. Alors tombèrent le douaire, l'augment coutumiers, et tous ces gains de survie que l'ancienne législation avait accumulés en faveur des femmes. Ils devaient disparaître avec les privilèges dont ils étaient la compensation. D'ailleurs, il n'y avait plus à sauvegarder la dignité de la veuve, de la mère de famille ; l'assimilation des enfants naturels aux enfants légitimes niait le mariage, et le divorce pour simple incompatibilité d'humeur réduisait l'épouse à la condition d'une concubine. Aussi l'art. 61 déclara-t-il que toutes lois, coutumes, usages ou statuts locaux relatifs à la transmission des biens par succession ou donation étaient abolis. Cependant il est juste de dire qu'ici, par exception, la rétroactivité fut écartée, au moins implicitement, comme l'interpréta plus tard la Convention elle-même (L. 12 vent. an II, rép. 49 ; et L. 9 fructid. an II, quest. 24) ; car l'art. 14 portait : « Les avantages légalement stipulés entre époux seront maintenus au profit du survivant. » On respectait du moins les traités sous la foi desquels les mariages avaient été contractés. Au reste, à l'inverse des autres dispositions gratuites, les avantages conventionnels entre époux jouissaient dans la loi de l'an II d'une faveur singulière, par une anomalie qui peut étonner d'abord, mais qui s'explique si l'on songe que, sur ce point, la liberté, loin de présenter aux nouveaux législateurs les mêmes dangers, leur offrait, au contraire, le moyen le plus puissant pour dépouiller promptement les familles de leurs biens héréditaires. L'ancien droit d'ailleurs prohibait ces donations d'une façon presque absolue ; c'en était assez pour qu'on prît le contre-pied et qu'on les permît. En conséquence, dispensées tout à coup de l'antique prohibition, au moment même où le lien conjugal qui les motive était presque anéanti, rendues irrévocables, elles purent porter sur l'usufruit de la moitié des biens en présence d'enfants, et, s'il n'y en avait pas, sur la pleine propriété de tous, communs ou propres, soit que dans la main de chacun des conjoints ils fussent égaux ou inégaux en valeur.

Il n'est pas besoin de montrer quel trouble une pareille loi dut porter dans toutes les familles, dans toutes les fortunes. Aussi, dès que la Convention, enfin délivrée de la pression sanguinaire qu'elle subissait, laissa entrevoir l'espérance d'un retour à la justice et à la raison, dès qu'elle commença à remonter la pente qui l'avait entraînée, et à entrer dans la voie des réparations, elle ne cessa d'être accablée de pétitions qui demandaient l'abolition de l'effet rétroactif. Mais cette perturbation était précisément le but du parti qui l'avait fait édicter, et la Montagne employa tout ce qui lui restait de forces à le défendre. Aucune des mesures nées de la terreur ne trouva des défenseurs plus irrités et plus obstinés. Rejetées deux fois sans examen, mais soutenues ensuite par la découverte des influences honteuses qui avaient fait introduire l'article (Hérault de Séchelles, l'un de ses auteurs, devait, dit Merlin de Douai, y gagner 80,000 livres de rente), par la répression de l'insurrection de prairial, par la confiance croissante du parti modéré, les pétitions furent enfin converties en loi, après six mois de lutte. Ce fut un proscrit du 31 mai, Lanjuinais, qui, malgré tous les efforts de la logique et des déclamations révolutionnaires, eut l'honneur de faire abroger l'effet rétroactif (le 26 août 1795). Quant aux autres dispositions de la loi de nivôse, moins odieuses et moins attaquées, elles furent peu modifiées jusqu'à la rédaction du Code; seulement la loi du 4 germinal an VIII relâcha les liens qui enchaînaient le père de famille, en augmentant la quotité disponible. Quelques mois avant, le nouveau système hypothécaire avait réduit la femme à la condition des autres créanciers, en exigeant, pour toute transmission ou garantie réelle de droits, la transcription du contrat.

Voilà toutes les dispositions législatives de la révolution qui nous intéressent. Il nous reste à indiquer très-sommairement, car elles perdent chaque jour de leur importance, les principales questions auxquelles a donné naissance, dans la matière des gains de survie, la double transition des anciennes coutumes au droit intermédiaire, et de celui-ci aux règles du Code.

Et d'abord, la loi de nivôse ne pouvait porter aucune atteinte aux gains nuptiaux stipulés entre des époux mariés avant sa promulgation; et, à défaut de stipulation, même, elle devait respecter tous les avantages statutaires sur lesquels ils avaient compté. En effet, le douaire coutumier lui-même ne laissait pas d'être en même temps conventionnel, parce qu'en se.référant purement et simplement à la loi qui l'accordait, les époux se soumettaient à ses dispositions, les adoptaient *vi tacitæ conventionis*. Par conséquent, dès le moment du mariage, la femme avait été créancière de son douaire, en vertu d'une convention qui, pour être tacite, n'en était pas moins irrévocable de sa nature; et comme ce moment se plaçait avant la loi abolitive des coutumes, son droit remontant à la même époque, elle pouvait prétendre à tous les avantages que celles-ci lui accordaient. Il en est de même sous l'empire du Code, qui, écartant tout effet rétroactif, veut, par une conséquence nécessaire, que les conventions formées antérieurement soient exécutées dans toute l'étendue qu'on a compté leur donner à l'origine (Proudhon, *De l'usufruit*, t. I, n° 257). Ainsi, dans cette première hypothèse, non-seulement les anciens avantages statutaires subsistent encore, mais, quant à leur quotité même, ils continuent à être réglés par la loi du moment du mariage. Il est vrai que la loi de nivôse n'admettait pas cette conséquence, et donnait effet rétroactif à la disposition par laquelle elle défendait que le conjoint prît, en présence d'enfants, au delà de la moitié en usufruit des biens du prédécédé. Elle est justifiée en partie par le système de Merlin (Rép., v° *Gains nuptiaux*, § 2), qui, distinguant les gains de survie qui dépendent de la communauté, de ceux qui portent sur les immeubles propres, pense que les premiers seuls doivent subsister, dans leur intégrité, *vi tacitæ conventionis*, non les seconds, considérés par l'ancienne jurisprudence comme formant un statut réel, puisqu'ils se réglaient par la loi de la situation des biens. Mais, de son aveu même, la loi de nivôse les comprit tous sans exception dans sa limitation rétroactive (la preuve en est dans

la loi interprétative du 22 ventôse, art. 10): et comme la rétroactivité fut, pour tous également, abrogée par des lois postérieures,
il en résulta qu'en somme ils ne furent ni les uns ni les autres réduits dans leur extension primitive (Cass., 8 prairial an XIII).

De même, sous l'empire du Code, pour décider si le douaire
sera ou non ouvert par la mort civile ou la séparation de biens, on
devra suivre ce qu'ordonnait la coutume sous laquelle les époux
ont contracté, ou à laquelle ils se sont référés [1]. On devrait même,
croyons-nous, obéir à l'usage reconnu de la province, s'il résultait
non plus d'un texte de loi formel, mais d'une jurisprudence constante. Nous ne pouvons accepter, à cet égard, la doctrine d'un
arrêt de Lyon (25 mars 1820), qui veut que l'article 1452 du
Code, édicté pour trancher tous les doutes qui s'étaient élevés sur
ces deux causes d'ouverture des gains de survie, soit, comme loi
interprétative, appliqué aux cas antérieurs. Il nous semble que
c'est aller contre l'intention des contractants, changer une partie
des effets qu'ils avaient entendu donner à leurs conventions matrimoniales, conclues sous l'empire d'un système différent. Que
les séparations de biens doivent avoir pour règle la loi du temps
où elles sont demandées, cela peut être vrai quant à leurs formes,
quant aux circonstances qui les feront admettre, mais non quant à
ceux de leurs effets nouveaux qui ôteraient aux époux une partie
des droits que le pacte nuptial leur accorde.

Cependant il n'est pas vrai de dire absolument que les avantages
statutaires, pour les mariages préexistants à nos lois nouvelles,
peuvent encore s'exercer comme dans l'ancien droit. Ce principe
a deux exceptions. Prenons pour exemple le douaire, qui résume
les principales règles de cette matière. 1° Souvent le douaire
variait dans les coutumes selon la qualité de la personne qui y
avait droit, ou des biens sur lesquels il portait. La noblesse étant
abolie, il fut généralement reçu que les femmes ci-devant nobles
devaient être traitées comme autrefois les roturières. Quant aux
distinctions fondées sur la qualité féodale ou censuelle des biens, la

---

[1] Un arrêt du 12 février 1817, qui semble contraire, ne dément pourtant pas
absolument notre proposition.

loi de 1790 les abrogea, en ne reconnaissant plus d'autre condition de la terre que celle de franc-alleu. Par conséquent, lorsqu'il s'agissait de régler un douaire établi par une coutume qui avait une disposition spéciale pour les alleux, on l'appliquait aux ci-devant fiefs et aux ci-devant rotures (Cass., 9 ventôse an XI). Il en fut de même à l'égard des coutumes qui ne parlaient pas des alleux, mais qui comprenaient dans leur territoire des biens allodiaux pour lesquels il existait un usage constant. Mais que décider en l'absence de ces deux conditions, quand la coutume donnait simplement à la femme le tiers, par exemple, sur les fiefs et la moitié sur les censives? Chabot, argumentant rigoureusement du décret de mars 1790, soutenait que la veuve ne pouvait prétendre aucun douaire. Merlin, plus équitable, loin de supprimer son droit, veut qu'il soit réglé d'après le taux des censives. 2° En second lieu, la femme que la coutume déclarait saisie de plein droit de son douaire préfix ne jouirait plus maintenant de ce bénéfice, et ne pourrait, sans demande en délivrance, intenter les actions possessoires; car c'est la loi, non la convention, qui donne la saisine, et la loi ne l'attribue qu'à l'héritier institué ou au légataire universel (1006); mais la douairière ferait encore les fruits seins du jour du décès; car cet effet peut être compris dans la convention.

Quant à l'époque précise où les gains de survie coutumiers furent abolis pour l'avenir, nous avons dit que ce fut la loi de nivôse qui produisit ce résultat. La question, en effet, n'est plus discutée, mais elle donna lieu à de longues et graves controverses. Merlin avait soutenu la négative, qui, repoussée par la Cour de cassation, fut, malgré son autorité, consacrée par les cours de Metz et de Nancy, les 21 juin 1808 et 2 mars 1812. Voici les principales considérations sur lesquelles se fonde ce dernier arrêt, et il faut reconnaître qu'elles sont puissantes. L'art. 14 de la loi de nivôse, en maintenant d'une façon générale les avantages résultant des *dispositions matrimoniales*, qui pourront avoir lieu à l'avenir, semble non-seulement ne pas abroger les avantages statutaires, mais même les comprendre dans cette faveur, aussi bien que ceux provenant de stipulations; ils n'ont pas pu tomber sous l'application de l'art. 61, car ils ne sont déférés ni à titre de succession, ni à titre de donation, mais à cause de la qualité de conjoint et comme condition de l'association conjugale ; les lois interprétatives postérieures, en déclarant aboli le douaire des enfants, n'ont rien préjugé pour celui de la femme, qui est donné à un titre tout différent, et montrent, au contraire, dans la loi de nivôse la pensée non de restreindre les avantages entre époux, mais de les augmenter ; le silence complet du législateur dans une question si importante doit s'interpréter dans le sens du maintien des anciens usages ; enfin, telle est l'opinion exprimée par Cambacérès et par Berlier, qui tous deux avaient coopéré à la rédaction de la loi de nivôse, et qui pourtant ont dit, l'un, dans son projet de Code, art. 285 (1390 du code actuel) « Les coutumes, statuts, etc., qui ont régi *jusqu'à ce jour* les diverses parties du territoire ; » et l'autre, au Conseil d'Etat : « Sans stipulations, les coutumes ont continué de régir les mariages faits dans leur ressort *jusqu'à nos jours.* » Mais ce système, repoussé déjà par deux arrêts de cassation des 20 octobre 1807 et 6 mars 1811, fut enfin définitivement rejeté par cette même cour, dans un arrêt solennel rendu, toutes chambres réunies, et sous la présidence du grand juge (8 janvier 1813). La combinaison des art. 61, 13 et 14 de la loi de nivôse, 49 de celle du 22 ventôse, et 24 de celle du 9 fructidor, prouve, y est-il dit, que le législateur n'a entendu maintenir pour l'avenir que les avantages conventionnels, et non ceux dérivant des coutumes expressément abolies par l'art. 61 ; car ce sont des transmissions statutaires qui, sans pouvoir être rangées dans la classe des donations ou des successions proprement dites, participent néanmoins de ces deux espèces de transmissions. En effet, à la différence des bénéfices qui peuvent résulter pour l'un des conjoints de la communauté, du partage égal, par exemple, pour celui dont la mise a été inférieure, les gains de survie opèrent nécessairement une transmission des biens de l'époux prédécédé en faveur de l'époux survivant [1], et constituent par conséquent un véritable avantage en faveur de ce dernier. La preuve que le législateur l'a

---

[1] Il nous semble que cela n'est pas juste, et qu'il faudrait au moins distinguer ceux qui dépendent et ceux qui ne dépendent pas de la communauté ; ainsi, le préciput et le douaire.

ainsi entendu, c'est d'abord que dans l'art. 24 de la loi du 9 fructidor an II, il a formellement déclaré le douaire coutumier aboli par l'art. 61 de la loi de nivôse (par rapport aux enfants, il est vrai); ensuite, que dans l'art. 15 de cette dernière loi, en maintenant les avantages résultant entre époux déjà mariés et encore existants, soit des conventions, soit des coutumes et statuts, il a déclaré formellement faire exception en ce point à l'art. 1er, lequel ne statuait pourtant expressément que sur les donations ou les successions.

Cet arrêt termina sur ce point les controverses : on reconnut que les mariages contractés entre la promulgation de la loi de nivôse et celle du Code civil n'emportaient pas douaire de plein droit, qu'il fallait à cet égard une stipulation. Mais elle pouvait être générale ; si les époux avaient déclaré simplement se constituer le douaire de telle ancienne coutume, la convention était valable, et on tomba d'accord de lui appliquer toutes celles des anciennes règles qui se trouvaient encore compatibles avec les lois nouvelles ; car le Code seul défendit par son art. 1390 de s'en référer d'une manière générale aux anciens statuts locaux (Caen, 20 fév. 1824 ; Rouen, 14 déc. 1824). On suivit même le principe quant à la quotité du douaire, qui put excéder la limite portée par le Code, pourvu que le contrat eût été fait avant la promulgation de l'art. 1094 (Cass., 23 mars 1841). Sur quelques autres points la jurisprudence fut plus lente à se fixer, notamment sur les questions qui naissaient de la coutume de Normandie. Elle semblait déférer à l'un ou à l'autre des époux certains avantages à titre héréditaire seulement ; la loi de nivôse avait donc dû les abroger. Cette conséquence fut admise pour le droit que l'art. 390 donnait au mari sur les meubles échus à la femme pendant le mariage (Caen, 10 mai, et Rouen, 30 août 1824); mais quant au tiers coutumier de la veuve sur les meubles et conquêts, nous avons déjà dit qu'on finit par reconnaître son véritable caractère, celui d'un droit de collaboration, de copropriété, au lieu d'y voir un simple titre successif. Enfin, la loi du 22 frimaire an VII, qui soumet à un droit proportionnel les mutations de biens en propriété ou en usufruit, soit entre vifs, soit par décès, doit-elle s'appliquer aux gains de survie résultant de mariages contractés avant, mais dissous depuis sa promulgation? Il nous semble d'abord, malgré de graves autorités, qu'il n'y a pas à distinguer si ce sont des avantages statutaires abolis par la loi de nivôse, ou des avantages conventionnels, stipulés soit avant soit depuis cette loi; car c'était en vertu d'une convention tacite que se prenaient les gains de survie coutumiers, et c'est ainsi qu'ils ont été considérés et respectés pour le passé par la loi de nivôse. Par suite, il ne faut pas non plus distinguer, au point de vue des statuts, ceux qui dépendent et ceux qui ne dépendent pas de la communauté, pour dire que ces derniers, se réglant par la loi du lieu de la situation des immeubles sur lesquels ils portaient, composaient des statuts réels, et par conséquent doivent suivre la loi du moment de leur ouverture. Il est au moins douteux que l'ancienne jurisprudence les soumît en principe à la loi de la situation des biens [1]; il est douteux même qu'elle eût formulé nettement la distinction entre les deux sortes de gains nuptiaux. Dans tous les cas, la loi de nivôse ne l'a pas acceptée, comme nous l'avons montré, et par conséquent, quant à l'application de la loi de frimaire, ils se présentent tous comme dérivant.de la convention, et comme formant des statuts personnels. Mais c'est, croyons-nous, par rapport à leurs caractères, à leurs effets différents, qu'il faut admettre cette même distinction, séparer ceux qui, portant sur les biens communs, constituent de simples conventions de mariage, de ceux qui, frappant les propres, sont de nos jours considérés comme donations. Pour les premiers, pour ceux qui sont compris dans les art. 1515, 1520 et suivants du Code, il nous semble que la question ne peut pas être douteuse; car ces textes ne sont pas introductifs d'un droit nouveau, ils ne font que reproduire un principe déjà proclamé autrefois, et qu'on étendait même bien plus loin: ces sortes d'avantages n'opèrent pas transmission réelle des biens d'un époux à l'autre, surtout transmission à titre gratuit. Ils sont une compensation présumée de risques plus grands, ou d'un apport

---

[1] Il semble qu'en général on suivait la loi du domicile matrimonial pour les biens situés sous des coutumes simplement négatives. Il en était autrement pour les coutumes prohibitives, mais alors le survivant pouvait se venger sur les biens situés dans d'autres provinces (V. Boucher d'Argis, ch. xvi).

plus considérable, par le droit à une part plus forte au partage de la société; ils sont des clauses diverses d'un contrat à titre onéreux. Ce qu'ils sont, ils l'ont toujours été; la loi de frimaire n'a donc jamais pu les atteindre [1]. Quant aux avantages accordés sur les propres, par une convention expresse ou tacite, peu importe, ils sont traités de nos jours comme de vraies donations, et soumis au droit proportionnel d'enregistrement. Mais la loi de frimaire peut-elle s'appliquer à ceux qui, constitués avant sa promulgation, ne se sont ouverts que depuis? La question revient à savoir à quel moment ils sont acquis; si c'est au moment même du mariage, comme droits éventuels subordonnés à la condition de survie, ou au moment du décès, c'est-à-dire quand la réalisation de la condition en fait des droits actuels et certains. La Cour de cassation a d'abord adopté cette seconde idée dans plusieurs arrêts, dont l'un est ainsi motivé : « Considérant, qu'il ne peut y avoir de douairière d'un mari vivant; que jusqu'au décès du mari le douaire est une simple expectative, que ce décès seul transforme en droit acquis, parce que c'est seulement alors que l'usufruit, qui est l'objet du douaire, passe de la tête du mari sur celle de sa veuve, et par là opère la mutation, la transmission pour raison de laquelle la loi a établi un droit proportionnel d'enregistrement... » (Cass., 23 floréal an XIII; 20 frim. an XIV; 5 nov. 1806 ; 27 mai 1807.) Depuis, elle semble avoir abandonné ce système, au moins en partie, pour les avantages qui se trouvent unis à un principe de communauté ou de collaboration (V. p. 198, et la note). Mais, à notre avis, il faut aller plus loin, et déclarer tous les gains nuptiaux de propres exemptés de l'application de la nouvelle loi ; car si le droit ne s'ouvre, si le bénéfice qu'il procure ne se réalise que depuis, il était acquis auparavant, constitué *ab initio* comme conditionnel, et la condition accomplie rétroagit. Ce n'est pas la date de la transmission qu'il faut considérer, c'est celle du fait dont elle découle, du titre qui l'entraîne.

[1] Voir, dans ce sens, deux arrêts des 26 juin 1826 et 22 juillet 1828, relatifs aux droits de la femme dans la coutume de Normandie. Un jugement d'Arras, 9 juin 1846, consacre formellement le système que nous adoptons.

II. CODE CIVIL.

Après les bouleversements et les discordes du régime révolutionnaire, le Code civil vint enfin jeter la lumière dans le chaos que
tant de commotions avaient produit, et fonder sur les ruines de nos
institutions anciennes l'unité de législation. Ses rédacteurs prirent
pour guide cette pensée que les lois doivent être adaptées au caractère, aux habitudes, à la situation du peuple pour lequel elles sont
faites, principe sage, mais qu'ils appliquèrent peut-être trop à la lettre, car il ne suffit pas que les lois suivent les mœurs, il faut qu'elles
les forment et les dirigent. En modelant la législation nouvelle sur les
idées et les principes que les théories philosophiques des cinquante
dernières années leur avaient inculqués, et dont, malgré les sévères
leçons de l'expérience, eux et peut-être leur génération tout entière
étaient encore profondément imbus, ils devaient voir bientôt leur
œuvre en désaccord avec les doctrines d'une génération plus ras-
sise, ou entraver cette marche ascendante, ce retour vers les idées
d'ordre, et léguer à l'avenir, avec les mêmes théories, les mêmes
malheurs. On a dit souvent que le Code fut une transaction : une
transaction, soit, mais qui donna tout l'avantage aux principes nouveaux sur les idées anciennes et conservatrices, qui sacrifia le vieux
droit de la France, même dans ce qu'il y avait de sage, au droit romain, et au droit romain de l'empire, c'est-à-dire à une législation
qui pouvait admettre l'égalité absolue dans les lois civiles, parce
qu'elle niait la liberté politique. Consacrer les constitutions impériales, qui avaient servi pendant trois cents ans à battre en brèche
les coutumes germaniques, c'était consacrer la Révolution, qui
s'était faite dans le même esprit ; c'était obéir aux mœurs du temps,
qui étaient celles des municipes et des grandes villes commerciales,
aux besoins nouveaux, nés du développement de l'industrie, de
l'importance immense et nouvelle de la fortune mobilière, ce qu'il
fallait faire, sans aucun doute, dans une juste mesure : mais c'était
en créant de nouveaux meubles (les rentes et les offices), en divi-
sant, en faisant circuler toutes les fortunes, favoriser et augmenter
encore ces besoins, livrer la société aux hasards de variations

constantes, car on lui retirait ses points d'appui, la sécurité de la propriété, la conservation des familles, la perpétuité des souvenirs.

Il est une seule matière, celle du contrat de mariage, où la distinction des biens d'après leur origine, proscrite partout ailleurs, la vieille règle que les dettes immobilières suivent les immeubles, les mobilières les meubles, les principes coutumiers enfin subsistent comme des témoins d'un autre âge, par une anomalie singulière, que nous sommes loin, du reste, de regretter, malgré les inconvénients trop réels de leur isolement et de leur mutilation dans notre droit. Sauf cette matière générale et quelques points de détail, presque toutes les grandes questions, celles dont la solution fonde l'état social d'un peuple, sont décidées d'après la législation romaine ; c'est elle qui domine encore presque tous les actes de la vie civile. Nous disons presque, car, preuve frappante de l'esprit auquel, sans le savoir peut-être, on obéissait alors quelquefois, le Code s'en est écarté, et, pour affaiblir encore, soit par une règle nouvelle, soit par quelque disposition détachée du droit coutumier, les idées d'autorité et de conservation, les principes fondamentaux d'ordre et nous sommes près d'ajouter de morale qui s'y trouvaient proclamés. Le mariage fut réhabilité, mais on admit le divorce, presque entièrement aboli déjà du temps de Justinien. On reconnut les obligations réciproques que le lien conjugal fait naître entre les époux pendant leur vie, mais les droits qu'il crée cessèrent de se perpétuer au delà même du tombeau ; la succession opulente ne dut plus rien au conjoint pauvre, la quarte de l'authentique *prœterea*, cette loi si belle, comme la proclament nos anciens auteurs, fut oubliée. La puissance paternelle rétablie effrayait les amants jaloux de la liberté. A Rome, elle durait toute la vie ; chez nous, l'émancipation a lieu de plein droit. A côté de la portion de biens réservée à la famille, comme son patrimoine, une autre, laissée à la disposition du père, lui donne, par une sage liberté, le moyen d'avantager un de ses successibles, même un de ses enfants, pourvu que la faveur ne soit pas trop grande : mais il est privé du droit d'exhérédation ; capable pour récompenser, il est impuissant à punir. Les substitutions, les fidéicommis romains, lui sont interdits, car le désir de voir sa famille et son nom rester attachés à une terre et s'y perpétuer avec éclat porte un caractère aristocratique. L'autorité maritale reconnue est mitigée, et ici nous ne pouvons qu'admirer le Code, qui nous semble avoir trouvé le juste milieu entre l'anéantir, comme dans le mariage libre, et l'exagérer comme le faisait la *manus*, et comme l'eût fait même l'ancienne mainbournie, si elle s'était appliquée avec toutes ses conséquences à la nouvelle condition de la femme, ou aux dots si considérables et si communément mobilières du nouvel état de choses. Quant à la loi des successions, cette base du droit privé, elle rejette les exagérations de la loi de nivôse, mais sans abjurer au fond ses principes, en reproduisant presque textuellement les deux novelles de Justinien. Les biens forment une seule masse, soumise à des règles uniformes, transmise aux mêmes personnes, sans aucune distinction ni de qualité, ni d'origine, ni même de nature. Il n'y a plus de propres inaliénables, plus de retraits qui entraveraient la circulation des biens et le crédit; plus de règle *paterna paternis*, plus de refente; et si le Code, pour obvier aux résultats iniques de la disposition des lois romaines qui attribuait toute la fortune au parent le plus proche, divise la succession par moitié entre les deux lignes, il n'en résulte pas moins que l'une d'elles peut être privée de ses domaines héréditaires, et recevoir, en échange, des biens auxquels ne l'attache aucun intérêt d'affection. Il y a même un cas où l'une peut être entièrement dépouillée par l'autre (art. 750, 746 et 752 combinés). Comme les biens dont elles suivaient autrefois les distinctions, les dettes forment une seule masse qui grève l'ensemble de l'actif, et tout ce que possède un débiteur est, sans réserve, affecté au payement de ses obligations. Enfin, le partage égal, posé en principe sans discussion, dès les premières lois de la révolution, subsiste entre les successsibles de même degré, qui, par suite de la confusion de tous les biens, prennent chacun non-seulement une valeur égale, mais une part égale des meubles et des immeubles : « Il convient, dit l'art. 832, de faire entrer dans chaque lot, s'il se peut, la même quantité de meubles, d'immeubles, de droits ou de créances de même nature et valeur. »

En vertu de cette loi constante qui fait que, dans toutes les législations, les règles des successions et les gains de survie se correspondent, que ceux-ci viennent, quand la fille est exclue, compenser pour la veuve cette rigueur politique, et qu'au contraire, dès que la femme a part égale avec les mâles, ils sont réciproques pour les deux époux ou disparaissent complétement, le Code ne consacre plus de plein droit ni douaire, ni augment, ni préciput, mais il permet de stipuler des avantages analogues, et, dans l'usage, on les stipule le plus souvent réciproques, car la raison de différence entre les deux conjoints n'existe plus. Ainsi, au moment où l'on cherchait un régime uniforme pour tout le territoire, on a rendu la conciliation des deux systèmes qui se partageaient la France plus que jamais impossible, en supprimant précisément ce qui leur créait des points de contact. Tout ce que le régime dotal avait de favorable à la famille subsiste, tout ce qu'il faisait dans l'intérêt personnel des époux a été supprimé. Son principe est, certes, de constituer l'indépendance des époux et de leurs patrimoines, mais il ne méconnaissait pas, lorsqu'il était complet, leurs droits réciproques. La communauté a sa base dans cette réciprocité de droits et de devoirs, dans l'association, la confusion presque de deux fortunes, comme de deux corps et de deux âmes ; elle forme, et c'est là son côté sublime, l'application à l'ordre matériel du principe moral du mariage chrétien. Mais son danger est dans l'exagération nécessaire de la puissance du mari, qui peut tourner à l'avantage de la femme, s'il est sage, mais qui la laisse elle et sa famille sans sauvegardes suffisantes contre des malheurs ou des fautes. Le douaire fournissait le contre-poids si nécessaire de cette puissance ; dans sa double nature, il assurait l'intérêt et la dignité de la femme, l'avenir des enfants, en leur conservant un patrimoine à l'abri de toutes les chances de l'association. Il était une 'partie essentielle de la communauté ; il formait, avec l'augment dont il se rapprochait tant, le point de jonction si difficile à trouver entre deux systèmes qui partent de principes diamétralement opposés, et pourtant il a disparu. Aboli par une interprétation douteuse d'un article obscur de la loi de nivôse, les rédacteurs du Code n'ont pas eu, dit M. Ginoulhiac, le courage ou la pensée de le rétablir, de le rétablir au moins pour la femme, s'ils craignaient, en le réservant aux enfants, de trop immobiliser les fortunes.

Il faut être justes pourtant. Il existe encore dans notre droit des gains de survie légaux. La loi ne va pas jusqu'à nier absolument le titre d'époux dès que la mort a dissous le mariage. Elle reconnaît que l'isolement de la veuve et sa douleur, que le soin de sa dignité méritent protection et faveur. Mais cette protection dure si peu, cette faveur est si mince, que ces dispositions ne servent guère qu'à nous montrer et à nous faire regretter l'esprit de notre vieux droit, auquel elles sont empruntées. De tous les avantages qu'il accumulait, deux seulement subsistent ; d'une part, le droit de deuil, quel que soit le contrat de mariage ; de l'autre un double droit de nourriture et d'habitation, réglé pour la veuve commune comme par les coutumes, et comme l'année de viduité des pays de droit écrit pour la femme qui a stipulé le régime dotal. La ressemblance frappante des gains nuptiaux édictés par les articles 1465 et 1570, dont pourtant les législateurs ont conservé les anciennes diversités avec un soin singulièrement scrupuleux, prouve qu'en adoptant les corollaires presque identiques que notre ancienne jurisprudence avait ajoutés à chacun des deux régimes, il y eût eu moyen peut-être de les rapprocher beaucoup, sinon dans leurs principes, au moins dans leurs conséquences.

Le plan que nous suivrons dans l'exposition de notre droit moderne sera le même qui nous a dirigé jusqu'à présent. Toutefois, l'introduction de règles nouvelles, ou l'abolition des anciennes institutions, nous obligent à poser ici quelques divisions générales :

1° Les gains de survie sont encore de deux sortes, légaux ou conventionnels ; mais le petit nombre des premiers donne peu d'importance à cette distinction ;

2° Les avantages conventionnels sont ceux qui résultent du pacte nuptial. Ils se distinguent quant à leur objet, selon qu'ils portent sur les biens de la communauté ou sur les propres des époux. De là deux sortes de gains de survie ; ceux qui sont considérés comme de simples conventions entre associés et à titre onéreux, ceux qui constituent des donations éventuelles entre fiancés. Avant de développer les règles particulières qui les séparent et les caractères spéciaux de chacun d'eux, nous verrons, sans parler de leurs formes, qui sont celles du contrat de mariage, s'il n'y a pas des principes communs qui les régissent tous et les rassemblent.

3° Distincts de tous ceux-ci par leur constitution et par leurs formes, qui les assimilent aux donations ordinaires entre vifs, mais rapprochés des donations entre fiancés par leurs modalités et leur objet, d'autres avantages peuvent résulter de libéralités entre époux. Ils sont soumis à celles des règles générales des gains nuptiaux qui ne dérivent pas de la nature spéciale du contrat de mariage. Sans nous arrêter à exposer d'une manière complète tout ce qui se rapporte à ces donations, il nous suffira d'en montrer les diverses espèces et d'examiner si la condition de survie, qui est inhérente à quelques-unes, les affecte nécessairement toutes.

4° Enfin, un dernier chapitre sera consacré au droit de succession réciproque des conjoints qui, tout en restant régi par les principes généraux des successions, et sans former, par conséquent, un véritable gain de noces et de survie, s'en rapproche beaucoup, comme on l'a vu, par sa cause et ses résultats.

I. Gains de survie légaux.

Nous ne reviendrons pas sur ce que nous avons dit du droit que l'art. 1492 accorde à la veuve commune de retirer, même quand elle renonce, les linges et hardes à son usage (V. p. 206). Dans le cas d'adoption du régime dotal, le même avantage résulte de l'article 1566 (2°), qui dit : « La femme pourra, dans tous les cas, retirer ses linges et les hardes à son usage actuel, sauf à précompter leur valeur, lorsque ces linges et hardes auront été primitivement constitués avec estimation. » Ce texte, qui contient une dérogation au droit commun, nous offre plusieurs hypothèses à examiner. Si la femme s'était constitué en dot tout son mobilier, mais en en retenant la propriété, la conséquence du principe posé par la première partie de l'article 1566 serait que ses vêtements devraient dépérir pour elle, et que le mari libéré de son obligation en restituant identiquement ceux qui auraient été apportés, quelque long temps que le mariage eût duré et dans quelque état qu'ils fussent au moment

de la dissolution, pourrait retenir ceux qui servent actuellement à
l'usage de la femme. Si, au contraire, celle-ci lui en avait transféré la
propriété, en se constituant en dot son mobilier avec estimation, il
pourrait retenir, en payant le prix d'estimation, tant les linges et
hardes constitués en dot que ceux qui auraient été acquis pendant le
mariage. Mais dans les deux hypothèses, la loi, par une raison d'é-
quité et de bienséance qu'il n'est pas besoin d'expliquer, déroge à la
rigueur des principes et accorde à la femme les vêtements qu'elle porte
au moment de la dissolution. Seulement, quand il y a eu estimation,
il faut distinguer s'ils sont d'une valeur inférieure ou supérieure à
celle qui a été attribuée au trousseau qu'elle avait primitivement.
Dans le premier cas, elle précomptera sur le montant de l'estimation la valeur du trousseau qu'elle conserve, et répétera le surplus.
Dans le cas contraire, devra-t-elle compte de l'excédant? Évidemment non, dans l'hypothèse donnée, celle du prédécès du mari, car
cet excédant ne peut pas être considéré comme une donation, et
quand c'en serait une, elle serait confirmée par la mort sans révocation. Bien entendu, le privilége de l'art. 1566 est, comme le
motif sur lequel il est fondé, purement personnel à la femme, et ses
héritiers ne pourraient exercer que les droits qui résulteraient pour
eux des règles ordinaires du régime dotal [1]. Quant à savoir quels
objets il faut comprendre dans la qualification de linges et hardes,
ce sont, comme nous l'avons dit, même les dentelles et autres tissus précieux, mais non pas les bijoux, sauf pourtant l'anneau de
mariage.

Ce premier avantage écarté, il nous reste à parler de ceux que les
articles 1465, 1570 et 1481 assurent à la veuve. Ce sont, comme
autrefois, le droit de nourriture et d'habitation, et le deuil. Le Code,
plus peut-être ici que nulle part ailleurs, s'est inspiré, nous l'avons
dit, des anciens principes et conserve encore des traces de leur
variété. Ainsi, la différence des articles 1465 et 1570, qui établissent pourtant les mêmes droits, n'est que la reproduction, sur ce

[1] Nous ne parlons pas du cas où les vêtements servant à l'usage actuel de la
femme proviendraient de ses paraphernaux. L'art. 1566 alors ne s'appliquerait
pas, et le mari ou ses héritiers seraient obligés de tenir compte, d'après les règles ordinaires, des effets qu'elle aurait apportés en dot.

point, pour la communauté et le régime dotal, de la différence qui séparait autrefois les usages du Nord de ceux du Midi.

Nous n'avons pas besoin, par conséquent, de répéter qu'il faut se garder de confondre le droit viager d'habitation qu'une convention expresse peut, mais peut seule attribuer pour toute sa vie à l'un des époux, avec la faculté que nos deux articles accordent de plein droit à la veuve de rester soit pendant trois mois et quarante jours, soit pendant une année dans la maison commune. Ce dernier avantage diffère tellement de l'autre, qu'on a refusé de lui donner le même nom, et de reconnaître qu'il existe encore de nos jours un droit légal d'usage et d'habitation. M. Duranton (t. V, n° 6), à l'appui de cette idée, fait remarquer avec grande raison combien l'article 1570 diffère dans l'espèce qu'il prévoit des articles 625 et suivants, soit que l'on considère la durée de la jouissance, soit que l'on considère les charges dont l'usager ordinaire est tenu et dont la veuve est généralement affranchie, notamment en ce qui touche l'obligation de fournir caution, imposée à l'usager par l'article 626 et qui ne saurait être imposée à la veuve, et notamment encore en ce qui concerne les impôts, auxquels contribue l'usager proprement dit, et dont, selon nous, la veuve n'est point tenue. Quelque justes que soient ces observations, il nous semble qu'une fois la distinction nettement posée pour éviter toute confusion, on peut, avec beaucoup d'auteurs, appeler le droit de la veuve droit d'habitation, car c'est, en définitive, celui dont il se rapproche le plus, et notre ancienne jurisprudence confondait sous le même nom les deux choses, dont l'une ne semblait qu'un diminutif de l'autre. Du reste, c'est là une simple question de mots.

Quant au fond des choses, notre commentaire de ces deux articles se trouve déjà presque fait par l'exposition qui précède des anciens usages. Et, d'abord, l'article 1465, qui statue pour le cas de mariage en communauté, déclare comme Pothier : 1° que « la veuve, soit qu'elle accepte, soit qu'elle renonce, a droit pendant les trois mois et quarante jours qui lui sont accordés pour faire inventaire et délibérer, de prendre sa nourriture et celle de ses domestiques sur les provisions existantes, et, à défaut, par emprunt au compte de la masse commune, à la charge d'en user modérément ; » 2° qu'elle-

« ne doit aucun loyer à raison de l'habitation qu'elle a pu faire, pendant ces délais, dans une maison dépendante de la communauté ou appartenant aux héritiers du mari ; et si la maison qu'habitaient les époux, à l'époque de la dissolution de la communauté, était tenue par eux à titre de loyer, la femme ne contribuera point, pendant les mêmes délais, au payement dudit loyer, lequel sera pris sur la masse. » Une observation à faire sur ces derniers mots, c'est qu'ils ne sont complétement justes que dans l'une des deux hypothèses prévues, celle où la femme renonce à la communauté. Si elle accepte, elle contribuera forcément aux frais faits pour son entretien et son logement, puisqu'ils se partageront par moitié, comme toutes les charges. Ce ne sera pas non plus nécessairement pendant un délai rigoureux de trois mois et quarante jours que la femme pourra jouir du double avantage qui lui est assuré. Nous avons dit qu'il a pour fondement ce principe, que la veuve reste pendant ce temps gardienne de la communauté, qu'en administrant le fonds commun et en faisant inventaire, elle agit dans l'intérêt des héritiers du mari et des créanciers, aussi bien que dans son intérêt personnel. (Zachariæ, III, § 519, note 1.) Il en résulte deux conséquences parallèles : la première, que si la femme, au lieu du temps ordinaire, n'a employé qu'un temps beaucoup plus court, deux mois, par exemple, pour faire inventaire, son droit ne durera pas plus que les quarante jours qui lui sont encore donnés pour délibérer : la seconde, que si, au contraire, les délais ordinaires n'ayant pas suffi, elle a obtenu du juge une prorogation, pendant toute sa durée, ce même droit se perpétuera. On dirait en vain que l'article 1465 ayant déterminé le nombre de jours pendant lequel la femme est admise à jouir du bénéfice qu'il lui accorde, ce temps n'est susceptible ni d'abréviation ni d'augmentation. Ce qui prouve bien qu'il n'en est pas ainsi, c'est que la loi ne dit pas pendant trois mois et quarante jours d'une manière absolue, mais pendant les trois mois et quarante jours qui lui sont accordés pour faire inventaire et délibérer. D'ailleurs, l'article 1495, qui s'occupe de nouveau de ce bénéfice pour expliquer qu'il est personnel à la veuve, ne parle plus des trois mois et quarante jours, mais seulement du délai donné pour faire inventaire et délibérer. Enfin, et ceci nous paraît plus décisif encore, nous avons vu que l'achèvement de l'inventaire était le terme indiqué par Pothier, dont les rédacteurs du Code ont évidemment voulu reproduire la pensée.

· La femme continuera donc à occuper la maison conjugale, sans qu'on puisse exiger d'elle aucune indemnité, soit que la communauté se trouve propriétaire ou locataire. Si, dans ce dernier cas, le bail vient à cesser avant l'expiration du droit de la veuve, ou si la maison concédée au mari, à titre d'usufruit, est sortie de ses biens par l'effet même de sa mort, ses héritiers doivent fournir à la femme une habitation convenable ; bien entendu, ils doivent la laisser demeurer dans la maison conjugale, si elle leur appartient personnellement. Dans toutes ces hypothèses, la veuve renonçante ne leur doit aucune indemnité ; mais si elle accepte, les frais se partageront par moitié. Si la maison appartient à la femme elle-même, elle n'a pas d'indemnité à réclamer, du moins pour son logement, car elle pourrait peut-être en exiger une pour le logement des effets de la communauté jusqu'au partage (M. Duranton, n° 468, t. XIV).

On s'explique facilement que le texte ne parle que du logement et de la nourriture de la veuve, et non de ses enfants ; car si ce sont des enfants communs, ils sont héritiers de leur père, et recueillent tout ou partie de la masse commune ; et, s'ils sont d'un premier lit, la communauté dissoute ne leur doit rien ; leur entretien reste à la charge exclusive de leur mère.

Le même privilége de viduité est réglé d'une manière différente, quand les époux se sont mariés sous le régime dotal : « Si le mariage, dit l'article 1570, est dissous par la mort du mari, la femme a le choix d'exiger les intérêts de sa dot pendant l'an du deuil, ou de se faire fournir des aliments pendant ledit temps, aux dépens de la succession du mari ; mais, dans les deux cas, l'habitation durant cette année et les habits de deuil doivent lui être fournis sur la succession, et sans imputation sur les intérêts à elle dus. » Ici ce n'est plus à Pothier, c'est à la législation des pays de droit écrit que les rédacteurs du Code se sont reportés ; et ce sont les principes du droit nommé l'année de viduité, que nous rappelle la première de ces deux dispositions.

En effet, nous avons vu naître, dans la jurisprudence du **Midi**,

16

le droit pour la femme d'exiger de la succession de son mari, pendant l'année de deuil, une certaine somme, tant pour ses aliments que pour lui tenir lieu des intérêts de sa dot mobilière, qui, d'après les dernières lois romaines, ne devait lui être rendue qu'au bout d'un an. Cet avantage, considéré comme une créance de la femme, plutôt que comme une libéralité du mari, n'était pas, comme tel, soumis au retranchement de l'édit des secondes noces (il en serait encore de même pour le retranchement de l'article 1098). Le Code, en déclarant que les intérêts de la dot courent de plein droit à partir de la dissolution du mariage, même quand une année est accordée pour la restitution de la dot elle-même, devait nécessairement modifier l'ancien état de choses; car les motifs sur lesquels il était fondé cessaient, en partie au moins, d'exister : mais il fallait prendre garde, en accordant un bénéfice nouveau à la femme, de ne pas empirer sa situation; car la somme qu'elle obtenait autrefois à titre de viduité, étant calculée sur ce qui lui était nécessaire pour son entretien, pouvait se trouver bien supérieure aux intérêts de sa dot. L'article 1570 lui donne donc le choix d'exiger, soit ces intérêts, soit une pension alimentaire : c'est un droit d'option, et non pas un cumul. Mais cette option est-elle limitée au cas où la dot doit porter intérêt, parce qu'on ne peut l'exiger immédiatement, ou s'étend-elle aussi à celui où la dot consiste en immeubles ou en meubles dont la propriété est restée à la femme? On peut dire que nous sortons ici des termes du Code, puisqu'il s'agit de biens qui doivent être restitués sur-le-champ, ou même qui ne produisent pas d'intérêts; tandis que la loi ne donne le choix qu'entre les intérêts de la dot et des aliments. Cependant, il nous semble que si la dot immobilière doit être rendue sans délai à la femme qui la réclame, aucun texte ne l'oblige à la réclamer de suite; si elle ne le fait pas, elle aura le droit d'exiger des héritiers du mari, sinon les intérêts, au moins ce qui s'en rapproche beaucoup, les revenus de ces biens, et, par conséquent, à moins qu'on ne la repousse par une interprétation étroite et rigoureuse du mot intérêt, elle sera précisément dans le cas où la loi lui donne le droit d'option (Rodière et Pont, II, n° 663, *contra* M. Duranton, XV, n° 572).—Le mot aliments, qui doit être pris ici dans son accep-

tion ordinaire, comprend, comme toujours, tout ce qui est nécessaire à l'entretien, tant en maladie qu'en état de santé ; seulement,
comme l'article qui nous occupe attribue à la femme, par une disposition distincte, l'habitation et les habits de deuil, les aliments
ne devront s'entendre que du surplus. Du reste, sous le Code,
comme autrefois, il faut voir là moins un avantage donné à la veuve,
qu'une dette, et une dette éminemment favorable [1]. C'est par ce
motif que nous résoudrons, dans le sens de l'affirmative, la question controversée de savoir si les aliments sont dus encore quand
la subsistance de la femme est assurée par des revenus paraphernaux considérables. Pour nous, l'esprit général du Code, moins
favorable aux veuves que l'ancien droit, ne nous paraît pas une
raison de renforcer encore ses rigueurs, en introduisant dans la
loi une distinction qui n'y apparaît pas. Le mot d'aliments ne suffit pas à la faire reconnaître, car il était indiqué par l'origine, par
l'histoire, et par la nature même du droit qu'on établissait. Enfin,
si quelques-uns de nos anciens auteurs enseignaient déjà l'opinion
contraire, il ne faut pas s'en étonner dans un temps où le droit à
l'année de viduité n'était fondé que sur une interprétation favorable (d'Accurse), adoptée par la jurisprudence. On conçoit que
là où les motifs qui l'avaient fait introduire venaient à manquer,
on pût hésiter à continuer de le consacrer; et toutefois cela n'a jamais été admis par les parlements, fidèles à ce principe que c'était
une dette. De nos jours, où nous voyons cette dette reconnue par une
loi précise, qui, loin d'admettre la distinction que l'on voudrait
faire, la repousse en montrant, quelques articles plus bas, qu'elle
n'a pas oublié les paraphernaux de la femme, nous ne devons pas
nous arrêter à des motifs qui n'ont même pas suffi pour faire introduire la distinction à l'époque où tout, en cette matière, reposait sur la jurisprudence et sur l'usage [2].

[1] Mais si le passif dépassait l'actif, si elle devait par conséquent tomber à la
charge des créanciers, il faudrait , bien entendu, la restreindre aux plus étroites
limites.

[2] Voyez un arrêt d'Aix (2 mai 1839), qui décide d'une manière générale que la
veuve a le droit, quelle que soit sa position de fortune , d'exiger des aliments
pendant l'année de deuil.

Ainsi, quelque considérables que soient les paraphernaux, quelque minime que soit la dot, la femme pourra demander des aliments. Nous n'allons pourtant pas jusqu'à lui permettre, si sa dot comprend à la fois des immeubles importants, et des sommes peut-être modiques, d'exiger à la fois la restitution immédiate de ces immeubles, et des aliments comme compensation des intérêts de ces valeurs mobilières qu'elle abandonnerait. Une telle prétention serait évidemment inique ; et la loi, en ne parlant, dans la deuxième partie de l'article 1570, que des intérêts et non des fruits, ne peut pas avoir eu pour but de la consacrer. Il faut combiner la dernière partie de l'article avec la première, où il est parlé tout à la fois des intérêts et des fruits, et dire avec M. Duranton (XV, n° 574), qu'il n'y a pas deux dots, l'une mobilière, l'autre immobilière ; qu'il n'y en a qu'une, que la femme doit abandonner ou reprendre en totalité. Cette solution n'est pas contraire à la faculté que nous avons reconnue ci-dessus à la femme, quand sa dot est purement immobilière, d'exiger néanmoins des aliments en abandonnant les revenus.

Maintenant est-il nécessaire, pour pouvoir exiger des aliments, que la femme ait une dot? L'affirmative se fonde sur la place de l'article 1570 dans le Code, au chapitre de la restitution de la dot, et sur les termes de cet article, qui donne à la femme le choix d'exiger les intérêts de sa dot, *ou* des aliments. Enfin, on invoque encore l'autorité de Merlin, qui, après avoir dit que, dans l'ancien droit, la femme non dotée n'en pouvait pas moins exiger son année de viduité, ajouterait : « Aujourd'hui, en pareil cas, la femme aurait encore droit à son deuil et à l'habitation pendant l'année, mais elle ne pourrait plus exiger d'aliments ; cela résulte de l'alternative établie par l'article 1570. » Mais il nous semble qu'on n'a pas bien lu ce passage de Merlin, ni vu exactement le point sur lequel portait sa décision. Après avoir parlé de l'ancien droit, il rapporte, d'après Graverol, un arrêt du Parlement de Toulouse, du 21 juillet 1677, qui admet la veuve à demander son deuil et son droit de viduité, quoique l'héritier du mari lui eût rendu sa dot. C'est alors qu'il déclare que, de nos jours, cela n'aurait plus lieu, ce qui est incontestable, mais ce qui ne prouve rien pour la difficulté dont nous nous occupons. Arrivant à la question même,

nous dirons avec M. Taulier (t. V, p. 370) : «On ne saurait sérieusement supposer qu'en donnant l'option à la femme, la loi ait seulement songé à lui permettre de se prononcer entre une pension
qui lui sera payée et des intérêts ou des fruits qu'elle pourrait percevoir elle-même ; la pensée de la loi est plus haute, son intention
est plus large, plus délicate, plus généreuse. Elle a voulu rendre
hommage à ces égards traditionnels que l'on a toujours accordés
aux veuves ; elle a voulu, pendant une période de temps consacrée
à la douleur, et où le soin des affaires est abandonné, offrir à la
femme une consolation. » A ces considérations, nous ajouterons
que dans une matière où le Code s'en est si évidemment référé aux
anciens principes, l'autorité de l'ancienne jurisprudence des pays
de droit écrit est d'un grand poids. Or, personne ne doute qu'elle
ne fût unanime sur cette question, et nous avons vu même jusqu'où elle allait. Comme elle, le Code a voulu imposer à la succession du mari l'obligation de nourrir la veuve même d'une façon absolue, et sans compensation. La preuve en est que les aliments sont
dus, quelque grands que soient les besoins de la veuve, quelque
peu considérable que soit la dot.

Une fois l'option faite par la femme, elle est définitive, et ne
peut plus être retirée ; car, le consentement une fois donné est
devenu l'élément d'un contrat qui lie les parties et constitue un
droit acquis. La veuve mineure même ne pourrait s'appuyer sur
le défaut d'autorisation du conseil de famille pour en invoquer la
nullité, car il ne s'agit ici que de ses revenus. Mais devra-t-elle
être présumée avoir opté soit pour les aliments, parce qu'elle
aura vécu quelque temps des provisions existantes lors du décès du mari, soit pour les intérêts de la dot, parce qu'elle en
aura reçu une partie des débiteurs ou détenteurs ? Nous ne le pensons pas : en vertu de ce principe, qui veut que la renonciation à
un droit ne s'induise pas d'actes équivoques, nous croyons qu'il
faudra une volonté manifestée d'une manière formelle, ou d'une
manière implicite, mais nécessaire, comme par une demande de
pension alimentaire, ou par une demande en payement des intérêts
de la dot, formée contre les héritiers du mari.

Que devient l'année de viduité, dans le cas où la femme a reçu des libéralités par le testament de son conjoint? La solution dépend de l'étendue de l'avantage qui lui est fait. Si la veuve, légataire universelle en l'absence d'un héritier à réserve, recueille toute la succession, la confusion s'opère ; la femme, créancière à la fois et débitrice, ne peut se payer elle-même, et le droit aux aliments disparaît. Il en est de même si l'objet légué est seulement un usufruit universel, car, en vertu de l'art. 610, qui charge le légataire universel d'usufruit du service des rentes ou pensions alimentaires, les deux qualités contraires se trouvent encore réunies dans la même personne. Mais si la disposition était à titre universel, la confusion ne s'opérerait plus que pour partie, dans la proportion de la quote-part léguée, et la femme pourrait exiger la pension alimentaire pour le reste. Par la même raison, elle lui serait due tout entière, s'il s'agissait simplement d'un legs particulier. Un cas spécial à remarquer est celui où le mari lui aurait légué sa dot, ce qui lui procurerait, entre autres, ce bénéfice de pouvoir exiger sans aucun délai sa dot, même mobilière. Alors, suivant quelques personnes, comme en principe les aliments ne se cumulent pas avec les intérêts de la dot, il faudrait que la femme renonçât à l'un des deux avantages pour obtenir l'autre. Mais, n'est-ce pas là rendre inutile le legs fait par le mari, puisque la faveur qu'il procure à la femme est compensée par la perte d'un droit, tandis que la présomption est toujours, comme ces auteurs nous l'apprennent eux-mêmes, que le mari par ce legs a entendu lui conférer un avantage nouveau, sans la priver d'aucun de ceux qui sont inhérents à sa créance. Ne pourrait-on pas dire que le principe du non-cumul des intérêts de la dot et des aliments s'applique quand la femme les réclame au même titre, comme veuve, et en vertu de l'art. 1570, mais non quand elle réunit ces deux titres de légataire de la dot et de créancière d'aliments en vertu de la loi ? Si le mari avait obligé ses héritiers à fournir à sa femme une pension alimentaire, aurait-on prétendu que cela la privait du droit d'exiger la restitution immédiate de ses immeubles dotaux ? Pourquoi, lorsqu'il a pris une marche inverse, ôter à son legs une partie de ses effets?

Après tout ce qui précède, il nous reste peu de chose à dire de l'habitation que l'art. 1570 assure à la femme également pendant une année. Ce droit a, sous le même nom, les mêmes règles que celui qui est attribué à la veuve commune par l'art. 1465. Quoique l'un des motifs indiqués ci-dessus n'existe plus ici, quoiqu'il n'y ait pas de communauté dont la femme soit gardienne, le même avantage est donné à la femme dotale, car elle est veuve aussi et digne du même intérêt. Il y a mieux, il lui est donné d'une façon plus large, car il dure une année entière, et cette différence qu'il est impossible d'expliquer logiquement, est encore une trace des diversités de nos deux systèmes anciens de législation. L'habitation n'est pas, comme le droit d'aliments, subordonnée à l'abandon des intérêts de la dot ; elle est due, quel que soit sous ce rapport le choix de la femme, et sans imputation sur les intérêts. Par conséquent, elle peut être réclamée dans tous les cas comme une créance, et les questions que nous venons d'examiner ne s'élèvent plus ici. Du reste, la différence dans la durée de son droit écartée, la femme aura comme la veuve commune, l'habitation pour elle et pour ses domestiques, suivant sa fortune et sa condition (1465), et pourra, selon les mêmes distinctions, se la faire donner en nature par les héritiers de son mari, dans une des maisons de la succession, ou, à défaut, exiger une indemnité de logement. Mais, si la maison où demeuraient les deux époux se trouvait, à la dissolution du mariage, lui appartenir à elle, soit que le mari la lui eût léguée, soit qu'elle fût dès longtemps sa propriété, nous croyons qu'elle n'aurait plus rien à réclamer (contra, Caen, 30 avril 1828) ; car le motif de bienséance, qui a fait établir ce bénéfice, n'existerait plus. De même, il nous semble que la femme qui, en règle générale, en jouit pendant un an, devrait en être privée au bout de dix mois, si elle se remariait ; car les convenances s'opposent à ce qu'elle amène un nouvel époux dans la maison qu'elle tient du premier.

Quant au deuil, il n'y a pas de distinctions à faire entre les différents modes d'association conjugale ; que les époux eussent adopté le régime dotal ou la communauté, que la veuve accepte ou qu'elle renonce, qu'elle soit même séparée de corps ou de biens, elle n'en a pas moins le droit de se faire payer par la succession les frais de son deuil, car elle n'en est pas moins épouse, et obligée par la décence publique de rendre cet hommage à la mémoire de son mari (1481). Ce motif, qui est de tous les régimes, est aussi de tous les temps ; aussi, le droit de deuil est-il de nos jours à peu près ce qu'il était autrefois. Par suite, nous n'en dirons que quelques mots. Donné encore à la femme seule, il se paye en argent et non en nature ; il se règle d'après la fortune et la condition du mari au moment de la dissolution ; enfin, il comprend les habits des domestiques et tout ce qui en dépend. C'est une créance de la veuve contre la succession, que ne lui fait perdre ni sa fortune plus considérable, ni même, à la différence de ce qu'ordonnait l'ancien droit, son convol à de secondes noces pendant la première année, ou sa mauvaise conduite, car le Code ne permet plus une inquisition souvent outrageuse sur sa vie. Les héritiers du mari ne pourraient même pas lui contester son droit, par le motif qu'une maladie la mettrait de fait dans l'impossibilité de porter le deuil. Mais l'ancienne question de savoir si elle doit le porter à ses dépens, quand elle a reçu des avantages de son époux, peut encore s'élever de nos jours, et doit, selon nous, se résoudre par la distinction qui consiste à dire que si les avantages sont entre vifs, ils ne diminuent en rien la créance du deuil, mais que les libéralités testamentaires, en vertu desquelles la femme contribue avec les héritiers du défunt au payement de ses dettes, l'obligent aussi à faire confusion sur elle-même d'une partie de cette créance proportionnelle à ce qu'elle obtient, et à n'en réclamer que le surplus.

Maintenant de quelles sûretés jouit cette créance? Quelles garanties accessoires en assurent le recouvrement? Cette question donnait lieu à de nombreuses variations dans la jurisprudence des parlements. Ordinairement on reconnaissait au deuil, comme faisant partie des frais funéraires, un privilége sur les meubles, et souvent, comme gain de survie, une hypothèque tacite sur les immeubles, à compter du jour du mariage. Merlin, en lui accordant le privilége des frais funéraires sur le mobilier, déclarait qu'à ce titre il devait être prélevé avant même la dot d'une première femme, mais lui refusait d'ailleurs toute hypothèque particulière sur les immeubles, à moins qu'il ne fût réglé par une clause spéciale du contrat. Sous le Code, il faut accepter cette dernière décision, et dire que la créance du deuil n'aura hypothèque que comme convention matrimoniale et quand elle aura fait l'objet d'une stipulation formelle. Mais que dirons-nous du privilége? Peut-on assimiler encore le deuil aux frais funéraires, pour le faire jouir de la préférence que l'art. 2101 accorde à ceux-ci? Quant à nous, il nous semble difficile de donner à ce mot, frais funéraires, une interprétation aussi extensive, en présence de la règle générale qui ne permet pas d'étendre les priviléges, et de ce fait que nulle part le Code ne consacre, ni ne rappelle même l'ancien système, qui comprenait dans ces frais ceux du deuil. D'ailleurs, si cette interprétation était généralement admise autrefois, ce n'était pas pourtant un principe universel, tellement certain que la loi eût pu se dispenser de l'exprimer : par exemple, la jurisprudence constante du parlement de Bordeaux était contraire.

Quant à la question de savoir si la créance du deuil est incessible et insaisissable, on ne trouve pas sur ce point de solution bien arrêtée dans la jurisprudence. Des deux arrêts qui se sont prononcés là-dessus, l'un a décidé que la cession ou subrogation consentie par la femme à cet égard était valable, « parce qu'aucune loi ne lui défend de disposer de la somme qui lui appartient à titre de deuil » (Cass., 31 mai 1826); l'autre dit, au contraire : « Attendu qu'il résulte de la combinaison des art. 1481, 1570 C. civ., et 581 C. pr., que la somme accordée pour année et habit de deuil, étant donnée à la veuve pour honorer la mémoire de son époux, est de sa nature insaisissable » (Toulouse, 20 juill. 1822). Il nous semble que ce dernier arrêt a mieux compris la nature particulière de cette créance, la protection spéciale dont la loi l'entoure, et la pensée morale qui l'a constituée de plein droit au profit de la femme. Par la même raison, on devrait la déclarer incessible; car si elle peut être l'objet d'un trafic, le but moral et saint du législateur sera manqué.

II. Gains de survie conventionnels.

I. RÈGLES GÉNÉRALES.

Sauf l'exception peu importante qui a fait l'objet du chapitre
précédent, les avantages entre époux ne résultent plus que de conventions expresses. Sous ce rapport, du moins, la convention est
libre, et les gains de survie peuvent être rétablis, de nos jours encore, tels à peu près que la coutume ou la loi ancienne les organisait. Mais pour leur attribution aux enfants, il n'en est pas de
même. Si les donations qu'un tiers fait aux futurs époux ou à l'un
d'eux, sont présumées de plein droit faites au profit des enfants
à naître, celles qu'ils se confèrent l'un à l'autre, loin d'être attribuées légalement aux enfants, ne peuvent même pas leur être réservées, et les termes restrictifs dont se sert la loi (1093) montrent
bien son intention d'empêcher sur ce point la continuation de
l'ancien état de choses. Cette intention est, du reste, conforme
aux principes ordinaires du Code ; car si cette attribution du
douaire en nue propriété aux enfants, soit que leur mère survécût
ou prédécédât, avait le mérite de leur assurer immédiatement la
conservation d'une partie de leur patrimoine, il avait pour notre
temps l'inconvénient d'immobiliser une portion considérable des
fortunes, retirée de la main et de la libre disposition du chef. Quoique nous n'ayons pas exposé tout au long les principes de cette
réversion en faveur des enfants, il importait de signaler tout d'abord cette différence saillante entre l'ancienne et la nouvelle législation.

Les gains nuptiaux conventionnels sont proprement les avantages que deux personnes se font en considération de leur mariage,
surtout de leur mariage futur, et par conséquent, qu'elles se font par
contrat de mariage. Ils suivent donc toutes les règles de formes
imposées à l'acte qui les contient, ils jouissent de toutes les faveurs
accordées aux conventions matrimoniales : dispense de la présence effective du second notaire ou des deux témoins, de la déclation formelle d'acceptation exigée pour les donations ordinaires,
capacité spéciale résultant de cette règle de l'ancien droit, *habilis*

ad nuptias, habilis ad pacta nuptialia, trois fois répétée par le Code (art. 1095, 1309, 1398). Il résulte de là que le mineur peut être autorisé par les personnes qui ont le droit de consentir à son mariage, au lieu de l'être par le tuteur et le conseil de famille, qu'il agit lui-même tandis qu'ordinairement il doit être représenté, qu'il peut disposer entre vifs, ce qui en principe lui est interdit par les art. 903 et 904. Enfin l'incapacité relative dont le frappe l'art. 907, de disposer en faveur de son tuteur ou même de son ex-tuteur, avant que le compte de tutelle ait été rendu et apuré, comme aussi l'incapacité qu'établit l'art. 909 entre malade et médecin, tombe ici devant la faveur due au mariage et les titres nouveaux qu'il produit. Les donations interdites en règle générale peuvent se faire par contrat de mariage, car elles ne s'adressent plus au tuteur, au médecin, mais à l'époux. — Comme le contrat tout entier, les avantages qui y sont contenus sont censés n'être faits qu'en vue de l'union prochaine, et sont caducs si elle vient à manquer (cette condition, *si nuptiæ fuerint secutæ,* s'applique même aux donations faites ailleurs que dans le contrat et dans la forme ordinaire, mais avant le mariage, et à cause de lui). Ils sont caducs encore quand le mariage vient à être annulé; mais la bonne foi possible rend ici des distinctions nécessaires. En principe, le mariage annulé ne cesse pas seulement pour l'avenir; il est réputé même n'avoir pas existé dans le passé : tous les effets qu'il avait paru produire sont anéantis rétroactivement. Mais quand chacun des deux conjoints, ou même quand l'un d'eux seulement était de bonne foi en contractant, il y a mariage putatif, et s'il cesse pour l'avenir, il est réputé, quant à cet époux, avoir été valable dans le passé; par conséquent, il produit à son égard tous ses effets civils. Les avantages de survie ne peuvent pas être immédiatement exigés, car ils ne sont pas ouverts; mais ils restent en suspens comme si le mariage durait encore, pour s'ouvrir si la condition se réalise, soit au profit du survivant quel qu'il soit, quand la bonne foi existait des deux parts, soit, dans le cas contraire, encore qu'ils aient été stipulés mutuels et réciproques, au profit de l'époux de bonne foi seul. Toutefois ce dernier peut, suivant son intérêt, au lieu de tenir le mariage pour valable, en invoquer la nullité; mais il ne peut alors diviser sa prétention, et doit renoncer aux priviléges que cette union lui assurait (art. 201 et 202).

Cette différence entre la situation de l'époux coupable et celle de l'époux innocent nous amène à examiner les autres causes de privation des gains nuptiaux. Dans le Code, c'est d'abord le divorce, qui produit ce même effet de dépouiller de ses droits le conjoint contre lequel il a été admis, en laissant les siens à celui qui l'a obtenu, encore, dit l'article 300, qu'ils aient été stipulés réciproques, et que la réciprocité n'ait pas lieu. L'époux reconnu en faute était privé ainsi de tous les avantages que lui avait faits l'autre, soit par contrat de mariage, soit depuis le mariage contracté. Il perdait, de plus, la jouissance légale des biens de ses enfants mineurs (art. 386), et son droit au préciput (1518). Enfin le droit de succession réciproque s'éteignait, mais pour les deux époux également, par cette dissolution du lien conjugal, qui leur enlevait le titre en vertu duquel ils auraient pu recueillir les biens l'un de l'autre (767). Maintenant que la loi de 1816 a remplacé le divorce par la séparation de corps, qui laisse subsister le mariage, il n'y a plus lieu d'appliquer les deux déchéances des articles 386 et 767 (voir plus loin); et quant à celle de l'article 1518, si on l'admet pour le cas de divorce, comme il est, ce nous semble, impossible de ne pas le faire, puisque l'article, en disant que l'époux demandeur conservera ses droits au préciput implique nécessairement que l'autre perdra les siens, il ne peut plus y avoir de difficultés, puisque le cas de séparation de corps est formellement prévu et assimilé à celui de divorce. Mais des doutes sérieux s'élèvent sur l'application à la séparation de corps des articles 299 et 300. Cette question a partagé pendant trente ans la jurisprudence, jusqu'au jour où la Cour de cassation, dans un arrêt solennel, rendu toutes chambres réunies, a enfin abjuré la théorie de ses sept arrêts précédents, et malgré l'autorité de ses deux plus célèbres procureurs généraux, Merlin et M. Dupin, s'est rangée à l'opinion de la majorité des Cours d'appel (23 mai et 17 juin 1845). Elle divise encore la doctrine, qui, l'envisageant d'une façon plus large, s'est demandé quels seront les effets de la séparation de corps, si elle entraînera de plein droit révocation de tous les avantages conférés à l'époux coupable, si elle ne fera que donner lieu à la révocation pour cause d'ingratitude, si, enfin, elle ne produira ni l'une ni l'autre de ces deux conséquences. On trouve ainsi trois systèmes, soutenus tous par de puissants arguments. Pour nous, exposant ici d'une façon générale les règles des avantages de survie, nous renvoyons au chapitre des donations entre époux, auxquelles seules elle peut s'appliquer, la question de la révocation pour cause d'ingratitude, et nous soutenons purement et simplement, avec la nouvelle jurisprudence, que les articles 299 et 300 peuvent et doivent s'étendre du divorce à la séparation de corps.

Nous avons vu, dans l'ancien droit, plusieurs causes de privation des gains nuptiaux. Les unes étaient communes aux deux époux ; c'était le meurtre de l'un par l'autre (on n'exceptait pas même le cas où le mari avait tué sa femme surprise en adultère), et l'indignité, pour n'avoir pas poursuivi la vengeance du meurtre du conjoint : les autres étaient propres à la femme ; c'était l'adultère, le fait d'avoir abandonné son mari sans causes légitimes, etc. Cette distinction était le principe ; elle dérivait de l'authentique *sed hodie*, au Code, *ad legem Juliam de adulteriis*, qui fut la première origine de la révocation. Mais plus tard, par suite du pouvoir à peu près absolu dont usèrent les parlements, tout cela se fondit, et la séparation de corps, quelle qu'en fût la cause, quel que fût l'époux qui y eût donné lieu, entraîna une sorte d'indignité qui autorisait son conjoint à faire prononcer la révocation des avantages qu'il lui avait assurés, quand même ils eussent été stipulés réciproques. Cette décision, universellement acceptée, avait fini par acquérir presque force de loi [1]. Or la séparation de corps, dans le Code, n'est pas une institution nouvelle ; elle fut admise comme le *rétablissement* et la *restauration* d'un système seul compatible avec les idées chrétiennes, et nécessaire pour ne pas violenter la conscience d'un grand nombre de citoyens. Elle

---

[1] « Au mal coucher femme perd son douaire, » disait Despeisses, et cette déchéance avait été étendue au mari. V. MM. Demolombe, IV, n° 527. Rodière et Pont, II, n° 296, et les nombreuses autorités qu'ils invoquent. On dit généralement que la séparation de corps n'entraînait pas révocation de plein droit, mais simple révocabilité ; nous avons vu pourtant à quel degré de sévérité l'on était arrivé (V. *supra*, p. 166).

est dans nos lois modernes précisément ce qu'elle était autrefois. Donc elle doit produire de tous points les mêmes effets, entraîner les mêmes déchéances; car quelle apparence que les rédacteurs du Code, qui admettaient le divorce, se soient montrés, quant à la séparation de corps, plus rigoureux que le droit canon? Ajoutons que cette conséquence est nécessaire pour que leur but moral soit pleinement atteint; car autrement le chrétien sera placé entre sa conscience, qui lui interdit le divorce, et son intérêt, qui le lui commande.

Cette idée nous conduit à une autre démonstration. La séparation de corps n'est pas apparue comme un remède moins violent, qui pourrait être employé, à cause de ses conséquences moins graves, plus facilement que le divorce. Les comptes rendus des discussions ne portent pas de traces de cette pensée. Pour les auteurs du Code, c'était une ressource équivalente, aussi étendue; c'était, comme on l'a dit au Conseil d'Etat, le divorce des catholiques, divorce qui ne différait de l'autre qu'en ce qu'il respectait le principe chrétien de l'indissolubilité du mariage. Aussi les législateurs n'ont-ils pas fait de la séparation l'objet d'un titre particulier, mais se sont-ils contentés de la mentionner à la suite, et comme une variété du divorce. Dès lors elle devra recevoir l'application de toutes celles de ses conséquences qui seront compatibles avec le maintien du lien conjugal, qui ne dériveront pas de sa dissolution, et que la loi n'aura pas formellement écartées. Or, la révocation des avantages entre époux est certainement dans ce cas; car, 1° ils ne tiennent pas au mariage lui-même; ils ne sont pas de son essence, puisque souvent ils ne s'y rencontrent pas; puisque, d'ailleurs, ils n'ont trait qu'aux intérêts pécuniaires des époux, intérêts auxquels le lien conjugal est étranger; leur révocation le laisse donc subsister dans sa pureté primitive; 2° cette révocation ne dérive pas de sa dissolution dans le divorce, car elle n'a pas lieu quand il s'opère par consentement mutuel, et dans les autres hypothèses, elle ne s'applique pas à celui des époux qui l'a obtenu; 3° enfin, elle n'est écartée ni explicitement ni implicitement par la loi, qui détermine bien, d'une part, les causes de la séparation de corps (en se référant à celles du divorce art. 306), et, de l'autre, ses formes et sa procédure, mais reste, quant à ses effets, d'une étrange brièveté. Or, comment s'expliquer son silence presque absolu à cet égard, si ce n'est en admettant qu'elle a entendu se référer aux effets qu'elle avait déjà attribués au divorce, en tant du moins qu'ils seraient compatibles avec le maintien du mariage même? Les trois seuls textes qui s'en occupent contiennent, ceci est à remarquer, des dispositions spéciales qu'il était nécessaire d'exprimer positivement : l'article 310, comme on peut le voir à la simple lecture, l'article 308, car, bien que l'emprisonnement fût déjà édicté dans l'article 298, comme c'était là une disposition purement pénale, elle n'aurait pas pu s'étendre au delà du cas pour lequel elle était écrite; enfin l'article 311, car on aurait pu croire que la dissolution de la communauté n'était, dans le divorce, que la conséquence de la dissolution du mariage, et qu'elle ne pouvait pas avoir lieu dès qu'il subsistait. Sur tout le reste, rien, si ce n'est, de loin en loin, l'assimilation faite par la loi elle-même des résultats de la séparation de corps et de ceux du divorce (1441-1452-1463). Il est vrai qu'on en argumente *à contrario* contre nous, en disant que si, dans ces cas particuliers, la loi a pris la peine de mettre expressément ces deux recours sur la même ligne, c'est qu'apparemment ils différaient en général ; mais il faudrait alors, pour être logique, refuser d'appliquer à l'un aucun des effets de l'autre, à moins d'un texte formel qui le prescrive, et c'est ce que la rareté de ces textes dans le Code rend impossible. Tout le monde, par exemple, s'accorde à reconnaître extensibles à la séparation les articles 302 et 303, sur l'éducation et la surveillance des enfants mineurs dans le cas de divorce, et c'est ce qu'autorisent à faire, d'une manière générale, les discussions préparatoires, où M. Treilhard présentait les effets de la séparation de corps comme peu différents de ceux du divorce, et M. Rœderer comme étant les mêmes.

Mais la raison de décider peut-être la plus puissante se tire de l'art. 1518; car il enlève à l'époux qui a nécessité la séparation son droit au préciput. Or, comment comprendre qu'en perdant de plein droit cet avantage, qui n'est qu'une délibation de la masse commune résultant d'une convention entre associés, il conservât pourtant les véritables libéralités, les donations de propres que lui aurait faites son conjoint? Nous n'avons pas trouvé de réponse satisfaisante à cet argument.

En revanche, on nous oppose de sérieuses objections. La première est tirée de ce que les art. 767 et 386 attachent formellement la privation de certains avantages au divorce et non à la séparation de corps. Nous y avons déjà répondu, en montrant que ces effets étaient liés à la dissolution du mariage lui-même, qui enlevait dans le premier cas aux deux conjoints le titre en vertu duquel ils étaient appelés à se succéder, et dans le second, à l'un d'eux la qualité qui lui donnait droit à l'usufruit des biens de ses enfants. On nous dit ensuite que la révocation des donations est une déchéance pénale, et que les peines ne s'étendent pas par interprétation. Ce dernier principe est vrai, mais la révocation dont il s'agit n'est pas réellement une peine ; c'est une déchéance sans doute, mais une déchéance civile fondée sur l'intention des parties. Les libéralités avaient été faites non à la personne, mais au conjoint, non par la seule générosité du donateur, mais en considération du mariage. Si donc, par la faute du donataire cette union, où le donateur croyait trouver le bonheur, n'a été pour lui qu'une source de chagrins et de tourments, si la foi conjugale violée l'a forcé de livrer son nom au scandale d'une instance en séparation, la cause qui les avait produites n'existe plus, la condition qui les affectait n'a pas été remplie, et elles doivent tomber, d'après le droit commun des donations (art. 953). Enfin, on ne réussit pas mieux en disant que la révocation irait contre le vœu de la loi, en faisant obstacle à la réconciliation des époux, parce que celui qui aura obtenu la séparation craindra, en la faisant cesser, de perdre les bénéfices qu'elle lui procure. En effet, d'abord la cessation de la séparation de corps n'entraîne pas de plein droit et par elle seule le rétablissement des pactes nuptiaux, et quand cela serait, si la séparation prive l'époux coupable des avantages qu'ils lui assuraient, il sera puissamment excité à se faire pardonner, afin d'obtenir par une réconciliation leur rétablissement. Ce chapitre des considérations morales nous entraînerait trop loin ; montrons seulement à quel résultat aurait mené, avant l'abolition du divorce, le système que nous combattons. Aux termes de l'art. 310, lorsque la séparation de corps, prononcée pour toute autre cause que l'adultère de la femme, avait duré trois ans, l'époux primitivement défendeur pouvait obtenir le divorce, si celui qui avait été demandeur ne consentait pas immédiatement à faire cesser la séparation. Or, si la séparation n'avait pas privé de plein droit l'époux coupable de ses gains nuptiaux, il en serait résulté que c'eût été lui qui les aurait conservés définitivement, tandis que son conjoint outragé aurait perdu les siens, car c'eût été lui qui eût obtenu le divorce, et l'art. 299 dit : *Pour quelque cause que le divorce ait lieu*. Un pareil système n'a jamais pu être celui d'une loi sensée.

Ainsi, maintenant que la séparation de corps existe seule, l'époux coupable perd tous les avantages qui lui ont été faits, et son conjoint conserve ceux qu'il a reçus. Ce double effet a lieu même pour les avantages stipulés réciproques ; car bien que la question fût controversée pour l'ancien don mutuel, de nos jours les diverses donations ne sont pas réputées causes les unes des autres ; la vraie cause reste toujours l'intention de donner, et l'on ne doit pas voir là simplement un contrat synallagmatique. Mais la règle ne s'applique qu'aux donations faites par contrat de mariage ; quant à celles qui auraient été consenties depuis, quoique l'art. 300 semble dire d'une façon absolue que l'époux les conserve toutes, nous croyons que ni le divorce, ni, à plus forte raison, la séparation, ne peuvent les dépouiller du caractère qui leur est inhérent, de la révocabilité.

Les arguments que nous venons de produire détruisent en partie le système qui, en rejetant la révocation de plein droit, veut que la séparation rende les donations simplement révocables pour cause d'ingratitude. Nous en acceptons cette dernière idée ; car la révocabilité peut, ce nous semble, se cumuler avec la révocation *ipso jure* ; nous montrerons plus loin l'utilité de cette double déchéance. Mais quant au premier point, tout en admettant que cette théorie puisse avoir le mérite de donner à la séparation de corps des effets plus analogues à ceux qu'elle avait dans l'ancien droit, nous persistons à penser que le Code s'en est, pour elle, référé aux règles plus sévères qu'il venait de poser pour le divorce, d'autant plus que s'il avait entendu établir une différence, il n'aurait pas pu se

17

dispenser de l'exprimer formellement. Ce système nous semble d'ailleurs avoir dans son ensemble un grand défaut, c'est de ne s'appliquer qu'aux donations de propres, qui seules, comme libéralités pures, sont révocables pour ingratitude, non aux gains de survie légaux ou à ceux qui, en vertu d'une convention de mariage, doivent s'exercer sur les biens de la communauté, puisque ceux-ci résultent d'un contrat à titre onéreux. Il est vrai que l'art. 1518 supplée à ce qu'il peut avoir d'insuffisant sous ce dernier rapport; mais précisément, nous ne voyons pas comment il peut se concilier avec lui, puisque l'article 1516, en déclarant que le préciput ne forme qu'une convention de mariage et non une donation, suppose qu'il n'est pas révocable pour ingratitude. Il faut donc qu'il soit révoqué de plein droit, comme l'indique le texte même de l'art. 1518 et comme nous l'admettons d'une manière générale avec l'art. 299, qui n'emploie pas le mot de *donations*, mais celui d'*avantages*. Quant aux gains de survie légaux, peu nombreux, il est vrai, aux droits de deuil, de nourriture et d'habitation que le Code accorde à la veuve, quoique ce même article semble les exclure en ne parlant que des *avantages faits* par l'un des époux à l'autre, il faut reconnaître aussi qu'ils sont, les deux derniers au moins, révoqués de plein droit par la séparation de corps, puisque l'art. 1465 parle de *masse commune* et de *communauté* (la séparation dissout, comme on sait, la communauté).

Maintenant à quelle époque les gains de survie sont-ils acquis, et produisent-ils des intérêts à défaut de payement? Et d'abord la première question semble inutile, puisque, subordonnés à la condition du prédécès, ces avantages ne peuvent s'ouvrir que quand elle est accomplie. Mais si, dans notre ancienne jurisprudence, la règle générale était qu'ils ne fussent exigibles qu'après le décès, dans quelques coutumes, certains d'entre eux s'ouvraient par la séparation de corps, et même par la séparation de biens. Il en était ainsi pour le douaire, en Nivernais, en Normandie, etc., et dans d'autres contrées, on donnait comme pension la moitié de ses revenus, sous le nom de demi-douaire. De même dans les pays de droit écrit, quoique en règle générale la mort seule du mari rendît l'augment exigible, on discuta longtemps la question de savoir si la séparation de biens n'y ferait pas exception ; décidée d'abord contre la femme, l'affirmative prévalut dans quelques arrêts, et dans certaines provinces qui n'admettaient que l'augment conventionnel, on en donna la jouissance à la femme, seulement en allouant aux créanciers, si les revenus dépassaient les besoins de la famille, cet excédant (V. Lyon, 27 mars 1820). Il semble que dans les derniers temps, la jurisprudence ancienne se fixait dans le sens de l'application rigoureuse du principe, malgré la loi 29 *De jure dotium*, C., et quoique les gains de survie attribués aux enfants, en même temps qu'à la femme, parussent destinés à sauvegarder les intérêts de la famille entière. Le Code qui, d'une part, en interdisant de les stipuler réversibles aux enfants, supprime cette considération, et ne permet plus d'avoir en vue que la personne seule de l'époux, qui, d'un autre côté, déclare que la convention est tout en cette matière, n'avait plus de raison pour s'écarter du sens ordinaire des mots droit de survie, et devait, au contraire, s'attacher rigoureusement à l'accomplissement de la condition qu'ils supposent, comme manifestant l'intention des parties. De là la disposition de l'art. 1452 : « La dissolution de communauté opérée par le divorce ou par la séparation, soit de corps et de biens, soit de biens seulement, ne donne pas ouverture aux droits de survie de la femme, mais celle-ci conserve la faculté de les exercer lors de la mort naturelle ou civile de son mari » : disposition qui semble d'abord superflue, mais qui prend de l'importance rapprochée de l'article 1093 et de l'ancien droit. Bien entendu, elle n'est pas d'ordre public, et il est permis aux parties d'y déroger, en stipulant certains avantages au profit de l'un des époux en cas de dissolution de communauté produite par tel ou tel événement, ou de toute dissolution quelconque. Mais ce ne seraient plus là proprement des gains de survie.

Quoique l'art. 1452 ne parle que de la femme, il ne peut être douteux qu'il ne soit, par identité de motifs, également applicable aux stipulations faites en faveur du mari. C'est donc aux deux époux que se rapportent les questions auxquelles il donne lieu, quoique, en pratique, elles se présentent le plus souvent à l'occasion des droits des femmes. La première est celle de savoir si, après la séparation, l'abandon à forfait est possible pour les gains de survie (nous ne parlons ici que de ceux qui constituent des donations), si l'époux peut y renoncer moyennant une somme actuellement payée. Elle se résout par une distinction. Oui, si l'objet de cette convention consiste dans une somme fixe, ou dans des biens présents de l'autre conjoint; non, s'il s'agit d'une quote-part en propriété ou en usufruit des biens que le donateur laissera à son décès, car la disposition n'est autre chose alors qu'une institution contractuelle, et le contrat serait un pacte sur succession future. C'est suivant cette distinction que la jurisprudence a décidé tantôt que le forfait était valable, tantôt qu'il était nul (Cass., 22 fév. 1831, et 16 août 1841). En second lieu, l'époux qui a le droit éventuel au gain de survie peut-il faire des actes conservatoires pendant la vie de son conjoint? Oui, encore, si l'avantage consiste dans des objets certains donnés comme biens présents sous la condition de survie, car il s'agit alors d'un droit simplement conditionnel, déterminé dès maintenant quant à son étendue; et d'après l'art. 1180, le créancier peut, avant que la condition soit accomplie, exercer tous les actes conservatoires de son droit. Mais il n'en sera pas de même pour la donation de biens à venir, puisque le droit qu'elle confère est conditionnel pour son ouverture, est de plus éventuel quant à son objet, c'est-à-dire puisqu'elle n'a d'effet que quand les biens se trouvent libres au décès du donateur, et lui laisse la faculté la plus illimitée d'en disposer à titre onéreux.

Si les gains de survie ne sont pas exigibles avant le décès, ils ne le sont pas même toujours à cette époque. Il y a un cas où la femme en est privée. C'est celui où le mari est commerçant, soit qu'il le fût déjà lors de la célébration du mariage, soit que, n'ayant pas alors d'autre profession déterminée, il le soit devenu dans l'année qui l'a suivie. Les avantages que la femme a reçus par contrat de mariage sont, dans ces circonstances, présumés faits en fraude des créanciers. Elle ne peut les réclamer à leur préjudice, non-seulement au moment de la faillite, c'est la règle générale, mais même au moment de la mort du mari. Mais, réciproquement, ils ne peuvent pas exiger d'elle, au nom de leur débiteur, ceux qu'elle lui avait assurés. Le contrat, en tant que contrat aléatoire, composé de clauses avantageuses réciproques, tombe tout entier par rapport à eux ; mais par rapport à eux seulement, car il subsiste entre les époux (564 C. comm.) [1].

La mort naturelle n'est pas pourtant la seule cause qui donne ouverture aux gains nuptiaux. L'article 1452, dont l'article 1517 répète plus loin la disposition, lui assimile expressément la mort civile, et tranche ainsi une ancienne controverse. En s'en tenant à la lettre de la convention et au sens précis des termes, on devrait décider que la mort civile ne peut pas, comme la mort naturelle, permettre d'exercer les droits de survie ; car les parties, en stipulant pour le cas de prédécès, ont posé une condition, une condition unique, qui ne doit être censée accomplie que par l'événement qu'elles ont prévu : or, il n'est pas naturel qu'elles aient prévu la mort civile ; elles n'y ont même évidemment pas pensé. C'est à la mort naturelle seule que se rapporte la convention ; c'est donc elle seule qui doit ouvrir le droit. C'est ce qu'avait décidé un célèbre arrêt du 2 juin 1549, rendu en présence du roi Henri II, dans un lit de justice. Pothier, qui nous l'apprend, ajoute, avec grande raison : « On ne peut pas non plus dire que le cas de la mort civile et celui de la mort naturelle soient entièrement semblables, car le cas de la mort civile laisse quelque espérance de retour à la vie, par la restitution à l'état civil qui peut être accordée par le prince : il n'y a que la mort naturelle qui soit sans espérance de retour à la vie. » Cependant il semble que, dès cette époque, la jurisprudence avait commencé à varier, et que les deux hypothèses avaient été assimilées, comme retranchant également l'individu de la société civile. D'abord l'ordonnance des substitutions portait, que dans tous les cas où la condamnation pour crime emporterait mort civile, elle donnerait ouverture au fidéicommis. Mais, de plus, et pour la matière spéciale qui nous occupe, Pothier cite un arrêt de son temps qui, dans le cas d'un homme sorti du royaume pour cause de religion, et ayant encouru pour ce fait la mort civile, avait décidé que le préciput s'était ouvert au profit de sa femme, et cela quoique

[1] C'est ce qu'a décidé, le 19 novembre 1839, la Cour de Colmar pour la convention usitée entre Israélites, que le femme, si elle survit, prendra, en sus de son apport, une certaine somme déterminée d'après le temps qu'aura duré le mariage.

celle-ci fût partie avec lui, parce qu'on avait supposé qu'il était parti le premier, et que sa femme n'avait fait que le suivre ; en sorte qu'elle était censée, quoique ayant encouru elle-même la mort civile, être restée en France un instant de raison de plus que lui, c'est-à-dire lui avoir survécu assez longtemps pour acquérir droit au préciput, et pouvoir le transmettre avec ses autres biens à ses héritiers. Le Code, d'accord avec ce dernier état de l'ancienne jurisprudence, et peut-être cette considération n'a-t-elle pas été étrangère à sa disposition, met la mort civile sur la même ligne que la mort naturelle. Ce ne peut pas être, comme on l'a dit, pour donner une espèce de dédommagement à celui dont le conjoint a encouru cette peine ; car on sent que celui qu'elle frappe peut être précisément celui au profit duquel un avantage avait été stipulé. Mais les deux articles qui nous occupent sont la conséquence logique de l'article 25, qui a déclaré ouverte la succession du mort civilement, son mariage dissous, et a permis à son époux et à ses héritiers d'exercer respectivement les droits et les actions auxquels sa mort naturelle donnerait ouverture. Ainsi la condition est censée réalisée quand même, en fait, elle viendrait à défaillir. Si l'époux qui a survécu à la mort civile de son conjoint décède pourtant avant sa mort naturelle, les héritiers du mort civilement, ou le fisc, ne pourront pas venir réclamer les gains de survie que l'autre aura recueillis, car leur auteur ne peut être à la fois réputé mort et vivant.

Une loi nouvelle (mai 1854), en abolissant la mort civile, a supprimé, avec le principe lui-même, les conséquences qu'il entraînait. La succession du condamné n'est plus ouverte, par conséquent ses biens restent sa propriété, quoique leur administration lui soit retirée. Son mariage subsiste, et il en résulte que le condamné conserve la puissance maritale et paternelle, que les droits dérivant de son contrat de mariage ou subordonnés à son décès ne sont pas ouverts, soit à son égard, soit au profit de son conjoint. Mais on a maintenu contre lui l'incapacité de laisser un testament valable, celle de disposer par dons entre-vifs ou par testament, et de recevoir ainsi, si ce n'est pour cause d'aliments.

Il est un autre cas où les avantages de survie sont encore maintenant acquis, quoique la condition ne soit pas remplie, ou ne le soit pas du moins d'une manière certaine : nous voulons parler de l'absence. Dans l'ancien droit, on sait qu'au bout de dix ans l'époux présent pouvait exiger ses droits de survie, mais en donnant une double caution pour assurer la restitution qu'il pouvait devoir à son conjoint ou à ses enfants. Au bout de trente ans d'absence, la caution était déchargée à l'égard de l'époux absent, quoique les biens dussent encore lui être rendus s'il reparaissait ; dans ce cas, ils lui étaient rendus intégralement en capital, mais déduction faite des fruits, qui restaient à l'autre époux, comme compensation de sa subsistance et de celle de la famille dont il s'était trouvé chargé seul. Si l'époux présent mourait dans l'intervalle, les enfants pouvaient aussi demander la jouissance provisoire des gains nuptiaux, mais en donnant caution de les rapporter si leur auteur reparaissait, et de les rapporter avec les fruits, car celui-ci ne leur devait plus d'entretien, puisqu'ils avaient succédé à l'autre conjoint. Sous le Code, nous n'avons plus à nous occuper des enfants. Quant à ce qui concerne les époux seuls, le principe ancien est conservé. Quand l'un d'eux est absent, dès que l'absence est déclarée, son conjoint peut, d'après l'article 124, opter pour la continuation ou pour la dissolution de la communauté. Dans ce dernier cas, suivant la règle générale, et comme tous ceux qui ont sur les biens de l'absent des droits subordonnés à la condition de son décès, il peut demander l'envoi en possession provisoire de tout ce que la dissolution, arrivée effectivement par le décès de son conjoint, lui aurait fait obtenir. Il exerce alors, comme le dit la loi, ses reprises et tous ses droits légaux et conventionnels ; il retire ses biens propres, mobiliers ou immobiliers, ceux acquis en remplois, etc., — il obtient son préciput, comme tous ses autres gains de survie, et les donations que son conjoint lui a faites soit dans le contrat de mariage, soit depuis le mariage contracté. C'est une liquidation provisoire, qui pourra devenir définitive, si l'époque du décès de l'absent reste perpétuellement incertaine, mais qui pourra aussi être résolue s'il reparaît, ou si l'on obtient des nouvelles qui placent son décès à une autre époque que celle de cette dissolution.—L'époux présent peut donc être obligé, soit parce que la communauté continuera encore, soit parce qu'il faudra procéder à un nouveau partage, de rapporter tout ou partie de ce qu'il aura pris. Aussi l'art. 124 ne lui accorde-t-il l'exercice de ses droits qu'à la charge de donner caution, pour les choses susceptibles de restitution. Nous n'avons pas à examiner en détail quelles sont ces choses, et à passer en revue toutes les natures de biens qui entrent dans l'actif de la communauté pour savoir si la condition de restitution peut les affecter; disons simplement que le préciput et en général tout ce que l'époux présent obtient à titre de gains de survie, ce qui comprend, quoique improprement, les dispositions testamentaires, est soumis à la nécessité de la caution, car il y a toujours une chance pour que le rapport en soit dû. Il peut se faire, en effet, qu'après la mort de son conjoint l'absent reparaisse ou qu'on apprenne du moins qu'il a survécu quelque temps; dès lors, la condition qui affectait ces avantages étant défaillie, ce sera indûment qu'ils auront été perçus. On voit que nous ne mettons aucune différence entre la situation du mari et celle de la femme; et, en effet, sauf le droit de renonciation provisoire à la communauté qui est accordé à la femme seule, mais qui ne change rien aux gains nuptiaux, la situation des deux époux nous paraît identique. Pourtant, pour le préciput, M. Duranton n'exige caution que de la femme, et non du mari, parce qu'il semble que celle-ci ne doit jamais avoir de restitution à lui demander, puisque, chef de la communauté, il peut disposer des biens qui la composent, les seuls sur lesquels porte le préciput. Mais, comme nous l'avons indiqué, il peut se faire que la femme reparaisse après la mort de son mari, et que les héritiers, par conséquent, soient obligés de lui rendre, soit la moitié, soit même, s'il était réciproque, la totalité du préciput. Ceci se comprendra mieux par ce que nous dirons plus loin.

Voilà les différentes circonstances dans lesquelles les avantages de survie sont ouverts. Mais sont-ils payables immédiatement? Nous avons montré une partie des controverses auxquelles cette question donnait lieu dans les pays de droit écrit, où, par analogie de ce qui se passait pour la dot, on finit par convenir assez généralement que les gains mobiliers ne pourraient être exigés qu'au bout de l'année, ceux qui consisteraient en immeubles immédiatement. Mais ce principe n'était pas suivi dans les pays de coutumes, et.

comme elles, le Code veut qu'ils soient payés de suite, puisqu'il ne donne délai d'un an aux héritiers que pour la restitution de la dot (1565), quand elle consiste en quantités. Quant aux intérêts, qui dans le Midi ne couraient que du jour de la demande, au Nord, l'époux survivant était encore traité plus favorablement ; et, par exemple, la femme avait toujours droit aux fruits du douaire à compter du jour du décès. Le préciput seul était excepté, d'après la jurisprudence du Châtelet, attestée et approuvée par Lebrun et Bourjon. — C'est ce dernier système qu'il faudra suivre sous le Code pour le préciput et pour les gains de survie mobiliers, qui constitueront de simples créances de l'un des époux contre la succession de l'autre, en vertu de la règle générale de l'art. 1479. Ainsi s'il s'agit d'une donation de biens à venir, mais qui consiste simplement en une somme fixe à prendre sur la succession de l'instituant, nous croyons que les intérêts ne courront au profit du donataire que du jour de la demande, car il se présente comme simple créancier. Mais il en serait autrement si, donataire universel ou à titre universel de l'hérédité, ou même si, donataire à titre particulier d'immeubles à venir, il se trouvait, par l'événement du décès, non plus créancier, mais propriétaire. Il devrait alors, en vertu de la convention qui l'investit immédiatement de son droit, acquérir *ipso jure*, du jour du décès, les fruits et les revenus, comme autrefois ceux du douaire.

Maintenant quelles sont les garanties, les sûretés réelles dont jouissent les gains nuptiaux? Remarquons d'abord qu'ils ne donnent plus, comme dans les pays de droit écrit, de privilége sur les meubles ; cette faveur, autrefois spéciale à la femme, lui est refusée maintenant, par cela seul qu'elle ne lui est pas expressément accordée, et quant au mari, il ne pourrait plus se l'attribuer à lui-même, en saisissant le premier les meubles de sa femme. Pour lui donc aucune garantie n'existe, puisque son ancienne hypothèque légale lui est également retirée ; il n'a que les droits résultant de la nature même des avantages qui lui sont faits. — Quant à la femme, ses gains nuptiaux sont assurés comme la reprise de sa dot et tous ses droits, par l'hypothèque légale dispensée d'inscription que lui accorde l'article 2135, à compter du jour du mariage.

Ainsi, d'une part, l'hypothèque de la dot ne prime plus celle des gains de survie, elles marchent toutes deux de pair; de l'autre, la femme n'est plus jamais préférée aux créanciers antérieurs au mariage; la loi *Assiduis* est abrogée. Quoique dispensée d'inscription en principe, quand un des fonds sur lesquels elle porte est aliéné, et que l'acquéreur remplit les formalités de la purge, cette hypothèque doit être inscrite aux termes de l'art. 2194, sous peine de perdre son effet contre lui [1]. Mais le droit de suite est-il toujours éteint ainsi faute d'inscription? L'hypothèque est-elle, pour tous les gains de survie sans distinction, le seul titre qui donne action contre les tiers détenteurs? Cette action ne peut-elle pas appartenir quelquefois au mari lui-même? Ces questions reviennent à celle de savoir si les avantages dont nous nous occupons ne sont jamais que de simples créances hypothécaires, ou si certains d'entre eux constituent des droits fonciers. Il est évident que le droit de suite n'est pas admissible pour les gains de survie mobiliers, ni pour ceux qui portent sur des immeubles communs. Mais faut-il en dire autant de ceux qui ont pour objet, soit la propriété, soit l'usufruit d'immeubles personnels de l'un des époux? Dans l'ancienne jurisprudence, nous avons vu que pour le douaire la question n'était pas douteuse, et qu'il donnait par sa seule force à la femme la faculté d'attaquer les acquéreurs, si les biens qu'elle trouvait dans la succession ne suffisaient pas à parfaire la quote-part d'usufruit à laquelle elle avait droit. C'était pour exprimer cet effet du douaire comme droit réel, et non pour le réduire, au contraire, à l'état d'une simple créance qu'on parlait souvent de son hypothèque; c'est ainsi, par exemple, qu'il faut entendre, d'après Merlin, les placités de Normandie, qui pourtant mentionnent l'hypothèque de la dot et celle du douaire, comme deux choses semblables. D'après cette théorie, qu'il expose avec une grande force de logique, il décide que sous la loi de brumaire an VII, quoique l'hypothèque de la femme fût subordonnée, comme toutes les autres, à l'inscription, et que la simple tran-

[1] Nous ne pouvons nous arrêter à examiner les questions que fait naître, dans le cas de purge, le caractère éventuel de certaines créances de la femme.

scription de l'acte de vente suffit pour opérer la purge, pourtant le douaire avait pu, sans inscription préalable, survivre à la transcription du contrat d'acquisition des biens qui y étaient soumis ; « car, dit-il d'une façon générale, les gains de survie non ouverts, ou bien ouverts, mais non déterminés, qui consistent dans l'usufruit d'une quote-part d'immeubles, forment des droits fonciers, et non simplement des créances hypothécaires. Aussi ne se purgent-ils pas comme les hypothèques des droits matrimoniaux purement personnels, mais peuvent-ils, comme la propriété foncière, être revendiqués sur un tiers acquéreur qui a purgé son contrat d'acquisition de toutes les hypothèques du chef de son vendeur » (*Rép.*, v° *Guins nuptiaux*). Il est vrai que la Cour de cassation a depuis décidé, au contraire, que le douaire était un [droit hypothécaire sur les biens du mari, et que, pour le conserver, la femme avait dû, sous l'empire de la loi de brumaire, prendre inscription sur les biens qui y étaient affectés (9 sept. 1811). Mais M. Proudhon (*Usuf.*, t. I, n° 270) s'élève avec force contre cet arrêt, et, sous plusieurs rapports, il a raison. Il a raison d'abord quant à l'espèce proposée, car, même depuis la loi de nivôse, le douaire, quoique purement conventionnel, pouvait encore se constituer par relation à une coutume, et devait se régler d'après les anciens principes. Sa nature n'a donc pu être changée tout au plus que par la promulgation du Code civil, ou du moins du titre des donations. Mais M. Proudhon soutient qu'il n'en est pas ainsi, et que, de nos jours encore, le douaire forme un droit réel, qui entraîne par lui-même la revendication, c'est-à-dire le droit de suite contre les tiers. Il distingue très-justement deux choses : d'une part, l'hypothèque, qui garantit tous les droits de la femme, par conséquent aussi le douaire, au cas que l'exercice en devienne impossible par la dégradation ou la destruction des immeubles imputable au mari, mais qui peut se perdre par la purge et le défaut d'inscription ; de l'autre, le droit d'usufruit, le démembrement de la propriété transmis sous condition à la femme dès le jour du mariage, qui, par conséquent, pourra être revendiqué contre tous, une fois la condition accomplie, et ne pourra être détruit ni diminué par des aliénations postérieures, attendu qu'on ne peut conférer plus de droits qu'on n'en a, et que la vente de la chose d'autrui est nulle. Sous ce rapport, il nous semble qu'une nouvelle distinction est nécessaire. Le douaire, qui n'est plus établi de plein droit, qu'on ne peut stipuler en se référant purement et simplement à une ancienne coutume, dont le nom même ne se rencontre plus dans le Code, le douaire peut pourtant exister encore, et être organisé par les pactes nuptiaux presque comme par les anciennes lois. Seulement ce sera une donation ordinaire, soumise aux règles des articles 1091 et suivants, qui, par conséquent, variera suivant sa nature et celle des biens qui en feront l'objet. Autrefois, d'après les variétés de coutumes, il portait tantôt seulement sur les immeubles possédés au moment du mariage, tantôt sur les biens présents et sur ceux qui viendraient à échoir au mari par succession en ligne directe, tantôt, enfin, sur tous les propres qu'il laisserait à son décès. De même, maintenant, chacun des époux peut, par contrat de mariage, donner à son conjoint, s'il survit, l'usufruit de tout ou partie de ses biens présents, ou de ses biens à venir. Mais les effets de ces divers avantages diffèrent singulièrement. Dans le cas de la donation de biens présents faite sous la condition de survie, la condition s'accomplissant opérera une translation rétroactive de propriété, et nous reconnaîtrons, avec M. Proudhon, au conjoint avantagé, le droit de suite que lui accordait l'ancienne jurisprudence. Mais s'il s'agit d'une quote-part en usufruit des biens que le conjoint laissera à son décès, nous ne pourrons plus voir là qu'une institution contractuelle à titre universel, qui ôte sans doute au donateur le droit de disposer encore de ses biens à titre gratuit, mais non à titre onéreux, et qui, par conséquent, ne permet pas au survivant d'inquiéter les acquéreurs, mais simplement les donataires postérieurs. C'est ainsi qu'en 1841 la Cour de cassation a décidé qu'au douaire stipulé depuis la promulgation du titre des donations, mais avant celle de l'article 1390 du Code, par relation à une ancienne coutume, ne pouvait pas produire tous ses anciens effets, mais seulement ceux de l'institution contractuelle [1].

[1] Dans ce dernier cas, la femme n'a aucun recours, car elle n'a pas d'hypothèque pour les avantages qui ne doivent s'exercer que sur les biens que le mari laissera à son décès. — Ainsi, dit M. Zachariæ, pour son deuil et les avantages prévus par les art. 1082, 83 et 93 (t. II, p. 126 et 128); voyez *Contrà*, pour les droits de deuil, de nourriture et d'habitation. Cass., 29 août 1838.

Du reste, soit que la femme agisse comme créancière par l'action hypothécaire, ou que l'un ou l'autre des deux époux agisse comme usufruitier par revendication, la prescription est toujours de dix ou de vingt ans, et court contre lui du jour où il a pu demander la délivrance de ses gains nuptiaux (2257). S'il est mineur alors, elle reste suspendue jusqu'à sa majorité.

Enfin, nous trouvons encore un principe commun à tous les avantages entre époux, dans la quotité disponible spéciale qu'établissent pour eux les articles 1094 et 1098. Le premier est ainsi conçu : « L'époux pourra, soit par contrat de mariage, soit pendant le mariage, pour le cas où il ne laisserait point d'enfants ni descendants, disposer en faveur de l'autre époux, en propriété, de tout ce dont il pourrait disposer en faveur d'un étranger, et, en outre, de l'usufruit de la totalité de la portion dont la loi prohibe la disposition au préjudice des héritiers. Et pour le cas où l'époux donateur laisserait des enfants ou descendants, il pourrait donner à l'autre époux, ou un quart en propriété et un autre quart en usufruit, ou la moitié de tous ses biens en usufruit seulement. » Le second texte ne fait presque que reproduire un des chefs de l'édit des secondes noces, quand il dit : « L'homme ou la femme qui, ayant des enfants d'un autre lit, contractera un second ou subséquent mariage, ne pourra donner à son second époux qu'une part d'enfant légitime le moins prenant, et sans que dans aucun cas ces donations puissent excéder le quart des biens. » D'après la règle que nous nous sommes posée, et que nous avons suivie jusqu'ici, nous n'entrerons pas dans l'examen des nombreuses et graves questions auxquelles peut donner lieu cette quotité spéciale, qui rend tantôt une plus grande, tantôt une moindre portion des biens disponible entre les époux qu'entre étrangers. Nous nous contenterons de signaler ici la différence profonde qui sépare les avantages nuptiaux constitués sur les biens personnels des conjoints de ceux qui dépendent de la communauté. Quant aux premiers, le Code qui ne consacre plus de douaire légal, n'admet pas, comme l'ancien droit, qu'ils forment simplement le règlement d'une dette naturelle ; il ne reconnaît pas cette continuation des droits et des devoirs du mariage, même après sa dissolution : pour lui, la mort éteint la qualité d'époux, et si le survivant a reçu certains avantages sur les biens de son conjoint, il n'en jouit ni par droit de succession, ni à titre de payement de ses frais de nourriture et d'entretien, mais en vertu d'une donation ordinaire réductible comme toute autre en faveur de tout héritier à réserve, seulement réductible d'après un taux spécial. Au contraire, quand c'est sur les biens communs que l'un des époux est avantagé, la loi voit dans cette faveur, comme elle le dit elle-même, une convention entre associés, une clause d'un contrat à titre onéreux, dont le bénéfice sert à compenser le dommage que peut entraîner pour cet époux une autre clause de l'acte, ou se trouve suffisamment balancé par une aléa réciproque. En effet, les conventions qui semblent les plus strictement égales peuvent souvent, en réalité, n'avoir que désavantage pour l'un, que profit pour l'autre, et, réciproquement, l'inégalité apparente de quelques-unes peut n'être que justice, ou se trouver effacée par des événements postérieurs. D'ailleurs, pour les acquêts dont l'attribution, même universelle, à l'un des époux, ne dépouille pas la famille des biens sur lesquels elle pouvait compter, le seul intérêt qui reste en jeu est celui des enfants, et quand il s'agit d'enfants à naître du mariage, cet intérêt lui-même disparaît aussi, puisque ce qu'ils ne trouveront pas dans la succession de l'un de leurs parents leur sera transmis avec celle de l'autre. Mais il en serait autrement s'il s'agissait d'un second mariage, et qu'il y eût des enfants d'un premier lit. Alors, leurs droits pourraient être compromis par ces mêmes conventions, et le Code devait, comme François II, y pourvoir, en déclarant celles-ci réductibles en leur faveur à la quotité disponible plus restreinte qu'il fixe par l'art. 1098. C'est ce que font deux dispositions expresses, l'art. 1496 pour la communauté légale et les avantages excessifs qui pourraient résulter du partage par moitié, si, par exemple, l'un des époux n'avait que des meubles, et l'autre que des immeubles grevés de dettes mobilières ; l'art. 1527, pour ceux que facilitent tant les clauses variées de la communauté conventionnelle, et la grande latitude que la loi laisse aux contractants. Cependant, il faut noter ce point, l'action en retranchement, qui peut être exercée par le fait seul que la clause porte préjudice aux enfants du premier lit, sans même que l'intention ait

été telle *ab initio*, ne peut l'être à l'occasion des simples bénéfices résultant des travaux communs et des revenus respectifs,
quoique inégaux, des deux époux. L'art 1527 n'a fait en cela que
traduire l'opinion de Pothier, qui disait : « Un second mari n'est
censé avantagé que de ce que la femme a apporté de plus que lui en
principal ; ce que la femme apporte de plus que lui en revenus n'est
pas réputé un avantage prohibé et réductible. » C'était aussi l'avis
de Ricard, et ce système était suivi dans l'usage.

Cette distinction entre les deux sortes d'avantages de survie se
retrouve, par rapport aux droits d'enregistrement auxquels ils sont
sujets. Ceux qui portent sur les propres des époux donnent lieu à
la perception d'un droit fixe de donation, et à celle du droit proportionnel de mutation par décès lors de l'événement. Au contraire, ceux qui se lient à la communauté ne donnent lieu ni à
l'un ni à l'autre de ces deux droits, mais seulement, comme
toutes les stipulations matrimoniales, à la perception d'un droit
fixe sur l'ensemble du contrat de mariage. En effet, ce sont de
simples conventions de communauté, qui ne sont pas considérées
comme des avantages, puisqu'elles ne sont pas sujettes à réduction,
et qui n'emportent pas mutation de propriété, puisque leur effet
est que l'époux prédécédé n'a jamais eu aucun droit aux biens qui
en font l'objet, et que le survivant en a été propriétaire *ab initio*.
— Ceci s'applique à tous les pactes de cette nature, préciput,
forfait ou attribution de la communauté entière au survivant.
C'est dans ce sens que la jurisprudence, la doctrine et les instruc-
tions de la régie elle-même, après de nombreuses hésitations, sont
définitivement fixées en principe, sauf à varier encore dans les
questions de fait, car les mêmes résultats que pouvait produire une
convention entre associés, les époux peuvent les atteindre aussi
par une donation, et il sera souvent difficile de déterminer quelle
a été leur intention, et quelle est précisément la nature de l'acte.
Nous essayerons de trouver à cet égard une loi aussi générale que
possible, sinon absolue.

Bien entendu, l'administration de l'enregistrement ne pourrait
se prévaloir, dans le cas de second mariage, de la disposition des
art. 1498 et 1527, pour réclamer le droit de donation sur ce

qui lui paraîtrait entamer la portion réservée aux enfants du premier lit. « Outre que ces dispositions, disent MM. Championière et Rigaud, ne sont faites que dans l'intérêt de la réserve, il résulterait de leur application, non l'existence d'une libéralité, mais une réduction de la stipulation.» — Examinons maintenant les diverses sortes de gains de survie qui peuvent être stipulés ; et d'abord ceux qui portent sur les biens communs.

II. AVANTAGES QUI DÉPENDENT DE LA COMMUNAUTÉ.

1. PRÉCIPUT CONVENTIONNEL.

Nous avons défini le préciput, d'après Pothier, ce que le survivant a droit de prélever sur les biens de la communauté, lors du partage qui en est à faire. La clause de préciput est la convention qui donne ce droit ; on l'appelle aussi préciput, de même souvent que les choses sur lesquelles elle porte. — Le mot de préciput conventionnel, dénomination tirée de l'ancien droit, où il fallait distinguer celui qui résultait de la seule convention de celui qu'assurait la loi même, est une superfétation dans le Code, qui a abrogé le préciput légal des nobles. Cette observation faite, nous devons nous conformer au langage du législateur, qui est d'ailleurs d'une exactitude parfaite.

« C'est une convention très-ordinaire dans le contrat de mariage, dit encore Pothier, que le futur époux, au cas de survie, aura dans les biens de la communauté, par préciput, ses habits et linges à son usage, et ses armes et chevaux, si c'est un homme de guerre, ou ses livres, si c'est un homme de lettres, ou ses outils, si c'est un artisan. A l'égard de la femme, on stipule que la future épouse aura pareillement, en cas de survie, ses habits, bagues et joyaux. » Cette convention n'a rien perdu de sa faveur ; aussi la loi l'entoure-t-elle de protection. Elle n'est pas limitée, comme l'article 1515 pourrait le faire croire, au droit de reprendre avant partage une certaine somme, ou une certaine quantité d'effets mobiliers en nature. Cette disposition est purement énonciative et ne fait que prévoir le cas le plus ordinaire, car la clause a généralement pour but d'indemniser l'un des époux de la perte de son mobilier, ou de lui épargner la douleur de se voir dépouillé au profit des héritiers de son conjoint, de certains objets qui ont pour lui une valeur d'affection. Mais rien n'empêche de composer le préciput d'un ou de plusieurs objets spécialement déterminés, soit meubles, soit immeubles, ou d'une quote-part même de la communauté, et de le stipuler, soit avec une limite, en le restreignant à une certaine somme, soit d'une manière illimitée, en y comprenant tous les biens d'une certaine nature, par exemple, tous les habits à l'usage de l'homme, ou toutes les bagues, bijoux et joyaux de la femme. — On peut encore convenir d'un double préciput, soit cumulativement, soit sous une alternative; dire que le survivant aura par préciput la somme de tant, et en outre ses habits, armes et chevaux, ou bien qu'il aura, soit telle somme, soit ses habits, etc. Dans ce cas, le préciput constitué en espèces peut excéder la somme d'argent fixée, et, malgré le principe de l'art. 1190, qui donne le choix au débiteur, ce sera à l'époux survivant de choisir, car la convention même semble lui accorder directement cette faculté.

Quand le préciput est illimité, c'est-à-dire quand il consiste en un genre, l'argenterie, le linge, etc., tous les auteurs conviennent que l'époux survivant a le droit de prendre tout ce qui compose ce genre, tous les biens de la même nature qui se trouvent dans la communauté au moment de la dissolution, quels que soient leur nombre et leur valeur. Cependant Pothier fait cette restriction : pourvu néanmoins que le prix ne soit pas excessif, eu égard à l'état et aux facultés des parties; autrement, les héritiers du prédécédé pourraient, à son avis, demander que le préciput fût réduit et modéré *arbitrio judicis*. Après lui plusieurs auteurs adoptent le même principe sans même le discuter (Merlin, *Rép.*, v° *Précip. conv.*, Zachariæ, III, p. 549; *Contrà*, Rodière et Pont, II, 206; Marcadé, sur l'art. 1515). Selon nous, c'est ouvrir une source intarissable de procès, en allant contre l'intention évidente du législateur; c'est donner aux tribunaux un pouvoir arbitraire que l'ancienne jurisprudence comportait peut-être, mais qui n'est certainement pas de mise aujourd'hui. La loi qui proclame la liberté absolue, et qui ordonne le respect des conventions matrimoniales, répugne évidem-

18

ment à de pareilles investigations. Quand l'art. 1525 permet à deux époux, quelle que soit d'ailleurs leur fortune, d'attribuer au survivant d'entre eux la communauté entière, sous quel prétexte les juges pourraient-ils annuler une convention bien moins extensive? Mais nous reconnaissons qu'il en serait différemment dans le cas de fraude. Si les acquisitions avaient été faites pendant la dernière maladie du prédécédé, dans le but unique de grossir le préciput, les héritiers seraient fondés à en faire la preuve, et à demander la réduction. Sous ce rapport, la doctrine de Pothier doit être admise.

Si la plus grande latitude est laissée aux contractants dans la stipulation du préciput, son interprétation est régie par un tout autre principe. Cette clause déroge au droit commun en matière de communauté; par conséquent, elle ne doit pas être étendue au delà de ses termes, mais restreinte aux objets qui y sont formellement compris. Ainsi, dans le cas où l'on aurait parlé simplement des habits de la femme, on n'y comprendrait pas ses bagues et joyaux, ou réciproquement. Le terme *ses habits* embrasse tout ce qui sert à couvrir le corps, et le mot *joyaux* tout ce qui sert à l'ornement et à la parure, tout ce que les Romains entendaient par *ornamenta muliebria*[1], mais non pas la toilette, et ce qui en dépend, *quo mulier mundior fit*. Ceci ne ferait partie du préciput qu'en vertu d'un pacte ainsi conçu : Ses habits, bagues et joyaux, et généralement tout ce qui se trouvera servir pour l'usage de la personne de la future épouse. On peut conclure de ces exemples empruntés à Pothier (n° 440), qu'il faut en ceci, comme en toutes choses, donner aux mots leur compréhension ordinaire et habituelle, le sens dans lequel les parties ont vraisemblablement entendu les prendre. Remarquons que si la femme s'était réservé le droit de prélever les bijoux qu'elle apportait en mariage, elle ne pourrait pas retenir ceux qu'elle n'avait pas à cette époque, mais qui se trouveraient entre ses mains à la dissolution : elle ne le pourrait que jusqu'à concurrence de ceux des premiers qui auraient été vendus ou échangés, car l'intention vraisemblable des parties opérerait, jusqu'à cette concurrence, une sorte de subrogation des uns

[1] Voir sur ce qu'il faut entendre par *ornamenta muliebria* et par *mundus muliebris*, L. 25, § 10; *De auro, argent. etc., legal.*

aux autres (M. Duranton, t. XV, p. 203). Dans tous les cas, elle n'aurait pas, comme par la clause de reprise d'apports, le droit de réclamer la valeur de ceux des bijoux nuptiaux qui n'existeraient plus en nature.

En général, le préciput est un gain de survie attribué d'une façon réciproque et aléatoire à l'un ou à l'autre des deux époux. C'est sous cette forme qu'il nous apparaît dans ces termes de l'art. 1515 : *L'époux survivant est autorisé à prélever, etc.* Mais la volonté des parties peut encore modifier ce point. D'abord, rien ne s'oppose à ce que l'avantage soit donné à un seul des époux, soit le mari, soit la femme, sous la condition de sa survie ; alors il n'en est pas moins personnel, et on peut lui appliquer ce que l'art. 1514, § 3, dit de la clause de reprise d'apports, que la faculté accordée à la femme ne s'étend point aux enfants ; cela résulte de la nature même des pactes de survie. Mais une seconde modification peut survenir. Il est permis, quoique ce soit rare en pratique, de stipuler, soit la reprise de certains objets par les héritiers du prédécédé, soit la reprise par l'un ou l'autre des deux conjoints, s'il survit, ou par ses héritiers. Enfin, on peut subordonner l'ouverture du préciput à une autre condition que celle du décès, par exemple, à la séparation de corps ou de biens, ou à toute dissolution quelconque de la communauté. Il est vrai que cette faculté peut paraître contraire aux art. 1517 et 1518, qui, après avoir dit que la mort naturelle ou civile donne ouverture au préciput, ajoutent que dans le cas de divorce ou de séparation de corps, il n'y a pas lieu à sa délivrance actuelle, et à l'art. 1452 qui dispose d'une manière générale et absolue, que la dissolution de communauté opérée par la séparation soit de corps et de biens, soit de biens seulement, ne donne pas ouverture aux droits de survie de la femme. Mais parce qu'une clause est insolite, ce n'est pas à dire qu'elle soit prohibée : et si le Code statuant *de eo quod plerumque fit*, ne s'est occupé que du préciput subordonné à la survie, il n'a pas entendu pour cela déroger ici à la règle générale, celle de la liberté absolue des conventions matrimoniales pour tout ce qui n'est pas contraire aux lois et aux bonnes mœurs. Ses dispositions ne sont ni limitatives, ni restrictives, comme l'a reconnu

la Cour de cassation, dans un arrêt du 6 janvier 1808, ainsi motivé :
« Attendu... que le contrat de mariage énonçant que le préciput
stipulé au profit de la femme aurait lieu dans tous les cas de dissolution de la communauté, la Cour d'appel a pu, sans violer aucune
loi, autoriser la femme à prélever son préciput, par suite d'une séparation de biens. » La même Cour a été plus loin encore, et elle a
jugé que lorsque les époux ont stipulé un préciput en faveur *du survivant* d'eux, pour le cas de dissolution de la communauté, la délivrance peut être ordonnée du vivant des deux époux, si la communauté est dissoute par le divorce (14 août 1811, req. rej.). Mais nous
ne pouvons adopter cette décision, qui nous paraît aller contre l'intention des parties, manifestée bien clairement par ces mots, *le
survivant*. La seule question qui nous semble susceptible de faire
doute est celle de savoir si l'on pourrait au moins reconnaître au
jugement de séparation de corps cet effet d'ouvrir le préciput, alors
que le contrat parlerait simplement, d'une façon générale, de la dissolution de la communauté. On peut dire que les parties doivent être
censées avoir prévu seulement le cas le plus ordinaire, celui de
la mort ; qu'on ne songe guère à la séparation de corps ou de biens
au moment du mariage, parmi toutes les espérances de bonheur
qu'il apporte. Mais il eût été alors plus naturel de poser cette condition unique, en cas de survie ; et les rédacteurs du contrat, qui,
sans se laisser éblouir par de séduisantes images, veillent froide-
ment aux intérêts et à l'avenir des futurs, peuvent très-bien avoir
conçu des inquiétudes sur la prospérité du ménage, et avoir voulu,
si la séparation devenait un jour nécessaire, assurer du moins le
sort de la femme.

Outre le caractère de gain de survie qui lui est naturel et ordinaire
sinon essentiel, le préciput en a un autre que l'étymologie même
du mot nous indique. C'est un prélèvement (*præ-capere*), le droit
de prendre avant partage ; le partage dont il s'agit est celui de la
masse commune : c'est donc une délibation de cette masse, une
convention de mariage qui modifie les effets de la communauté légale, mais ne constitue pas moins un droit de communauté. A notre
avis, telle est la théorie que le législateur a entendu consacrer, quand
il a dit (art. 1516) : « Le préciput n'est point regardé comme un avan-

tage sujet aux formalités des donations, mais *comme une convention de mariage.* » Malheureusement, cette rédaction semble indiquer, et plusieurs auteurs en ont conclu, que le préciput est au fond une pure libéralité, une véritable donation, et que c'est seulement des formalités de ces sortes d'actes que la loi a entendu le dispenser. L'intérêt pratique de la question réside dans les distinctions que nous avons établies plus haut entre les deux sortes d'avantages : notamment, le préciput sera-t-il sujet à réduction au profit de tout héritier réservataire, ou seulement au profit des enfants d'un premier lit, en vertu de l'article 1527? Nous croyons que c'est ce dernier résultat qui doit être admis, en présence de la disposition de l'art. 1516, et malgré l'ambiguïté de de sa rédaction. Nous le croyons par plusieurs raisons : la première, c'est que, prise à la lettre, cette disposition n'aurait pas de sens. Le législateur n'a pu vouloir dispenser le préciput d'aucune des formalités des donations, car il avait rempli les unes comme contenu dans le contrat de mariage, et il était exempt des autres par sa nature même. Il est soumis à l'authenticité, car toutes les conventions matrimoniales doivent être authentiques. Il est dispensé de l'acceptation expresse, comme toutes les donations faites par ces sortes d'actes (1087), de la transcription, qui serait sans objet, puisqu'il n'est jamais opposable aux tiers, de l'état estimatif imposé aux donations de meubles, car il s'agit de biens à venir, pour lesquels cet état n'est pas possible, et n'est jamais exigé (1084 et 1085). Il faut donc trouver à la phrase une autre explication , et elle ressort clairement d'un passage de ce Pothier que, sur cette matière, les rédacteurs du Code ont tant consulté : « Quoique la convention de préciput renferme un avantage que celui des conjoints qui doit prédécéder fait au survivant, et qu'il soit regardé comme tel, tant par rapport au premier qu'au second chef de l'édit des secondes noces, néanmoins, elle est regardée plutôt comme convention de mariage que comme donation, et en conséquence, elle n'est pas sujette à la formalité de l'insinuation. » Il est évident que le Code a voulu reproduire cette théorie; seulement, comme l'insinuation était abrogée, au lieu de la dispense spéciale de cette formalité, on a mis une dispense générale des formalités des donations, sans s'apercevoir qu'elle n'avait pas d'objet, et ne faisait que jeter du doute sur le principe qu'on voulait énoncer. Un dernier argument se tire des termes de l'art. 1525, qui, en permettant l'attribution de la communauté entière au survivant, déclare que cette stipulation n'est point réputée un avantage sujet aux règles relatives aux donations, *soit quant au fond, soit quant à la forme,* mais une simple convention de mariage. On peut objecter, il est vrai, que la différence des termes de cet article et de celui dont nous nous occupons prouve que l'intention du législateur n'a pas été la même dans les deux cas. Mais nous avons montré d'où provenait la rédaction de l'art. 1515, et il nous semble que cela posé, l'art. 1525 ne peut plus fournir qu'un à *fortiori* très-puissant en notre faveur; car l'avantage qu'il déclare ainsi n'être pas une donation est cependant bien plus considérable, bien autrement exorbitant du droit commun des sociétés que le préciput. Il y avait bien plus de motifs pour en permettre la réduction.

Le préciput est donc une convention entre associés; mais c'est une convention avantageuse, et ceci explique parfaitement que, d'après la disposition implicite de l'art. 1518, le défendeur en divorce ou en séparation de corps en soit privé, sans qu'il soit nécessaire pour le comprendre, comme on l'a dit (Delvincourt, t. III, p. 94), de recourir à l'idée de donation. Tout au plus le préciput prendrait-il ce caractère, dans le cas exceptionnel où il aurait été stipulé au profit de la femme, même renonçante. Nous parlerons plus loin de cette clause, qui est prévue et permise par l'art. 1515, mais qui s'écarte de la nature et des règles du véritable préciput.

Convention de mariage, droit de communauté, s'exerçant par prélèvement sur la masse partageable, le préciput ordinaire est pour la femme subordonné à son acceptation de la qualité de commune. Ainsi, même après le prédécès du mari, il peut être encore caduc; car si une renonciation intervient, la communauté disparaîtra rétroactivement; la masse appartiendra tout entière aux héritiers du mari; il n'y aura plus de partage, par conséquent plus de prélèvement. La jurisprudence a toujours suivi ce principe[1]. Il en résulte

---

[1] Notamment dans une affaire où il s'agissait d'une communauté universelle

encore, que la masse à partager doit être établie avant qu'il y ait lieu à exercer le préciput. On la composera d'après les règles posées pour la communauté légale ; ainsi, il faudra d'abord distraire toutes les récompenses, reprises, remplois ou indemnités dus à chaque époux ou à ses héritiers, les deniers réputés propres aux époux, les charges et les dettes de la communauté envers les étrangers ; réciproquement, on devra rapporter les récompenses et indemnités dues à la communauté par l'un ou par l'autre des conjoints. Ce sera sur la masse ainsi formée que le préciputaire exercera son prélèvement ; le reste se partagera par moitié. On voit qu'il supporte ainsi lui-même la moitié du préciput auquel il a droit. Aussi, dans la pratique, commence-t-on par diviser la masse en deux parties égales, dont le conjoint avantagé prend une, avec le droit de prélever la moitié de son préciput sur la part réservée aux héritiers de l'autre. Il faudrait, à plus forte raison, suivre la même marche si le survivant devait gagner intégralement son préciput, c'est-à-dire s'il devait, comme dans l'espèce dont s'occupe la note, lui être payé sur la part du prédécédé. Dans tous les cas, du reste, il doit le recevoir exempt de dettes : elles se partagent entre les deux époux par moitié, abstraction faite de cet émolument attribué hors part. « Le survivant, dit Lebrun, qui prend un préciput, n'en paye pas plus de dettes de la communauté, à l'exemple de celui qui prend un prélegs (p. 341, n° 7). » Toutefois, si le préciput avait le caractère d'un avantage à titre universel, s'il comprenait, par exemple, tous les meubles, peut-être devrait-il entraîner l'obligation

de tous biens, avec préciput, au profit du survivant, des trois quarts en propriété et du quart en usufruit des biens *qui adviendraient aux héritiers du prédécédé.* La femme, qui avait renoncé à la communauté, soutenait qu'on devait voir là non pas un préciput, mais une institution contractuelle réciproque. La Cour de Colmar décida qu'il y avait là un préciput, parce que ce mode particulier de prélèvement ne laissait pas d'établir une délibation de la masse commune ; parce que, dans l'ancienne jurisprudence, il ne changeait pas la nature du préciput ; enfin, parce qu'il n'émanait pas de la libéralité des contractants, mais résultait d'une stipulation qui se rapportait à la convention constitutive de la composition de la communauté, dont elle était une condition *sine qua non* et une modification ; par conséquent la femme, en renonçant à la communauté, y avait perdu toute espèce de droit (15 mai 1829). La Cour de cassation, le 8 novembre 1830, rejeta le pourvoi.

de payer une part proportionnelle des dettes. C'est ainsi que nous avons vu le préciput légal des nobles, qui attribuait au survivant l'ensemble du mobilier, le charger en même temps de l'acquittement des dettes mobilières. Argou, qui donne la même solution pour le préciput conventionnel de tout le mobilier, ajoute : « Il ne serait pas même permis de stipuler par le contrat de mariage que le survivant aura tous les meubles sans être tenu des dettes, parce que cela donnerait lieu à des fraudes perpétuelles ; un mari qui n'aurait pas d'enfants emprunterait de tous côtés pour grossir les effets mobiliers de la communauté, afin d'avantager indirectement la femme, ou d'en profiter lui-même » (II, p. 154). M. Troplong, n° 2139, croit aussi qu'une telle clause rentrerait dans la prohibition de l'art. 1521.

Quoi qu'il en soit de cette question, le préciput ne peut jamais porter atteinte aux droits des créanciers. Ils conservent, comme s'il n'y avait pas eu de modification à la communauté légale, tous ceux que ce régime leur attribue. « Les créanciers de la communauté, dit l'art. 1519, ont toujours le droit de faire vendre les effets compris dans le préciput. » En effet, cette clause ne les empêche pas d'être des biens communs. Le mari aurait pu les aliéner, les créanciers peuvent les saisir, mais bien entendu sauf le recours du préciputaire. Ce recours pourra s'exercer sur toute la part de son conjoint dans la masse commune, mais sur elle seule, soit que le préciput doive porter également sur les deux moitiés de la masse, soit qu'il ait été stipulé payable intégralement sur la part de communauté afférente aux héritiers du prédécédé. Dans les deux cas, le survivant n'y a droit que comme commun, et par conséquent, ne peut l'exercer que sur les biens communs. Si donc, après le payement des dettes, et la reprise par chaque époux des deniers stipulés propres, ainsi que de ses remplois, récompenses ou indemnités, il ne restait rien à partager, le préciput serait caduc ; s'il ne restait qu'une somme suffisante pour en payer une partie, le survivant la prendrait, mais devrait s'en contenter ; enfin, si l'actif, suffisant pour remplir le préciput, devait être absorbé par un payement intégral, le survivant n'en serait pas moins admis à l'exiger.

Examinons maintenant quand et comment se trouve acquis le

préciput. On peut dire, en règle générale, qu'il est ouvert par la réalisation de l'événement auquel il a été subordonné. Ainsi, s'il a été stipulé pour tous les cas de dissolution de communauté, il s'ouvrira de quelque manière que cette dissolution arrive, soit par prédécès, soit par séparation de corps ou de biens. Mais il n'en reste pas moins dans le détail des difficultés assez nombreuses. Nous nous occuperons presque exclusivement du cas où la condition prévue est celle de la survie. Si les deux époux ont péri dans le même accident, les héritiers de l'un d'eux ne pourront obtenir le préciput, qu'en prouvant que leur auteur a survécu. Il n'y a pas lieu d'appliquer ici les présomptions des art. 720, 721 et 722, car par leur nature, les présomptions légales ne s'étendent pas, et celles-ci ne sont faites que pour la matière des successions. D'après le droit commun, c'est à celui qui réclame à prouver son droit, et si les héritiers ne peuvent pas prouver la survie, comme c'est à cette condition que l'avantage est subordonné, ils ne l'obtiendront pas, et le préciput sera caduc : *Neuter alteri supervixerit* ; c'est la doctrine de Pothier comme de tous nos anciens auteurs, et parfaitement fondée en raison, elle n'a rien perdu de son autorité depuis que le Code a consacré et développé les présomptions de survie du droit romain.

Les règles que nous avons posées d'une façon générale, et par rapport à tous les gains de survie, nous dispensent de revenir ici sur l'absence et la mort civile. Quant au cas de séparation de corps, il suffit de rappeler la disposition de l'art. 1518, ainsi conçue : Lorsque la dissolution de la communauté s'opère par le divorce ou par la séparation de corps, il n'y a pas lieu à la délivrance actuelle du préciput; mais l'époux qui a obtenu soit le divorce, soit la séparation de corps, conserve ses droits au préciput en cas de survie. » Ce texte contient la solution, pour cette matière spéciale, de la grande question que nous avons discutée plus haut. On sait, quant aux autres avantages, quel puissant argument il fournit pour faire admettre la même décision. Dans tous les cas, le doute ne peut s'élever pour le préciput; car en disant que l'époux demandeur en séparation conserve ses droits, la loi entend évidemment que l'autre perd les siens. Si la maxime *qui dicit de uno negat de altero* a jamais pu s'appliquer, c'est ici, sans doute, en présence du rapprochement évident qui s'est fait dans la pensée du législateur, entre cet article et les dispositions correspondantes du titre du divorce.

A la différence de la première partie de la phrase (en cas de séparation de corps, il n'y a pas lieu à la délivrance actuelle), qui ne se rapporte qu'au préciput stipulé pour le cas de survie, l'exclusion prononcée contre l'époux qui a rendu nécessaire la séparation s'applique également au préciput donné en vue de toute dissolution quelconque de la communauté. On peut objecter, il est vrai, que cette disposition qui se réfère à la première, doit se rapporter au même cas : que tous les autres restent sous l'empire de la règle générale, et ici vient se placer de nouveau la controverse. Mais nous avons prouvé que cette règle est précisément celle que nous exprimons ; et si, pour la dernière clause, on ne veut pas voir dans l'article 1518 une énonciation formelle du principe, il faut reconnaître qu'il fournit, pour le décider ainsi, un puissant argument d'analogie. Ainsi, à quelque événement que fût subordonné le préciput, s'il était réciproque, l'époux défendeur en séparation de corps et condamné, perdrait le sien ; s'il n'était stipulé qu'à son profit, il serait caduc. Mais éteint par la séparation, il pourra revivre par le fait de la réconciliation des époux. Seulement, cette réconciliation ne suffirait pas. Il faudrait de plus l'accomplissement des formalités exigées par l'article 1451, c'est-à-dire le consentement des deux parties, manifesté par un acte devant notaire, et avec minute, dont un extrait fût affiché selon ce qu'ordonne l'article 1445 ; car si ces formes sont nécessaires pour rétablir la communauté légale, qui est le droit commun, à plus forte raison doit-on les remplir pour les clauses qui y dérogent. Mais cela fait, les conventions matrimoniales sont rétablies, et reprennent leur effet du jour du mariage : sans préjudice pourtant des actes que la femme pourrait avoir accomplis, en vertu du droit d'administration de ses biens que la séparation lui avait rendu. — Il faut remarquer que la séparation de biens ne produirait pas cet effet, d'éteindre le préciput; car si elle prouve l'imprévoyance ou l'impéritie du mari dans les affaires, elle n'est pas la conséquence de faits coupables envers la personne de la femme, et ne peut être une cause d'indignité contre lui. Or, c'est sur l'indignité et l'ingratitude de l'époux adultère qu'est fondée la déchéance de l'article 299.

Quand le préciput est soumis à la condition de la survie, si la séparation de corps fait perdre à l'époux contre lequel elle a été prononcée toute chance de le gagner un jour, ce n'est pas à dire pour cela qu'elle ouvre immédiatement le droit de son conjoint. La loi le déclare formellement, et elle a raison, car ce fait ne doit pas supprimer à son profit la condition qui affecte la clause ; elle peut défaillir, et le préciput sera caduc. Par conséquent, le partage doit se faire d'après les règles ordinaires, c'est-à-dire par moitié, sans qu'on tienne compte du préciput ; seulement, si l'époux maintenant seul préciputaire vient à survivre, il pourra se faire rendre par les héritiers de son conjoint la moitié de l'avantage auquel il a droit. C'est ce qu'exprimait fort bien Pothier, quand il disait : « Lorsque la dissolution de la communauté est arrivée du vivant des deux conjoints, *putà* par une séparation, le partage se fait sans préciput, auquel il n'y a pas encore ouverture, mais il se fait à la charge que, lorsqu'il y aura ouverture par le prédécès de l'un d'eux, la succession du prédécédé fera raison de ce préciput au survivant. C'est pourquoi, si le préciput porté au contrat de mariage est, par exemple, d'une somme de 4,000 livres, la succession du prédécédé devra au survivant, sur la part que le prédécédé a eue au partage de la communauté, une somme de 2,000 livres. » C'est la même décision que le Code a voulu reproduire. Il en résulte que nous devons appliquer encore de nos jours les conséquences déduites par Pothier. Ainsi, quand le préciput consistera en une somme d'argent, il n'y aura pas de difficulté : après un partage égal, si le préciput s'ouvre, les héritiers devront au survivant la moitié de sa valeur, la moitié seulement, puisqu'il a déjà confondu l'autre dans la part qu'il a prise. Si le préciput consiste en objets déterminés, il faudra d'abord en faire l'estimation, afin de fixer la somme que la succession pourra devoir un jour au survivant : cela fait, l'époux avantagé prendra sur le pied de l'estimation les choses sujettes à son préciput, non en les prélevant à ce titre, puisqu'il n'est pas encore ouvert, mais en les précomptant sur sa part ; et si son droit vient à s'ouvrir, il lui sera dû par la succession du prédécédé, sur la part que celui-ci aura eue au partage, la moitié de l'estimation du préciput.

Jusqu'ici, pas de difficulté ; mais la dernière phrase de l'article 1518 semble contredire toutes les conséquences que nous avons tirées de la première, car elle ajoute : « Si c'est la femme (qui a obtenu la séparation), le préciput reste toujours provisoirement au mari, à la charge de donner caution. » Cette disposition est justement critiquée par tous les auteurs, et elle conduirait à l'absurde si on voulait la prendre à la lettre, et l'appliquer comme la loi semble le faire au préciput ordinaire. En effet, il en résulterait que dans le partage auquel la séparation de corps donne lieu, le préciput serait d'abord prélevé sur la masse, et attribué en entier au mari, à la charge seulement d'en garantir la restitution à la femme, au cas où elle le gagnerait par sa survie. Ainsi, si l'on suppose, par exemple, une masse commune de 25,000 fr. et un préciput de 5, au lieu de partager la communauté également, comme ce serait la règle s'il n'y avait pas de préciput, le mari prendrait d'abord les 5,000 fr. et ensuite la moitié du reste, soit en tout 15,000 fr., la femme n'ayant droit qu'à 10,000 fr. ; en sorte qu'elle aurait 2,500 fr. de moins que s'il n'y avait aucun préciput stipulé à son profit, et que la faute du mari lui procurerait l'avantage de jouir pendant toute sa vie, au préjudice de celle qu'il a outragée, des intérêts de cette somme. Évidemment telle n'a pu être l'intention du législateur ; cela détruirait d'ailleurs complétement la pensée de Pothier, qu'on a, comme nous l'avons montré, entendu reproduire, car il ne serait plus exact de dire que le partage se fait sans aucun égard au préciput. — D'un autre côté, si c'est contre la femme que la séparation a été prononcée, en admettant même, pour cette hypothèse dont la loi ne parle pas, la règle ordinaire du partage égal de la masse entière, pourquoi n'avoir pas établi aussi au profit du mari, pour la moitié de son préciput, cette faveur protectrice de la caution ? Lui aussi il pourra trouver son gage dissipé quand arrivera le moment de faire valoir son droit. Pourquoi cette inégalité entre les époux, quand il y a égalité de périls (V. Troplong, n° 2135) ? De tout cela il faut conclure que dans sa dernière partie l'art. 1518 se réfère à une autre hypothèse que dans la première, et cela s'explique, si l'on songe qu'il devait être conçu de manière à embrasser les deux espèces mentionnées dans l'art. 1515, celle du préciput ordinaire qui ne s'exerce que sur les biens communs, et celle où le même avantage a été stipulé au profit de la femme même renonçante. Après s'être occupé du premier cas, en ayant soin de ne parler jamais spécialement ni du mari, ni de la femme, mais seulement de l'époux demandeur en séparation, quel qu'il soit, le législateur passe au [second, comme le prouve ce fait, qu'il ne parle plus que de la femme, parce qu'en effet c'est à la femme seule que se donne cette faculté de pouvoir encore, après avoir renoncé à la communauté, prendre son préciput sur les biens du mari. Ceci admis, la disposition qui nous occupe est aussi équitable que logique. Si la femme a renoncé (seul cas auquel elle s'applique), et n'a pas pour cela perdu son droit au préciput, la communauté, qui appartient désormais au mari seul, y est sujette comme tous ses autres biens. Mais comme le droit de la femme reste toujours subordonné à sa survie, comme par conséquent il n'est pas encore ouvert, et pourra même ne jamais l'être, il n'était pas possible de dépouiller actuellement le mari de la somme ou des choses qui en faisaient l'objet. Sous quel prétexte aurait-on dérogé aux règles ordinaires de la renonciation? Cependant la condition peut se réaliser un jour, la femme peut avoir droit d'exiger le préciput : il fallait donc s'assurer qu'il lui serait conservé, malgré le mauvais vouloir que les faits dont est résultée la séparation, ne permettent que trop de supposer. Voilà pourquoi on a exigé une caution du mari, et du mari seul. Ainsi s'explique cette dérogation apparente aux règles ordinaires du partage de la communauté, ainsi se justifient toutes les dispositions de la loi.

La plupart des interprètes du Code admettent cette distinction proposée par M. Delvincourt (t. III, p. 94, note 8), et reconnaissent que la seconde partie de l'art. 1518 ne peut s'appliquer qu'au préciput donné à la femme même qui renoncerait. Mais ils se divisent sur une question qui nous semble pourtant dépendre de celle-là, et devoir être décidée d'après la même théorie. Dans la première hypothèse, celle du préciput ordinaire, la femme, même en acceptant la communauté, pourra-t-elle encore demander caution, et aura-t-elle seule ce droit, ou devra-t-on le reconnaître aussi au mari, quand ce sera lui qui aura fait prononcer la séparation ? En général, quoique sans trouver la raison de différence, on s'en tient au texte de la loi, et on ne donne cette garantie qu'à la femme; d'autres auteurs, par identité de motifs, l'étendent au mari ; tous, du reste, fidèles à la règle du partage par moitié qu'ils reconnaissent applicable, veulent que la caution ne soit exigible que pour la moitié du préciput. Mais il en est un, qui fait sortir de la loi une nouvelle anomalie; selon lui, si c'est le mari qui a obtenu la séparation de corps, et qui conserve ses droits au préciput en cas de survie, il le gardera en entier, lors du partage, à la charge de donner caution que ses héritiers en rendront la moitié à la femme, s'il prédécède. Pour la femme, dans le cas inverse, il ne paraît pas admettre la réciproque, car il ne déroge qu'au profit du mari, à la règle du partage égal qu'il a posée plus haut, d'après Pothier. Ainsi nouvelle et inexplicable différence de situation, mais cette fois au désavantage de la femme, et contrairement au texte formel de l'art. 1518; car ce système suppose que c'est contre la femme que la séparation de corps a été prononcée, tandis que la loi dit, si c'est la femme qui l'a obtenue ; et si, par conséquent, il cadre bien ensuite avec la fin de l'article, c'est avec ce vice capital de supposer le préciput acquis par celui des époux qui le retient, tandis que la loi indique nécessairement que ce sera l'autre qui pourra un jour le demander.

Il nous semble que tous ces systèmes ont le tort de perdre de vue le point de départ de la question, d'oublier la distinction faite, les deux espèces posées, et de transporter à l'une les dispositions qui sont écrites pour l'autre. La plupart des auteurs que nous combattons reconnaissent avec nous que l'art. 1518 s'occupe de deux genres différents de préciput, d'abord du préciput ordinaire qui peut s'établir au profit de l'un ou de l'autre des conjoints, mais que la femme ne peut avoir qu'à condition d'accepter la communauté, ensuite du préciput qu'elle peut, mais qu'elle peut seule avoir, même en renonçant. Dès lors, puisque c'est par rapport seulement à cette dernière hypothèse, comme le prouve cette rétention du préciput entier par le mari, que le Code établit la caution, on doit en conclure qu'elle ne s'applique pas à la première. Car la nécessité de donner caution de sa nature ne s'étend pas ; ces mesures conservatoires, toutes de méfiance, ne s'imposent qu'à ceux de qui la loi les exige d'une manière certaine. Or, une simple observation suffit pour prouver qu'on sort du texte de la loi : la caution de l'art. 1518 est de la valeur entière du préciput, puisque le mari le garde tout entier à cette condition, et celle qu'on veut lui imposer ne peut être, tout le monde le reconnaît, que de la moitié, puisqu'on a admis le partage égal de la communauté. Il s'agit donc ici d'un cas différent de celui pour lequel la loi a ordonné cette garantie, et on ne peut lui en appliquer les règles sans tomber dans un arbitraire que révèlent suffisamment et la variété des doctrines, et l'impossibilité de trouver des motifs raisonnables pour imposer la caution à l'un des époux et non pas à l'autre[1]. Nous avons vu comment Pothier réglait le préciput ordinaire, et nous savons qu'il ne parlait alors ni de caution, ni de sûretés d'aucune nature pour la moitié sujette à restitution : quand il arrive à la seconde hypothèse, à la stipulation que la future épouse, en cas de renonciation, aura son préciput, il ajoute : « L'esprit de cette convention est de rendre le mari et sa succession *garants* du préciput de la femme.» Voilà l'origine de la caution ; elle n'est qu'un développement de la seconde pensée de Pothier, adoptée comme la première par les rédacteurs du Code. Le mot de caution s'applique donc simplement à la même espèce que celui de *garants*.

Ceci nous conduit à tracer les règles de ce second genre de préciput. Quoique la loi, dans les art. 1515 et 1518, semble ne le considérer que comme une extension de l'autre, et comme une simple dérogation des règles ordinaires, on peut dire que c'est un pacte tout différent, et improprement appelé du même nom ; car s'il se rapproche du préciput, en ce qu'il suppose aussi l'attribution avantageuse d'une certaine somme ou de certains biens à la femme, ce n'est plus un simple prélèvement avant partage, un droit

---

[1] MM. Rodière et Pont, n° 302, t. II; Marcadé, sur l'art. 1518. *Contrà*, MM. Zachariæ, t. III, p. 550; Duranton, t. XV, p. 194; Mourlon, t. III p. 94. Voir aussi un arrêt de Bruxelles du 20 novembre 1807, qui, dans le cas d'un préciput stipulé en faveur du survivant, a imposé au mari divorcé l'obligation de donner caution pour l'excédant du préciput dans la part du mobilier qu'il recueillait. Il s'agissait là d'un préciput ordinaire, et par conséquent nous n'admettons pas cette décision.

de préférence sur la masse commune. Les facultés de l'actif social ne sont plus ici la mesure du droit de la femme, de telle sorte qu'au delà il soit caduc. Comme le dit Pothier, le mari et sa succession en sont garants. C'est une créance dont l'objet spécial est sans doute la part de communauté du mari, mais qui à défaut pourra s'exercer, soit sur cette même communauté, devenue par la renonciation sa propriété exclusive, soit sur tous ses autres biens ; et comme la renonciation, loin d'être une condition de son exercice, en est au contraire une extension, comme en donnant cet avantage à la femme même renonçante, on n'entend pas le lui refuser si elle accepte, elle sera, même dans ce dernier cas, créancière de la succession de son mari, « de ce qui se sera trouvé de *manque* dans les biens de la communauté, pour la remplir en entier de son préciput (Pothier, n° 448). » La dernière partie de l'art. 1515 consacre par *à contrario* cette théorie. « On voit d'après cela, dit M. Zachariæ, que la clause par laquelle la femme se réserve la faculté de reprendre, en cas de renonciation, une certaine somme pour lui tenir lieu de ses apports, lui est moins avantageuse que la réserve d'un préciput, même en cas de renonciation. La femme peut user de cette dernière clause, même en cas d'acceptation de la communauté, tandis qu'elle ne peut user de la première qu'en cas de renonciation (tome III, p. 552, note 16). »

Ce caractère de créance personnelle contre le mari fait admettre sans difficulté que le préciput ne doit porter intérêt, d'après l'art. 1479, que du jour de la demande en justice. Cette solution, proposée déjà pour le préciput ordinaire, par cette seule raison qu'il est sinon une donation, au moins une convention avantageuse, est basée, pour le cas dont il s'agit, sur un *à fortiori* puissant. — Mais faut-il aller jusqu'à voir dans ce dernier pacte non plus une convention de mariage, mais une donation ? M. Troplong, à l'appui de cette interprétation, invoque l'autorité de Lebrun. Cet auteur, en effet, après avoir posé en principe que le préciput ne se donne à la femme renonçante qu'en vertu d'une stipulation formelle, ajoute que, quand cette stipulation a été faite, c'est une donation, et que la femme en recueille alors le bénéfice non à titre de préciput, mais de donation. Mais ses annotateurs, adoptant en cela l'opinion qu'Argou, tout en la trouvant contraire à la nature du préciput, nous présente comme la plus généralement admise au Palais, soutiennent qu'en l'absence de toute convention spéciale, le préciput est dû à la femme renonçante, même sur les propres du mari ; et ils répondent à Lebrun : On ne voit pas que le préciput, qui est proprement un gain de survie, puisse jamais passer pour donation. Cette raison tombe devant cette simple observation, qu'il peut très-bien y avoir entre époux des donations subordonnées à la survie, qu'elles n'en forment pas moins des gains de survie, et que la question reste tout entière de savoir si la clause qui nous occupe conserve encore le caractère de préciput, de convention entre associés, ou si elle ne constitue pas en réalité une de ces donations. Cependant, il nous paraît difficile d'admettre le sentiment de Lebrun, en présence de l'art. 1516, qui ne fait aucune distinction, et ne permet par conséquent que cette alternative, de considérer les deux sortes de préciput comme des conventions de mariage, ou de les déclarer toutes deux donations ; car on ne peut supposer que le préciput exceptionnel fût absent de la pensée du législateur, puisque la dernière phrase précisément de l'article précédent le spécifie et le permet, et que le Code y revient deux fois encore dans le cours de cette section. D'ailleurs, Pothier semble aussi le mettre sur la même ligne que le préciput conventionnel ordinaire, car il dit seulement que l'effet de cette convention est de rendre le mari et sa succession garants du préciput de la femme. Or, la qualification de donation entraînerait d'autres conséquences. Il faudrait en conclure qu'il ne doit pas se prendre, si la femme accepte, moitié sur sa part de communauté, moitié sur celle de son mari, et que ce n'est pas seulement à titre de recours subsidiaire qu'elle pourra, soit qu'elle accepte, soit qu'elle renonce, se venger sur les biens personnels ; il faudrait dire qu'elle pourra réclamer le tout de la succession du mari, qu'elle pourra l'attaquer tout d'abord, et sans être forcée de discuter au préalable l'actif de la communauté. On voit qu'on s'écarterait singulièrement du mot garant employé par Pothier, de ce qu'il dit du recours de la femme sur la succession de son mari après épuisement de la masse commune pour le surplus, et aussi de l'intention des parties, qui ont évidemment voulu

19

donner à la femme un avantage non pas plus étendu, mais plus certain. C'est, du reste, seulement au point de vue de la réserve et des droits d'enregistrement que la question offre de l'intérêt. Quant aux formalités des donations, M. Troplong lui-même reconnaît que ce préciput ne peut pas y être soumis ; en effet, contenu dans le contrat de mariage et portant sur les biens à venir, il a déjà rempli les unes et il est dispensé des autres.

Nous n'avons pas à revenir sur les règles qui régissent le cas de renonciation de la femme à la communauté dissoute par le divorce ou la séparation de corps ; nous n'en avons déjà que trop longuement parlé, à propos de la disposition finale de l'art. 1518. En cas de séparation de biens, il faut appliquer aussi cette disposition ; car on ne peut dépouiller le mari de sa chose, à raison du droit éventuel de la femme. Seulement, les faits qui ont donné lieu à la séparation seront un motif de plus de l'obliger à fournir caution. S'il s'y refusait, soit par impossibilité, soit même par mauvais vouloir, on ne pourrait cependant pas le forcer à faire la délivrance immédiate du préciput ; mais la femme serait fondée à faire ordonner par justice la remise à la caisse des dépôts et consignations d'une somme égale à la valeur de son droit éventuel, sauf au mari à en toucher les intérêts jusqu'à l'ouverture de ce droit. Bien entendu, les parties pourraient aussi convenir à l'amiable que cette somme sera placée, avec privilége, sur quelque bien immobilier.

Terminons en remarquant la disposition de l'art. 1519, dont les termes un peu vagues s'expliquent bien par la lecture des travaux préparatoires du Code. Le préciput dont nous nous occupons maintenant, pas plus que le préciput ordinaire, ne peut jamais nuire aux droits des créanciers de la communauté, lesquels sont toujours libres de saisir les biens qui en font l'objet ; seulement, l'époux avantagé qui ne pouvait tout à l'heure recourir que sur la masse commune et jusqu'à son épuisement, a de plus ici pour gage tous les biens personnels de son conjoint. C'est cette double ressource que le Code a voulu assurer par une seule et même disposition. Primitivement, notre article ne parlait que du premier cas ; il portait : *sauf recours pour la valeur des effets, dans le partage de la communauté* ; mais le Tribunat fit remarquer que ces termes étaient

trop limitatifs, « car ce recours peut avoir lieu, quoiqu'il n'y ait pas
de partage de la communauté, comme dans le cas de renonciation ;
il doit s'exercer alors sur les biens personnels de l'autre époux » :
en conséquence, il proposait cette formule plus large, *conformément à l'article* 1515, qui a passé dans le Code.

2. DÉROGATIONS AU PARTAGE PAR MOITIÉ DES BIENS COMMUNS.

Le préciput n'est pas plus de nos jours que dans l'ancien droit
le seul gain de survie qui puisse se trouver lié au régime de la communauté. Toute la différence consiste dans le titre qui constitue ces
avantages. Autrefois, plusieurs statuts locaux écartaient d'une façon
générale, la règle ordinaire du partage égal, au profit de certaines
personnes, et la convention suppléait la loi pour celles qui n'é-
taient pas comprises dans ses dispositions. Nous avons signalé
l'ancien préciput légal des nobles, qui n'était autre chose que l'attribution au survivant de toute la communauté mobilière, et montré
un autre préciput bien plus étendu, puisqu'il comprenait la communauté entière, qui, formé de bonne heure et très-répandu, fut restreint lors de la rédaction des coutumes, mais laissa jusqu'à nos
jours, dans la législation, des traces profondes. Le Code, pour qui
tous les Français sont égaux, ne déroge jamais lui-même à son
mode ordinaire de partage de l'association conjugale, au principe
de l'égalité absolue, quelles que soient les mises [1] ; mais il ne le
considère pas comme d'ordre public. Il comprend que la différence
de fortune des deux conjoints pourrait faire souvent de son application une injustice. Il respecte l'intérêt des familles, l'attachement
aux anciennes traditions que cette égalité pourrait blesser. Il permet
aux parties de régler comme elles l'entendent leurs droits à la dissolution. Nous ne tenterons pas de passer en revue les variétés infinies de conventions auxquelles cette liberté peut donner lieu. A

[1] En matière de sociétés ordinaires, la règle est l'égalité proportionnelle aux
mises, art. 1853. On conçoit qu'elle soit autre ici ; car, comme la communauté
a, au moins en jouissance, tous les biens des époux, et que, par conséquent, les
mises ne sont pas restreintes à l'apport actuel, il peut se faire que la différence
soit comblée et au delà par les biens qui adviendront plus tard à l'un des
époux. Le législateur devait prendre en considération ces chances, qui peuvent
être égales.

l'exemple de Pothier, la loi parle ici de deux pactes plus ordinaires
et par conséquent plus importants, celui par lequel on donne à chacun des conjoints ou à ses héritiers des parts inégales dans la communauté, et celui qui consiste à assigner à l'un des époux une
somme fixe pour tout droit de communauté. A l'exemple des coutumes, elle en ajoute un troisième, celui qui attribuerait la communauté entière à un seul, sous la condition de survie. Nous suivrons la même marche; mais, nous le répétons, cette énumération
n'a rien de limitatif : le principe, c'est la liberté, et elle reste entière. Ainsi, un arrêt de cassation nous montre une espèce où les
époux avaient stipulé que l'un aurait tous les immeubles, l'autre
tous les meubles, et quoique un autre point du contrat fût discuté,
personne ne mit en question la validité de cette clause [1]. La liberté n'a qu'une limite; la loi ne prohibe qu'une stipulation, celle
qui constituerait ce que les jurisconsultes romains appelaient le
pacte léonin, qui attribuerait à l'un tout le profit, et à l'autre toute
la perte.

1° DE L'ATTRIBUTION DE PARTS INÉGALES.

L'art. 1520 consacre en ces termes cette première clause : Les
époux peuvent déroger au partage égal établi par la loi, soit en ne
donnant à l'époux survivant ou *à ses héritiers*, dans la communauté, qu'une part moindre que la moitié, soit, etc. » Il importe tout
d'abord de signaler ici un singulier vice de rédaction : la loi ne

[1] Req. rej. 16 avr. 1833 , Sir., 33, 1, 371. Il est vrai que quelques auteurs
la croient nulle, comme donnant au mari trop de facilités pour s'avantager
au préjudice de sa femme, en gérant de façon à composer presque exclusivement la communauté de la nature de biens qui doit lui rester. Mais
M. Zachariæ l'admet sans difficulté, quoiqu'il nie que la communauté puisse
être réduite, soit aux acquêts mobiliers, soit aux acquêts immobiliers, différence
qui paraît difficilement explicable. Pour nous, nous ne voyons pas en quoi,
sauf le cas de fraude réalisée et prouvée, qui sera punie, la clause dont il s'agit
peut être annulée *à priori*, comme contraire aux bonnes mœurs ou à l'ordre
public; elle peut être très-utile, si, par exemple, le mari veut convertir en immeubles une fortune considérable, et si la future n'a que très-peu de biens :
elle sert alors à ne pas dépouiller la famille du mari, tout en assurant la subsistance de la femme. La coutume de Gorze en faisait même un point de droit
commun, et cette disposition, probablement d'origine féodale, avait le mérite
d'être tout à la fois conservatrice et équitable.

peut prêter aux époux la pensée de donner une part quelconque
aux héritiers du survivant : c'est entre celui-ci et les héritiers du
prédécédé que la communauté se partage ; c'est nécessairement
à ceux-ci que se réfèrent les mots ou à *ses héritiers*, et les discours
des orateurs du Gouvernement, notamment celui de M. Siméon
au Corps législatif, le prouvent péremptoirement. Du reste, l'erreur s'explique : Pothier intitule son chapitre : De la convention
par laquelle on assigne à chacun des conjoints ou à *ses héritiers*
des parts inégales, etc. ; les rédacteurs du Code, qui ont voulu,
pour abréger, indiquer immédiatement la condition de survie,
n'ont pas pris garde que l'époux à l'égard duquel est faite cette
assignation étant spécifié par ce mot le *survivant*, il fallait, dans
le second membre de phrase, indiquer les héritiers de l'autre, et
ils ont conservé les mots *ses héritiers*, comme dans la phrase de
Pothier, conçue d'une façon générale.

Cette observation faite, notons les diverses hypothèses qui résultent de l'art. 1520. La clause peut être stipulée pour ou contre le
survivant des époux, quel qu'il soit ; mais elle peut aussi ne l'être
qu'en faveur de tel d'entre eux s'il survit, ou contre lui. Dans tous
ces cas, la survie soit de l'époux désigné, soit de l'un d'eux, est la
condition de la convention; si elle vient à défaillir, on rentre dans les
règles ordinaires, la masse se partage par moitié. Il est vrai que
dans la dernière espèce, il semble que la condition devra toujours
se réaliser, et que sur les deux conjoints, l'un doit nécessairement
survivre à l'autre. Il peut se faire pourtant qu'ils périssent dans le
même événement, et que, faute de moyens de prouver la survie de
leur auteur, les héritiers soient réduits à la part ordinaire. De plus,
le pacte peut être dégagé de toute condition, et conçu en vue de
tous les cas, comme si l'on stipule pour ou contre l'un des époux
et ses héritiers. Un système plus fréquent est de le soumettre au
contraire à une double condition, de dire, par exemple : Advenant
le prédécès de la femme (ou du mari) sans enfants, ses héritiers
n'auront qu'un quart dans la communauté. Il faut ici deux événements, la survie du conjoint désigné et l'inexistence d'enfants. Si
l'un ou l'autre manque, et quand on en a prévu d'autres encore, si
un seul manque, le principe général reprend son application.

L'inégalité dans les parts ne suppose pas une différence semblable dans les apports. Il pourrait très-bien se faire même que l'époux le moins favorisé dans le partage fût celui qui semble avoir mis le plus dans la masse commune, car la loi n'indique nulle part l'idée d'une proportion entre ces deux choses, et on sent, en effet, combien elle serait incertaine et injuste. L'industrie de l'un des époux, son activité, sa connaissance des affaires peuvent souvent procurer autant de bénéfices à la communauté qu'une masse même considérable de capitaux, compenser et au delà des inégalités apparentes. Il s'ensuit qu'il ne faut pas dire, par analogie de l'article 1525, que l'époux qui aura fait des apports plus considérables, et qui pourtant sera réduit à une part moins forte, pourra reprendre avant tout partage l'excédant de sa mise sur celle de son conjoint. Il n'en pourrait être ainsi qu'autant que cette faculté aurait été stipulée expressément. Mais, en l'absence d'une pareille convention, c'est le droit commun qui conserve son empire. Or, le droit commun n'est pas cette distinction des apports de chacun des époux et des bénéfices que l'art. 1525 établit pour sauvegarder, dans un cas exceptionnel, les droits des héritiers; c'est le partage de la masse entière, composée des mises des deux époux, aussi bien que du produit de la collaboration commune, sans distinction de l'origine des biens. On dirait en vain que la disposition de l'art. 1525 est faite pour un cas absolument semblable à celui qui nous occupe, sauf la quotité de l'avantage concédé, et que notre système permet de l'éluder, puisqu'au lieu de donner au survivant la communauté entière, on n'aura qu'à lui en donner une partie, si considérable qu'elle soit, les quatre-vingt-dix-neuf centièmes même, pour frustrer les héritiers de leur droit de reprendre les apports. Nous répondrons avec M. Duranton qu'en matière de société, il ne faut pas conclure du tout à la partie; qu'ainsi, la clause qui attribuerait à l'un des associés la totalité des bénéfices serait nulle, tandis que celle qui lui en donnerait les deux tiers serait valable. En d'autres termes, de ce que le plus est interdit, il ne s'ensuit pas que le moins ne soit pas permis; et, par suite, à moins de pactes conçus évidemment dans le but de violer la loi, qui seront annulés comme frauduleux, si une règle exceptionnelle régit le gain de la communauté entière, ce n'est pas une raison pour déroger aux principes ordinaires, quand ce même avantage est réduit au tiers ou au quart.

Cependant, la liberté des conventions est ici restreinte par la disposition de l'article 1521, qui déclare que l'époux ainsi réduit au tiers ou au quart de la communauté ne supportera les dettes que proportionnellement à la part qu'il prend dans l'actif. Tout pacte qui imposerait à l'un des époux ou à ses héritiers l'obligation de supporter une part plus forte, ou qui les dispenserait de supporter une part égale, serait nul. Cette rigueur, qui nous vient de notre ancienne jurisprudence, est dictée par la nécessité de protéger les familles des époux contre les trop grandes facilités que leur donnerait une clause pareille pour s'avantager réciproquement. « Par ces conventions, dit Pothier, on pourrait éluder les lois, qui ne permettent pas que l'un des conjoints par mariage puisse, pendant le mariage, ou s'avantager aux dépens de l'autre, ou l'avantager à ses dépens. Elles tendent à éluder la prohibition, ajoute-t-il ailleurs, en laissant au mari le pouvoir d'avantager sa femme pendant le mariage, en faisant des acquisitions dans lesquelles la part qu'aurait la femme serait payée par le mari, en tout ou en partie (*De la Communauté*, nos 7 et 449). » Et en effet, si, par exemple, la femme devait, sans payer aucunes dettes ou en n'en payant qu'un sixième, recueillir pourtant le tiers de l'actif, le mari n'aurait pour l'avantager à ses dépens qu'à acheter des immeubles à crédit, car ce qu'elle en prendrait tomberait en tout ou en partie à la charge de ses copartageants. Réciproquement, si la femme devait n'avoir également que le tiers, mais en payant la moitié des dettes, le même procédé serait pour le mari un moyen facile de la dépouiller, puisqu'elle perdrait la différence.

On comprend que des pactes qui pouvaient produire de telles conséquences aient été interdits absolument par le droit coutumier, si porté à se préoccuper de l'intérêt des familles et à prohiber les donations entre époux. Nos lois nouvelles, tout en permettant d'une manière assez étendue les donations, n'en devaient pas moins conserver contre ces conventions les anciennes rigueurs ; car, autant elles sont larges pour les libéralités qui se font au grand jour, dans les limites et aux conditions qu'elles prescrivent, autant elles doivent fermer la voie aux avantages secrets, indirects, qui, échappant à toute surveillance, semblent, par les détours qu'ils emploient, avoir pour but d'éluder leurs dispositions, et en donnent la tentation en en donnant le moyen. Si tout ceci s'applique à la clause par laquelle le mari pourrait avantager sa femme, que sera-ce de celle qui lui permettrait à chaque instant de se faire à lui-même des libéralités que celle-ci ne pourrait jamais ni contrôler ni révoquer? Evidemment, comme le dit M. Troplong, nulle législation, pour peu qu'elle soit réfléchie, ne saurait admettre ce résultat.

Par conséquent, nous n'acceptons pas les critiques dont cette annulation a été l'objet. On la signale comme irrationnelle, comme contraire aux nouveaux principes, qui donnent aux avantages entre époux une liberté que l'ancien droit leur refusait, comme contraire aux principes des sociétés ordinaires, écrits dans les lois romaines, et non écartés par l'article 1855, qui permettent de donner à l'un des associés deux parts dans le bénéfice et une seulement dans la perte (V. Toullier, t. XIII, n° 411). M. Troplong, sans nier que l'article 1521 soit exceptionnel et exorbitant du droit commun, le justifie déjà pleinement, en invoquant la crainte des fraudes, la crainte des faiblesses et des surprises, l'intérêt des héritiers, raisons certes bien suffisantes pour que le législateur ait pu, à l'égard de l'association conjugale, s'écarter des règles ordinaires des sociétés. Mais il nous semble que le point de départ de son argumentation est déjà une concession trop large à l'opinion qu'il combat : car M. Duranton a prouvé que l'application à la communauté du principe admis pour les sociétés de droit commun entraînerait des conséquences qu'il n'a pas dans cette matière, et que personne ne peut vouloir sanctionner; que, par suite, son admission dans un cas ne doit pas emporter son extension à l'autre. En effet, les Institutes, en consacrant l'opinion de Servius Sulpicius, qui voulait que l'un des associés pût avoir les deux tiers des bénéfices, quoiqu'il ne supportât qu'un tiers de la perte, et en déclarant même qu'on pourrait avoir part aux bénéfices, sans contribuer aux pertes, avaient soin d'ajouter que les bénéfices ne se compteraient que toutes pertes déduites. Ce mode de calcul était nécessaire, car s'il avait fallu prendre à part chaque opération, favorable ou défavorable, pour donner à l'associé avantagé les deux tiers des bénéfices dans les unes et ne lui faire supporter que le tiers des pertes dans les autres, on serait arrivé à des résultats inadmissibles. Si, par exemple, certaines opérations avaient abouti à un bénéfice de 1,500 fr. et d'autres à une perte de 900 fr., il aurait fallu lui donner 1,000 fr. dans les premières, le faire contribuer pour 300 fr. seulement aux secondes, en sorte qu'il aurait eu droit à 700 fr. dans une société qui n'aurait bénéficié que de 600 fr. Si, à l'inverse, les 1,500 fr. représentent la perte et les 900 fr. le profit, il gagnera 600 fr., il en perdra 500, et aura encore 100 fr. de bénéfices dans une société qui se liquide par 600 fr. de pertes. Evidemment, de nos jours comme autrefois, car c'est une règle de bon sens, il faut opérer le partage inégal, non pas séparément sur l'actif et sur le passif, mais sur la somme totale du gain, déduction faite des pertes, sur le résultat définitif, favorable ou non, en un mot sur une seule chose. Or, dans la clause qui donnerait à l'un des époux les deux tiers de l'actif, en ne l'obligeant qu'à supporter un tiers du passif, on opérerait sur deux choses, et de ce mode vicieux de partage, on verrait de nouveau surgir les résultats que nous venons de repousser. Sur 1,500 fr. d'actif, l'époux avantagé en prendrait 1,000 ; sur 900 fr. de passif, il en payerait 300 et laisserait ainsi aux héritiers de son conjoint 500 fr. de biens pour payer 600 fr. de dettes. De même, en renversant les données, il prendrait 600 fr. sur les 900 fr. de biens, payerait 500 fr. sur les 1,500 fr. de dettes, et dans une communauté insolvable gagnerait encore 100 fr. Par conséquent, le Code ne pouvait pas étendre au partage inégal de communauté la liberté qu'il admettait pour les sociétés ordinaires, et, en vertu de ce principe, qu'il n'y a de biens que dettes déduites, il devait, indépendamment de toutes considérations morales, interdire de prendre une part avantageuse de l'actif, sans payer une part égale du passif [1].

[1] Un arrêt de Douai, du 18 juin 1845, a décidé, par application du principe de l'art. 1521, que la clause portant que la communauté mobilière appartiendra au survivant des époux, à la charge de payer les dettes d'icelle, doit s'entendre seulement de la partie des dettes afférente au mobilier, et que les héritiers de

Maintenant, quelle est l'étendue de la nullité prononcée par la
loi? S'étend-elle à la convention entière, de telle sorte qu'il y ait
lieu de revenir pour le partage de la communauté à l'application
des règles ordinaires, ou vicie-t-elle seulement la disposition qui
met à la charge de l'un des époux une part de dettes plus ou moins
forte que celle qu'il prend dans l'actif? M. Taulier adopte ce dernier
parti, et pense qu'il suffit d'effacer l'excès et de faire rentrer la
convention dans les limites légales. M. Duranton, après avoir
discuté les deux systèmes, conclut aussi en disant que, du moment
que les deux parties sont d'accord et consentent à établir entre les
dettes et l'actif la proportion exigée par la loi, aucune d'elles n'a
plus de motifs de se plaindre, par conséquent d'action, et qu'on
doit appliquer ici cette règle générale, *utile per inutile non vitiatur*.
Mais cette opinion nous paraît difficile à admettre, en présence du
texte si formel de l'article 1521 : La convention est nulle, si elle
oblige...; par conséquent, ce que la loi déclare nul, ce n'est pas seulement la clause accessoire, celle qui établit une différence entre le
prélèvement de l'actif et le payement des dettes, c'est le pacte principal lui-même, la convention entière. Et la justesse de cette interprétation ne saurait être douteuse, en présence des explications de
Pothier, qui ne se contente pas de dire d'une manière absolue « que
ces conventions doivent être déclarées nulles, et que, sans y avoir
égard, les conjoints ou héritiers doivent partager la communauté également, tant en actif qu'en passif », mais discute la question même
qui nous occupe, et, après avoir donné cette raison de douter, qui
consiste à dire que c'est sur la dernière partie de la convention seulement que tombent l'injustice et le danger, conclut pourtant à la
nullité du pacte tout entier, parce que « la première partie est inséparable de la seconde; la femme n'ayant consenti, pour la première partie de la convention, à la réduction de sa part de la communauté au tiers, que parce que par la seconde partie on la lui
accordait franche de dettes, ou qu'on la chargeait seulement de la
sixième partie des dettes. »

l'époux prédécédé, appelés à la moitié des conquêts immeubles, doivent contribuer au payement des dettes en égard à leur émolument. (Dalloz, *Nouveau Répertoire*, v° *Contrat de mariage*, n° 2965.)

De tout ce qui précède, il résulte que rien n'empêcherait de stipuler que l'un des époux aurait les deux tiers dans l'émolument et le tiers dans la perte. Car, on opérerait ici sur le résultat définitif de la communauté, comme dans les sociétés ordinaires, et, par suite, les conséquences que nous avons signalées ne seraient plus à craindre. Cependant, comme la femme aurait toujours, en vertu des articles 1453 et 1483, le droit de renoncer ou de n'accepter que sous bénéfice d'inventaire, cette clause aléatoire devra être rare, car elle serait trop favorable pour elle, et trop dangereuse pour le mari. On pourrait aussi convenir que l'un des époux qui n'a apporté que son industrie aura part dans le gain (ceci est le droit commun en cette matière), et de plus ne contribuera pas à la perte. Ce pacte, permis dans les sociétés entre étrangers, doit l'être aussi dans l'association entre époux, d'autant plus qu'il ne sera pas vrai de dire que la perte soit tout entière d'un seul côté. Le conjoint dont l'industrie aura été estimée si haut, et qui l'aura employée pendant toute la durée du mariage pour les affaires communes, perdra par cela seul qu'il n'en retirera aucun bénéfice.

Il n'est pas besoin de répéter ici que les conventions de parts inégales peuvent, comme celles de préciput, être stipulées en vue de toute dissolution quelconque de la communauté, aussi bien qu'en vue du décès de l'un des époux. Dans le premier cas, quelle que soit la cause qui donne lieu au partage, il se fait d'après les bases fixées au contrat; au second cas, la dissolution arrivant sans qu'on puisse savoir encore quel sera l'époux qui survivra, la convention ne peut recevoir son application immédiate; tant que l'effet en demeure ainsi en suspens, on suit les règles posées plus haut pour le préciput.

2° DU FORFAIT DE COMMUNAUTÉ.

On appelle forfait de communauté la clause par laquelle l'un des époux ne peut prétendre qu'une certaine somme pour tout droit de communauté. C'est bien un contrat aléatoire, un forfait, semblable à l'achat qu'on ferait à un pêcheur d'un coup de filet, c'est-à-dire de la chance d'avoir beaucoup de poissons, balancée par la chance de n'en prendre aucun; car si l'époux ne peut prétendre que la somme convenue quand la communauté a prospéré, il est sûr

de l'obtenir dans tous les cas, même quand elle est insolvable. C'est
la vente par l'un des époux de ses droits dans l'association, cession
faite d'avance, avant qu'on puisse prévoir le résultat de la communauté, et qui substitue un avantage certain à la chance de perdre
ou de gagner qu'elle entraîne. Par conséquent, et cela résultait déjà
de sa nature de convention matrimoniale, le forfait ne peut être
établi que par contrat de mariage. Ainsi l'on ne pourrait, afin de
s'affranchir de la rescision pour cause de lésion, qualifier de forfait
de communauté ou de transaction un acte par lequel deux époux
auraient partagé les biens de la communauté qui avait existé entre
eux (Cass., 14 avril 1807).

Nous ne reviendrons pas sur les diversités infinies que cette
clause, comme toutes les précédentes, peut recevoir de la volonté
des contractants, ni sur les nombreuses conditions qui peuvent s'a-
jouter à celle de la survie ou la remplacer. S'il est rare, en pratique, que l'époux survivant soit ainsi réduit à une certaine somme,
il est fréquent, au contraire, que pour lui épargner les embarras
et les difficultés du partage, on lui attribue la communauté entière,
à la charge de donner tant aux héritiers du prédécédé. Remarquons
aussi qu'on peut modifier la convention prévue par la loi, jusqu'à
en altérer le caractère principal. Ainsi, au lieu d'assurer à l'un des
époux la somme stipulée, quel que soit l'état de la communauté
dissoute, ce qui est le vrai caractère du forfait, on peut ne la lui
donner qu'autant qu'elle se trouvera dans la communauté; par conséquent, si celle-ci ne présente pas d'actif, il n'aura rien à prétendre [1]. Ainsi encore, on peut ne faire de cette stipulation qu'une fa-

---

[1] Lebrun pensait que l'assignat n'était que démonstratif, non limitatif; que si
la quantité ou la somme promise ne se trouvait pas dans l'assignat, elle pouvait
se recouvrer d'une autre manière : ainsi, donner cent francs à prendre sur
Pierre, ce n'est pas donner taxativement les cent francs qu'il doit. Mais d'Argentré, après avoir dit que dans le forfait ordinaire la somme est due, même
quand la communauté n'a pas fait d'acquêts, ajoute : *Nisi quidem conditionali-
ter concepta esset stipulatio, veluti sub verbis* si quos fieri contingeret. Son opinion
est reproduite par Pothier, et, déclarée déjà plus équitable par M. Troplong, elle
nous paraît à nous plus conforme à l'intention des parties et aux vrais principes ;
car, dire qu'on aura dans la communauté une telle somme, si tant s'en trouve,
c'est bien dire qu'on ne l'aura pas si la communauté ne la contient pas. C'est
évidemment poser une limite.

culté; dire, par exemple, qu'il sera loisible au mari de retenir tous
les biens de la communauté, en donnant une somme de... aux héritiers de sa femme, si elle prédécède. L'application de la clause
sera abandonnée alors à sa discrétion. Mais ces pactes font perdre
à la convention le caractère aléatoire qui la constitue. Elle cesse
d'être un véritable forfait, car celui-ci suppose qu'on remplace, par
un droit actuellement déterminé, la chance de gagner davantage ou
de perdre tout.

Parmi ces nombreuses hypothèses, nous en examinerons trois,
qui suffiront à faire connaître tous les principes. Le forfait (c'est-à-
dire le droit à une certaine somme seulement) a été stipulé à l'é-
gard de la femme, ou à l'égard du mari, ou à l'égard des héritiers
de l'un ou de l'autre.

§ 1. — Dans le premier cas, le mari ou ses héritiers retiennent
toute la communauté. Il n'en résulte pas pourtant que la femme ne
soit pas associée pendant le mariage. Il n'y a pas communauté légale, il n'y a même pas société organisée d'après le mode ordinaire;
mais il n'y a pas moins, comme avaient bien reconnu les jurisconsultes romains, une véritable association (L. 52, § 7, *Pro socio*, D.):
car elle a ses mises communes, son fonds social que fait valoir la
collaboration des deux époux. Il en résulte que les meubles qui viennent à échoir à la femme, pendant le mariage, augmentent l'actif, et
que ses dettes même antérieures au mariage entrent dans le passif
de la société comme dans la communauté légale. Il n'en pourrait
être autrement qu'en vertu d'une clause de séparation de dettes.
Mais, à la dissolution, la cession que la femme a faite d'avance et
qui l'exclut du partage, produit les mêmes effets que la renonciation. D'après l'article 1524, « le mari ou ses héritiers, qui retiennent
la totalité de la communauté, sont obligés d'en acquitter toutes
les dettes; les créanciers n'ont, en ce cas, aucune action contre al
femme ni contre ses héritiers ». Le principe, on le voit, est ici bien
différent de celui de l'article 780, qui décide que la donation, vente
ou transport que fait de ses droits successifs un des cohéritiers, emporte de sa part acceptation de la succession. Cela tient à la différence des espèces. Il faudrait appliquer la disposition de l'article 780 au forfait par lequel la femme mariée sous la condition

du partage égal, céderait à un tiers, après la dissolution, le montant encore indéterminé de ses droits, pour une somme qui ne devrait pas varier, quels qu'ils pussent être. Elle devrait alors être censée accepter la communauté, parce que ses cessionnaires viendraient au partage en son nom et comme exerçant ses droits ; parce qu'elle aurait vendu son droit au partage, qu'elle ne peut avoir qu'en acceptant, et que la somme reçue représenterait encore entre ses mains sa part des biens communs. Mais ici, c'est au moment même de la formation de la société qu'elle s'est soustraite à toutes les chances de gain ou de perte, de prospérité ou de mauvaise fortune ; elle n'a jamais été commune dans le vrai sens du mot, car elle n'a jamais eu de droit au partage ; elle a renoncé tout d'abord à ses droits éventuels, moyennant une certaine valeur, qui ne représente pas sa part des biens communs, mais le prix de sa renonciation. Il fallait donc la tenir pour renonçante, et la décharger de toute contribution aux dettes.

Ce principe est complétement juste, en ce sens que la femme, dans ses rapports avec son mari, sera entièrement déchargée des dettes, qu'elle ne devra en rien supporter définitivement ; mais elle peut être poursuivie par les créanciers et tenue à leur égard de certaines dettes, sauf recours. Il en sera ainsi pour toutes celles qui procéderont de son chef, toutes les fois qu'elle se sera obligée personnellement. « Elle en doit d'autant plus être indemnisée, dit Lebrun, qu'elle s'est obligée pour son mari seulement, n'ayant aucune part dans la communauté, ses obligations ne lui seront pas imputées sur sa somme, elle n'en sera pas non plus tenue *pro modo emolumenti* et à proportion de sa somme ; mais elle en devra être acquittée par les héritiers de son mari, contre lesquels elle aura son recours pour le total de ces dettes, dont elle n'est point censée profiter, encore qu'elle se soit principalement obligée et non comme une simple caution ; parce que l'obligation qu'une femme contracte conjointement avec son mari n'emporte pas moins son indemnité que le cautionnement qu'elle contracte pour lui. » Ce n'est pas seulement des dettes envers les tiers que le forfait doit être affranchi, c'est encore de toute dette de la communauté envers la femme elle-même. Le mari est tenu de lui payer, outre la somme portée par la convention, tout ce que la communauté doit à la femme pour ses reprises, pour ses remplois de propres ou pour quelque autre cause que se soit, sans qu'il s'en opère aucune confusion (Pothier, n°437).

Ainsi, le forfait doit toujours être payé en entier, exempt de dettes, quel que soit l'état de la communauté, et le mari ne serait pas fondé à prétendre que cette clause n'a été mise qu'en sa faveur, qu'on peut toujours renoncer à un avantage, et qu'il peut, par conséquent, se décharger du payement de la somme stipulée, en offrant d'admettre la femme au partage égal de la communauté. Cette question, longuement discutée par Pothier, n'en est pas une pour nous, après ce que nous avons dit du caractère aléatoire de cette convention, et de l'avantage qui doit en résulter, selon les cas, tantôt pour l'une tantôt pour l'autre des parties. Ce qui a été vendu, c'est l'espérance des biens qui pourraient se trouver dans la communauté ; il suffit donc qu'il ait pu s'en trouver pour que le prix de cession soit dû : il est dû, quel que soit l'état de la communauté, et même sur les propres du mari. Bien plus, la femme, concourant pour la somme convenue avec les créanciers de la communauté, les prime en vertu de son hypothèque légale, qui porte sur les propres aussi bien que sur les conquêts ; car tous, par l'effet de sa renonciation, sont également la propriété du mari. Cependant, le prix du forfait peut être diminué ou même absorbé en entier par les indemnités dont la femme serait débitrice envers la communauté ; car, comme sa renonciation fait qu'elle n'a jamais été commune, elle doit tenir compte à la communauté de tout ce qu'elle en a tiré, et le mari doit avoir seul le bénéfice de toutes les créances comprises dans l'actif. Ainsi, il a le droit de déduire les impenses autres que celles d'entretien faites par la communauté sur les biens propres de la femme ; les sommes tirées de la communauté, afin d'acquitter des dettes mobilières de la femme antérieures au mariage et exclues par une clause de séparation de dettes ; le payement fait par la communauté de la moitié afférente à la femme dans la dot promise par les deux époux, conjointement (V. art. 1544, 1°). Si toutes ces créances dépassaient le montant de la somme promise, et que, la compensation faite, il y eût un excédant, le mari, loin d'avoir rien à payer, conserverait son action contre sa femme, pour se le faire rembourser.

§ 2. — Quand c'est elle qui doit garder toute la communauté, en donnant au mari ou à ses héritiers une certaine somme, cas plus rare, mais qui peut se présenter, si l'on a compté sur son industrie pour faire prospérer la société, les mêmes règles s'appliquent, sauf une modification importante, qui résulte de ce que l'art. 1453 ne lui permet pas de s'interdire jamais le droit de renoncer. Nous avons montré tout à l'heure que le mari, lié irrévocablement par le forfait, ne pouvait jamais s'affranchir de son obligation envers la femme, en sorte qu'elle pouvait gagner même à une communauté ruineuse ; le contrat renferme ainsi une chance, une aléa réciproque, et que l'événement peut faire tourner au profit ou au désavantage de chacun des deux époux. Ici, il n'en est plus de même ; la femme peut toujours, en renonçant, s'affranchir d'une obligation trop onéreuse, et non seulement refuser de payer une somme qui absorberait ou dépasserait le montant de l'actif, mais même abandonner entièrement la communauté, et, en perdant seulement son apport, laisser aux héritiers du mari le fardeau des dettes. Pour elle, par conséquent, tout le danger du forfait disparaît, il n'en reste que les chances favorables ; c'est un contrat laissé à l'arbitraire de l'une des parties, dont elle pourra se prévaloir, si tel est son intérêt, dont on ne pourra se prévaloir contre elle, si elle le veut ; faculté exorbitante, inadmissible partout ailleurs que dans le régime en communauté, où il fallait assurer l'intérêt de la femme et de sa famille, contre les pouvoirs presque absolus donnés au chef.

Du moins, nous croyons qu'il ne faut pas l'étendre en permettant encore à la femme de n'accepter que sous bénéfice d'inventaire, de manière à n'être tenue des dettes que jusqu'à concurrence de son émolument. De savants jurisconsultes ont enseigné pourtant qu'il fallait mettre sur la même ligne le bénéfice de l'art. 1483 et celui de l'art. 1453. Mais il nous semble que la loi n'a pas élevé le bénéfice d'inventaire, comme le bénéfice de renonciation, au rang de disposition d'ordre public, et n'a nulle part répété, à son égard, l'interdiction de toute stipulation contraire qu'elle a édictée par l'art. 1453; et, en effet, la femme peut facilement s'en priver, soit en ne faisant pas inventaire, soit en s'obligeant conjointement avec son mari. Par conséquent, à *priori*, il n'est pas juste d'assimiler les deux droits, et dès lors, on doit revenir aux principes naturels du pacte qui nous occupe. La rigueur des principes voudrait que la femme fût tenue dans tous les cas ; que le marché qu'elle a fait subsistât pour ou contre elle. Si la faveur dont la loi l'entoure a fait admettre qu'elle pourrait rompre le marché quand l'événement le lui rendrait désavantageux, il faut du moins restreindre la dérogation, et dire qu'elle aura le choix, mais n'aura que le choix de briser ou de maintenir la convention ; que, si elle l'accepte, elle devra en supporter toutes les conséquences, être tenue intégralement des dettes, et ne pourra pas, de plus, se réserver ce privilége exorbitant de profiter des bénéfices si, tout compte fait, il doit en rester, de se décharger de la perte, s'il faut en subir une. Le mari, en aliénant d'avance, pour une somme fixe, sa part éventuelle dans la communauté, a sacrifié à la crainte de perdre, l'espérance d'un gain considérable. Le droit de renonciation de la femme le laisse toujours exposé aux mauvaises chances ; mais il faut, du moins, que, quand une fois elle a pris une détermination, celle-ci soit irrévocable, et que le mari obtienne enfin sécurité. Permettre à la femme de n'accepter que jusqu'à concurrence de son émolument, c'est-à-dire l'obliger, lui, à rester exposé aux poursuites ultérieures des créanciers, si les dettes s'élèvent à une somme supérieure, ce serait annuler le forfait à son égard, en le maintenant contre lui, le dépouiller de sa part de la masse commune sans lui donner aucune des compensations qu'il avait espérées ; ce serait aller au delà de la loi, dans une disposition exceptionnelle, sans aucun des motifs d'intérêt général qui la justifient, et briser le contrat, cette loi des parties, dont le Code ordonne toujours le respect.

Non-seulement ce serait aller plus loin que la loi, ce serait aller contre elle ; c'est peu de l'étendre, il faudrait la violer ; car l'article 1524 repousse d'une manière implicite, mais évidente, la doctrine que nous combattons : « La femme, dit-il, a le choix ou de payer la somme convenue, en demeurant obligée à toutes les dettes, ou de renoncer à la communauté et d'en abandonner aux héritiers du mari les biens et les charges. » On le voit, le Code ne lui accorde le choix qu'entre deux partis, accepter ou renoncer ; il ne parle

20

pas du troisième, l'acceptation sous bénéfice d'inventaire, et le soin qu'il a pris de rappeler le principe du droit de renonciation, pour qu'on ne le crût pas abandonné dans cette hypothèse exceptionnelle, donne une grande signification à son silence (MM. Rodière et Pont, II, n° 337 ; Troplong, n° 2166 ; Marcadé, sur l'art. 1524. *Contrà*. MM. Zachariæ, III, p. 556 ; Bellot, III, p. 298).

En renonçant, la femme s'affranchit de son obligation envers le mari ou ses héritiers ; elle est libérée dès qu'elle leur a abandonné tous les biens communs. La renonciation produit ses effets ordinaires, et la place, quant à ses reprises, sous les règles des art. 1493 et 1495 ; quant à la contribution aux dettes, sous celles de l'art. 1494. Si elle accepte, au contraire, elle doit supporter seule toutes les dettes communes ; elle en est tenue même *ultra vires*, et sur ses biens propres. Ce n'est pas à dire pourtant que le mari soit libéré de toute poursuite de la part des créanciers, comme elle l'aurait été elle-même. Chef de la communauté, il continue d'être obligé personnellement envers eux, jusqu'à payement intégral ; mais sauf son recours contre sa femme, qui doit seule supporter définitivement toutes les dettes. Comme elle, du reste, il devrait tenir compte de tout ce dont il se trouverait débiteur envers la communauté.

§ 3. — Jusqu'ici en parlant soit du mari, soit de la femme, nous avons sous-entendu *ou de leurs héritiers*. Quand on contracte, .on est censé stipuler pour soi et pour ses héritiers. Les clauses dont il s'agit sont conçues d'une manière absolue, indépendamment de toute condition, notamment de la survie. Soit que la femme survive, soit qu'elle prédécède, dans le premier cas, elle ou ses héritiers seront exclus du partage et ne pourront prétendre pour tout droit de communauté qu'à une certaine somme ; dans le second, ils prendront au contraire la communauté entière, en ne laissant que la somme convenue au mari ou à ses héritiers. Ce sont les hypothèses prévues par les articles 1522 et 1524 (1re partie) ; nous avons dû en parler pour bien faire comprendre les principes de cette matière. Mais nous l'avons dit, la convention pourrait être conçue différemment ; le forfait pourrait être établi à l'égard des héritiers seulement, soit du mari, soit de la femme. C'est le troisième cas que nous avons à examiner, et qui rentre plus spécialement dans notre sujet.

Ici reparaît la condition de survie. Si l'époux dont les héritiers ont été exclus du partage prédécède en effet, le forfait se réalise et ceux-ci n'ont droit qu'à la somme convenue : seulement s'ils se trouvent en présence de la femme, elle pourra toujours se décharger sur eux de la communauté par une renonciation ; s'ils sont eux-mêmes héritiers de la femme, ils auront comme elle le droit de renoncer. Si, au contraire, c'est le conjoint dont les héritiers ont été désignés qui vient à survivre, la condition du forfait est défaillie, car cet époux n'a pas entendu se réduire lui-même à une certaine somme, mais seulement y réduire ses héritiers ; le survivant partage la communauté par moitié avec les héritiers de son conjoint. Il en sera de même si la communauté vient à se dissoudre de toute autre manière que par le décès. C'est ce qu'explique fort bien Pothier, dont voici les propres termes : « La clause (qui établit le forfait à l'égard des héritiers de la femme) n'exclut du droit de partager la communauté que lesdits héritiers, et non la femme. Elle ne peut, en conséquence, avoir lieu que dans le seul cas auquel la dissolution de communauté arrive par le prédécès de la femme. Si elle arrivait du vivant de la femme, par une sentence de séparation d'habitation, le droit de partager la communauté avec le mari ayant été ouvert par une telle sentence, quand même la femme viendrait à mourir peu après, avant que d'avoir procédé à ce partage, elle transmettrait ce droit à ses héritiers, et le mari ne pourrait en ce cas les exclure en leur offrant la somme portée par la convention. » Si ce sont les héritiers non plus de tel des époux, mais de chacun d'eux, qui ont été réduits à une certaine somme, quel que soit celui des deux qui survive, le forfait se réalisera. Il n'y aura plus lieu au partage légal que dans un seul cas, celui où il y aurait dissolution et partage sans prédécès ni de l'un ni de l'autre. Les deux époux prendraient alors part égale, car c'est à leurs héritiers seuls que ce droit est refusé, et ceux-ci garderaient du chef de leur auteur la part de la communauté qui lui serait échue, quand même il n'aurait pas pu la recueillir personnellement.

Ceci nous montre une différence entre l'hypothèse qui nous occupe, où il est convenu que les héritiers du prédécédé n'auront à prétendre qu'une certaine somme pour tout droit de communauté, et celle, pourtant presque semblable, où la communauté entière aura été attribuée à tel époux, s'il survit, ou à celui des époux qui survivra, à la charge de payer tant aux héritiers du prédécédé. Ici, quand, au moment de la dissolution, il est encore incertain si la condition s'accomplira, le droit n'est pas pour cela fixé définitivement et ne cesse pas d'être conditionnel. Le partage se fait par moitié, mais c'est un partage provisionnel, et, dès que l'événement aura déterminé l'époux survivant, la part de son conjoint doit accroître à la sienne. En un mot, on appliquera la disposition de l'article 1518 (sauf la déchéance qu'il prononce contre l'époux qui a rendu nécessaire la séparation de corps). Par conséquent, comme ce partage n'a pas fait entrer définitivement la moitié de la communauté dans les biens de l'époux qui est venu à prédécéder, comme elle n'y était que sous une condition résolutoire, ses héritiers n'y pourront rien prétendre et n'auront jamais droit qu'à la somme convenue.

Du reste, nous ne nous étendrons pas sur cette modification particulière de la clause du forfait. Elle ne déroge pas à ses principes généraux ; seulement, si c'est le mari qui survit, il faudra appliquer les règles de notre premier paragraphe, et celles du second, si c'est la femme.

5° ATTRIBUTION DE LA COMMUNAUTÉ ENTIÈRE A L'UN DES ÉPOUX.

La dernière des clauses prévues par le Code va plus loin encore que les deux autres. Ce n'est plus seulement une part avantageuse des biens communs que l'un des époux doit recueillir ; il n'a plus à payer une somme fixée d'avance, un prix d'achat qui peut être, en définitive, inférieur ou supérieur à la chose vendue ; il garde la communauté entière sans conditions, sans restrictions, sans qu'aucune compensation vienne dédommager les héritiers de son conjoint. Une seule règle les protége ; la masse commune est diminuée des apports et capitaux qui proviennent de leur auteur et qui leur sont rendus ; ainsi, ils ne perdront rien, mais ils ne peuvent rien gagner. Les revenus, l'industrie de leur auteur, qui ont enrichi la société, sont perdus pour eux ; tous les acquêts, tout le bénéfice sont attribués au survivant ; et pourtant, la loi déclare que « cette stipulation n'est pas réputée un avantage sujet aux règles des donations, soit quant au fond, soit quant à la forme, mais simplement une convention de mariage et entre associés (1525). » Nous qui avons vu dans l'ancienne législation un système analogue établi souvent par la loi même, comme droit commun, entre certaines personnes, et qui nous rappelons les réclamations des nobles de Blois, quand les rédacteurs des coutumes voulurent leur imposer le partage égal de la communauté, nous ne nous étonnerons pas que le Code prévoie cette stipulation et la déclare une simple convention entre associés. Le système ordinaire des coutumes qui établissaient le préciput, même avec son extension la plus large, différait pourtant de celui-ci en deux points : le premier, c'est que le survivant n'avait ordinairement qu'en usufruit la part d'acquêts immobiliers afférente à son conjoint ; le second, qu'il avait en propriété tous les meubles, sans qu'on distinguât, pour rendre aux héritiers de l'autre époux ceux qu'il aurait apportés. Cette dernière dérogation s'explique par l'importance extrême qu'ont prise les meubles dans notre temps, et qu'ils prennent toujours dans un état de civilisation plus avancé. Quoique le Code ait trop souvent consacré l'ancienne maxime, *vilis mobilium possessio*, et que les dispositions qui la reproduisent soient quelquefois la source de grandes iniquités, les législateurs ont compris qu'ils devaient abandonner les anciennes idées qui permettaient d'attribuer au survivant la propriété des meubles plutôt que celle des acquêts, et qu'ils iraient trop loin, pour notre époque, s'ils affranchissaient des règles des donations et notamment de la réduction la clause qui dépouillerait les héritiers même des capitaux apportés par l'un des conjoints. Quant à l'autre différence, il faut remarquer que les coutumes n'étaient pas uniformes. D'une part, les héritiers n'avaient pas partout la nue propriété de la moitié des conquêts ; de l'autre, ils étaient souvent réduits à la nue propriété non plus seulement des conquêts, mais de tous les immeubles du prédécédé, car le droit de dévolution, dans les pays qui touchaient à l'Allemagne, donnait au survivant la jouissance non-seulement des acquêts, mais de la masse entière de la communauté universelle, et, du côté de la Flandre, dans l'Artois, l'entravestissement produisait un résultat analogue. Enfin, la convention retirait souvent aux héritiers de l'un des époux tout droit sur les biens communs. Ferrières (sur Paris, art. 219, § 1, n° 13), après avoir parlé de l'attribution de parts inégales et du forfait, arrive à la clause qu'il appelle exclusive de communauté ; mais il a soin de prévoir et de déclarer valable celle qui établirait la communauté au profit de la femme, c'est-à-dire qui lui donnerait droit au partage par moitié, et qui l'exclurait à l'égard de ses héritiers, ce qui n'est autre chose qu'un pacte attribuant toute la communauté au mari s'il survit. — Au milieu de cette variété d'usages, il fallait que le Code posât une limite, un maximum, qu'il déclarât jusqu'où l'on pourrait aller, ou du moins à quel moment l'avantage cesserait d'être considéré comme une convention à titre onéreux, pour devenir une donation sujette à réduction au profit de tous réservataires. C'est ce qu'il a fait dans l'article 1525, Mais il ne faut pas oublier que ce n'est pas ici un mode d'association conjugale établi de plein droit à défaut de convention contraire ; la loi indique seulement la clause et l'entoure de faveur dans ces limites ; et, si l'on ne peut aller plus loin sans se priver de son bénéfice, on peut toujours faire moins.

Ainsi, l'article 1525 n'est pas, suivant nous, sauf une exception, introductif d'un droit nouveau. On l'a soutenu pourtant, sinon quant à la convention qu'il indique, car cette modification de la communauté remonte aux temps les plus reculés (V. *suprà*, p. 177 et suiv.), du moins pour sa seconde disposition, celle qui affranchit une telle clause des formes et des règles des donations. Des enfants, mais des enfants communs, dont la réserve était entamée par l'usufruit de tous les acquêts laissé à leur père, ont prétendu, dans des circonstances où il fallait juger d'après les principes de l'ancien droit, qu'autrefois le don mutuel d'acquêts passait pour renfermer une libéralité, comme le don mutuel de propres ; que si l'on avait douté longtemps que les donations mutuelles en général constituassent des libéralités, l'ordonnance de 1731 avait levé tous les doutes, comme on pouvait le voir dans Boucher d'Argis, et que cette opinion une fois admise l'avait été sans distinction de l'objet du don mutuel, excepté par le seul Pothier, dont le système se trouvait réfuté par Merlin et rejeté par un arrêt de cassation du 21 floréal an X. L'arrêt (Cassation, 30 janvier 1830, affaire Vauvincq), a rejeté ce système sans donner les motifs de sa décision, mais il est facile de les trouver. On a dit que la fréquence de cette clause dans l'usage n'était pas une preuve; mais que dira-t-on des coutumes par lesquelles soit le droit de Dévolution, soit le Préciput légal étendu aux acquêts, étaient établis entre les époux de plein droit, *vi tacitæ conventionis*, et, par conséquent, comme convention de mariage et non comme donation? Louet, dans son recueil d'arrêts, nous indique bien l'état de l'ancienne jurisprudence sur cette question même. Non-seulement il fait voir, par les nombreuses décisions qu'il cite, combien ce pacte était fréquent, mais, pour lui, la question porte sur le point même de savoir s'il contient une donation sujette à insinuation et réductible, et presque toujours il nous la montre résolue dans le sens de la négative. Ainsi, un arrêt du 10 mai 1602 décide que « la clause du contrat qui dit, le survivant aura tous les meubles sans être tenu aux dettes, n'est pas donation, *quoique ainsi nommée par les parties*, mais une convention entre associés, non sujette à insinuation. » Le 22 février 1601, distinguant nettement les deux natures de biens et les deux sortes d'avantages dont ils peuvent être l'objet, on avait déclaré simple paction et convention matrimoniale, l'attribution faite à l'époux survivant des meubles et des conquêts, moitié en propriété et moitié en usufruit, et en même temps annulé, suivant la législation d'alors, une donation du tiers des propres du prédécédé qui l'accompagnait. D'autres arrêts portent que l'insinuation n'est pas nécessaire pour le don fait au survivant de tous les conquêts, à raison de leur valeur suivant l'estimation; ni même pour le douaire préfix, en ce qu'il excède le coutumier : ce sont là des conventions sujettes seulement au retranchement de l'édit des secondes noces [1]. Un seul arrêt est contraire, mais il est

[1] On ne voyait pas même une donation dans la mise en communauté (mais en communauté avec partage égal, probablement) de tous les immeubles propres des deux époux.

plus ancien (14 août 1573), et il statue sur le cas le moins favorable, celui où l'avantage n'est pas réciproque, où c'est la femme seule qui, par sa survie, doit prendre tous les meubles et acquêts (Louet, *Lettre D. somm.* 64).

Il est vrai que Merlin semble formellement opposé à notre opinion, et pense que, si des doutes avaient surgi dans l'ancien droit, ils avaient été levés par l'ordonnance de 1731, qui soumettait à l'insinuation toutes les donations mutuelles, même parfaitement égales, et sans distinguer si elles portaient sur les propres ou seulement sur les acquêts (Merlin, *Quest. de droit*, v⁰ *Légitime*, § 4). Nous l'admettons pour ce qui concerne le caractère de libéralité du don mutuel, caractère qui, auparavant, était discuté. Mais la question est précisément de savoir s'il y a ici un véritable don mutuel, une donation, ou s'il n'y a qu'une convention à titre onéreux. Ainsi, le don mutuel, même d'acquêts, fait pendant le mariage, aurait été soumis à l'insinuation et à la réduction. Mais en était-il de même de l'attribution par contrat de mariage de tous les acquêts au survivant? Pothier qui dit, d'une manière peut-être trop générale, les dons mutuels de propres sont des libéralités, les dons mutuels d'acquêts de communauté ne sont que des conventions de mariage, précise mieux ailleurs sa pensée. Selon lui, les donations mutuelles sont réductibles, non les conventions de mariage ; ainsi, si l'on est convenu que le mari survivant ne devra rendre aux héritiers de la femme que ce qu'elle aura apporté, ou une certaine somme pour tout droit de communauté, cet avantage, quoique très-grand, ne sera pas réductible, car l'époux ne l'aura pas comme donation, mais par une convention de mariage. C'est ainsi que deux arrêts du parlement de Bordeaux de 1732 et 1769 ont rejeté la demande formée par les légitimaires sur l'usufruit des acquêts laissé au survivant. Voilà ce qu'on peut répondre à Merlin, qui semble s'exprimer d'une façon générale ; mais il faut remarquer, et ce sera aussi notre réponse à l'objection tirée de l'arrêt du 21 floréal an X, rendu sur ses conclusions, qu'il s'expliquait et que le tribunal de cassation a statué sur une hypothèse entièrement différente de celle dont nous nous occupons. Les deux époux s'étaient fait donation réciproque de l'usufruit de leurs parts d'acquêts ; ils entendaient donc que la société d'acquêts stipulée fonctionnerait comme à l'ordinaire ; que, seulement, une fois le partage fait, l'une des deux parts serait grevée d'usufruit. Par conséquent, il n'y avait pas convention entre associés, modifiant les règles ordinaires de la société ; il y avait un don mutuel de l'usufruit des acquêts qui devait, jusqu'à la dissolution, ne porter aucune atteinte aux règles de la communauté, ne pas même en empêcher le partage, et ne se réaliser au contraire que sur une fraction déterminée des bénéfices qu'elle aurait produits [1].

L'article 1525 est donc d'accord avec les anciens principes. Il n'est pas moins conforme à la raison ; il y a en effet, dans la clause qu'il prévoit, une véritable convention du mariage, et non-seulement une convention de mariage, mais une association basée sur l'idée fondamentale de la communauté. Nous l'avons déjà démontré contre M. Laboulaye, qui, pour preuve de la non-existence de la communauté entre nobles au moyen âge, citait cette attribution fréquente de tous les meubles et acquêts au survivant. M. Duranton se place au même point de vue, et soutient qu'il est inexact de qualifier, comme le fait le Code, cette clause de convention entre associés, car son effet est de donner à l'un des époux tous les bénéfices, d'affranchir l'autre de toute contribution aux pertes, et l'art. 1855 déclare, en matière de société, que ces deux pactes seraient nuls. Si l'attribution est faite indistinctement au profit de celui des époux qui survivra, quand c'est le mari, son effet ne diffère en rien de celui de l'exclusion de communauté ; quand c'est la femme, il en est de même, seulement elle jouit des droits que ce dernier régime n'accorde qu'au mari. Sauf dans le seul cas où l'avantage étant constitué en faveur de tel époux s'il survit, cette condition vient à manquer, la convention est toujours exclusive du partage, par conséquent de l'idée de communauté ; car la condition accomplie ayant un effet rétroactif, il n'y a plus

<hr/>

[1] Troplong, *Contrat de mar.*, n° 2176. On a pourtant jugé le contraire, mais sous l'empire de la loi du 17 niv. an II, dont l'art. 14 soumettait à la réduction, lorsqu'il y avait des enfants, *tous les avantages* résultant, pour chacun des époux, des conventions matrimoniales (Angers, 8 fév. 1840). Les plus graves autorités étaient invoquées en faveur du système adverse.

rien, et il n'y a jamais rien eu de commun entre les époux. Nous répondrons à tout ceci, qu'il n'est pas juste de voir dans le partage l'élément essentiel de toute association. Dès qu'il y a pour chacun des époux sur les bénéfices un droit actuel et préexistant à la dissolution, surtout égal, il y a société ; car il y a intérêt pour chacun à faire fructifier les fonds mis en commun, à accroître les bénéfices par son industrie, par sa collaboration. Que ce droit, subordonné à une condition, puisse s'éteindre rétroactivement si elle vient à défaillir, peu importe, pourvu qu'on ait chance de le voir s'ouvrir, et de recueillir le fruit de son travail. Le système des lois barbares, qui ne donnaient de droit à la femme que si elle survivait, et que pour un tiers des acquêts, n'établissait pas certainement la communauté, mais consacrait déjà un certain mode d'association, où le droit de l'un des sociétaires, bien inférieur à cause du peu de valeur de son apport en industrie, était pourtant déjà reconnu. Mais, si l'inconvénient de n'avoir qu'un droit conditionnel est compensé par l'augmentation de l'avantage qu'il peut procurer ; si, au lieu de la certitude d'avoir moitié, l'un des époux reçoit la chance d'avoir tout ou de n'avoir rien, comme dans le préciput des coutumes et dans la clause de l'art. 1525, alors il n'y a plus seulement une association moins favorable pour lui, il y a avantage égal et droit à la moitié reconnu à son profit, mais qu'il a joué, si l'on peut le dire, à quitte ou double. Il y a vraiment communauté, mais communauté sans partage, parce que dans ce contrat aléatoire, la masse entière forme l'enjeu. On consent à reconnaître la persistance de l'idée de communauté, parce qu'il peut y avoir lieu à partage égal, précisément dans le cas le moins favorable, celui où la clause étant conçue à l'égard d'un seul des époux, l'autre ne court que cette chance, d'avoir sa moitié ou de n'avoir rien. Nous convenons que cet espoir de prendre la moitié de la masse suffit pour maintenir le principe de l'association, en conservant l'intérêt, le mobile de la collaboration. Mais à combien plus forte raison ne doit-on pas en dire autant, quand un des époux n'est pas sacrifié à l'autre, quand leur situation est égale, leur chance réciproque ; quand la moitié que la communauté légale leur attribue est remplacée pour chacun d'eux par un droit éventuel au tout ? Comment une telle convention serait-elle interdite par le droit commun des sociétés ? Est-ce qu'elle constitue pour personne la part du lion ? N'est-il pas évident, au contraire que, par le fait seul de cette égalité, l'intérêt d'associé subsiste tout entier, et l'art. 1855 devient inapplicable ? car il est écrit pour une hypothèse qui fait complétement disparaître avec cet intérêt toute idée d'association ; celle qui attribuerait tous les bénéfices à l'un des associés désigné d'avance. Si une clause semblable se trouvait dans un contrat de mariage, si la communauté entière était donnée, non plus à tel époux s'il survit, mais à tel époux, survivant ou non, cela écarterait évidemment toute idée d'association, car le conjoint ne serait intéressé en rien à des bénéfices où il ne pourrait jamais rien prétendre. La convention ne serait pas nulle, mais elle constituerait ce système exclusif de communauté qu'on trouve dans notre espèce, lorsqu'on ne veut considérer que le résultat du pacte, et qu'on ne remarque pas cette condition de survie, toujours supposée par la loi, qui suffit, en rendant l'exclusion de l'un des conjoints incertaine, pour l'intéresser, nous le répétons, et l'associer à la prospérité du ménage. Ce qui démontre bien la fausseté de l'idée que nous combattons, c'est que son auteur est obligé d'aller jusqu'à dire qu'il n'y a pas communauté non plus dans le cas de forfait ; et pourtant le Code et la pratique l'appellent forfait de *communauté*, et Pothier déclare que ce n'est que la cession d'un droit de communauté, d'une part éventuelle dans la masse commune. Il est vrai que par l'événement de la condition, dans le cas de l'art. 1525, les biens sont censés avoir toujours appartenu à l'époux auquel ils sont attribués, la communauté s'anéantit rétroactivement, à ce point que l'on restitue les mises. Mais la renonciation de la femme produit ce même effet rétroactif, et quant à la restitution de l'apport, c'est une dérogation apportée par le Code aux vrais principes, ceux de l'ancien droit, qui voulait que la communauté entière, même avec les mises, appartînt au survivant ; c'est une limitation aux acquêts, nécessitée de nos jours par la protection due aux héritiers. Il en résulte seulement qu'il n'est pas vrai de dire d'une manière absolue que la communauté entière est comprise dans ce pacte aléatoire.

Cette condition de survie, essentielle à la clause qui nous oc-

cupe, n'a pas besoin, par conséquent, d'être expressément stipulée.
Si l'attribution avait été faite simplement au profit, soit du mari,
soit de la femme, nous pensons que ses héritiers ne seraient pas
fondés à en réclamer le bénéfice, comme ils le seraient dans le cas de
forfait : car la disposition qui leur ferait passer ce droit en change-
rait, comme nous l'avons vu, la nature ; au lieu d'un système de communauté conventionnelle, on aurait un régime exclusif de communauté, et une pareille dérogation ne doit pas se supposer. Il faudra
donc, à défaut de stipulation expresse, suppléer la condition prévue
par l'art. 1525 (*Contrà*, M. Bellot, t. III, p. 372). Mais elle pourra
n'être pas seule ; les parties sont libres d'y ajouter telle condition
qu'ils jugeront à propos ; celle, par exemple, qu'il n'existera pas
d'enfants du mariage. C'est la plus fréquente et la plus naturelle,
car on peut préférer son conjoint à des collatéraux, et non pas à ses
enfants. Cependant la clause n'est nullement incompatible avec
l'existence d'enfants ; elle ne tend qu'à les tenir dans une plus grande
dépendance, et à les obliger à plus de respect à l'égard du survivant. Un arrêt du 18 mars 1626, rapporté par Lebrun, a jugé
que le père, survivant à sa femme, avait dû profiter de tous les
meubles et conquêts, bien qu'il eût un fils issu du mariage. Les
enfants sont, comme les collatéraux, compris dans l'exclusion gé-
énrale prononcée contre les héritiers.

Nous avons dit que le Code avait, dans l'art. 1525, posé, en
quelque sorte, un maximum, fixé les limites dans lesquelles pourrait s'exercer la liberté des époux sans aller jusqu'à constituer des
donations. Il suit de là qu'on peut restreindre la convention dans
des bornes plus étroites que celles de la loi ; ne donner au survivant qu'une partie de la communauté, ou ne la lui donner qu'en usufruit (Cass., 20 janv. 1830, affaire Vanvincq ; Agen, 1er juin 1838).
C'est simplement l'application de cet axiome, que qui peut le plus
peut le moins. Ce n'est pas qu'il soit interdit aux époux d'aller au
delà des avantages prévus ; mais ils se privent alors du bénéfice de
la loi ; leur volonté sera respectée, seulement elle vaudra, non
plus comme convention de mariage, mais comme donation. Ainsi,
nous croyons, avec la majorité des auteurs, qu'on peut retirer
aux héritiers la reprise des apports que leur donne l'art. 1525.

Mais, d'abord, il faudra que la volonté en soit manifestée d'une manière certaine; elle ne pourra s'induire, par exemple, de ce qu'on aurait donné au survivant toute la communauté, ni même de ce qu'on aurait employé pour le faire d'autres expressions que celle de la loi, si elles avaient la même portée[1]. S'il y a une indication précise, alors, quoiqu'un arrêt dise que la reprise des héritiers est de droit et indépendante de la volonté des contractants (Bruxelles, 1827, V. la note. Battur, n° 489), nous ne croyons pas que la clause soit nulle, mais nous ne pouvons pas aller non plus jusqu'à n'y voir qu'une simple convention de mariage non réductible. « Il faut prendre, dit M. Troplong, l'ensemble du pacte; l'apport est entré dans la société, il en fait partie; si l'on peut attribuer la communauté au survivant, on peut donc la lui attribuer avec un de ses éléments naturels, c'est-à-dire avec les mises. » Tout cela est vrai, ou, du moins, tout cela est rigoureusement logique, et conforme à l'ancien droit; mais le Code a une règle différente que nous avons justifiée. Dans la faveur qu'il accorde aux avantages entre époux, il a marqué le point extrême auquel il s'arrête, pour revenir aux principes protecteurs de l'intérêt des familles. Il ne nous est pas permis de le dépasser. Qu'on exécute, parce qu'il faut suivre la volonté des contractants, le pacte en entier, tant qu'il n'excédera pas le disponible, à la bonne heure; mais le don des apports ne peut être considéré que comme une donation, car on ne peut pas scinder la première phrase de l'art. 1525, et c'est l'attribution de la communauté diminuée des apports du prédécédé, que la loi regarde comme une simple convention entre associés[2]. Il en

---

[1] Bruxelles, 18 avril 1827; Douai, 9 mai 1849. Cet arrêt va jusqu'à déclarer que cette exclusion ne pourrait s'induire de ce qu'en même temps l'époux survivant aurait été, par une autre clause du contrat, déclaré usufruitier des immeubles propres du prédécédé.

[2] Par conséquent, nous n'admettons pas la doctrine de deux arrêts de Bruxelles des 18 avril 1827 et 11 mars 1829, qui déclarent l'art. 1525 applicable à la clause qui attribue au survivant tous les meubles que délaissera le prédécédé, si, d'après le contrat, tous les meubles sans distinction tombent dans la communauté, parce qu'alors la clause se rapporte au mobilier de la communauté et forme une convention entre associés. Nous ne nous rendons pas non plus à ces motifs de l'un d'eux « que les époux, loin d'user pleinement de la faculté donnée par l'art. 1525, qui pouvait comprendre les immeubles, ont restreint le

serait de même, à plus forte raison, de la clause qui accorderait
au survivant l'usufruit ou la propriété de tout ou partie des immeubles propres du prédécédé. La jurisprudence a vu, à juste titre,
une pure libéralité dans le don mutuel que s'étaient fait deux
époux de tous les biens immeubles dont le prémourant serait
propriétaire au moment de son décès, de quelque manière qu'ils
lui fussent venus ou échus (Cass., 15 février 1841 ; Bruxelles,
21 juillet 1810).

Ceci nous amène à une des questions les plus délicates de la
matière, celle de savoir quand il y aura lieu d'appliquer la faveur de
l'article 1525. Quand devra-t-on voir une donation dans l'avantage
que le contrat procure à l'un des conjoints ; quand n'y aura-t-il,
au contraire, qu'une simple convention de mariage ? Si les époux
se contentaient de stipuler dans les termes mêmes de la loi, ou par
des expressions analogues, que leur communauté formée d'après
les règles ordinaires appartiendra en entier au survivant, déduction faite de l'apport du prédécédé, ou si, après un semblable
pacte, ils y ajoutaient par une clause distincte d'autres avantages
sur les mises ou sur les biens propres, il n'y aurait pas de difficulté ;
les principes que nous avons posés trouveraient leur application
toute naturelle. Mais, en pratique, il en est rarement ainsi, et de
nombreux procès se sont élevés entre des père ou mère qui se re-

pacte aux meubles de la communauté, et encore à la charge d'en payer toutes
les dettes; que l'art. 1525 n'a pas imposé aux époux, qui voudraient faire usage
de la faculté y établie, l'obligation d'exprimer dans le contrat que les héritiers
du prédécédé pourraient exercer la reprise mentionnée audit article, puisque
cette reprise est de droit et indépendante de la volonté des contractants; que
d'ailleurs l'appelant non-seulement ne s'oppose pas à la reprise, mais qu'il fait
même l'offre de restituer ce qui pourrait en être l'objet. » La première raison
ne prouve rien, car il en résulte seulement que les époux ont fait comme donation moins qu'ils ne pouvaient faire par une convention ; quant à la seconde,
à notre avis, le droit de reprise des héritiers ne va pas tellement de lui-même
que si l'acte l'exclut, sinon expressément, au moins d'une manière nécessaire,
il puisse s'exercer néanmoins. Cela serait vrai tout au plus s'il était interdit de
le leur enlever, mais cela ne l'est pas quand il s'agit uniquement de déterminer
la nature de l'acte. Enfin, il ne peut suffire d'offrir aux héritiers de leur laisser
reprendre les apports pour ôter à l'acte le caractère de donation et lui donner
celui de convention entre associés. Il a en *ab initio* l'une ou l'autre des deux
natures, et on peut la lui retirer.

tranchaient derrière l'article 1525, et des enfants qui prétendaient prendre leur réserve, ou la régie de l'enregistrement qui voulait prélever des droits de mutation, sur certaines clauses avantageuses du contrat. Parmi les décisions, une grande variété se rencontre. Pour n'en citer que quelques exemples, on a décidé qu'il importerait peu, qu'en faisant attribution au survivant de la totalité de la communauté, la clause eût qualifié de donation cette attribution ; qu'il faut considérer avant tout la substance ou la nature de cette convention (Bruxelles, 18 avril 1827). On a pu, sans tomber sous la censure de la Cour de cassation, voir, non une simple société d'acquêts avec donation entre époux réductible, mais une stipulation de gain de survie, dans le sens de l'article 1525, dans la clause portant qu'il y aura entre les futurs époux société par moitié pour tous acquêts, de la totalité desquels ils se sont fait *donation* réciproque en faveur du survivant (Cass., Req., 12 juillet 1842). On a vu encore la convention prévue par l'article 1525, dans ces deux clauses ; l'une par laquelle les futurs époux s'étaient fait *donation réciproque* de tous les biens meubles qui appartiendraient au prédécédé (Bruxelles, 14 juin 1843); l'autre, qui portait attribution au survivant de la fortune tant mobilière qu'immobilière des époux, et qui même qualifiée donation réciproque, était déclarée réductible en cas d'existence d'enfants (Rej., 21 novembre 1834). Mais, à l'inverse, il a été jugé sous le rapport fiscal qu'il n'y a pas convention entre associés, mais donation, dans le pacte par lequel les futurs se font donation éventuelle entre vifs égale et irrévocable, dans la meilleure forme que pareille donation puisse être faite et valoir, acceptée respectivement, de la part et portion qui se trouvera appartenir à la succession du prémourant, dans les biens meubles et immeubles dépendant de la communauté (Cass. d'un jugement d'Evreux, 25 avril 1849). On en dit autant du cas où les époux se seront fait donation au survivant d'eux, de la pleine propriété de tous les meubles, et de l'usufruit des immeubles que posséderait à son décès le premier mourant (Bruxelles, 2 août 1839); et pourtant, la même Cour avait vu un simple pacte de communauté dans la stipulation attribuant au survivant l'usufruit de tous les immeubles et la propriété de tous les meubles que délaisserait le prémourant, à la charge de payer toutes les dettes communes, quoiqu'on eût ajouté : les *donations* pouvant être restreintes par la survenance d'enfants, etc. [1]. Au milieu de cette confusion, sous peine de se borner à décider en fait, et souvent d'une manière arbitraire, il faut trouver la loi générale de la matière, poser un principe constant ; car, si l'attribution au survivant de la totalité de la communauté n'est pas par elle-même et nécessairement une donation, ce n'est pas à dire qu'elle ne puisse jamais l'être, et ce que les époux peuvent faire par une simple convention entre associés, ils peuvent le faire aussi par une véritable donation, réductible comme toute autre (Marcadé, sur l'article 1525). Pourtant, il ne suffit pas, pour qu'on puisse leur prêter cette pensée, que les époux aient qualifié leur convention de donation, car il faut toujours moins s'attacher aux mots qu'à la vraie intention des parties. A quels signes donc la reconnaître ? Nous l'avons déjà fait pressentir en parlant de l'arrêt du 21 floréal an X, qui vit avec raison un don mutuel dans le pacte sur lequel il avait à statuer, parce que ce pacte supposait une société ordinaire, régie et partagée d'après les règles du droit commun, et ne prenait effet qu'après la dissolution. C'est là, croyons-nous, la distinction. La clause de l'article 1525 repousse, par son essence même, l'idée de partage ; comme la renonciation, par son énergie rétroactive, elle suppose que l'un des époux n'a jamais eu aucun droit dans la communauté. La donation, au contraire, suppose que le donateur est propriétaire de ce qu'il donne. Par conséquent, toute clause qui, en indiquant le partage de la communauté, montrera qu'elle doit rester régie pendant sa durée par les règles ordinaires ; toute clause qui, transférant à l'un des époux les biens compris dans la part de l'autre, prouvera par là que ce dernier entend

[1] Bruxelles, 18 avril 1827. Voyez les arrêts cités à la page 317, note 2. Nous ne parlons pas de l'arrêt du 3 déc. 1839 (affaire de Mirabeau), qui a décidé que la renonciation par le mari au droit de prélever, à la dissolution, le prix de ses immeubles propres aliénés pendant le mariage, s'il n'en a pas été fait remploi, constitue au profit de la femme, et pour la moitié des sommes qui, à défaut de remploi, restent dans la communauté, un avantage indirect et non pas seulement une simple convention de mariage dans le sens de l'art. 1525. Cet arrêt ne nous semble pas discutable, car il n'y a pas là convention réciproque et aléatoire, et l'un des époux se réserve de donner plus ou moins, selon ses volontés ultérieures.

recueillir sa part, acquérir la propriété d'une partie de la masse
avoir été et rester époux commun, toute clause semblable sera une
donation. Si, de plus, il est dit que cet avantage pourra être affecté par l'existence d'enfants, dans la mesure de la réserve, on
devra d'autant moins hésiter, car, dans le cas de l'article 1525,
l'existence d'enfants communs n'empêche pas la convention de
produire ses effets. Il faudra conclure alors que les parties ont
voulu arriver par une donation au résultat qu'elles pouvaient atteindre par une convention de société. La Cour de cassation a consacré cette doctrine, dans un arrêt du 15 février 1832 [1].

Nous l'avouons pourtant, ce n'est que contraints et forcés par la
logique des idées, c'est avec une sorte de regret que nous posons
des principes aussi rigoureux; car il arrive sans cesse que les parties, faute d'avoir clairement exprimé leur pensée, d'avoir donné
complétement et uniquement à leurs pactes nuptiaux les caractères
qui en feraient des stipulations entre associés, voient leurs volontés
méconnues, et, privées du bénéfice de l'article 1525, sous lequel
elles croyaient s'être placées, sont contraintes de payer le droit pro-

[1] Attendu que le contrat contient stipulation expresse qu'il y aura communauté entre les deux époux, qu'il règle l'apport de chacun d'eux, et les autorise
à y reprendre tant le préciput stipulé dans l'acte que leurs biens personnels;
attendu que c'est en suite de ces dispositions, dont il résulte égalité de droits en
faveur de chacun des époux à la copropriété des conquêts de communauté, que
dans l'art. 9 du contrat de mariage ils se font donation mutuelle de l'universalité des biens meubles et immeubles qui appartiendront au prémourant, au jour
de son décès, et que, dans la même clause, cette universalité des biens du
prédécédé est divisée en deux parties, données toutes les deux au même titre,
la première composée des conquêts de la communauté, qui sont donnés au survivant en toute propriété, la seconde de tous les autres biens en usufruit seulement; attendu qu'il est donné au survivant, sur les conquêts, un préciput qui
ne doit pas se confondre avec la donation; que la totalité des biens des époux,
sans distinction entre leurs biens personnels et les conquêts de la communauté,
est soumise à la réduction pour cause d'existence d'enfants; que de tout cela il
résulte que les époux n'ont pas entendu faire entre eux la convention prévue
par l'art. 1525, qui attribue tous les conquêts au survivant, à compter du jour du
contrat, de sorte que le prémourant soit censé n'y avoir eu aucun droit, mais
qu'ils ont voulu seulement se faire une donation de la part des conquêts qui
leur appartiendrait au jour de leur décès, pour en jouir avec les charges ordinaires des donations, d'où suit qu'on ne peut attribuer à cette donation, conforme à l'art. 1091, les mêmes effets qu'à la stipulation autorisée par l'article
1525... V. encore arrêt du 23 avril 1849, et Troplong, n° 2177.

21

portionnel de mutation : heureuses si, averties à temps de leur erreur, elles n'ont pas à courir les chances d'un procès ou à subir un double droit, faute de déclaration. Nous devions, dans un travail purement doctrinal, poser *in abstracto* les règles générales qui nous paraissaient ressortir, soit des principes seuls, soit de la jurisprudence la plus constante ; mais, dans de pareilles questions, où il s'agit surtout de rechercher l'intention des parties, les circonstances propres à chaque espèce, l'appréciation des termes et des diverses clauses des actes, seront toujours du plus grand poids. Un principe qui donne particulièrement lieu à l'erreur est celui en vertu duquel on ne peut, autrement que par une donation, priver les héritiers du droit de reprendre les apports de leur auteur. C'est une règle nouvelle introduite au milieu d'une disposition faite pour favoriser, d'ailleurs, les anciennes habitudes des praticiens, des usages chers à beaucoup de provinces, la stipulation de contrats de mariage semblables à ceux de nos pères ; et il faut remarquer que les pays où l'on profite le plus communément de la latitude donnée par l'article 1525, sont ceux où la coutume consacrait autrefois soit le préciput pour les meubles ou pour les meubles et acquêts, soit les droits de dévolution ou d'entravestissement [1]; tant ont de force des usages que le temps a consacrés. Mais par cela

---

[1] V. Dalloz, v° *Contrat de mariage*, n° 2989 à 3029. Presque tous les arrêts, autres que ceux de cassation, qu'il rapporte, sont des Cours de Bruxelles, Douai, Colmar ou Bordeaux. En Normandie, aussi, cette clause est assez fréquente, car elle permet d'établir, en donnant à la femme survivante tout ou partie des acquêts et des meubles, quelque chose d'assez semblable au système de la Coutume. Mais les époux normands sont placés entre un double écueil : ils ne peuvent plus faire leur contrat en se référant simplement à la coutume, l'art. 1390 le leur défend ; et si, après avoir adopté le régime dotal, qui est entré si profondément dans les mœurs de ces contrées, ils se bornent, sans stipuler formellement une communauté d'acquêts, à dire, à peu près comme la Coutume, que la femme survivante aura la moitié des acquêts, et, la moitié en présence d'enfants, ou, à leur défaut, la totalité des meubles *qui appartiendront* au mari, quoiqu'ils aient entendu en réalité former une masse composée de l'apport mobilier de la femme, de celui du mari et des acquêts, on leur dit que cette clause contient, pour le tout, une donation, non une convention entre associés, puisque le mot de communauté ou de société n'est pas prononcé dans leur contrat, et que le bénéfice de l'art. 1525 ne peut pas s'étendre au régime dotal pur (V. affaire veuve Lecat, Cass. d'un jugement de Pont-Audemer, 28 mars 1854).

même qu'il semble les admettre avec toute la faveur que l'ancienne jurisprudence leur accordait, l'article 1525 est captieux ; car il ne permet plus même de stipuler, par exemple, le préciput légal des coutumes, d'attribuer au survivant tous les meubles de la communauté : la clause cesserait de former une simple convention de mariage. Du moins on ne doit pas étendre le principe, et considérer le droit de reprise des héritiers comme une condition tellement essentielle du bénéfice de l'article 1525, que là où elle ne peut pas s'effectuer, parce qu'il n'y a pas eu d'apports, cette disposition soit inapplicable. Ainsi, dans une communauté réduite aux acquêts, si on l'attribue tout entière au survivant, les héritiers du prédécédé n'auront certainement rien à reprendre, puisqu'aucun des deux conjoints n'a rien mis dans la masse que par son industrie et les revenus de ses propres ; les héritiers ne pourraient y avoir droit qu'en vertu d'un partage égal. Est-ce à dire qu'on ne pourra déroger ici que par une donation à ce partage, parce qu'il faut qu'ils aient toujours un droit à exercer? Évidemment un tel système est inadmissible, et il est rejeté par tous les auteurs, notamment par M. Duranton, qui dit formellement, en traitant de la communauté d'acquêts : « On peut convenir, soit purement et simplement, soit conditionnellement, que les époux auront des parts inégales, ou même que l'un d'eux aura seulement une somme fixe pour tout droit de communauté, ou que la communauté appartiendra au survivant ou à l'un d'eux seulement (XV, n° 22, § 12 ; Zachariæ, t. III, p. 558 ; Cass., Req., 12 juill. 1842).

Remarquons, en finissant, combien la convention qui nous occupe diffère de cette autre clause qui consisterait à faire dépendre la communauté de la survie de l'un des époux. La légalité de celle-ci, comme de tout pacte qui subordonnerait l'existence de la communauté à un événement postérieur au mariage, est contestable, en présence de l'article 1399 du Code. Mais ici, au contraire, rien n'est en suspens, la communauté fonctionne dès le jour du mariage, sauf à disparaître plus tard par l'effet rétroactif de la condition. On peut dire que les deux clauses produisent des résultats précisément inverses. Par l'une, au moment du décès de l'un des époux, la communauté prend naissance et est censée avoir toujours existé ; par l'autre, à ce même moment elle disparaît et est effacée rétroactivement. Cette opposition produit des différences non moins saillantes dans leurs effets.

Voilà tout ce que nous avions à dire de spécial à la stipulation prévue par l'article 1525. Du reste, elle est, comme le préciput et le forfait de communauté, une convention de mariage donnant naissance à un gain de survie, et se règle d'après les mêmes principes. Pendant le mariage, rien n'est changé aux pouvoirs étendus d'administration que la communauté légale reconnaît au mari. A la dissolution, si la condition, la survie de tel époux, ou une des conditions auxquelles l'avantage était subordonné est venue à manquer, le partage se fait par moitié. Si l'événement en est encore incertain, si la dissolution s'est opérée par séparation de corps ou de biens, on suivra les règles que nous avons posées pour le préciput, sauf celle de la déchéance prononcée par l'article 1518 contre l'époux reconnu coupable ; car la rigueur exceptionnelle de cette disposition, et le caractère purement et réciproquement aléatoire du pacte, ne permettent pas qu'elle s'étende à ce cas. Si le droit est ouvert, alors trouvent leur place les distinctions établies ci-dessus, à propos du forfait. La clause vaut pour et contre le mari, qui est toujours tenu de prendre la communauté entière, bonne ou mauvaise, et d'en payer les dettes même *ultra vires* et sur ses biens propres. Mais la femme peut toujours s'affranchir de cette nécessité en renonçant à tout droit sur la communauté, ce qui fera considérer la convention comme non avenue ; il faut, pour conserver ce droit, qu'elle se conforme aux prescriptions de l'article 1456 (v. Cass., 4 mars 1813). Si elle accepte, au contraire, sa situation sera la même que celle du mari s'il eût survécu, et se règlera d'après les principes qui régissent l'attribution de la communauté entière à la femme par le forfait ; elle sera tenue de payer toutes les dettes, même sur ses biens personnels. Pourtant, comme ici les héritiers du prédécédé ont le droit de se faire rendre ses apports et tout ce qui est tombé de son chef dans la communauté pendant le mariage par successions ou donations, on devra déduire les dettes qui grevaient le mobilier soumis à cette reprise et qui seraient entrées dans le passif de la communauté. Mais si ce droit a été retiré aux héritiers, soit pour le tout, soit pour partie, par le contrat, cette déduction sera diminuée d'autant, et restreinte aux dettes attachées au mobilier qui échappe au conjoint. (V. art. 1511 et 1514.) Enfin, la force rétroactive de la condition accomplie fait que le survivant est censé avoir été propriétaire, *ab initio*, de tous les biens de la communauté ; que le prédécédé, au contraire, est censé n'en avoir jamais été saisi, et ne transmet rien à ses héritiers. Il en résulte qu'il a eu sur les conquêts, dès le moment de leur acquisition, le droit, soit de pleine propriété, soit d'usufruit que le contrat lui reconnaît ; que par conséquent, dans ce dernier cas, il ne sera pas exposé à être privé des fruits, parce qu'avant de se mettre en possession, il n'aura pas rempli les formalités indiquées par l'article 600 : considéré comme saisi dès l'abord de la possession, il a pu faire les fruits siens, en jouissant des biens, sans avoir demandé délivrance, ni fait dresser d'état des immeubles sujets à l'usufruit (Douai, 14 juill. 1826 ; confirmé, Cass., 20 janvier 1830).

III. DONATIONS PAR CONTRAT DE MARIAGE.

Nous arrivons maintenant au second ordre de gains de survie conventionnels dans notre droit : à ceux qui portent, non plus sur les biens communs, mais sur les propres des époux, dont la stipulation constitue entre les futurs non plus des conventions à titre onéreux, mais des donations. — Comme on le voit, c'est ici que nous touchons à ce qui, dans le Code, répond aux institutions les plus importantes de l'ancien droit, au douaire et à l'augment ; car, est-il besoin de le redire? s'ils semblent avoir été absents de la pensée de nos lois modernes, s'ils ont perdu leurs règles spéciales et jusqu'à leurs noms, la prévoyance des parties peut suppléer celle du législateur, et le contrat, cette loi particulière des deux époux, peut rétablir pour eux les anciens avantages, sinon avec tous leurs privilèges, du moins avec leurs principaux caractères.

Les règles générales que nous avons posées, en commençant, et qui s'appliquent à tous les gains de survie conventionnels, nous dispensent de revenir sur les principes communs aux diverses do-

nations dont peuvent se gratifier réciproquement les futurs. Il nous
suffira de faire deux observations : la première, c'est que ces donations sont exemptées par l'art. 1096 de la révocation pour cause
de survenance d'enfants, qui frappe d'une manière générale toutes
les autres libéralités; la seconde, c'est qu'à notre avis, quoique
cette opinion soit contestée, elles sont révocables pour ingratitude.
Ici s'élève une question préalable. Quel est l'intérêt de cette révocabilité, en présence du principe établi ci-dessus, que tous les
avantages entre époux, et par conséquent aussi les donations, sont
révoqués de plein droit par la séparation de corps (art. 299)? En
général, tout fait d'ingratitude, qui donnerait lieu à une action en
révocation des donations, motiverait pareillement une demande en
séparation de corps, et par conséquent, du moment qu'on ne re-
culera pas devant l'éclat d'une instance judiciaire, ne sera-t-il pas
plus naturel de demander la séparation que d'exposer ses chagrins
domestiques et ses griefs pour obtenir simplement la révocation de
ses donations? Cependant, il peut arriver que la demande en séparation de corps soit impossible, dans deux cas : 1° lorsqu'elle a
déjà été prononcée contre l'époux donateur, et que c'est le donataire, originairement demandeur en séparation, qui se rend à son tour
coupable d'ingratitude ; 2° si la mort de l'époux offensé vient éteindre l'instance en séparation déjà commencée, ou même l'empêcher
de naître ; ses héritiers alors ne peuvent plus avoir que la ressource
de l'action en révocation pour ingratitude (957). Pour nous, nous
n'hésitons pas à la leur reconnaître. Abstraction faite des textes,
cette solution ne serait pas douteuse, car, par sa qualité même de
conjoint, le donataire se présente sous l'aspect le plus odieux. Mais
le doute naît des termes de l'art. 959, qui nous dit que les donations
en faveur de mariage ne sont pas révocables pour cause d'ingratitude. Il est certain que les mots donations en faveur de mariage
s'appliquent, en général, aussi bien aux libéralités que les futurs se
font l'un à l'autre, qu'à celles qui leur sont faites par des tiers.
Tout le monde convient que l'art. 1088 comprend également les
unes et les autres, et l'art. 960, qui prend soin d'excepter de sa
disposition les donations entre fiancés, fournit dans ce sens un
argument *à contrario* des plus puissants. Aussi dit-on qu'il faut

appliquer à toutes les donations faites par le contrat de mariage la disposition de l'art. 959, sans chercher à introduire des distinctions qu'elle repousse. Cependant, pourquoi le législateur a-t-il édicté cette dérogation aux règles ordinaires ? Parce qu'en principe la punition de l'ingratitude ne doit tomber que sur l'ingrat, et que, si l'un des époux était privé de la donation qu'un tiers lui a faite dans son contrat de mariage, ce ne serait pas lui seul qui serait dépouillé, mais son conjoint qui a compté partager le bénéfice, et les enfants communs. Or, quand le donataire et le donateur sont les deux conjoints, aucune de ces raisons ne se rencontre. Les biens ne sortent pas du ménage, et loin d'être dépouillé d'un droit sur lequel il comptait, l'époux non coupable est favorisé : les enfants ne souffrent pas, car toute la différence, c'est qu'ils prendront dans la succession d'un de leurs auteurs les biens qu'ils auraient trouvés dans celle de l'autre : l'ingrat seul est puni. Par conséquent, les motifs qui justifient la disposition de l'art. 959 appliquée aux donations faites par des étrangers, disparaissent à l'égard de celles que l'un des époux a faites à l'autre, et, dès lors, il est naturel de revenir à la règle, qui est la révocabilité. Maintenant, le texte de la loi s'y oppose-t-il aussi formellement qu'on le dit ? Si les mots donations en faveur du mariage ne s'appliquent pas uniquement et essentiellement à celles que les futurs époux reçoivent d'un tiers, il faut convenir pourtant que c'est là leur sens le plus ordinaire et le plus naturel ; et il est fort probable, comme l'indique le discours de M. Bigot de Préameneu au Corps législatif[1], que c'est à ce dernier sens seulement que le législateur s'est attaché. Pour croire qu'il a voulu étendre à tous les cas l'exception, et exempter de toute peine l'ingratitude, alors précisément qu'elle est la plus odieuse, et qu'elle peut être le plus facilement réprimée, il nous faudrait une disposition expresse qui n'existe pas.

Examinons maintenant les diverses espèces de donations per-

[1] « Les donations en faveur du mariage sont exceptées, parce qu'elles sont destinées aussi aux enfants à naître du mariage, et qu'ils ne doivent pas être victimes de l'ingratitude du donataire. » Ceci ne peut s'appliquer qu'à celles qui émanent des tiers.

mises par contrat de mariage, et les avantages de survie qui peuvent en résulter.

1° Nous avons peu de chose à dire de la donation de biens présents, que le Code déclare rester soumise aux règles générales ; comme la donation à cause de mort n'existe plus (893), et comme, par conséquent, celle-ci ne peut être qu'une donation entre vifs, elle doit, comme tous les actes de cette nature, entraîner dépouillement actuel et irrévocable du donateur. Il est vrai que cette règle, ordinairement si absolue, plie ici devant le principe supérieur de la faveur due au mariage, et que la donation pourra être soumise à des conditions dépendantes de la volonté du donateur ; mais ce ne serait plus alors une véritable donation de biens présents, ce serait une sorte d'avantage spéciale à cette matière, et dont nous parlerons plus loin. Cependant, cette nécessité du dépouillement actuel ne va pas jusqu'à interdire au donateur de subordonner sa libéralité à une condition, par exemple à la survie du donataire. Il se dépouille actuellement, puisqu'il transfère un droit certain, bien que conditionnel, et irrévocablement, s'il ne reste pas maître d'amener ou d'empêcher l'accomplissement de la condition. Seulement, si la condition de survie peut trouver place ici[1], le Code a soin de nous dire qu'elle n'est pas sous-entendue, qu'elle devra être formellement exprimée (1092). On est porté à s'étonner de cette disposition qui semble inutile, puisque cette condition, caractère distinctif de l'ancienne donation à cause de mort, n'affecte jamais de plein droit la donation de biens présents. Mais il faut remarquer que la forme la plus générale du douaire ancien répondait assez bien à une pareille donation faite sous cette condition. On conçoit donc que le législateur ait cru nécessaire d'écarter une interprétation conforme aux habitudes des praticiens, et qui aurait conduit à voir une véritable stipulation de douaire dans toute donation de biens présents faite par contrat de mariage. Cependant, nous devons dire que, d'après l'opinion la plus générale, si le Code s'en explique, c'est simplement pour indiquer qu'il entend consacrer le sys-

[1] Bien entendu elle peut être suspensive ou résolutoire, et la preuve du prédécès tombe, comme on l'a vu, à la charge soit du donataire, soit du donateur.

tème des pays de coutumes contre l'interprétation des lois romaines, qui, dans les pays de droit écrit, faisait considérer les donations entre époux de biens présents, même faites par contrat de mariage, comme tacitement subordonnées à la condition de survie. Ricard avait déjà protesté, au nom même du Digeste, contre cette doctrine, et le Code a cru nécessaire de trancher la controverse [1].

2° La donation de biens à venir nous intéresse davantage, car elle est, par sa nature même, subordonnée à la survie du donataire. Nous avons vu l'origine et la formation de l'institution contractuelle. Cette dénomination, abandonnée par le Code, qui déclare qu'il appartient, non à la volonté de l'homme, mais à la loi seule, de donner d'après les liens du sang le titre d'héritier, est remplacée par celle de donation de biens à venir. La pratique pourtant a conservé l'ancienne locution, et il nous arrivera souvent de nous en servir; mais on devra se rappeler que ce n'est plus là qu'une donation entre vifs, modifiée par cette circonstance qu'elle porte sur les biens à venir, et ce sera par les règles générales des donations et non par celles des testaments, qu'il faudra suppléer aux lacunes des règles spéciales. Ainsi, par exemple, si le donateur était frappé de mort civile, et, par conséquent, incapable d'avoir un testament, la donation dont nous parlons n'en subsisterait pas moins ; et si la quotité disponible se trouvait dépassée, elle ne serait réduite qu'à sa date, et non avant toutes autres et en bloc, comme les libéralités testamentaires.

L'institution contractuelle déroge à deux grands principes; à la règle donner et retenir ne vaut, et à celle qui prohibe tout pacte sur succession future. Son caractère distinctif consiste en ce que, d'un côté, elle est à certains égards irrévocable, et en ce que, de l'autre, elle ne porte cependant que sur les biens à venir, et se trouve

---

[1] Il s'appuyait sur la L. 27. D., *De don. int. vir. et ux.* On lui répondait par les L. 32, § 22, D., *id.,* 97, § 2, *De verb. oblig.* et 5, [C., *De don. ante nupt.*; mais celles-ci supposent que la donation n'est pas pure et simple, que l'effet en est suspendu jusqu'après le mariage (*in tempus matrimonii collata donatione; tunc dominium adipiscitur cum nuptiæ fuerint secutæ*). Elle ne devait prendre effet qu'à un moment où il y aurait *vir et uxor*, où elle n'aurait pas pu être faite; elle était donc nulle, mais d'après le sénatus-consulte, pouvait être confirmée par la mort sans révocation.

subordonnée à la survie du gratifié. C'est par le premier de ces traits qu'elle diffère du legs et de l'ancienne donation à cause de mort ; c'est par le second qu'elle se distingue de la donation entre vifs de biens présents (Zachariæ, t. V, p. 503). Reprenons ces divers caractères.

L'institution contractuelle est irrévocable, au point de vue du titre. « Il faut distinguer, disait M. Jaubert, au Tribunat, le titre et l'émolument ; le titre est irrévocable,... quant à l'émolument, il ne pourra être véritablement connu qu'au décès. » Ces paroles nous semblent la traduction de ce que disait Dumoulin, *dispositio statim ligat, nec suspenditur, sed executio habet tractum*. Le donateur ne peut plus révoquer l'institution ni directement, ni indirectement, en disposant à titre gratuit de ses biens. Il n'y a pas, sous ce rapport, à distinguer si les dispositions sont entre vifs ou testamentaires, si elles contiennent des libéralités ouvertes ou déguisées, des avantages directs ou indirects. Il y a seulement exception pour celles de sommes modiques, eu égard à la fortune du donateur, faites soit à titre de récompense, soit comme présents d'usage ou pour cause pies, qui restent permises de plein droit. Il y a exception aussi, pour le cas où le donateur se serait réservé le droit de disposer, soit de certains objets, soit d'une somme fixe à prendre sur les biens que renferme l'institution. S'il n'a pas usé de cette réserve, elle n'en est pas moins comprise dans la donation, et peut être réclamée par le gratifié. Mais si l'instituant est lié, quant aux aliénations à titre gratuit, ce n'est pas dire qu'il perde la propriété des biens qu'il a donnés. Loin de là, il conserve non-seulement le droit de jouir, mais le droit de disposer à titre onéreux de tout ce qu'il possède actuellement, comme de tout ce qu'il pourra acquérir par la suite. Aliéner la masse entière, soit pour un prix une fois payé, soit pour une rente perpétuelle ou même viagère (car elle constitue évidemment une aliénation à titre onéreux), hypothéquer les immeubles ou les grever de servitudes, pourvu que ce soit de bonne foi, il peut tout, et il ne peut même pas renoncer à ces droits, car ce serait un pacte sur succession future, qui reste interdit puisqu'il n'est pas compris dans une exception formelle de la loi. En vain l'on opposerait, à cet égard, que le principe contraire était reconnu par les coutumes d'Anjou et du Maine : ce serait donner une extension nouvelle à l'acte exceptionnel qui nous occupe, puisque le résultat pourrait être de ne laisser au donateur qu'un droit d'usufruit; or, par sa nature même cet acte ne peut s'étendre, surtout quand le législateur semble avoir manifesté sa volonté, en rejetant un article qui contenait la faculté de renonciation qu'on propose d'admettre (l'art. 148 du projet du gouvernement).

Ainsi, l'instituant se dépouille irrévocablement d'une certaine portion de ses droits. Par conséquent, bien qu'en général on puisse gratifier son conjoint par institution contractuelle des mêmes biens que par testament, les biens dotaux qu'une femme mariée sous le régime dotal est libre de léguer à son époux ne peuvent pourtant, pendant le mariage, faire l'objet d'une institution, car ils sont alors absolument inaliénables, pour partie comme pour le tout. De son côté, l'institué est, du jour même de l'acte, investi contractuellement du titre de successeur du donateur, par conséquent irrévocablement saisi du droit de succession que ce titre confère. Une loi, même postérieure à celle qui était en vigueur au moment du contrat, ne pourrait sans rétroactivité l'anéantir, et par suite, la situation du donataire meilleure évidemment que celle des héritiers ordinaires, qui n'ont pas de garantie contre les dispositions à titre gratuit, est meilleure même que celle des héritiers à réserve, à qui une loi nouvelle peut venir enlever la part sur laquelle ils comptaient [1].

Quoique actuel et irrévocable quant au titre, au point de vue de l'objet, le droit que confère l'institution contractuelle ne porte que sur les biens à venir, c'est-à-dire sur des biens qui n'existeront, comme matière de ce droit, que lors de l'ouverture de la succession de l'instituant. C'est un droit successif, par conséquent un droit conditionnel quant à son ouverture, car il faut que l'institué existe

[1] Il résulte de là qu'il peut, malgré les art. 791, 1130 et 1600 qui ne s'appliquent qu'aux simples expectatives de succession, céder son droit ou renoncer à l'exercer, pourvu que ce soit au profit de personnes qui en acceptant ne fassent pas un pacte sur succession future, comme un donataire de biens présents ou à venir gratifié postérieurement par l'instituant. Mais un pareil acte ne peut pas être fait au profit de l'instituant lui-même, car il serait incompatible avec le droit de l'institué d'accepter encore la succession après le décès, et constituerait un changement au contrat de mariage (art. 1395).

et soit capable de recevoir au décès du donateur, et éventuel quant à son objet, car l'émolument n'en est pas déterminé, et il peut se faire qu'au moment de l'ouverture il n'existe plus de biens, ou qu'ils soient absorbés par les dettes. Ainsi, il ne s'opère de transmission de propriété qu'au moment où les biens prennent le caractère de biens héréditaires, et cette transmission ne se fait pas, comme si elle résultait d'un droit simplement conditionnel, avec effet rétroactif au jour de la constitution. Par conséquent, jusqu'au moment du décès du donateur, le gratifié ne peut disposer ni à titre onéreux, ni à titre gratuit des biens compris dans l'institution. Ils sont affranchis des hypothèques générales qui frappent ses biens propres. Pas plus qu'un héritier à réserve, il ne peut prendre aucune mesure conservatoire, en ce qui les concerne, non plus que demander la révocation des dispositions à titre gratuit (en revanche la prescription ne court pas contre lui). C'est au moment du décès qu'il obtient sans rétroactivité, mais de plein droit, le titre de propriétaire, avec toutes les conséquences qui en résultent, de tous les biens qui n'ont pas été aliénés à titre onéreux. Nous disons de plein droit; cependant il peut répudier la succession; il le pourrait quand même il aurait formellement accepté dans son contrat de mariage l'institution faite à son profit, et il ne lui est pas permis de renoncer à cette faculté. S'il accepte, l'institué universel ou à titre universel sera tenu des dettes, mais jamais à notre avis *ultra vires hereditarias*, car il n'est plus, comme nous l'avons montré, un héritier, mais un simple légataire. Enfin, sur la question de la saisine, on a dit même qu'il fallait aller plus loin, et ne pas l'assimiler aux légataires. Ainsi, non-seulement le donataire de biens à venir ne jouirait pas, dans tous les cas, de la saisine héréditaire, mais on ne pourrait même pas lui appliquer le bénéfice de l'art. 1006, par lequel elle est accordée au légataire universel, qui ne se trouve pas en concours avec des héritiers réservataires. Il nous semble pourtant que la situation de l'institué universel est absolument semblable, et que l'authenticité et l'irrévocabilité de son titre fournissent même un *à fortiori* puissant pour le dispenser alors de la demande en délivrance. Dans tous les cas, saisi conventionnellement de son droit par l'instituant lui-même, il gagnera, *ipso jure*, du jour du décès les fruits et les revenus, qu'il soit donataire universel, à titre universel ou particulier : car malgré quelques oppositions, on doit admettre les donations de biens à venir faites à titre particulier ; il est vrai qu'elles ne méritent pas le nom d'institutions contractuelles ; mais elles en auront certains effets, et elles se rapprocheront des simples legs, comme les donations universelles ressemblent aux legs universes.

Telle est l'institution contractuelle. Permise à chacun des époux en faveur de l'autre, comme aux étrangers en faveur de l'un des époux, on voit quelle facilité elle procure à ceux-ci pour s'avantager réciproquement. Ils peuvent se donner ainsi, soit l'universalité ou une quote-part de l'universalité de leur hérédité, soit la totalité ou une partie aliquote du patrimoine mobilier ou du patrimoine immobilier qu'ils laisseront à leur décès, soit enfin des biens héréditaires individuellement envisagés. La disposition est forcément subordonnée à la condition de survie. Le prédécès de l'institué même laissant des enfants la rend caduque, à la différence de celle qu'un étranger ferait au profit de l'un des fiancés : car la loi, après avoir, dans ce dernier cas, appelé de plein droit les enfants, par une sorte de substitution vulgaire, à recueillir la disposition que le prédécès de leur auteur au donateur a rendue caduque, même quand ils n'y ont pas été expressément compris (art. 1082), ajoute, dans l'article 1093, que quand la donation est faite entre époux, elle n'est pas transmissible aux enfants issus du mariage. Nous en concluons que non-seulement la substitution tacite n'existe pas à leur profit, mais qu'ils ne pourraient pas même être appelés par une clause expresse à recueillir l'institution à défaut de leur auteur donataire ; qu'elle doit toujours être frappé de caducité par son prédécès. On a nié, il est vrai, cette conséquence, en soutenant que le Code ne fait, par l'art. 1093, que prendre la disposition telle qu'elle est, sans interpréter, comme ailleurs, le silence des parties dans un sens favorable aux enfants : que cet article a simplement pour objet d'exclure la présomption exceptionnelle de l'art. 1082, mais non d'établir une prohibition spéciale, une restriction à la liberté des conventions. Ce système nous parait démenti d'abord par le mot *transmissible*, qui indique une interdiction, la volonté que la disposition ne puisse pas être étendue aux enfants, et non pas seulement comme le mot *transmise* la déclaration qu'elle ne leur sera pas étendue de plein droit. De plus, la règle générale est écrite dans l'art. 906, c'est la prohibition de donner à des personnes qui ne sont pas encore conçues. L'art. 1082 y déroge dans le cas de donation faite par des étrangers aux époux; mais cette faveur n'est pas reproduite, en admettant même qu'elle ne soit pas, comme nous le croyons, formellement exclue, pour celles que ceux-ci se font réciproquement; cela suffit pour qu'elles ne puissent pas s'étendre aux enfants. Et la raison de différence est bien évidente. Dans le premier cas, il s'agissait d'empêcher que les biens donnés ne fussent enlevés à la nouvelle famille, que les enfants, pour avoir eu le malheur de perdre un de leurs parents, ne se vissent encore dépouillés au profit d'étrangers. Ici, au contraire, la caducité favorise l'époux qui reste veuf, lui offre une sorte de compensation; et cela sans préjudice pour les enfants, qui retrouveront les biens dans sa succession. Enfin, nous l'avons déjà dit, ne peut-on pas croire que le Code, en édictant ce principe, a eu en vue le douaire des enfants, et a voulu empêcher des stipulations qui rappelleraient, même de loin, cet ancien système coutumier[1]?

3° La loi, dans sa faveur pour le mariage, ne s'est pas contentée de permettre aux époux la donation de biens à venir. Avantageuse au donateur qui conserve ses biens, même avec une faculté très-large de disposition, cette forme est dangereuse pour le donataire, qui risque de n'avoir plus un jour qu'un titre sans valeur. D'un autre côté, donner ses biens présents, c'est se dépouiller. A l'exemple de l'ordonnance de 1731, le Code a combiné les avantages des deux sortes de libéralités, en offrant aux parties la donation cumulative de biens présents et à venir (1084).

Comme ce nom lui-même l'indique, ce n'est pas là un assemblage de deux donations distinctes, portant, l'une sur les biens présents,

[1] Nous ne parlons pas de la transcription pour les immeubles et de l'état estimatif pour les meubles, qui n'auraient pas d'objet ici, la première parce que le disposant peut encore aliéner à titre onéreux, le second puisque le donataire n'a droit qu'au mobilier tel qu'il se trouve au décès de son conjoint.

l'autre sur les biens à venir, et soumise chacune à des règles spéciales, mais une donation unique ayant ses lois particulières, comprenant à la fois, sans pourtant les confondre, les biens considérés tels qu'ils se trouvent actuellement (ce qui fait l'objet des donations ordinaires), et tels qu'ils se trouveront au moment du décès (comme l'institution contractuelle). Au fond, c'est une variété de la donation pure de biens à venir ; elle s'en distingue seulement par le droit d'option qu'elle confère au donataire, qui peut, au moment où elle s'ouvre par le décès du disposant, la maintenir comme institution contractuelle, ou la transformer en une donation de biens présents, c'est-à-dire des biens existants au jour du contrat. Mais elle est aussi irrévocable quant au titre, et conditionnelle quant à son ouverture puisque l'art. 1093 la déclare, comme la donation de biens à venir, non transmissible en cas de prédécès du donataire aux enfants à naître : par conséquent le gratifié, saisi immédiatement de son droit considéré *in abstracto*, n'est pourtant saisi effectivement qu'à la mort du donateur des objets sur lesquels il porte. Seulement, elle n'est pas au même degré éventuelle quant à son objet ; elle ne l'est que sous condition résolutoire de renonciation aux biens à venir : ainsi, elle le restera si au moment de son ouverture le donataire l'accepte en entier, car elle sera alors une donation de biens à venir pure et simple, et par conséquent il devra, en n'attaquant que les dispositions à titre gratuit, se contenter de ce que les aliénations à titre onéreux auront laissé dans la succession. Mais s'il préfère s'en tenir aux biens existants lors du contrat, elle devient donation pure et simple de biens présents, et dès lors, la condition suspensive sous laquelle elle l'était, la renonciation aux biens à venir s'accomplissant, produit un effet rétroactif; elle est censée avoir toujours été telle, et le donataire peut critiquer les aliénations même à titre onéreux que le donateur aura faites de ces biens présents. Il faut seulement qu'il ait eu soin de faire transcrire sa donation; à défaut de transcription pour les immeubles, il n'a pas de recours contre les tiers, si ce n'est celui que l'hypothèque légale donne à la femme, quand c'est elle qui est ainsi avantagée. Si la donation comprend des meubles, il devra en être fait un état estimatif; sinon la libéralité ne pourra valoir, même à l'égard des héritiers du donateur, comme donation de biens présents. Enfin, le droit d'option est subordonné à cette condition générale qu'il ait été annexé à l'acte un état des dettes et charges du donateur, au moment de la donation ; s'il manque, la disposition reste nécessairement de biens à venir. La nécessité de cet état, que la loi exige impérieusement, prouve bien que la donation universelle ou à titre universel oblige de plein droit le donataire à payer les dettes en proportion des biens qu'il prend ; cette obligation d'ailleurs allait de soi, car *non sunt bona, nisi deducto œre alieno*. Soit qu'il s'en tienne aux biens présents, soit qu'il accepte même les biens à venir, le gratifié paye les dettes, du jour du contrat, dans le premier cas, du jour du décès, dans le second, pour le tiers, le quart ou la totalité, selon qu'il prend le tiers, le quart ou la totalité de ces deux sortes de biens. Mais dans aucun cas, il n'en est tenu *ultra vires*, car il n'est pas continuateur de la personne.

4° **Donations sous conditions potestatives.** — En principe, d'après l'art. 1174, l'obligation contractée sous une condition qui dépend absolument de la volonté de l'obligé est nulle, ou plutôt n'existe pas, car il n'y pas lieu de droit. Dire : je vous donnerai si je veux, si je m'y décide, ce n'est pas s'obliger. Mais si la condition consiste en un événement dont il est au pouvoir du débiteur de produire ou d'empêcher la réalisation, mais qui est pourtant, dans une certaine mesure, indépendant de sa volonté, par exemple, si je vais à Paris, si je me marie, si elle forme ce qu'on est convenu d'appeller une condition, non plus purement, mais simplement potestative, l'obligation existe, car le lien de droit est formé. Mille circonstances, en effet, peuvent forcer le débiteur à laisser, contre sa volonté, manquer ou s'accomplir le fait qui a été prévu. Par conséquent, comme l'indique l'art. 1171, de telles conditions ne vicient pas les obligations. Pour restreindre les donations, et, comme conséquence de la règle, *donner et retenir ne vaut*, on a été plus sévère à l'égard de ces actes, et l'art. 944 a déclaré que toute donation faite sous de semblables conditions serait nulle ; car, pour qu'elles fussent vraiment irrévocables, il ne fallait pas permettre au disposant de se réserver ainsi un moyen de les anéantir, ou même d'en restreindre seulement les effets. Mais, du moment que les donations par contrat de mariage étaient dispensées de la prohibition de donner et de retenir, on devait rentrer dans le droit commun des contrats, c'est-à-dire permettre les dispositions subordonnées à des conditions dont le donateur serait libre, dans une certaine mesure, de produire ou d'empêcher l'événement. Seulement, l'art. 1089 a déclaré que, comme les donations de biens à venir, elles deviendraient caduques par le prédécès du donataire.

L'art. 1086, qui édicte cette faculté, fait naître une nouvelle espèce de donations, car l'article 1089 l'énumère à la suite de la donation de biens à venir, et de la donation de biens présents et à venir, et la frappe en cas de survie du donataire de la même caducité. Toute donation (suspensive) faite sous de pareilles conditions, à la charge, par exemple, de payer les dettes mêmes futures du donateur, ou à la réserve de certains objets, cessera donc d'être une véritable donation de biens présents, et, rentrant dans l'article 1086, sera subordonnée à la survie, en vertu de l'art. 1089. On dit, il est vrai, que l'art. 1086 n'a pas en vue les donations prévues dans l'art. 1081 (les donations actuelles de biens présents qui saisissent immédiatement le donataire, et ne peuvent pas s'appliquer aux enfants), puisqu'il dit : « La donation par contrat de mariage en faveur des époux et des enfants à naître du mariage, » ce qui ne peut se rapporter qu'aux donations éventuelles, qui s'étendent de plein droit aux enfants, quand elles émanent d'un étranger ; on ajoute que les art. 943 et 946 sont suffisants pour permettre d'affecter ces donations de biens présents de conditions potestatives, sans, par conséquent, qu'elles soient sujettes à la caducité (M. Coin-Delisle, sur l'art. 1086). Il nous semble que ce dernier argument méconnaît le rapport qui unit les art. 945 et 946 avec l'art. 1086. Après la déclaration de la nullité des donations de biens à venir, ou faites sous des conditions potestatives, ou avec réserve du droit de disposer d'un objet compris dans la donation (pour toute la partie réservée), l'article 947 nous dit que ces rigueurs ne s'appliquent pas à celles qui se font par contrat de mariage. Ce n'est pas les permettre toutes d'une façon absolue, mais nous renvoyer, pour leurs règles particulières, au titre qui les développe et à l'article spécial à chacune d'elles. De ce que l'art. 943 n'est pas applicable, nous pouvons en conclure de suite que les donations de biens à venir sont permises ; mais, pour connaître leurs effets, il faut nous référer à l'art. 1082. De même, ce sont les art. 947 et 945 combinés, qui nous apprennent que les conditions potestatives sont permises ; mais c'est l'article 1086 qui nous en montre les conséquences, et l'une d'elles est la caducité prononcée par l'art. 1089. Du reste, n'appliquer cet article 1086 qu'aux donations de biens à venir, c'est lui ôter la plus grande partie de son importance. Quant à l'argument tiré des mots : *la donation en faveur des époux et des enfants à naître*, d'où l'on conclut que ce n'est pas celle de l'art. 1081, puisque cette dernière ne peut avoir lieu au profit des enfants à naître, nous y répondrons en faisant remarquer que l'article 1086 suppose plus loin la réserve par le donateur du droit de disposer d'un effet compris dans la donation *de ses biens présents* : ce qui dément la conclusion qu'on tire des premiers mots. Mais comment expliquer cette contradiction, et que signifie réellement l'article ? Il veut dire, non pas que la donation ne pourra se faire sous des conditions potestatives que quand elle s'adressera aux époux et aux enfants à naître ; mais que, quand elle sera faite sous de telles conditions, elle pourra s'étendre aux enfants. On voit la différence des deux idées : la première est le fondement du système que nous combattons. Et la preuve qu'elle n'est pas celle de la loi, c'est l'art. 18 de l'ordonnance de 1731, dont notre art. 1086 est une reproduction évidente : Entendons que les *donations de biens présents, faites à condition* de payer indistinctement les dettes et charges,... ou sous d'autres conditions, dont l'exécution dépendrait, etc... puissent avoir lieu, dans les contrats de mariage, en faveur des conjoints et de leurs descendants, par quelques personnes, etc... La suite de notre article, entièrement copié sur l'autre, et les mots donation de *ses biens présents*, qu'il reproduit plus loin, prouvent d'une façon péremptoire que si le Code a modifié le commencement du texte de l'ordonnance, ce n'a pas été pour en changer la doctrine, mais pour abréger l'expression. Par conséquent, l'art. 1086 s'applique aussi aux donations de biens présents, qui, quand elles sont faites sous des conditions potestatives, deviennent caduques par le prédécès du donataire[1]. On comprend, en effet, que la donation pouvant ainsi rester incertaine jusqu'à la mort de son auteur, on l'ait assimilée aux donations de biens à venir. Mais nous ne parlons que des conditions suspensives, de celles qui laissent incertaine la réalisation de la donation; car, si la condition potestative était apposée à la donation comme résolutoire, le prédécès du donataire ne rendrait pas la libéralité caduque, mais en ferait passer l'objet à ses héritiers. Ceci nous fournit la solution d'une autre grave difficulté à laquelle donne lieu la fin de ce même article 1086. Il porte que, dans le cas dont nous avons parlé, celui où le donateur se sera réservé la disposition d'un effet compris dans la donation, ou d'une somme fixe à prendre sur les biens donnés, l'effet ou la somme, s'il meurt sans en avoir disposé, seront censés inclus dans la donation et appartiendront au donataire ou à ses héritiers. Mais ces derniers mots supposent que le donataire est prédécédé. Or, l'art. 1089 nous a dit qu'alors la donation était caduque; les héritiers ne doivent donc rien avoir à prendre. Pendant longtemps on regarda ces deux textes comme inconciliables, et l'on se contenta de déclarer que les mots *ou à ses héritiers* étaient une faute de rédaction, provenant de ce que le Code avait copié trop exactement la fin de l'art. 18 de l'ordonnance de 1731. Il nous semble que la question a été résolue d'une manière plus plausible dans un ouvrage récent (M. Marcadé, sur l'art. 1089). Pour les donations de biens à venir, la caducité par prédécès a toujours lieu, car elles ne confèrent pas un droit actuel, mais une simple espérance qui ne doit se réaliser qu'au décès du disposant : il faut donc que le donataire existe à cette époque, car on ne peut transmettre les droits dont on n'est pas investi. On doit en dire autant de la donation cumulative; car, bien qu'elle puisse être transformée en une simple disposition de biens présents, l'option qui doit produire ce résultat n'est possible qu'après le décès du disposant, et, par conséquent, il faut que le gratifié existe encore à cette époque, pour pouvoir faire cette option. Mais pour les

[1] Nous n'avons pas à parler de sa postérité, puisqu'entre époux nous avons montré que les donations n'étaient jamais extensibles aux enfants.

donations de biens présents, affectées de conditions potestatives, il n'en est pas de même. Ces conditions peuvent être de deux sortes : on peut dire : Ma maison vous appartiendra si je vais à Paris ; le donataire alors n'a qu'un droit éventuel, et comme le donateur peut toujours l'anéantir en n'accomplissant pas la condition, le premier n'est pas saisi, et, s'il prédécède, ne transmet rien à ses héritiers : la donation est caduque. Mais si la condition s'était accomplie du vivant des deux parties, le droit serait acquis et transmissible. La même chose a lieu quand le fait qui dépend du donateur tient en suspens non plus l'exécution, mais la résolution de la libéralité. La caducité alors est impossible, car l'effet est produit immédiatement, et continue tant que le fait prévu ne vient pas anéantir le droit. La chose donnée appartient au donataire et passe à ses héritiers comme le reste de son patrimoine, malgré la survie du donateur, sauf à lui à la leur enlever, en accomplissant la condition résolutoire. Or, la réserve du droit de disposer d'un des objets donnés implique naturellement une condition semblable. Dire, je vous donne 100, mais je me réserve la faculté de disposer de 20, c'est bien faire ce que les Romains appelaient *donatio pura quæ sub conditione resolvitur*. C'est ce que décidait l'ordonnance de 1731, ainsi commentée par Furgole : « La chose à l'égard de laquelle la faculté de disposer est réservée fait partie des biens donnés ; le droit en est acquis au donataire du jour de la donation, sauf que ce droit peut être résolu sous condition, c'est-à-dire si le donateur en dispose. Ce n'est pas une disposition à cause de mort qui deviendrait caduque par le prédécès du donataire. » Ces paroles sont encore la meilleure explication des textes qui nous occupent.

Nous n'avons pas à développer les autres règles de ces donations. Sauf la caducité, elles sont régies par les mêmes principes que toutes les donations de biens présents faites par contrat de mariage.

III. Donations entre époux pendant le mariage.

Nous avons écarté les libéralités testamentaires que peuvent se faire deux époux, quoiqu'elles constituent à la rigueur des gains de survie, parce qu'elles ne diffèrent en rien, soit pour le fond, soit pour la forme, de celles que des étrangers peuvent recevoir de l'un d'eux [1]. C'est par une raison analogue que nous devons parler très-brièvement des donations dont les deux conjoints peuvent se gratifier réciproquement pendant leur mariage, car elles se rapprochent soit des donations ordinaires entre vifs, soit des donations éventuelles entre futurs époux ; nous avons examiné les dernières, et quant aux donations de biens présents, elles se trouveront écartées de notre sujet, par la solution que nous apporterons d'une question à laquelle donne lieu leur révocabilité.

Nous avons vu qu'en droit romain, les donations entre conjoints étaient nulles en principe, et validées seulement quand le donateur mourait sans avoir changé de volonté. Le système du Code est précisément inverse. Les donations entre époux sont permises comme dans le droit intermédiaire ; elles produisent des effets actuels comme entre étrangers ; mais le donateur peut toujours révoquer une libéralité qui n'est due peut-être qu'à la passion ou à la faiblesse. Ainsi, le principe est consacré ; on renonce à interdire aux époux de se donner des gages d'affection réciproque, à poser une règle absolue contraire à l'intimité et à la sainteté du lien qui les unit, règle d'ailleurs qu'ils réussissaient souvent à éluder, mais on donne une sauvegarde à la liberté du donateur qui a pu n'être qu'apparente, à l'intérêt de sa famille que les séductions d'un conjoint avide auraient pu compromettre. Cette faculté de révocation, dictée par la dignité du mariage, la protection due aux familles, est d'ordre public. Aussi est-il interdit aux époux, même par contrat de mariage, d'affranchir les donations qu'ils pourront se faire de la révocabilité. Mais en même temps, ils ne peuvent pas davantage se dépouiller du droit de s'en faire. Deux principes s'y opposent : 1° on ne peut renoncer d'avance au droit de disposer librement de son patrimoine, et 2° il n'existe pas de contrat véritable, d'obligation, quand on s'engage envers un tiers pour une chose à laquelle il n'a pas d'intérêt, car il n'aurait pas d'action pour en exiger l'exé-

[1] Si ce n'est qu'elles ont, comme tous les avantages entre époux, une quotité disponible spéciale.

cution. Tout ce système de la loi, qui touche à des intérêts d'un ordre si élevé, est immuable, et la liberté même des conventions matrimoniales ne saurait y porter atteinte.

Sous le rapport de la forme des donations entre époux, nous trouvons dans l'art. 1097 une première conséquence du principe qui ne permet jamais d'abdiquer la faculté de révocation : c'est que les conjoints ne peuvent, pas plus par acte entre vifs que par testament, se faire aucune donation mutuelle et réciproque par un seul et même acte. Cette règle, pour le testament, s'applique à toutes personnes, car il est de sa nature toujours révocable : on devait l'étendre aux donations entre époux, mais à elles seules, puisque celles que se font deux étrangers, et même les dons mutuels entre futurs époux par contrat de mariage, saisissent immédiatement et sans retour possible. C'est ce qu'a fait la loi, et cela prouve bien que la raison de cette prohibition n'est pas dans la crainte que les contractants ne soient influencés l'un par l'autre, mais dans la nécessité d'assurer la révocabilité. En effet, quand deux donations se font ainsi, on est amené à penser que chacune est la condition de l'autre, que l'acte contient une convention unique, composée d'un avantage réciproque et égal des deux parts; en sorte qu'il faut dire, comme on l'avait décidé pour le don mutuel, que formé par le consentement de deux parties, il ne peut être brisé que par le même accord de volontés. Permettre à l'un des deux époux de révoquer sa libéralité à l'insu de son conjoint, et en conservant celle qu'il en a reçue, c'était consacrer une injustice criante, autoriser précisément ce que redoutaient les jurisconsultes romains, *ne deterior ditior fieret*. Tout au moins, si l'on déclare que les deux dispositions sont inséparables, et que l'une anéantie, l'autre aura le même sort, on enchaîne la liberté de révocation, en lui imposant une peine pécuniaire. La loi qui interdisait l'ancien don mutuel quant au fond[1], devait donc aussi en proscrire les formes, et c'est peut-être par la crainte de voir la routine le maintenir, qu'elle a édicté formellement une prohibition qui résultait suffisamment, ce semble,

[1] Il faut songer qu'en pratique la plupart de ces dispositions sont faites sous la condition de survie.

des motifs de l'art. 968. Les époux peuvent, du reste, se gratifier réciproquement, par des dispositions mutuelles, passées devant le même notaire, et de suite, pourvu que ce ne soit pas *uno contextu*, mais par deux actes séparés.

Du principe absolu de la révocabilité découlent encore deux conséquences qui lui servent de sanction. La première, c'est que la femme peut retirer par sa seule volonté, sans autorisation ni de son mari ni de justice, la donation qui émane d'elle. Cette dérogation aux principes était nécessaire pour assurer sa liberté. La seconde est la nullité, complète selon nous, des donations faites par simulation d'actes ou interposition de personnes, double moyen qui pourrait servir aux époux à s'avantager d'une manière irrévocable (1099).

Nous prétendons que ces donations sont nulles, et en cela nous ne faisons que reproduire le texte de l'article 1099 qui, après avoir dit que les époux ne pourront se donner *indirectement* au delà de la quotité disponible, ajoute : Toute donation ou déguisée ou faite à personnes interposées sera nulle. On a pourtant contesté cette nullité, pour déclarer ces donations simplement réductibles comme toutes les autres. Les donations dont parle cette seconde partie de l'article, a-t-on dit, sont nécessairement aussi des donations indirectes ; elles ne sont que les espèces d'un genre plus large, et par suite comprises dans la disposition de la première partie, qui en admet l'efficacité jusqu'à concurrence du disponible : la seconde partie n'est que le développement de la première, et ne porte nullité que de l'excédant. A l'appui de ce système, on fait remarquer, d'une part, que l'article 843, par les mots *reçu directement ou indirectement*, entend évidemment comprendre tous les avantages faits à l'héritier ; de l'autre, que l'article 911 déclare nulles aussi des libéralités qui, pourtant, ne le sont certainement pas pour le tout, mais seulement pour ce qui excède la capacité du donataire. Mais d'abord, quant à ce qui fait le fond de tout le système, il n'est pas vrai de dire que le second alinéa de l'article 1099 rentre nécessairement dans le premier, parce que toute libéralité indirecte est toujours déguisée sous une simulation d'acte ou une interposition de personnes. Je puis donner indirectement, sans rien déguiser, en

renonçant à un legs dont mon conjoint est tenu envers moi comme
héritier, ou à une succession que je devrais partager avec lui,
pour lui procurer le droit d'accroissement ; dans ces cas et dans
une foule d'autres, la libéralité n'est pas directe, car elle ne se présente pas comme acte portant donation, et pourtant elle n'a rien
de déguisé ; il n'y a ni interposition de personnes, ni simulation
d'acte onéreux ¹. Or, du moment que la différence est admise, on
comprend fort bien que la loi ne traite pas avec la même sévérité
les deux cas. Les donations simplement indirectes ne sont que
réductibles, parce qu'elles ne sont pas faites dans le but de frauder la loi, parce qu'elles émanent d'un fait ostensible, facile à saisir et à faire tomber sous l'application des règles ordinaires. Au
contraire, quand je cache une donation sous l'apparence d'une
vente, quand je donne à une tierce personne pour qu'elle rende la
somme ou l'objet donné à mon conjoint, je fais un acte qui doit
être frappé de plus de défaveur, réprimé plus rigoureusemement,
parce qu'il est plus difficile à constater et qu'il tend à échapper à
deux des règles principales de la loi, celle de la révocabilité et celle
de la réserve. Cette distinction se justifie donc parfaitement. Maintenant n'est-il pas évident qu'elle est dans l'esprit de la loi ? D'a-
bord, est-ce le sens naturel des mots, est-ce le langage habituel du
législateur de parler de nullité quand il s'agit de réduction, de déclarer une donation nulle pour dire simplement qu'elle est réductible ? On nous oppose ici l'article 911, et le mot *nulle* dont il qualifie une libéralité qui, pourtant, sera souvent valable dans les
limites de la capacité du donataire. Mais il faut bien s'entendre.
L'article 911 ne fait qu'ajouter une sanction aux règles d'incapacité que les articles précédents ont posées. La libéralité n'est nulle
qu'autant qu'elle s'adresse à un incapable, par conséquent là où

¹ En vain on prétend que l'article 843, en voulant embrasser toutes les
libéralités possibles, ne parle que des avantages directs ou indirects. Nous
répondons que si cette disposition ne parle que des avantages indirects, ce n'est
pas parce qu'elle entend comprendre dans cette dénomination les libéralités
déguisées sous une simulation d'acte ou une interposition de personnes, mais
au contraire pour les exclure, puisqu'il s'agit ici d'indiquer celles sur lesquelles doit porter le rapport, et que celles-ci en sont toujours dispensées (art. 847
à 849).

cesse l'incapacité, là s'arrête aussi la nullité. Si donc le donataire est totalement incapable, la donation sera nulle pour le tout ; s'il ne l'est qu'en partie, elle vaudra pour une portion. Mais ici la donation est déclarée nulle en tant qu'elle s'adresse à un époux ; il ne peut y avoir de différence dans la qualité d'époux comme entre l'incapacité du tuteur et celle du médecin. L'avantage doit donc toujours être nul pour le tout. D'ailleurs, l'article 911, comme le prouvent ces termes, *faite à un incapable*, ne s'occupe nullement d'une question d'indisponibilité, ni par conséquent de réduction ; et c'est pour cela que le mot nulle a pu être employé. Mais, dans notre article, ce mot serait inexplicable, puisqu'il ne pourrait jamais s'agir de nullité, mais seulement de réduction. Or, pour exprimer cette idée, c'est toujours et uniquement des mots propres, retrancher ou réduire, que se sert le Code, comme le montrent les articles 920 à 930, 1496, et une foule d'autres.

Remarquons enfin que non-seulement notre système est parfaitement d'accord avec le texte et l'ensemble de l'article 1099, mais qu'il est le seul qui puisse logiquement l'expliquer. Nous y voyons deux parties qui se font antithèse, traitant chacune un point différent et posant pour chacun une règle spéciale. Mais s'il fallait y voir la même idée deux fois répétée, pourquoi aurait-on écrit ce second alinéa, pourquoi aurait-on pris cette peine de reproduire identiquement au fond, quoique en termes différents, la règle qu'on venait d'édicter? Il y a mieux, l'interprétation que nous combattons ôte toute espèce d'utilité à l'article 1099; en effet, sa première partie est déjà surabondante, car le Code ayant fixé d'une façon générale une quotité disponible, il était clair, sans qu'il y eût besoin de le dire, que tout excédant, direct ou indirect, serait retranché. Si donc la loi s'en explique dans le premier alinéa de l'article, ce ne peut être avec l'intention de venir répéter encore une fois dans le second une idée déjà évidente par elle-même, mais pour bien marquer la différence entre les libéralités ostensibles, qui sont réduites, et les avantages dissimulés, qui sont déclarés nuls.

Telles sont les conséquences que nous reconnaissons dériver de la révocabilité. En voici qu'on a voulu en déduire, mais qu'il nous paraît impossible d'admettre.

Et, d'abord, partant de l'idée que les donations entre époux sont révocables d'une manière absolue comme les testaments, on en a conclu qu'elles n'étaient pas des donations entre vifs, mais de véritables donations à cause de mort, des libéralités formées par contrat, ce qui les distinguait des legs, mais devant] suivre d'ailleurs toutes les règle de ceux-ci, notamment quant au mode de réduction et à la capacité, soit du disposant, soit du gratifié. Cette opinion s'appuyait encore sur ces mots de l'article 1096 : Les donations entre époux, *quoique qualifiées entre vifs*, ce qui indique, disait-on, que cette qualification serait fausse, et que tel n'est pas le véritable caractère de pareils actes. Ce système est aujourd'hui généralement rejeté en principe, mais il en reste certaines parties ou du moins certaines conséquences. Les donations dont nous nous occupons sont des actes entre vifs, car, d'après l'article 893, une disposition est entre vifs dès l'instant qu'elle n'est pas faite par testament; car l'article 1097 parle de dispositions gratuites entre époux, *soit entre vifs*, soit par testament; car enfin l'article 1096 dispense ces libéralités de la révocation par survenance d'enfants, qui ne frappe que les donations entre vifs. Quant aux mots *quoique qualifiées* entre vifs, ils se rapportent, non pas à une fausse qualification qui serait donnée par les parties à leur disposition, mais aux conséquences que l'on pourrait tirer de ce que la loi indique forcément par l'art. 893, qu'il faut la désigner ainsi. Ils fortifient donc plutôt notre système qu'ils ne le détruisent. Enfin, on convient généralement que, si les donations ordinaires sont irrévocables, ce n'est pas là un de leurs caractères essentiels, une condition nécessaire à leur existence comme donations : nous avons montré déjà que la règle : *Donner et retenir ne vaut*, tirée de motifs étrangers à la nature même de ces actes, pouvait, sans que celle-ci s'en trouvât modifiée, être levée dans des cas spéciaux par la loi. Fût-elle même contraire à leur essence, la faculté de révocation ne suffirait pas encore pour faire, des libéralités entre conjoints, des donations à cause de mort; car le caractère principal de celles-ci consiste dans la condition de survie du donataire, et la faculté de révocation même illimitée n'emporte pas nécessairement cette condition.

Maintenant, ces donations sont-elles vraiment révocables au

même degré et au même titre que les dispositions testamentaires? On dit en effet que ce droit de révocation est absolu, car son exercice est dispensé de toute justification, et que, comme la loi ne lui a imposé aucune condition, elle semble par là même s'être référée aux règles de la révocation des testaments, qui est purement potestative. Pourtant, on ne peut nier que les deux actes ne soient profondément différents, dans leurs formes, dans leurs conditions d'existence, et ne doivent l'être par suite dans leurs effets. Le testament est l'œuvre de la seule volonté, et l'expression de la volonté dernière du disposant. Il en résulte que tous ses effets sont forcément ajournés à l'époque du décès de celui-ci; que jusque-là le testateur ne transfère pas de droits actuels, ne se lie pas, mais fait un simple projet qui n'aura force de loi qu'au dernier moment de son existence. Jusque-là, par conséquent, il peut, à son gré, non pas se dégager, puisqu'il n'y a pas eu concours de volontés, contrat et obligation, puisqu'il n'est pas tenu à une libéralité que le gratifié même ignore légalement, mais substituer à son bon vouloir antérieur une exclusion complète. Au contraire, par cela même qu'il y a donation, il y a contrat, et, par suite, obligation. Il y a concours de volontés formellement exigé par le législateur; acceptation (nécessaire entre conjoints), c'est-à-dire déclaration de la volonté actuelle de recevoir, qui ne peut correspondre qu'à l'expression d'une volonté actuelle de donner. Il y a donc un lien de droit, entraînant des effets actuels et instantanés, et non la simple espérance que le testament confère aux légataires; car pourquoi se contenterait-on, dans un cas, d'un acte unilatéral, tandis qu'on exigerait, dans l'autre, le consentement explicite de deux personnes? Or, l'obligation subordonnée à une condition purement potestative est nulle, parce qu'elle n'engage pas sérieusement. Ce n'est donc pas à une condition semblable, c'est-à-dire à un pur effet de la volonté du disposant, à un caprice, que le législateur peut subordonner la résolution du contrat, mais à une de ces conditions prévues par l'art. 1170, qui, tout en laissant à la volonté du débiteur une certaine part dans l'événement, font pourtant dépendre l'obligation d'un fait à quelques égards incertain. Ici nous croyons que le fait incertain sera une juste cause de révoquer, par exemple, la découverte d'une captation, ou l'ingratitude du donataire, motifs dont le donateur sera libre de profiter ou non. Il est vrai qu'il est dispensé d'en justifier, et que, par conséquent, la révocation des donations pourra quelquefois se faire sans cause, comme celle des legs. Le secret sur les motifs était la plus sûre garantie de la dignité, de la paix du ménage, en même temps que de la révocabilité; et, en présence de considérations pareilles, le législateur a dû déroger ici aux règles ordinaires des contrats. Mais s'il dispense de la preuve, s'il constitue le conjoint juge ainsi dans sa propre cause, c'est qu'il a reconnu la nécessité, dans des questions aussi délicates, de s'en rapporter à sa sagesse; il n'en suppose pas moins la réalisation d'un fait sérieux, d'un motif grave de révocation. Le principe est donc maintenu. Au fond, la donation dont nous parlons n'est ni plus ni moins potestative que celle que le donateur s'est réservé par contrat de mariage le moyen d'anéantir en grevant de dettes ou en aliénant l'objet donné. Toute la différence, c'est que dans ce dernier cas, la loi, supposant les deux parties de sang-froid, s'en rapporte à elles du soin de stipuler cette réserve, tandis qu'ici, craignant un entraînement suivi d'un repentir tardif, elle l'établit de plein droit, et ne leur permet même pas de s'en affranchir.

Ainsi, pour être révocable, la donation ne perd pas sa nature de contrat; ses effets ne sont ni ceux des legs, ni même ceux des anciennes donations à cause de mort : ils ne sont pas ajournés au décès du disposant, mais actuels et instantanés, autant du moins que le permet la condition sous laquelle est faite la libéralité, ou la nature des biens qui en forment l'objet. Ainsi, pour ne parler encore que de la donation ordinaire de biens présents, actuelle, mais révocable, le donataire est, par l'effet immédiat de l'acceptation, saisi, c'est-à-dire légalement investi du droit qu'elle lui confère, tout comme s'il était irrévocable; par exemple, les biens donnés ne sont pas grevés des hypothèques légales ou judiciaires (car elles ne font pas supposer la volonté de révoquer), qui ne seraient devenues efficaces que depuis la transcription. Par conséquent, selon nous, ces donations ne sont pas subordonnées à la condition de la survie du donataire; elles ne deviennent pas caduques par son prédécès. Cette opinion, qui commence à prendre faveur et à se relever de la condamnation presque unanime qui l'avait d'abord accueillie[1], nous semble, après tout ce qui vient d'être dit, suffisamment établie contre l'ancien système, qui se fondait uniquement sur la supposition que les libéralités entre conjoints par mariage ne constituaient au fond que des dispositions à cause de mort. Mais des auteurs plus modernes, tout en leur reconnaissant le caractère d'actes entre vifs avec toutes ses conséquences, tout en avouant plausible ce raisonnement : que la donation saisissant immédiatement le donataire, à quelque époque qu'il meure, il mourra propriétaire et transmettra les biens (Marcadé, sur l'article 1096), » rejettent pourtant, comme contraire à la pensée du législateur, cette suite nécessaire, à ce qu'il nous semble, des principes qu'ils ont eux-mêmes posés. On nous oppose trois preuves principales : 1° un argument *à contrario* tiré de l'art. 1092, qui n'exempte de la caducité que les donations de biens présents faites par contrat de mariage; on insiste même, et l'on dit : Puisque la loi, dans l'article 1092, qui ne faisait pourtant que reproduire les anciens principes du droit coutumier, a cru devoir, à cause des principes contraires du droit écrit, déclarer affranchies de la condition de survie des donations auxquelles leur irrévocabilité et les règles générales assuraient déjà ce privilége, à plus forte raison, si telle eût été ici sa pensée, l'aurait-elle déclaré expressément pour des donations autrefois caduques et révocables comme les legs, et dont elle maintenait déjà explicitement la révocabilité; 2° l'art. 1093 (*in fine*), qui déclare non transmissibles aux enfants, en cas de prédécès du donataire, deux sortes de donations irrévocables quant au titre, doit s'appliquer, à plus forte raison, à des donations essentiellement révocables; 3° enfin, les donations faites sous des conditions potestatives entre époux sont subordonnées à la survie, par les articles 1089 et 1093 combinés : or, elles ne sont que facilement révocables : à plus forte raison doit-il donc en être de même de celles que l'article 1096 déclare toujours révocables. On le voit, tout ceci n'est jamais que le développement, à divers points

[1] Nous avons cependant pour nous, outre M. Zachariæ et ses annotateurs, les deux seuls arrêts qui aient eu à décider la question (Limoges, 1er février 1840, et Cass., 18 juin 1845).

de vue, de la même idée, que la révocabilité doit toujours entraîner la caducité en cas de prédécès. Mais d'abord, à l'argument *à contrario*, tiré de l'art. 1092, nous répondrons qu'il suppose précisément ce qui est en question; car, pour lui donner quelque valeur, il faudrait prouver avant tout |que les donations entre époux sont de leur nature censées faites sous la condition de la survie du donataire. Or, c'est ce qui n'est pas, puisque les art. 1092 et 1093 décident la question en sens inverse, selon qu'il s'agit de biens à venir ou de biens présents. Non-seulement ce point n'est pas établi, mais le contraire ressort évidemment de l'art. 1093, qui ne ferait, dans cette hypothèse, qu'édicter un retour à la règle, et serait complétement inutile. D'ailleurs, puisque les donations qu'il déclare caduques sont tout aussi irrévocables, quant au titre, que celles de biens présents, il faut en conclure que ce n'est pas de la révocabilité que résulte la caducité, mais uniquement de la nature des biens donnés. Ainsi se trouve réfuté l'argument *à fortiori* puisé dans l'art. 1093; car, s'il déclare caduques les donations de biens à venir faites par le contrat, on peut bien en conclure que celles qui seront faites pendant le mariage seront caduques aussi, mais non que les donations de biens présents doivent être soumises à la même règle, par cela seul qu'elles sont révocables, puisque cette circonstance ne change pas leur nature, et que c'est la nature seule de la disposition qui motive la caducité. Nous disons que la révocabilité ne change pas leur nature : nous avons suffisamment développé et démontré ce principe; mais en voici les conséquences. La donation serait caduque, si elle n'était au fond qu'une disposition à cause de mort, ou si seulement, révocable *ad nutum*, comme un legs, elle ne conférait aussi qu'une simple espérance; car alors elle mettrait toute la vie du donateur à se parfaire, et ne passerait au donataire qu'autant qu'il existerait encore, lors du décès du disposant. Mais la révocation n'est que simplement potestative : l'acte produit des effets actuels et confère la saisine immédiate. Il en résulte que le donataire n'a plus rien à attendre et ne peut que perdre; qu'il a un droit, non pas suspendu, mais résoluble. Or, nous avons montré, en expliquant l'article 1086, que la caducité prononcée par l'article 1089 pouvait bien s'appliquer aux donations subordonnées à des conditions potestatives suspensives ; mais que les droits seulement résolubles sous de pareilles conditions ne pouvaient pas, en principe, y être soumis, et devaient être transmissibles comme l'art. 1086 lui-même le déclarait. On ne peut donc pas dire que les donations dont nous parlons, plus révocables que celles de l'art. 1086, doivent, *à fortiori*, être frappées de la caducité qu'établit l'art. 1089 ; car elles sont révocables au même titre, en tant qu'affectées aussi de conditions potestatives, et comme cette condition n'est que résolutoire, comme la donation pure et simple, nous le supposons, sortira effet, tant qu'elle ne sera pas révoquée, elle doit, par le bénéfice des derniers mots de l'art. 1086, appartenir aussi au donataire ou à ses héritiers.

Il ne nous reste qu'un mot à répondre à l'objection qui se tire de ce que la condition de survie écartée par l'art. 1092, pour un cas pourtant moins douteux, ne l'a pas été expressément pour celui-ci, quoiqu'elle fût consacrée dans l'ancien droit[1]. Il nous semble que cette omission, si c'en est une, est toute simple. Le Code venait remplacer la loi de nivôse ; à son exemple, il permettait les donations entre époux comme actes entre vifs, seulement en les déclarant toujours révocables : il n'avait besoin que d'exprimer clairement l'innovation, d'indiquer la règle, mais non d'écarter formellement une condition qui, dans sa pensée, ne découlait pas de là, et qui déjà, d'ailleurs, était abrogée. Sans doute il remplaçait aussi l'ancienne législation. Mais la matière des donations entre époux y était organisée d'après des idées, nous l'avons vu, précisément inverses des siennes : la caducité résultait plutôt de ces idées et des principes généraux des donations à cause de mort, que d'un véritable droit de révocation. Puisqu'elles ne rétablissaient pas le système ancien, puisqu'elles l'excluaient même par l'art. 893, pourquoi les lois nouvelles en auraient-elles rejeté expressément la conséquence? La caducité, en cas de prédécès du donataire, est écartée par cela seul qu'elle n'est pas formellement

---

[1] Nous acceptons l'objection dans ses termes, quoique nous ayons indiqué une autre explication de l'art. 1092, parce que celle-ci nous est toute personnelle, et est contraire à une opinion presque universellement admise.

rétablie comme suite de la révocabilité pour notre espèce, tandis qu'elle est édictée pour celles des art. 1082, 1084, 1086 et 1093. S'il avait voulu ajouter aux donations entre époux la condition de survie, le Code, qui consacre un article à nous apprendre que les legs y sont soumis (1039), l'aurait dit à plus forte raison; l'abolition des donations à cause de mort rendait nécessaire à cet égard une disposition formelle. Bien entendu, si le prédécès du gratifié ne fait pas nécessairement tomber la donation, il ne l'affranchit pas non plus de la condition qui l'affectait; il n'enlève pas au disposant le droit de la révoquer. Il est vrai que cette faculté présente alors plus d'inconvénients, et risque, en s'exerçant, de léser des tiers de bonne foi. Cette position précaire faite aux héritiers est même un des arguments sur lesquels on appuie la caducité. Singulière manière de les protéger, que de les dépouiller immédiatement et dans tous les cas, de peur qu'ils ne le soient plus tard. D'ailleurs, du vivant même du donataire, la révocation pourra blesser l'intérêt des tiers.

Ainsi, les donations de biens présents entre époux ne sont pas subordonnées à la survie du donataire, à moins que telle n'eût été l'intention des parties : intention du reste que le juge pourra reconnaître d'après l'ensemble de l'acte, en l'absence même d'une stipulation expresse. Dès lors ces donations, comme nous l'avions annoncé en commençant, nous échappent et cessent d'appartenir à la matière spéciale qui nous occupe.

Quant aux autres sortes de libéralités que peuvent se faire les conjoints, elles diffèrent peu en général de celles qui sont permises aux fiancés par contrat de mariage. Bien qu'aucun texte n'étende formellement à cette nouvelle situation les faveurs accordées à l'autre, il faut pourtant admettre que la même latitude est laissée dans les deux cas; car, après avoir tracé les règles étroites des donations ordinaires (943 à 946), le Code, dans l'art. 947, en excepte les donations comprises dans les chapitres VIII et IX, et le chapitre IX traite, sans distinguer sous ce rapport, des donations entre époux, soit par contrat de mariage, soit pendant le mariage. Aussi, quoique la nécessité de favoriser le mariage ne vienne plus ici justifier la dérogation à la règle qui défend de donner et de retenir, quoique les rapports intimes, les liens d'affection et la communauté de biens qui unissent les deux personnes puissent paraître, au contraire, des motifs de la maintenir avec plus de rigueur, d'empêcher les époux d'être généreux sans sacrifice, et de dépouiller leurs familles sans se priver eux-mêmes, il faut reconnaître que la loi, un peu trop facilement peut-être pour ce qu'exigeait la conservation des fortunes des familles, ce grand intérêt social, a dérogé ici à ses prohibitions ordinaires et a permis les donations de biens à venir, ou cumulativement de biens présents et à venir, et les donations sous conditions potestatives. C'est probablement qu'elle a considéré comme une garantie suffisante la faculté si large de révocation.

Quoi qu'il en soit, en fait la forme la plus ordinaire est celle de la donation de biens à venir. En combinant ses règles avec les principes spéciaux de la matière, on trouve qu'elle est encore éventuelle quant à son objet, conditionnelle quant à son ouverture, et, de plus, révocable quant au titre. Il semble donc qu'elle devienne une véritable disposition à cause de mort, car elle est subordonnée à la survie du gratifié, elle demeurera sans effet si le donateur ne laisse pas de biens auxquels elle puisse s'appliquer, et, enfin, elle peut être révoquée. Cependant tout ce que nous avons dit subsiste. Toutes ces circonstances n'altèrent ni le caractère de la disposition elle-même, ni la nature juridique des droits qui en découlent. Pour déterminer cette nature, ce n'est pas à l'émolument qui en résultera, c'est au titre d'où ils procèdent qu'il faut s'attacher. Or, il n'y a pas là une simple espérance semblable à celle qui repose sur un testament : il y a un droit fondé sur une convention, qui, quoique éventuel et révocable, reste conventionnel, et n'est pas révocable *ad nutum*. Par conséquent, la partie au profit de laquelle il est établi en est saisie, tout comme s'il s'agissait d'un droit actuel et irrévocable. Ceci nous montre que cette libéralité n'est pas même une donation à cause de mort, quoique ce soit le contrat qui, dans notre droit, s'en rapproche le plus ; car, comme cette donation ne saisissait le donataire qu'au jour du décès, il fallait que le *de cujus* fût à ce moment capable de donner : elle eût donc été annulée, en vertu de l'art. 25, par la mort civile du dispo.

23

sant. Au contraire, la donation de biens à venir restant un acte entre vifs, c'est au moment où elle est faite qu'il faut apprécier la capacité des parties, et, par conséquent, elle ne reçoit aucune atteinte de la mort civile ultérieure du donateur, qui, au contraire, en avance les effets.

Quant à la donation de biens présents et à venir, il semble qu'elle ne peut pas exister ici, ou que, du moins, celle qui aura reçu ce nom ne sera jamais qu'une donation simple de biens à venir. En effet, nous avons vu que son utilité était de permettre au donataire de critiquer l'aliénation ultérieure des biens donnés, en renonçant aux biens à venir, et en s'affranchissant de toutes dettes autres que celles constatées au moment de l'acte. Or, ici, l'option n'est pas possible, et le donataire ne peut inquiéter les tiers détenteurs de biens présents; car le donateur, qui pouvait anéantir son droit, n'a pas fait autre chose, en aliénant, qu'user de cette faculté, et révoquer indirectement. Il en sera ainsi, en effet, toutes les fois que l'aliénation sera l'œuvre du disposant, et indiquera son changement de volonté. Mais si elle résulte d'un fait qui lui soit étranger, par exemple, d'hypothèques légales ou judiciaires, ou de saisies pratiquées, le droit du donataire subsistera, et il pourra l'exercer aux conditions ordinaires, c'est-à-dire pourvu que la donation ait été accompagnée d'un état des dettes présentes, et d'un état estimatif pour les meubles, ou suivie de transcription pour les immeubles.

Que dire, enfin, des conditions potestatives de l'art. 1086? Peuvent-elles encore s'adjoindre utilement aux donations entre époux, ou ne feraient-elles avec la révocabilité qu'un double emploi sans aucun intérêt? Il suffit, pour écarter cette dernière idée, de rappeler encore une fois que les donations entre époux ne sont pas des dispositions à cause de mort. Il en résulte que, si la donation est de biens présents, ces biens sortent à l'instant du patrimoine du donateur: par conséquent ses créanciers ultérieurs n'y ont plus aucun droit; le donataire est affranchi de toutes les dettes futures. L'adjonction d'une condition consistant à les payer en tout ou en partie le mettra dans l'alternative de la remplir ou de renoncer à la donation, et sera très-loin, comme on le voit, de rester sans effet.

Voilà tout ce que nous devions dire des donations entre époux.
Nous n'avons pas à nous occuper de leurs autres règles, car ce
sont celles des libéralités ordinaires entre vifs, et l'on prévoit dès
lors toutes les différences qui les séparent soit des donations par
contrat de mariage, soit des legs. Nécessité de la forme notariée, de
l'acceptation expresse, de l'état estimatif même et de la transcription [1];
réduction à leur date seulement et après épuisement des legs pour
les donations de biens présents, réduction après les legs encore,
mais avant toutes les donations entre vifs même postérieures
en date, pour celles de biens à venir [2]; capacité appréciée au
jour de l'acte et non au jour du décès, pour les deux parties s'il
s'agit de biens présents, et pour le donateur si la disposition
est de biens à venir; enfin, prohibition pour le mineur, même
au-dessus de seize ans, de gratifier son conjoint par donation,
quoiqu'il le pût par testament, et pour la femme dotale de donner
à son mari ses immeubles dotaux, même par donation de biens à
venir, car elle se lierait dans une certaine mesure : telles sont les
conséquences qui découlent des principes que nous avons posés.
Quant au droit de révocation, il est, par sa nature même, purement personnel; l'époux qui a été violenté ou qui a de justes motifs de plainte en est seul juge et peut seul s'en prévaloir. Ce droit
périra donc avec lui, et son prédécès confirmera la donation, en
ce sens que ses héritiers ne pourront plus l'attaquer que pour
l'un de ces deux motifs : ingratitude du donataire, ou inexécution
des charges [3]. Mais si la faculté de révocation est personnelle, elle

---

[1] Ils sont notamment utiles, malgré la révocabilité : le premier, pour que le donateur puisse, s'il révoque, connaître et reprendre tout ce qu'il a donné; la
seconde, pour empêcher les hypothèques légales ou judiciaires du chef du donateur de venir grever les biens donnés.

[2] Si l'institution contractuelle faite par contrat de mariage n'est réductible
qu'à sa date, c'est parce qu'elle est irrévocable ; mais ici ce motif n'existe plus.
Par conséquent, comme d'une part le droit du donataire ne peut, quant à son
objet, rétroagir au jour du contrat, et ne prend date que du jour du décès, il
est moins fort que celui des donataires de biens présents ; mais comme, d'autre
part, le donataire est actuellement saisi en vertu de son titre, il doit être préféré
aux légataires.

[3] Ces deux causes de révocation pourraient servir au donateur lui-même, si
une interdiction l'empêchait d'exercer utilement son droit de révocation. On a

n'est pas subordonnée à la condition de survie, car elle peut tout aussi bien s'exercer pendant la vie du donataire et contre lui, qu'après sa mort contre ses héritiers. Nous n'avons donc pas à nous étendre sur son mode d'exercice et sur ses effets. Disons seulement qu'à cause de la nature différente des testaments et des donations, loin d'admettre pour celles-ci, sous prétexte d'interpréter l'intention du disposant, des révocations spéciales, nous croyons qu'il faut tout au plus leur appliquer celles que le Code indique pour les legs, et seulement parce que le silence de la loi semble marquer ici de sa part l'intention de s'en référer à ce qu'elle a dit plus haut (V. art. 1035 à 1047).

IV. Succession réciproque des conjoints.

Plus sévère pour l'époux survivant que les coutumes, plus sévère même que la législation des pays de droit écrit, qui avait développé, dans le sens des idées modernes et chrétiennes, les principes que lui avait transmis le droit romain, il semble que le Code, dont les rédacteurs s'en référaient si souvent aux lois de Justinien, aurait dû accepter du moins ses réformes, et donner aux conjoints à titre de succession, sur leurs biens respectifs, les mêmes droits que lui (ainsi la quarte de l'authentique *Praeterea*). Fallait-il remonter encore en arrière, jusqu'aux premières atteintes portées par le préteur à ce principe de séparation absolue des patrimoines et des fortunes qui constituait le mariage libre? La *manus* elle-même, ce régime d'un temps encore barbare, donnait au mari tous les biens de sa femme, et à la femme une part d'enfant dans la succession de son mari. Et pourtant, d'après nos lois actuelles, le conjoint n'est appelé que le dernier, après tous descendants, ascendants et collatéraux du défunt, après même ses enfants naturels; comme au temps de la jurisprudence prétorienne, il n'exclut que l'Etat! « Dans une législation bien faite, dit M. Laboulaye, la femme doit partager avec les enfants, car dans l'ordre présumé

dit aussi que s'il survit et se remarie, la survenance d'un enfant du second lit fait tomber la donation ; mais le texte de l'art. 1096 est si formel, qu'il nous paraît difficile d'y introduire une distinction.

des affections du défunt, son titre vaut le leur ; elle doit passer avant les collatéraux, car elle leur est mille fois préférable ;... elle doit du moins partager avec ceux des premier et deuxième degré... Le douaire aboli, le Code a maintenu la préférence des parents du mari, par ce motif ridicule, que la femme appartenait à une famille étrangère (Discours de M. Siméon), comme si, au contraire, la femme n'était pas un des membres les plus intimes de cette famille nouvelle que constitue le mariage. La loi civile demande une révision à ce sujet. A une époque où le lien du sang et le rapport d'affection naturelle dominent seuls dans la législation de la famille, la place de la femme est au premier, et non au dernier rang. »

Ces pensées sont nobles et justes ; seulement ce n'est pas, selon nous, à la femme seule, c'est indistinctement aux deux époux qu'elles devraient s'appliquer. La différence de situation entre le mari et la femme se comprenait dans un temps où une différence inverse existait entre les enfants des deux sexes pour le partage de la succession : de nos jours, quand le Code déclare abolis tous les anciens priviléges, elle n'aurait plus de raison d'être. Les deux époux n'ont-ils pas respectivement le même titre ? n'y a-t-il pas entre eux égalité d'affection, de droits et de devoirs réciproques ? D'un autre côté, il y a, ce nous semble, dans l'objection présentée par M. Siméon, une part de vérité, une idée juste, et dont le Code a seulement le tort de se préoccuper trop rarement. Oui, les droits de succession donnés aux femmes ont souvent le danger de compromettre la fortune des familles, de faire passer à l'une les biens de l'autre. Car si la mère est, certes, plus que personne, de la même famille que ses enfants, elle peut en changer, c'est-à-dire se remarier, et porter à des étrangers les biens enlevés à leurs anciens et légitimes possesseurs. Mais, depuis bien des siècles déjà, la solution de cette difficulté a été trouvée : le douaire, dans les coutumes, se perdait quelquefois par un second mariage, et ne se donnait jamais qu'en usufruit. Pourquoi ne pas accorder sous les mêmes conditions au conjoint survivant, dans les biens de l'autre, une part d'autant plus forte, que le titre des héritiers avec lesquels il se trouvera en concours sera moins favorable [1] ?

[1] Il n'est peut-être pas inutile de faire remarquer que ceci n'a rien d'incon-

Du reste, hâtons-nous de le dire, la rigueur que nous reprochons au Code, la regrettable lacune que nous signalons, ne vient pas d'une volonté formelle, mais d'une erreur matérielle des rédacteurs. Dans le projet primitif du titre des successions, le conjoint survivant avait été oublié : un membre du Conseil d'Etat en fit la remarque, et proposa une disposition en sa faveur; mais on lui répondit qu'elle était inutile, parce que l'art. 734 avait déjà attribué au conjoint le droit de concourir pour l'usufruit avec les collatéraux. Or, l'art. 734 est totalement étranger à cette question. Après une pareille explication, une seule chose peut encore étonner, c'est que, depuis cinquante ans, le législateur, à qui seul appartient le pouvoir de corriger la loi et d'y ajouter [1], n'ait pas rendu au conjoint le rang qui lui convient.

Examinons maintenant quels sont, d'après le Code, les droits de l'époux survivant sur la succession du prédécédé.

Tout d'abord, il faut noter que l'art. 767 est incomplet quand il ne signale que les parents au degré successible et les enfants naturels comme excluant le conjoint. Sans parler des successeurs testamentaires, il faut joindre à ces deux classes de personnes, d'après les articles précédents : les descendants légitimes d'un enfant naturel (759); les père et mère naturels du *de cujus* (765); enfin, s'il était lui-même enfant naturel, ses frères et sœurs naturels, et, quant aux biens qu'il tenait de son père ou de sa mère, ses frères ou sœurs légitimes (766).

Il y a cependant un cas où l'époux survivant exclut l'enfant naturel du prédécédé; c'est quand celui-ci n'a reconnu que pendant le mariage cet enfant qu'il avait eu auparavant d'un autre que de son conjoint. La reconnaissance est valable, mais elle ne peut

---

ciliable avec ce que nous avons dit plus haut (page 235), de l'utilité du douaire comme compensation des pouvoirs du mari sur les biens communs. C'est à la femme seule qu'on pourrait assurer *ab initio* une part d'usufruit, avec droit de suite contre les tiers. Mais il s'agit ici d'un droit qui doit s'exercer seulement sur les biens qui se trouveront libres au décès du *de cujus*, d'un simple droit de succession; et, sous ce rapport, le titre des deux conjoints nous paraît identique.

[1] Nous n'avons pas besoin de discuter l'opinion de MM. Malleville et Delvincourt, qui pensaient que les tribunaux pouvaient, sur ce point, suppléer au silence de la loi.

nuire ni au conjoint de celui qui l'a faite ni aux enfants légitimes issus du mariage (337). Vis-à-vis d'eux, les effets de la reconnaissance sont paralysés. Le motif donné par M. Bigot de Préameneu, et il est très-juste, c'est « qu'il ne faut pas que l'un des époux puisse changer, après son mariage, le sort de sa famille légitime, en y appelant des enfants naturels, qui demanderaient une part dans les biens. Ce serait violer la foi sous laquelle le mariage a été contracté ». Par conséquent, si l'époux, auteur de la reconnaissance, meurt sans laisser de parent au degré successible, autre que cet enfant naturel, celui-ci est exclu par le conjoint; car, vis-à-vis de lui, il est censé ne pas exister : mais, s'il y avait des ascendants ou des collatéraux pour exclure le conjoint, la reconnaissance produirait alors son effet ordinaire, car le conjoint serait sans intérêt. Il importe de remarquer que ceci est une disposition exceptionnelle, qui doit être rigoureusement restreinte aux termes dans lesquels elle est conçue. Ainsi, il faut que la reconnaissance ne date ni d'avant le mariage ni d'après sa dissolution. Il faut, de plus, qu'il ne soit pas prouvé par une reconnaissance, soit volontaire, soit forcée, que l'enfant reconnu par un des conjoints est également l'enfant de l'autre. Enfin, nous penchons à croire qu'il faut encore que la reconnaissance soit volontaire, et qu'il n'en serait pas de même d'une reconnaissance forcée. Car la loi parle simplement de reconnaissance faite *par* l'un des époux, et n'a probablement pas songé au cas où elle serait faite *contre* lui. Or, les exceptions ne s'étendent pas, surtout à des espèces qui ne sont pas absolument semblables. Si les effets de la reconnaissance volontaire sont restreints, c'est parce qu'elle constitue un manque de foi, qui pourrait, si elle nuisait à l'autre conjoint, troubler la paix du ménage. Dans le cas de reconnaissance forcée, il n'y a pas manque de foi, pas de reproche à faire à celui contre qui elle a été obtenue. D'ailleurs, le père ou la mère naturel n'a pas pu, en se mariant, priver l'enfant du droit de faire constater sa filiation (MM. Duranton, III, n° 255; Valette, sur Proud., p. 146; Ducaurroy, sur l'art. 337. — *Contra*, MM. Delvincourt, Marcadé, sur l'art. 337; Demolombe, V, n° 446).

Aux termes de l'article 767, le conjoint divorcé ne succède pas, et cela sans qu'on distingue si le survivant est ou non coupable du divorce. L'époux outragé, comme l'époux coupable, est également exclu de la succession. Ceci nous montre que ce droit est inhérent à la qualité d'époux, d'époux actuel ; qu'il ne suffit pas d'avoir été le conjoint du *de cujus*, qu'il faut l'être encore au moment de l'ouverture de sa succession. Nous connaissons cette règle, qui est énoncée dans la loi unique, § 1, D. *Unde vir et ux : Ut hæc bonorum possessio locum habeat, uxorem esse oportet mortis tempore*. En effet, le droit à une succession n'est acquis et n'existe que quand la succession s'ouvre ; il dépend de l'état, des qualités, de la capacité des personnes au moment de cette ouverture. Par conséquent, le mariage putatif, qui produit au profit de l'époux ou des époux de bonne foi les mêmes effets civils qu'un mariage valable, ne donnera pourtant lieu au droit de successibilité réciproque, qu'autant que sa nullité n'aura pas été prononcée du vivant des époux ; car autrement ils ne seraient plus conjoints au moment de la mort de l'un d'eux. Mais comme la privation du droit de succéder résulte, dans le divorce, de la dissolution du mariage, et comme la séparation de corps le laisse subsister, on ne peut pas dire, en présence du silence de la loi, qu'elle doit produire les mêmes effets. Le Conseil d'Etat avait proposé de déclarer, comme l'ancienne jurisprudence, que la séparation de corps, faisant tomber la présomption d'affection, ferait cesser la succession *unde vir et uxor*. Mais, soit par la raison donnée par M. de Malleville, la crainte que l'exclusion de la succession ne tombât précisément sur l'époux innocent, soit par tout autre motif, l'article ne se trouve pas dans le Code, et il n'est pas permis de le suppléer, quoiqu'on puisse regretter de voir la femme, par exemple, qui se sera rendue coupable d'adultère, venir, malgré la séparation, succéder à l'époux qu'elle aura outragé.

Le conjoint survivant est, avec l'enfant naturel et l'Etat, rangé dans la classe des successeurs irréguliers, par opposition aux héritiers légitimes. Il n'a donc pas, comme ceux-ci, la saisine ; c'est-à-dire qu'il n'est pas investi, *ipso jure*, de l'exercice des droits actifs et passifs du défunt, qu'il doit, pour l'obtenir, s'adresser à la justice, et se faire mettre par elle en possession. Cet envoi en possession est subordonné pour lui à certaines conditions, à l'observation de certaines formalités, qui ont pour objet : 1° de faire vérifier en justice sa qualité de successeur irrégulier, le droit qu'il a à la succession ouverte ; 2° de garantir la restitution des biens héréditaires aux héritiers du défunt qui pourraient plus tard se présenter.

1° Vérification des droits à la succession. D'après l'article 770, « le conjoint doit demander l'envoi en possession au tribunal dans le ressort duquel la succession est ouverte. Le tribunal ne peut statuer sur la demande qu'après trois publications et affiches dans les formes usitées, et après avoir entendu le ministère public. » Il y a là plusieurs questions à examiner. Et d'abord le conjoint doit former une demande d'envoi en possession devant le tribunal du domicile du défunt. Mais que doit-il prouver pour y réussir ? Evidemment, et avant tout, sa qualité de conjoint. Mais doit-il prouver, de plus, que le défunt n'a laissé aucun parent successible ? ou ne suffit-il pas qu'après l'expiration des délais et l'accomplissement des formalités, aucun parent ne se présente pour réclamer la succession, et que, d'ailleurs, il soit bien constaté qu'il n'y a pas d'héritiers connus, ou qu'ils ont renoncé ? Toullier, traitant, à propos de l'enfant naturel, cette question, qui est la même pour tous les successeurs irréguliers, fait remarquer qu'en thèse générale c'est à celui qui réclame à prouver son droit (art. 1315); que les articles 758 et 767 disent : Quand le défunt ne laisse pas de parents, etc., et non : Quand il n'y a pas d'héritiers connus, quand il ne s'en présente pas, ce qui est tout différent. Il ne suffit donc pas qu'il n'y ait pas de parents connus ; le Code exige qu'il n'en existe pas, pour que la dévolution des biens soit opérée en faveur du successeur irrégulier. C'est donc à lui à le prouver ; et, en attendant, la succession doit être régie par un curateur, ainsi que le veulent les articles 811 et suivants. Si, pour qu'une succession lui fût dévolue, il ne lui fallait qu'alléguer qu'il n'y a pas d'héritiers connus, il n'y aurait presque jamais de succession vacante ; il pourrait se faire envoyer en possession de suite, ou du moins au bout de quelques mois, de toutes celles dont l'héritier présomptif ne serait pas connu, ou aurait renoncé, tandis que le Code ne les déclare dans ce cas que vacantes (811), et ne les défère à l'enfant naturel, au conjoint, ou à l'Etat, que lorsque le défunt ne laisse pas de parents au degré successible. Tels sont les principes qui dérivent des dispositions du Code, principes conformes à ceux de notre ancienne jurisprudence ; et les mesures que prend le législateur pour constater la valeur des biens et en assurer la restitution ne peuvent fournir une objection, car elles tiennent à ce que les preuves seront toujours difficiles, rarement rigoureuses, et qu'il pourra, dans la suite, se découvrir des héritiers du défunt, à qui la succession doive être rendue. Par conséquent, dans ce système, s'il n'est pas prouvé que le défunt n'a pas laissé de parents au degré successible, quoique, d'ailleurs, il n'y ait ni héritiers connus, ni enfant naturel demandant la succession, le conjoint survivant ne peut rien réclamer, parce qu'il ne se trouve pas dans les termes de l'art. 767 ; la succession est vacante, tous les biens doivent rester dans les mains du curateur, qui les conserve et les administre, conformément à l'article 813.

Il nous est impossible d'accepter cette solution. 1° Elle est contraire à l'intention évidente du législateur. En ordonnant que le conjoint, qui a obtenu l'envoi en possession, vende le mobilier et fasse emploi de l'argent en provenant, ou qu'il donne caution pour en assurer la restitution au cas où il se présenterait des héritiers (771), le Code indique bien ne pas exiger qu'il soit établi d'une manière certaine que le *de cujus* n'a laissé aucun successible ; car, cette preuve une fois faite, dans l'intérêt de qui établirait-il ces mesures conservatoires ? 2° Il n'a pas pu imposer une preuve pareille, car, avec la multitude infinie de parents en deçà du douzième degré qui ont pu ou qui peuvent exister dans les diverses branches des lignes paternelle ou maternelle, directe ou collatérale, elle serait presque toujours impossible. Que de titres à vérifier ! que d'actes à compulser ! que de recherches ! Et ce ne serait pas tout ; il faudrait que le conjoint prouvât encore la non-existence d'enfants naturels, et non-seulement d'enfants naturels, mais même de frères ou de sœurs naturels, ou de descendants d'eux (art. 766). Comment y parviendrait-il ? On n'a pas pu, en édictant l'art 767, vouloir le rendre absolument illusoire, et donner au conjoint un droit dont il ne pourrait jamais profiter. 3° L'article 757 dit aussi, que la part de l'enfant naturel est des trois quarts lorsque les père ou mère *ne laissent* ni descendants, ni ascendants, ni frères, ni sœurs : et cependant, l'auteur même que nous combattons indique, dans ce cas, qu'il suffit qu'il n'y ait *pas d'héritiers connus*. Pourquoi interprète-t-il ces mêmes mots dans les art. 758 et 767 d'une façon plus rigoureuse? Puisqu'il reconnaît lui-même que la preuve ne pourra jamais être absolue, et qu'il faudra toujours se contenter de probabilités, n'en est-ce pas une suffisante que de voir l'absence d'héritiers connus; n'est-ce pas la plus forte qu'on puisse avoir à défaut de preuves complètes? 4° Fût-il vrai que faute d'héritiers connus la succession dût être déclarée vacante, et confiée à un curateur, il s'ensuivrait seulement que les successeurs seraient tenus de se pourvoir contre lui pour obtenir la délivrance; non qu'il serait autorisé à garder l'administration pendant les trente années qu'a l'héritier légitime pour intenter l'action en pétition d'hérédité, car aucun texte ne lui donne ce droit, qui, presque toujours, anéantirait celui du conjoint. Mais il n'est pas vrai que l'absence d'héritiers connus ou leur renonciation suffise pour que la succession doive être réputée vacante. L'art. 811 dit encore : S'il ne se présente personne qui la réclame. Or, ces mots ne peuvent pas s'appliquer aux héritiers, car, et c'est ce qui les distingue des successeurs irréguliers, s'ils sont connus, qu'ils se présentent ou non, à moins d'une renonciation formelle, ils n'en sont pas moins héritiers; tout est dit pour eux par ces mots : S'il n'y a pas d'héritiers connus, ou si les héritiers ont renoncé. Donc, la phrase précédente s'applique aux successeurs irréguliers ou aux légataires universels; s'ils se présentent, quoiqu'il n'y ait pas d'héritiers connus ou qu'ils renoncent, la succession n'est pas vacante. Ne serait-il pas d'ailleurs étrange, contradictoire, de déclarer vacante une succession qui est réclamée? On nous objecte qu'il n'y aura jamais de succession vacante, puisqu'il se trouvera toujours quelqu'un, ne fût-ce que l'État pour la réclamer. Nous répondons qu'il pourra ne se trouver personne, quand elles seront notoirement insolvables ou embarrassées; que l'Etat, quoiqu'il ait enjoint à ses agents d'accepter toute succession présumée sans maître, même notoirement insolvable, pourra lui-même se trouver écarté, soit parce que le fisc ignorera l'ouverture, soit parce que le tribunal, sachant ou présumant que des héritiers ou successeurs existent, aura rejeté la demande d'envoi en possession.

Ainsi, sans autre preuve que celle de la qualité de conjoint, la demande pourra être suivie de l'envoi en possession, à moins que la notoriété publique ne fasse connaître qu'il existe des héritiers. Mais cet envoi en possession, comme nous l'avons dit, ne peut être prononcé qu'après trois publications et affiches faites dans les formes usitées. Ces formes, que nos Codes n'indiquent nulle part, sont laissées, par conséquent, à l'arbitrage du tribunal. Chabot pense qu'on doit suivre le mode d'affiches et de publications établi pour la vente en justice des immeubles. Une circulaire du ministre de la justice, en date du 8 juillet 1806, recommande une décision du ministre des finances, rendue pour la régie des domaines, et qui porte que le premier acte du tribunal, sur la demande d'envoi en possession, sera inséré dans le *Moniteur*; que les trois affiches qui doivent précéder le jugement seront apposées dans le ressort du tribunal, de trois mois en trois mois, et que le jugement ne sera prononcé qu'un an après la demande. Ces formalités, ordonnées uniquement pour la régie, peuvent être appliquées, et le sont en effet souvent, à l'enfant naturel et au conjoint, dont la situation est la même. Mais M. Duranton remarque que les juges pourraient en ordonner de plus simples et de moins coûteuses pour les successions d'une mince valeur. Du reste, les motifs de cette publicité et du délai qui l'accompagne n'ont pas besoin d'être expliqués. Il faut que les héritiers légitimes, s'il y en a, puissent être avertis de l'ouverture de la succession et empêcher, en se présentant, un envoi en possession provisoire, qui, sans leur faire perdre leur droit à la succession, leur nuira toujours, puisque le conjoint doit gagner les fruits qu'il percevra.

En attendant le jugement, quel sera le sort des biens de la succession, et comment seront-ils administrés? Par suite de l'idée que c'est là une succession vacante, à laquelle doit être nommé un curateur, Toullier enseigne que ce sera ce curateur qui régira les biens, qui exercera les actions, qui répondra aux créanciers, et que la demande d'envoi en possession sera dirigée contre lui, afin qu'il examine et conteste, s'il y a lieu, les qualités et les droits des réclamants (4, n° 392). Suivant lui, on ne peut savoir s'il existe ou non des héritiers légitimes, et surtout des héritiers institués, avant d'avoir inventorié les papiers du défunt. Or, comment procéder à l'inventaire? à qui remettre les papiers, en l'absence de tout héritier? A qui confier l'administration? — La majorité des auteurs, partant de ce point démontré ci-dessus, que la succession n'est pas vacante, écartent le curateur, qui n'est ordonné qu'en cas de vacance. Ainsi, disent-ils, la régie distingue bien les successions en déshérence, et les successions vacantes; prescrivant la mainmise et l'administration à ses agents pour les premières, aussitôt après leur ouverture, et l'interdisant pour les autres. Dans la circulaire précitée, il est défendu aux agents du domaine de faire, avant le jugement d'envoi en possession, aucun acte translatif de propriété ou de jouissance, sans l'autorisation du tribunal. Si le curateur n'est pas nécessaire à l'Etat, il ne l'est pas davantage aux autres successeurs irréguliers. La loi aurait peut-être mieux fait de l'ordonner, mais elle ne l'impose à personne; et, par conséquent, jusqu'au jugement, le conjoint dont le titre n'est pas contesté a une possession provisoire qui lui permet de faire, comme l'héritier, tous les actes conservatoires. Si son titre est contesté pendant les délais, le tribunal statuera au provisoire entre les parties (V. Chab., art. 773; Malp., n° 159).

Si le successeur irrégulier décède avant le jugement, son droit passe à ses héritiers. Nous ne comprenons pas que cette proposition ait jamais pu faire doute. Une fois acquis, et il l'est par la mort seule, le droit est transmissible, malgré l'absence de la saisine, qui n'en suspend que l'exercice.

2° Garanties prescrites dans l'intérêt des héritiers qui pourraient plus tard se présenter.—On a déjà vu une partie de ces mesures conservatoires, qui se trouvent comprises dans les articles 769 et 771. Pour que les héritiers légitimes, qui ont trente ans pour faire valoir leurs droits, soient assurés de les retrouver intacts, le conjoint doit faire apposer les scellés, faire faire inventaire dans les formes prescrites pour l'acceptation des successions sous bénéfice d'inventaire; enfin, faire emploi du mobilier, ou donner caution suffisante pour en assurer la restitution : cette caution n'est responsable que pendant trois ans. Nous avons quelques mots à dire sur chacune de ces formalités. L'apposition des scellés et l'inventaire sont ordonnés plutôt dans l'intérêt des héritiers éventuels, que dans celui du conjoint lui-même, car le bénéfice d'inventaire est inhérent à la qualité même en vertu de laquelle il agit. Successeur irrégulier, ne représentant pas la personne du défunt, il n'est pas, en principe, tenu des dettes *ultra vires*. Il n'a donc pas besoin d'aller au greffe faire une déclaration formelle d'acceptation bénéficiaire. Seulement l'inventaire lui est utile à lui-même, en lui permettant de constater l'instant où le passif absorbe l'actif, et de refuser de payer au delà de ce qu'il a reçu. Le défaut d'inventaire lui nuirait ; car, en confondant les biens de la succession dans les siens propres, en se mettant dans l'impossibilité d'établir leur insuffisance, il serait censé les avoir reconnus supérieurs au montant des dettes, et serait obligé, dès lors, de payer celles-ci intégralement. Les garanties de restitution, imposées pour le mobilier à l'enfant naturel et au conjoint, ne le sont pas à l'Etat, qui est toujours réputé solvable. L'emploi doit comprendre toutes les valeurs mobilières sujettes à restitution, et se faire en acquisitions d'immeubles ou de rentes sur l'Etat, ou en placement sur hypothèque ou privilége (1065). Nulles sûretés ne sont établies pour les immeubles, dont le fonds se retrouve toujours, quoiqu'elles eussent pu être utiles au moins pour prévenir les dégradations ou les abus d'administration. Quoi qu'il en soit, pour les meubles mêmes, elles ne durent jamais que trois ans ; car, comme la caution, si le successeur a préféré la donner, est déchargée au bout de trois ans, il faut en conclure qu'après le même laps de temps l'emploi cesse d'avoir son effet, et que le conjoint peut disposer de l'immeuble acquis ou de la somme placée, comme des meubles cautionnés ; mais toujours, bien entendu, sous sa responsabilité personnelle, car l'héritier a encore vingt-sept ans pour se présenter : la dette n'est pas éteinte, seulement elle n'a plus de garantie spéciale.

La caution, si elle est donnée, doit faire sa soumission au greffe, et remplir les autres conditions exigées par les article 2018-2019, et 2040. Si elle est attaquée avant le terme de trois ans, l'action peut se continuer après ce terme; mais alors, si l'instance vient à être périmée, l'action se trouve éteinte, et la caution libérée. Quant à la vente du mobilier, qui doit précéder l'emploi, doit-elle être faite aux enchères? La régie des domaines a imposé cette obligation à ses agents, et plusieurs auteurs (MM. Chabot, Toullier, Duranton) enseignent que tout successeur irrégulier doit faire la vente avec les mêmes formalités que l'héritier bénéficiaire. Mais la loi n'en établit nulle part la nécessité ; et il nous paraît difficile, à moins qu'il n'y eût fraude, que les tribunaux punissent, par une condamnation à des dommages et intérêts, une vente faite librement de gré à gré.

Maintenant, quelle est la sanction de toutes ces obligations? L'art. 772 répond que le successeur irrégulier, qui n'aura pas rempli les formalités qui lui sont prescrites, pourra être condamné aux dommages et intérêts envers les héritiers, s'il s'en représente. Cette peine est la seule qui soit prononcée, car, tout ce qu'on doit à l'héritier, c'est la réparation du dommage qu'il a éprouvé. Mais il faut bien en comprendre toute l'étendue. D'abord, si le conjoint n'a pas fait apposer les scellés, ni fait inventaire, on peut être obligé d'avoir recours à une enquête et à l'estimation par commune renommée, preuves toujours incertaines et tout au plus approximatives. Le doute et les approximations se fixeront contre lui, et à l'avantage de l'héritier. S'il a négligé de demander l'envoi en possession, c'était probablement pour éviter les affiches, les publications, les informations du ministère public. A la différence de l'héritier légitime, qui peut appréhender seul les biens de l'hérédité, s'il l'a fait, il est, par cela seul, en faute, et réputé possesseur de mauvaise foi. Est-il besoin de dire qu'il peut encore, aussi bien que l'héritier légitime, être considéré comme tel, s'il est prouvé que, tout en accomplissant les formalités légales, il savait que la succession appartenait à un parent plus proche dont il avait soin de tenir cachée l'existence, connue de lui seul? Or, il y a de nombreuses différences dans la situation du possesseur, selon qu'il est de bonne ou de mauvaise foi. Le premier conserve les fruits qu'il a perçus jusqu'à la demande du véritable héritier, ou jusqu'au moment où il a connu son droit (art. 138), tandis que le second est comptable de tous les fruits qu'il a perçus, et même de ceux qu'il a négligé de percevoir. L'un peut se faire tenir compte des dépenses nécessaires qu'il a faites sur les fonds, et des dépenses utiles, même quand elles n'auraient pas donné de plus-value ; l'autre ne peut répéter celles-ci qu'autant qu'elles ont produit une plus-value encore subsistante, et même, si la dépense et la plus-value ne se trouvent pas égales, il ne peut exiger le remboursement que jusqu'à concurrence de la plus faible. Enfin, tandis que ce dernier répond de toutes les pertes autres que celles arrivées par cas fortuit ou force majeure, de sa faute *in committendo* (dégradations), et de sa faute *in omittendo* (défaut de réparations), le possesseur de bonne foi n'est pas tenu des pertes ou dégradations arrivées par sa négligence ni même par sa faute, car *rem quasi suam neglexit*. Ainsi, qu'il ait laissé des prescriptions s'accomplir, des débiteurs devenir insolvables, des bâtiments tomber en ruine, peu importe ; il ne doit les choses que dans l'état où elles se trouvent : on ne tient même pas compte des biens qu'il a dissipés, à moins qu'il n'en ait tiré un profit, et alors la restitution a pour mesure l'étendue de son enrichissement.

POSITIONS.

DROIT ROMAIN.

I. On pouvait convenir que la *retentio propter liberos* aurait lieu même dans le cas où le divorce interviendrait sans aucune faute de la femme.

II. L'origine des rétentions *propter mores et propter liberos* se place avant les lois caducaires (p. 22).

III. Le droit de retour, établi au profit de l'ascendant donateur sur la dot profectice, n'est pas fondé sur le lien de puissance, dans le dernier état du droit. Mais il est difficile d'admettre qu'il en ait toujours été ainsi (p. 24).

IV. La prohibition de la restitution anticipée de la dot est différente de la prohibition des donations entre époux (p. 31).

V. Quoique la dot suive toujours le fils marié, quand le père l'a reçue, ce sont ses héritiers seuls qui sont sujets à l'action en restitution (p. 48).

VI. Entre époux, la donation à cause de mort pouvait être faite sous condition résolutoire. La propriété n'était transférée qu'au décès du donateur, mais avec effet rétroactif au jour de la donation, sauf quand cette rétroactivité nuisait au conjoint (p. 70).

VII. Les donations faites par promesses sont, depuis le sénatus-consulte de Caracalla, confirmées par la mort du donateur, aussi bien que celles par tradition (p. 73).

VIII. L'exception de dol, opposée pour cause de com-

24

pensation dans les actions de droit strict, ne donne pas au juge le pouvoir d'opérer la balance entre les dettes et les créances respectives, et de ne condamner le défendeur qu'au reliquat.

IX. Il n'y a pas de conciliation possible entre la loi 38, § 1, *De solutionibus*, et la loi 3, § 1, *de Don. int. vir. et uxor*.

X. Les *justæ nuptiæ* ne se forment pas *solo consensu*.

HISTOIRE DU DROIT.

I. En général, les gains de survie forment, au profit de la femme, la contre-partie des lois de succession. Quand celles-ci l'excluent comme fille, ses droits augmentent comme veuve : quand elle prend part égale avec les mâles, les gains de survie deviennent réciproques ou disparaissent.

II. La *donatio ante nuptias* ne tire pas son origine de la coutume celtique ; elle se forma par le développement spontané des usages romains (p. 66). — C'est d'elle que dérive l'augment de dot, comme l'hypobolon. Pourtant, dans quelques provinces, l'augment porte des traces des principes germaniques qui ont formé le douaire (p. 92 à 107).

III. Le douaire est issu de la dot germanique et du morgengabe, dont il conserve encore certains caractères dans son dernier état (p. 132 à 141).

IV. Le droit de veufvage, établi par la coutume de Normandie au profit de l'homme non remarié et qui avait eu un enfant né vif, se rattache aux plus anciens monuments du droit germanique (p. 144).

V. A l'origine, le douaire fut combattu par les principes féodaux, et plus tard restreint par ceux du droit romain (p. 153, 163, 169).

VI. Le principe de la communauté dérive des coutumes barbares (p. 125). Celles de l'Alsace, au dix-huitième siècle, sont encore une preuve à l'appui (p. 185). — La coutume de Normandie ne peut fournir un argument contre ce système, par plusieurs raisons (p. 191 à 197).

VII. L'art. 1525 du Code, en déclarant que la stipulation qu'il prévoit forme une simple convention entre associés, ne déroge pas au droit commun des sociétés. Par conséquent dès le moyen âge il existait entre nobles, dans ce qui devint le préciput légal, un certain système de communauté (p. 172).

VIII. Le préciput de certains meubles à l'usage de la veuve, qui lui était accordé par les coutumes, et dont une trace se retrouve dans l'art. 1492 du Code, remonte peut-être jusqu'aux *gerade* (p. 108 et 204).

IX. Le don mutuel ne vient pas du droit celtique, mais peut-être du testament mutuel permis entre époux par Valentinien III (p. 212).

X. La loi du 22 frim. an VII ne peut pas s'appliquer aux gains de survie résultant de mariages contractés avant, mais dissous depuis sa promulgation (p. 229).

XI. Le douaire avait ce double avantage d'être une compensation utile des pouvoirs trop grands du mari sur les biens communs, et de former avec l'augment un point

de jonction entre les principes opposés de la communauté
et du régime dotal (p. 255).

CODE CIVIL.

I. La différence des art. 1465 et 1570, qui établissent
pourtant les mêmes droits, s'explique par la diversité
des usages anciens du Nord et du Midi (p. 238 et suiv.).

II. Dans le cas de l'art. 1570, il n'est pas nécessaire
que la femme ait une dot pour pouvoir exiger des aliments
(p. 244).

III. Le deuil de la femme ne peut pas jouir du privilége
des frais funéraires (p. 249).

IV. Les art. 299 et 300 sont applicables à la séparation
de corps (p. 252). Les avantages qui constituent des donations sont de plus révocables pour ingratitude (p. 326).

V. La disposition de l'art. 1452, qui semble superflue,
prend de l'importance, rapprochée de l'art. 1093 et de
l'ancien droit (p. 259).

VI. Le douaire ancien ne formait pas une simple
créance hypothécaire, mais un droit foncier, donnant
droit de suite, indépendamment de toute hypothèque. —
Peut-on lui attribuer encore son ancienne nature? Il faut
distinguer.

VII. Le préciput forme une simple convention de mariage, et n'est pas réductible comme donation (p. 277
et 882).

VIII. La fin de l'art. 1518 ne s'applique qu'au préciput

donné à la femme même renonçante. Par conséquent, la caution qu'il exige ne peut être demandée que dans ce cas.

IX. La disposition de l'art. 1521 n'est pas contraire aux principes ordinaires des sociétés. La nullité qu'il porte s'applique à la convention entière (p. 296).

X. L'art. 1524 (1°) n'est pas en contradiction avec l'art. 780 (p. 301).

XI. Dans le cas de forfait, la femme peut renoncer à la communauté, mais non l'accepter sous bénéfice d'inventaire (p. 304).

XII. L'art. 1525 n'est pas introductif d'un droit nouveau, si ce n'est quant à la disposition qui réserve aux héritiers le droit de reprendre les apports de leur auteur; elle était nécessaire à cause du développement de la fortune mobilière (p. 310).

XIII. La donation de biens à venir entre futurs époux n'est pas transmissible, même par une clause expresse, aux enfants à naître du mariage. Conformément à ses principes politiques, le Code a voulu interdire des dispositions qui rappelleraient l'ancien douaire des enfants (p. 333).

XIV. La donation de biens présents faite sous une condition potestative de la part du donateur est ou n'est pas caduque par le prédécès du donataire, selon que la condition est suspensive ou résolutoire (p. 338).

XV. Les donations entre époux, déguisées ou faites par personnes interposées, sont complétement nulles (p. 343).

XVI. Les donations simples de biens présents entre époux ne sont pas caduques par prédécès du donataire (p. 349).

XVII. Pour réussir dans sa demande d'envoi en possession de l'hérédité, le conjoint n'est pas obligé de prouver que le *de cujus* n'a laissé aucun parent au degré successible (p. 363).

XVIII. Les aliénations consenties par l'héritier apparent ne sont pas valables à l'égard de l'héritier véritable.

XIX. L'art. 2225 est une application de l'article 1166.

XX. La possession d'état doit être admise comme preuve de la filiation naturelle.

DROIT PUBLIC.

I. Les sujets d'un souverain neutre qui, sans son autorisation, ont pris des lettres de marque d'une des puissances belligérantes peuvent être considérés comme pirates.

II. Ceux auxquels un établissement insalubre ou incommode cause un préjudice peuvent réclamer des dommages-intérêts du propriétaire de cet établissement, bien que, dans l'enquête *de commodo et incommodo*, ils aient élevé des réclamations qui n'aient pas été admises.

DROIT CRIMINEL.

I. En défendant de reprendre ou accuser, à raison du même fait, l'accusé acquitté, l'art. 360 du Code d'instruction criminelle permet-il une poursuite fondée sur une incrimination différente, quoique sur le même fait matériel ? — Non.

II. Le décret organique de la presse du 17 février 1852 ne peut s'étendre aux fausses nouvelles annoncées ou reproduites par la parole, même avec l'intention de les publier, dans un lieu non public.

Vu par le Président de la thèse,
DEMANTE.

Vu par le Doyen,
C.-A.-. PELLAT.

Permis d'imprimer :
Le Recteur de l'Académie de la Seine,
CAIX.

FIN.

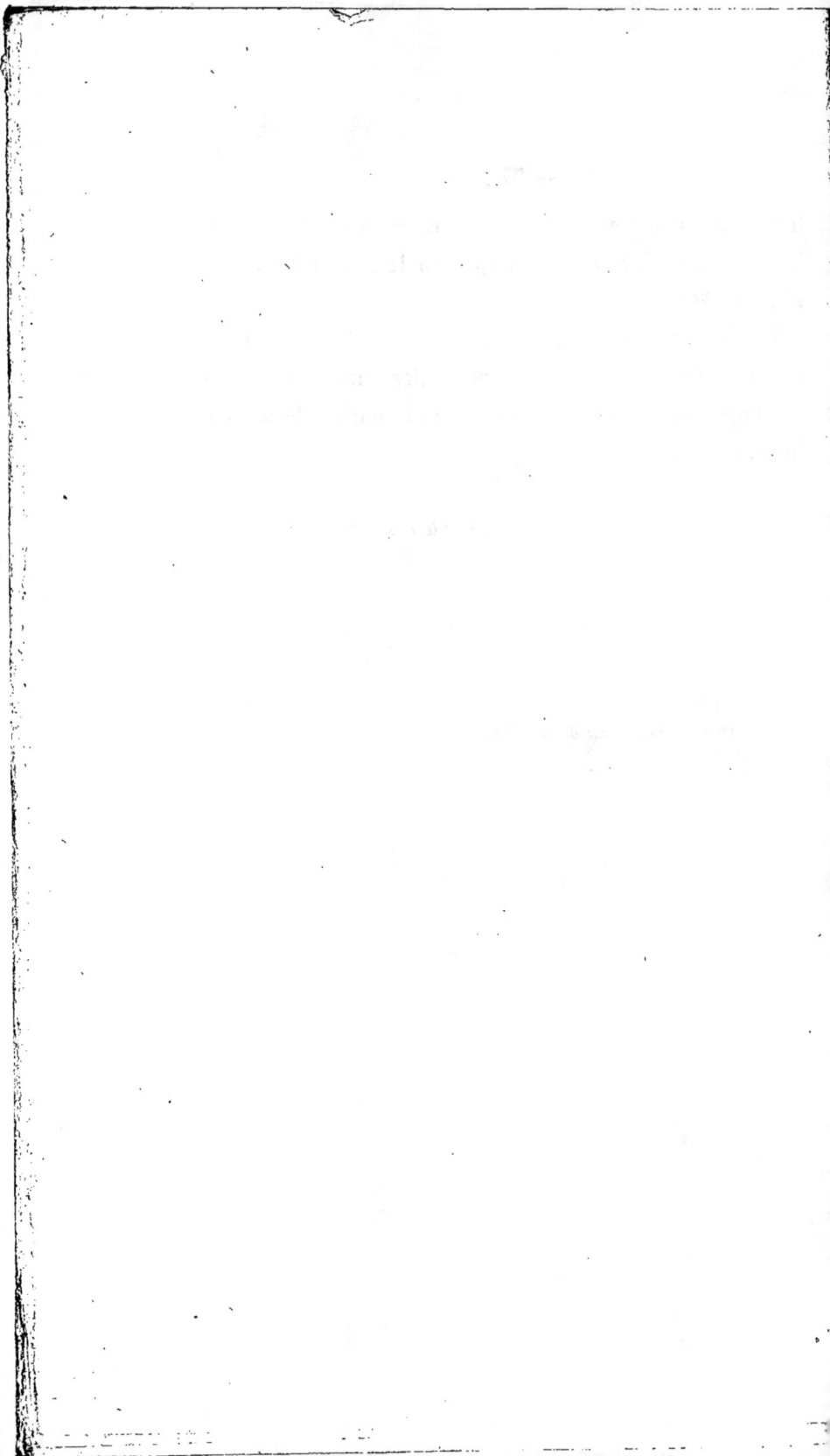

TABLE DES MATIÈRES.

FIN DE LA TABLE DES MATIÈRES.

TYPOGRAPHIE HENNUYER, RUE DU BOULEVARD, 7. BATIGNOLLES.
Boulevard extérieur de Paris.

www.ingramcontent.com/pod-product-compliance
Lightning Source LLC
Chambersburg PA
CBHW061110220326
41599CB00024B/3983